六千里运河 二十一座城

刘士林 著

上海交通大学出版社
SHANGHAI JIAO TONG UNIVERSITY PRESS

内容提要

中国大运河的历史是一部运河城市发展史。运河城市不仅对中国古代社会向更高水平发展起到重要的推动作用，也在岁月沧桑中积淀为弥足珍贵的文化资源与文明遗产。本书以运河两岸21座重要城市为中心，深入挖掘其历史文化资源，系统整理其文化资产和生活方式，着力阐述其作为中华民族精神根脉的重要内涵，努力展示其作为彰显文化自信亮丽名片的人文精神与文明价值，对于加强运河世界遗产保护、推进大运河文化带和国家文化公园建设具有重要的理论价值和实践意义。

本书适合与中国大运河传承保护利用有关的政策制定者和管理者、研究专家与规划设计者，及对中国文化、历史、地理、商贸、水利等感兴趣的读者。

图书在版编目（CIP）数据

六千里运河 二十一座城 / 刘士林著. —上海：
上海交通大学出版社，2022.2（2025.3重印）

ISBN 978-7-313-25141-1

Ⅰ.①六… Ⅱ.①刘… Ⅲ.①大运河-流域-城市史-研究 Ⅳ.①K928.5

中国版本图书馆CIP数据核字（2021）第132560号

六千里运河 二十一座城
LIUQIAN LI YUNHE ERSHIYI ZUO CHENG

著　　者：	刘士林		
出版发行：	上海交通大学出版社	地　　址：	上海市番禺路951号
邮政编码：	200030	电　　话：	021-64071208
印　　制：	苏州市越洋印刷有限公司	经　　销：	全国新华书店
开　　本：	710mm×1000mm　1/16	印　　张：	34
字　　数：	517千字		
版　　次：	2022年2月第1版	印　　次：	2025年3月第8次印刷
书　　号：	ISBN 978-7-313-25141-1		
定　　价：	98.00元		

万里江海通　九州天地宽

一　灯火阑珊处的街市与波光

中国大运河是世界上开凿最早、规模最大、里程最长的运河。从时间上讲，自公元前 486 年吴王夫差开凿邗沟起始，中经历代王朝不断的疏浚与整修，至清代末年的漕粮改折为终点，以古运河、隋唐大运河、京杭大运河为主要形态的大运河在中国大地上先后驰骋奔流了 2 500 年之久；从空间上看，无论是以洛阳为中心、北起北京南至杭州、贯通海河、黄河、淮河、长江、钱塘江五大水系、全长 2 700 余公里的隋唐大运河，还是元代经过裁弯取直之后形成的纵横北京、天津、河北、山东、江苏、浙江六省市、全长 1 794 公里的京杭大运河，它们的规模与里程在世界上都是绝无仅有的。如此巨大的时间跨度与空间规模，使大运河与万里长城一起成为中华文明最伟大的标志性工程。但两者在近现代中国的命运却有所不同，当巍巍万里长城以中华文明的雄伟标志被世界逐渐接受的时候，同样对中华文明作出巨大历史贡献的大运河，却如韩愈所说"骈死于槽枥之间"，在 20 世纪日益式微，甚至是走向了遗忘。值得庆幸的是，在 21 世纪曙色初开的时候，借助于世界文化遗产申报与保护的时代风云，特别是新时代以来大运河文化带、大运河国家文化公园的提出和建设，在现实中已严重边缘化，在记忆中逐渐消退的大运河正在焕发出新的勃勃生机。2014年6月，大运河被列入《世界遗产名录》；2019年5月，《大运河文化保护传承利用规划纲要》正式发布；同年7月，习近平总书记主持召开中央深改委会议，审议通过了《长城、大运河、长征国家文化公园建设方案》，将大运河和长城、长征并列，共同提升到"中华民族的重要象征"和"中华民族精神的重要标志"的重要地位，一幅关于中国大运河的绚丽画卷正在新时代全面展开。

所谓十年河东，十年河西。当大运河从长时间的沉默中再次发出激荡四海的风雷声，人们这才重新注意到它辉煌的历史与充满生机的未来，并发现其中有太多的时间、地点、人物、活动、历史、记忆、话语与愿望需要寻觅、钩沉、捕捞和重建。由于一些偶然的原因，我们也被卷入到这个人员越来越多、声势越来越浩大、节奏越来越快速的人流、思潮、现实与社会进程中。

作为一个规模巨大、历史悠久的古代交通工程，大运河在深刻影响了中国古代社会后，也由于太多的人事恩怨而成为一个"任人评说""见仁见智""表达情感或还原历史"的对象。在当下迅速生产的大量运河知识与话语都可以作如是观。而我们选择了"运河城市文化"的视角。

首先，城市是政治、经济与文化的中心，也是历史上一切文明成果的交流创造与传播中心。由于南北交通、贸易的直接刺激与强大需要，大运河沿岸先后兴起了包括北京在内的数十座城市，这些城市不仅集中体现了大运河文明的本质，也是它的最高历史表现形态与遗留下来的活化石。以人口城市化、城市功能商贸化、生活方式多元化、文化生态多样化为基本特征的运河城市文明，构成了中国古代城市体系的一个独特谱系，极大地促进中国古代的区域文明、不同城市、城乡之间的交流与对话，对中国古代政治型城市结构、历史悠久的农业文明形态、积淀深厚的农耕社会与精神传统等，均产生了不可忽视的重要影响。对运河城市经济社会的研究与阐释，有助于更深刻地理解大运河在中国古代世界中的地位与意义。

其次，"如果说长城是凝固的历史，大运河就是流动的文化"。如同运河城市一样，运河城市文化不仅是中国古代文化的一个有机部分，同时也因其特有的人工河流文明背景而有众多值得深究的秘密。单霁翔曾将大运河文化遗产具体描述为九个特征："它是一项文化要素和自然要素共同构成的混合遗产；是静态与动态共同构成的活态的文化遗产；是由点、线、面共同构成的文化遗产的廊道；是由古代遗址、近代史迹还有当代遗产共同构成的中国文化遗产；反映了普通民众生产生活的工业遗产、乡土建筑等遗产；包括了物质与非物质共同构成的文化空间。"①这充分说明了运河文化深厚的历史积淀与未可限量的当代价值。沿着大运河的曲折两岸的城阙，在或急或缓的逝波间寻觅和挖掘曾经的繁华与梦想，重建作为一个有机整体的大运河文化，对于充实运河城市的文化底蕴，展示它们的文化魅力，培育它们的当代城市精神，发展运河城市的文化生产力，无疑是必要的与重要的。

最后，2014年6月中国大运河成功入选《世界遗产名录》，2019年5月和7月，大运河文化带和大运河国家文化公园相继提出并快速推进，这既是一项涉及面广、内容丰富、环节复杂的巨型系统工程，更是一项波澜壮阔、革故鼎新、蔚为大观的当代中国文化建设事业。而如何重新整理大运河固有的传统文化资源、还原与阐释

中国大运河示意图

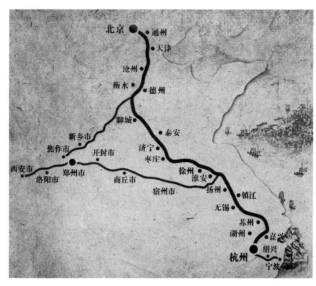

① 李韵：《大运河保护应遵循"原真性""完整性"》，《光明日报》
　2007年3月12日。

京杭大运河保护
与申遗纪念标

运河城市文化的深层结构、合理利用与保护大运河的文化遗产，也包括在当代意义上对运河城市群建设提出新思路与战略构想，都是在当下需要深入思考与探讨的问题。特别需要指出的是，不管是已经沉入历史长河的运河往事，还是在当下正在升温的各种时代议题，它们无一不是以运河城市为中心空间与主要平台而展开的。这使运河城市文化研究实际上成为运河研究的中心与焦点。一方面以单体城市为对象深入研究运河城市文化的特殊性与历史内涵，另一方面以运河城市群为背景阐释运河文明的普遍性及其现代意义，是我们解读、研究与阐释运河城市文化的主旨所在。以大运河城市群为总体框架，将运河城市建构为一个文化共同体，对它们共同的发生机制、内在结构、历史源流与人文精神进行学术梳理与现代阐释，有助于推动运河城市彼此之间产生更深的文化认同与价值共识，同时对它们在实践中采取一致的战略与和谐的步调都是大有裨益的。

二　经济型城市的中国模式与经验

中国大运河贯通华夏大地南北、纵横数千年的英雄时代已经过去，这是无须讳言的事实。在无数人关于财富、欲望、飞黄腾达的努力与梦想在波涛间消逝之后，留给中华运河儿女的是一笔深厚得近乎沉重、丰富得至于杂乱的巨型文明遗产。而对它的正确认识与全面了解，则是任何继承与发扬的前提。在发生学的意义上，与世界上的尼罗河文明、两河文明，以及同一片国土上的黄河文明、长江文明一样，运河文明也属于河流文明。但它又有自己的特殊性。如果说一般的河流文明在起源上主要依托于自然界的大江大河，那么人工开凿疏浚的河流则是运河文明发生与成长的摇篮。这是运河文明的独特本质所在。在比较研究的意义上，这两种河流文明的根本差异在于：前者在起源中更多地依赖自然环境与资源，体现的是人类对大自然直接的生产与实践行为；而后者的发生与成长则更多地包含了社会与文化的要素，主要功能是对已初步成型的文明模式与经济社会格局的加工与再生产，目的在于推动中国古代世界的内在循环与可持续发展。历代统治者对大运河的疏浚、改造一直不惜血本，就因为它实际上已经成为古代中国的"主干大街"，承担着政治、军事、交通、经济、移民、商贸、税收等多种重要服务功能。

杭州江干同春兴记茶行清单

斯宾格勒曾说："世界历史，即是城市的历史。"①也可以说，运河文明史就是运河城市发展史。沿运河水陆网络在广阔空间上扩展开去的城市与乡村，它们在社会结构、生活习俗、道德信仰及人的气质与性格上，无不打上了深深的"运河"烙印，是运河文明"基因"的再现与物化。作为独特的河流文明谱系，

① ［德］斯宾格勒著，陈晓林译：《西方的没落》，黑龙江教育出版社1988年版，第353页。

运河文明的精华集中于两岸的城市或中心城区，然后又以城市为枢纽而延伸到古代中国文明肌体的末梢与细部。如城东门和城北门在明清时期是天津最繁华的所在，原因无他，只是因为这两个城门正对着运河，占到了经济地理上的"区位优势"。又如北京齐化门外东岳庙一带，历来是京城人士辐辏之处，也是因为它沾了运河漕运的光。如《析津志》所述："江南直沽海道来自通州者，多于城外居住，趋之者如归。又漕运岁储，多所交易，居民殷实。"经济的发展必然带动以商业为主要标志之一的城市化进程，所以每年三月，东岳庙一带才会出现"道涂买卖，诸般花果、饼食、酒饭、香纸填塞街道"的城市景观。像这样的例子，在运河沿岸城市中是不胜枚举的。

　　大运河与沿岸城市是一体同胞、唇齿相依的。对于运河城市，它们或是由于运河开通而直接完成了自身的"城市化进程"，从默默无闻的农村或普通市镇发展为具有相当规模或中心意义的大城市。如山东临清，就是由于大运河的开通，把它一个叫"鳌头矶"的水洲改变为一个重要的运输与物流中心，同时也使临清一跃发展为"绅士商民近百万口"[1]的明清中心城市。清人贺王昌曾说"舟车辐辏说新城，古首繁华压两京"（《题清源》其二），这并不是诗人的想象，在明清时期，临清是华北最大的棉布、绸缎和粮食等商品集散和贸易中心。在明代经临清转销的布匹和纺织品每年至少在一二百万匹以上，在清代每年经由这里交易的粮食则达到500万～1000万石。以乾隆年间为例，临清城内粮食市场有六七处，粮铺多达百余家。又如唐宋时期的常州，当时江南运河西自朝京门外广济桥入城，经西水门出东水门后穿城而过，使常州获得"三吴襟带之帮，百越舟车之会"的令誉。发达的运河交通，不仅使常州出产的细纻、绵布、纸张成为唐代的贡品，极大地刺激了常州城市经济的发展。同时也由于穿过城区的运河曾数次改道南移，直接推动了常州城区的空间规模不断扩大。[2]或是借助大运河的综合功能超越了城市已有的规模与局限，使城市在空间、人口等方面发展到一个更高的水平。

---

[1] ［民国］中央研究院历史语言研究所编：《明清史料（甲编第10册）》，中央研究院历史语言研究所印行，民国十九年（1930年）。

[2] 何荣昌：《唐宋运河与江南社会经济的发展》，《运河访古》，上海人民出版社1986年版，第320页。

清《盛世滋生图》苏州胥桥（局部）

　　如古建筑学家罗哲文指出："如果没有这条运河，北京城可能就修不起来了。"①如故宫太和殿的龙柱、铺地的金砖等，也包括城市建设需要的大量木材与石料等，都是通过运河运来的。与《说文解字·土部》的"城，以盛民也"一致，城市人口是西方城市社会学评价城市化水平的主要依据，运河两岸城市人口增加也是衡量运河对城市发展影响的重要尺度。如苏州正是在大运河开通以后，才"成为江南运河线上的中心城市，……隋时苏州人户只有一万八千多户，唐天宝间增至七万六千多户，元和年间又发展到十万户，成为江南大郡"。又如运河最南端的杭州，"隋时一万五千户，唐贞观

---

① 李韵：《大运河保护应遵循"原真性""完整性"》，《光明日报》2007 年 3 月 12 日。

扬州白塔秋光图，
作者不详。明清
时期扬州靠盐商
和运河再度兴盛

三万五千户，宋元丰年间增至
十六万户，南宋初为二十六万
户，至咸淳年间高达三十八万
户、一百二十多万户口，成为
全国最大的城市"①。运河城
市中如此巨大规模的人口，不
仅是运河作为国家交通系统固
有的聚集效应的直接表现。同
时大量的城市人口也只有依靠
运河才能生存与发展。如一千
多年来，北京人吃的大米就都
是通过运河运来的。

最重要的一点是，许多城
市的命运与大运河的兴衰紧密
联系在一起。以扬州为例，在
京杭大运河走向繁盛的唐代，
扬州是一座举世闻名的大都
市，"那里商贾云集，店铺栉
比，各种货物，从高档的珠宝绫罗到日常生活用品，精美
华丽，应有尽有。那里不仅山水风光，明媚秀丽，而且有
数不清的酒馆、茶店，有身怀绝技的艺人、手艺高明的厨
师和充满浓郁地方色彩的美味佳肴，可以供人们尽情地吃
喝玩乐，尽情地享受挥霍。无论是白天，还是夜晚，扬州
的生活总是沉浸在一派热闹、繁华、喧腾的气氛之中"②。
在京杭大运河欣欣向荣的元明清三代，扬州也一直处于繁
荣与发展中。真正使扬州命运发生逆转的，是另一种现代

① 何荣昌：《唐宋运河与江南社会经济的发展》，《运河访古》，上海
人民出版社 1986 年版，第 320~322 页。
② 阎守诚：《隋唐小说中的运河》，《运河访古》，上海人民出版社
1986 年版，第 85 页。

交通系统对大运河的取而代之。如现代作家郁达夫所说："自大业初开邗沟入江渠以来,这扬州一郡,就成了中国南北交通的要道;自唐历宋,直到清朝,商业集中于此,冠盖也云屯在这里。既有了有产及有势的阶级,则依附这阶级而生存的奴隶阶级,自然也不得不产生。贫民的儿女,就被他们强迫做婢妾,于是乎就有了杜牧之的青楼薄幸之名,所谓春风十里扬州路者,盖指此。有了有钱的老爷,和美貌的名娼,则饮食起居(园亭),衣饰犬马,名歌艳曲,才士雅人(帮闲食客),自然不得不随之而俱兴,所以要腰缠十万贯,才能逛扬州,以此。但是铁路开后,扬州就一落千丈,萧条到了极点。从前的运使,河督之类,现在也已经驻上了别处;殷实商户,巨富乡绅,自然也分迁到上海或天津等洋大人的保护之区,故而目下的扬州只剩下了一个历史上的剥制的虚壳,内容便什么也没有了。"①

与人工开凿的大运河关系如此密切,使运河城市与其他中国城市在发生上有很大的区别。如西方城市社会学家认为城市起源于防卫的需要,在《墨子·七患》中也有"城者,所以自守也"的记载,不少人认为汉语中"城"的本义是城垣,主要功能也是防卫,因而防卫功能也是中国古代城市发生的重要原因与基本内涵。在中国最具代表性的无疑是万里长城,它的功能即"自守",是中国一个最大的城垣。与之相对,大运河的主要功能则可以称为"市",它的基本功能是"买卖所之也"(《说文解字》),是"致天下之民,聚天下之货"(《易·系辞下》)。与"城"因防卫需要而倾向于封闭不同,"市"的功能在于推动内部循环与外部交流,这在客观上有助于使中国社会成为一个内在联系更加密切、对外交流更加通畅的有机体。

强大的联系交流功能集中体现在运河城市上,在表层是实用性的交通、物流、商贸等,在深层则直接建构了城市新的存在方式与运行机制。这可以用"经济型"与"政治型"来阐述。"政治中心的核心问题不在生产环节而在分配环节,首要功能是如何聚敛与控制社会生活资料与物质财富。为了更有效地强化统治的物质基础与社会秩序,传统政治中心一般也会自觉不自觉地限制、压迫其他城市的规模与实力,如朱元璋对'中古时期最富裕、城市

---

① 郁达夫:《扬州旧梦寄语堂》,《郁达夫游记》,上海书店1980年版,第126页。

化程度最高和最先进的经济文化中心'苏州的压制，就具有代表性。经济中心的基本功能是扩大生产规模、贪婪地占有自然资源、人力资源以便创造出更多的物质财富，与前者不同，它最突出的城市性格是一种'永无休止'地探索与扩张的浮士德精神"[1]。以苏州为例，"宋代苏州城的建设和城市经济更加兴盛。从现存宋代石刻《平江图》可以看出宋代苏州城市的规模与繁荣。城区有南北向河道六条，东西向河道十四条，街道与河道并行，排列整齐。城里的商业很发达。有米行、丝行、鱼行、船行等数十种行业。运河上往来商船很多。宋人龚明之的《吴中纪闻》称苏州'风物雄丽为东南之冠'。"以杭州为例，"城市商业十分繁荣，临安城里有四百十四行。北宋熙宁十年，杭州的商税已居全国首位，共八万二千多贯，南咸淳年间增至四十二万贯"[2]。如果说，政治型城市趋向封闭，对中国社会的稳定具有重要作用，那么经济型城市则倾向开放，是一个社会具有活力与创造性的集中体现。在泛政治化的中国古代城市中，运河城市代表了经济型城市的中国模式与经验，对于中国当代城市发展特别是市场经济建设具有鲜明的参照价值与重要的示范意义。

如同有机体一样，社会发展也需要不断地扩大交流互鉴，依赖河流文明而出现的运河城市，在这一点上有其他城市不能比拟的巨大区位优势，为中国古代社会的开放发展作出了巨大贡献。由于中国古代农业文明总体上"喜静不喜动"，容易走向自闭与僵化，因而在运河两岸出现的这些活力充沛、性格外向的城市，对中国古代社会的自我更新与可持续发展，其功劳是怎样评价都不为过的。

三 大运河城市群及其对中国古代世界的影响

运河城市不是一些联系松散的单体城市，借助运河文明在水文、商业、航运等方面的共通性，它们构成了一个规模巨大、具有"家族类似"的形态

---

[1] 刘士林：《都市与都市文化的界定及其人文研究路向》，《江海学刊》2007年第1期。

[2] 何荣昌：《唐宋运河与江南社会经济的发展》，《运河访古》，上海人民出版社1986年版，第320~322页。

和功能的城市群，是中国古代纵贯南北的"主干大街"。

　　城市群是一个当代概念，也被叫做都市群、都市带或都市连绵区。1961年，地理学家戈特曼（Jean Gottmann），发表了他的里程碑式著作《城市群：美国城市化的东北部海岸》，书中第一次提出了"城市群"概念，其英文为"megalopolis"，来自希腊语的"巨大城市"。按照相关的研究，衡量城市群的标准主要有五条：一是区域内有比较密集的城市；二是有相当多的大城市，中心城市与外围地区的经济社会联系十分紧密；三是城市间有通畅便捷的交通走廊；四是人口必须达到相当大的规模，西方的标准是2 500万人以上；五是属于国家的核心区域，并在国际联系中起到交往枢纽的作用。抛开一些历史的因素和发展阶段的差异，中国大运河沿线城市可以说就是一个古代中国的城市群。

　　这可以从几个方面看。第一，区域内有比较密集的城

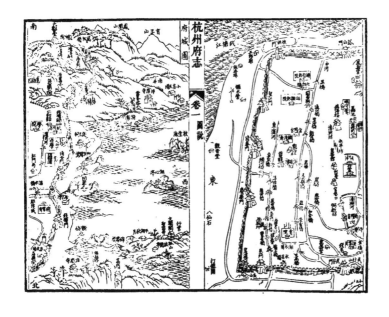

清代杭州府城图
（清乾隆《杭州府志》）

市，这是不成任何问题的。以京杭大运河为例，它的重要城市在数量上已有17座。而如果以中国大运河为例，其重要城市则还要更多。第二，运河城市之间的经济社会联系十分密切，其中也不乏人口超过百万的大城市。如明清时代江南的中心城市苏州，首先，它是一个具有相当规模的"特大城市"，"在明中叶至清中叶的三个世纪中，苏州城市有显著扩大。这个扩大同时表现为城市地域范围的扩展与城市人口的增加。苏州城市变化的主要趋势，是城市从府城内扩大到城厢附郭和郊区市镇，从而形成一个以府城为中心、以郊区市镇为'卫星城市'的特大城市"①。其次，以苏州大都市为中心，还形成了一种十分成熟、多层级的、可以辐射全国的古代市场经济体系，"苏州不仅是江南区域市场，而且已具有全国市场的规模，它的经济辐射力已遍及全国各地，而全国各地的商品和商人都汇集到苏州来"②。第三，通畅便捷的交通走廊更不成问题，大运河本身是古代中国的一条"高速公路"，核心城市之间的往来交通十分便捷。以扬州为例，如沈括《平山堂记》所说："自淮南之西，大江之东，南至五岭蜀汉，十一路百州之迁徙贸易之人，往还皆出其下。舟车日夜灌输京师，居天下之十七。"尽管它与今天现代化的交通系统不能相比，但在当时已是人们可以利用的最便捷、效率最高的了。正是因为这个原因，自宋太宗雍熙四年（987年）以后，南北贸易"以陆路不便，悉从水路。……自此迄于宣和不改"（王栐《燕翼诒谋录》卷五）。第四，从人口规模与数量上看，不仅当时的苏州、杭州、扬州都是人口超过百万的"国际化大都市"，即使像临清这样如今已衰落的城市，在它的繁盛时期人口也超过了一百万的规模。第五，至于运河城市作为国家核心区域也是无须论争的。如张方平《论汴河》所说："今日之势，国依兵而立，兵以食为命，食以漕运为本，漕运以河渠为主。今仰食于官廪者不惟三军，至于京师士庶以亿万计，大半待饱于军稍之余，故国家于漕事至急至重。有食则京师可立，汴河废则大众不可聚。汴河之于京师，乃是建国之本，非可与区区沟通水利同言也。大众之命，惟汴河是赖。"③当代也有学者指出："唐

① 李伯重等主编：《江南的城市工业与地方文化》，清华大学出版社2004年版，第7页。
② 陈学文：《明清时期太湖流域的商品经济与市场网络》，浙江人民出版社2000年版，第256页。
③ 转引自陈凤珍：《汴河与开封》，《运河访古》，上海人民出版社1986年版，第207页。

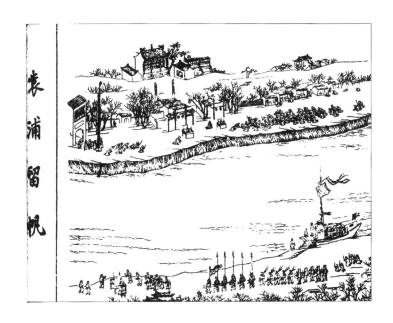

宋王栐撰《燕翼
诒谋录》书影

袁浦留帆

宋汴河是维系唐宋王朝繁荣的支柱。唐代中叶，转运到长安的漕粮一般每年保持在四百万石左右，北宋时仅汴河就猛增至六七百万石。唐宋两代通过汴河转运的漕粮到底有多少，难于用数字表达，每年航行在汴河上的船只成千上万，一般有六七千只之多。从唐代中叶起，汴河就是维持唐王朝存在的生命线……是真正的交通大动脉和生命线。"[1]最后，大运河在当时也是重要的国际交往枢纽。如田余庆所说："大运河的一端通过明州港以通海外诸国，另一段则从洛阳西出以衔接横贯亚洲内陆的'丝绸之路'。可以说，大运河起着沟通陆上'丝绸之路'和海上'丝绸之路'的巨大作用。"[2]

正是大运河提供的地理、交通便利与经济文化联系，使运河两岸城市在自身不断做大做强的同时，日益发展为一个水平更高、规模更大的城市共同体。特别值得关注的是，像这样一个城市群对中国古代社会的重要性。作为一个在经济社会发展上直接联系南北、在文化上横贯燕赵、齐鲁、吴越、河洛等区域文化的城市群，它极大地促进了中国内部在人口、物质、信息、生活方式与价值观念等方面的交换与交流，这对于改变古代专制政治体制下日趋僵化与保守的社会与文化结构，使其在生态上实现多样性，在实践中走向多元化具有重要的意义。

这可以从两方面加以深入地了解。首先，中国古代社会有两个基本特点：一是农业经济对自然条件与环境的高度依赖，二是社会的再生产主要以"乡土中国"为中心进行。运河文明与运河城市群则与此相反，如果说商贸性是运河文明的基本特点，那么城市经济与文化则是运河城市群的本质。这两种非农业的经济要素与文化特质一旦结合起来，必然在整体上对中国古代政治、经济、社会与文化产生重要的影响。由于运河涉及的人口众多与空间规模巨大，使得这种影响得以在一个更加广阔的范围扩展开去，并在很大程度上改变了中国古代社会的历史进程。其次，运河城市群还直接参与了中国古代城市的建构与发展。经济史学家曾将中国城市分为"开封型"与"苏杭型"，前者作为政治中心，基本上是北方大都市的象征，"工商业是贵族地主的附庸，没有成为独立的力量，封建性超过了商品性"，"充满了腐朽、没落、荒淫、

---

[1] 马正林：《唐宋运河述论》，《运河访古》，上海人民出版社1986年版，第14页。
[2]《运河访古》，上海人民出版社1986年版，前言第6页。

腐败的一面"，后者作为经济中心，则多半以江南大都市为代表，其"工商业是面向全国的"，流露着"清新、活泼、开朗的气息"。[1]这个划分也可以用来表明中国南北城市的差异。但在运河城市群中，频繁的交往与交流使两者的区别明显弱化，甚至出现了一体化的重要征兆，突破了北方政治型城市与江南经济型城市的界限。如明代朝鲜人崔溥在《漂海录》中就将山东临清与江南城市相提并论："繁华丰阜，无异江南，临清尤为盛。"[2]江南的生活方式正是沿着运河传播到北方城市的，如临清人喜欢使用竹器与马桶，至今还留下竹竿巷、箍桶巷这样的街名。

当然，交流与影响总是双方面的，大运河也为江南城市向北方与中原学习提供了桥梁，如《隋书·地理志》谈三吴地区："毗陵、吴郡、会稽、余杭、东阳……数郡，……其人君子尚礼，庸庶敦庞。"对"运河城市群"作深入与全面的研究，可以改变许多以往形成的"观念"与"常识"，对于深入认识中国城市与中国文化是一把重要的钥匙。

四　作为"文化线路"的大运河

如同人类其他交通工程一样，古代中国人开挖运河的目的之一是发展经济。经济是政治最重要的基础，所以发展经济的根本目的在于维护统治。受之影响，人们对运河的认识与研究，长期以来也主要局限于政治、经济等实用层面。而把目光仅仅停留在"物"上，则不能不说是一个很大的缺憾。首先，大运河的开凿与整修，不仅只为粮食、茶叶、丝织品等提供了便捷的流通渠道，由于"物"的背后是"人"，有着特殊的感性需要、精神内涵与文化形式，因而，从一开始，大运河本身也是南北乃至古代中国与世界发生联系的重要桥梁。在大运河的深层，还潜藏着一条文化的河流，它不仅直接串联起南北，也由于沟通了黄河与长江等水系，从而间接地连接起更为广阔的空间，对中国文化大格局的形成具有十分重要的作用。其次，尽管大运河的鼎盛时代已经过去，对当今中国与世界的政治经济功能大为减弱，但正如"实用退潮，

---

[1] 傅衣凌：《明清时代经济变迁论》，人民出版社 1989 年版，第 158 页。
[2] 转引自刘泽贵等：《独占鳌头看临清》，《平原晚报》2005 年 8 月 10 日。

通州运河与宝塔铜版画及《地理志略》书影（自赵大川编著《京杭大运河图说》）

审美登场"这一美学原理所暗示的，直接的政治经济功能衰退，并不意味着大运河已寿终正寝；相反，正是直接的功利性与实用性功能退居二线，才使它固有的思想、情感、记忆等文化审美功能获得了表现的可能，具有了重要的历史文化遗产价值。

在世界文化遗产的申请与保护上，有一个重要的新概念是"文化线路"（cultural routes or cultural itinerary）。有关专家指出，文化线路是指带有起点和终点、具有一定长度和宽度的线性景观或网络系统，其特殊性在于"整体大于个体之和的价值"，如某段重大历史时期经常性和重复性运动的物理表现或认识表现，能够连接时间、空间，跨越陆地和水域，或者除了促进商品和思想交流外，还推动文化区域内或各文化地区间的共同发展。文化线路的主要特征是：①与一定历史时期相联系的人类交往和迁移的路线，既包括一切构成该路线的文化元素，如城镇、村庄、建筑、闸门、码头、驿站、桥梁等，同时也包括山脉、陆地、河流、植被等自然元素。②作为一种线形文化景观，它可以是国际的、国内的、地区间的或地区内部的；可以是一个

清《盛世滋生图》苏州阊门水陆通衢集市（局部）。唐代以后坊市限制的打破，集市一般在桥和水陆交通发达的地区形成

文化区域内部的，也可以是不同文化区域间的。③它的价值构成是多元与多层次的：既有作为线路整体的文化价值，又有承载该线路的自然生态价值；既包括其内部的建筑和其他单体遗产自身的价值，也包括非物质文化遗产所蕴涵的人文价值。从这些基本的界定看，在时间上始于春秋时代，历经整个古代社会，直到今天仍在使用，在空间上一直作为中国南北地区联系的重要枢纽，无疑是世界文化遗产中一条重要的"文化线路"。

作为"文化线路"的大运河，也主要是以运河城市为中心展开的，其具体内容可以从二方面加以了解：

首先，大运河的开通与历代的整修，对于古代北方先进生产技术与文化的向南传播，具有重要的交通走廊意义。如何荣昌先生说："自从隋炀帝开江南河之后，不但改善了江南水陆交通的面貌，更重要的是使江南地区与中原联系在一起，从此，江南地区与全国各地发生了广泛的经济文化联系，对江南地区以及东南沿海社会经济的发展，产生着深远的影响。"①如翁俊雄说："唐前期，社会安定，运河畅通，南来北往的人们大致经由汴河路。开元、天宝时留下了很多这方面的记载。李涉和韦建先后沿运河南下，沿途作诗，以志

① 何荣昌：《唐宋运河与江南社会经济的发展》，《运河访古》，上海人民出版社 1986 年版，第 310 页。

扬州文选楼（自《江
都县志》）

此行。李涉有《潍阳行》（《全唐诗》卷 883），韦建有《泊舟盱眙》（《全唐诗》卷 257）。崔颢送友人南下，有'长安南下几程途，得到邗沟吊绿芜'（《维阳送友还苏州》，《全唐诗》卷 130）之句。岑参送友人南下省亲，云：'汴水扬波澜，万里江南通。''老亲在吴郡，……复展膝下欢。'（《送张秘书充、刘相公通、汴河判官，便赴江外觐省》，《全唐诗》卷 198）上述潍阳、盱眙、邗沟、吴郡，就扼要地勾画出运河一线。"①由此可知，大运河文化路线的第一层即北方与中原文化的南迁，尽管文化沿运河南迁的研究相对不足，但都是历史上真实发生过的事情，也是大运河文化研究可以拓展的领域。

其次，大运河的开通与整修，不仅直接刺激与活跃了不同地区间的物流商贸与人际交往，同时也对古代中国与世界的往来及其路径产生了重要影响。大运河被称为"东

① 翁俊雄：《唐宋运河之古今》，《运河访古》，上海人民出版社1986 年版，第 367 页。

方世界主要国际交通路线"，如田余庆在《运河访古》的前言中提到的"海上'丝绸之路'"："唐宋……时期的丝织工艺、陶瓷制造术、建筑术、造纸印刷术、指南针以及各种文化书籍向海外传播，对世界经济文化的发展是一个巨大的贡献。"[1]其实，这种国际化的交往并不限于沿海港口城市，位于南运河（天津至临清）地段上的德州，也曾是大运河上一个重要口岸城市。在明永乐十五年(1417年)，苏禄国东王巴都葛叭哈剌曾携同西王麻哈剌叱葛剌麻丁、峒王巴都葛巴剌卜及其家属三百四十余人漂洋过海，沿着运河一路北上，在北京受到永乐皇帝的热情款待。在三王原路返回时，因气候不适，苏禄王一病不起，将骸骨埋在了德州，他的部分亲属也驻留下来，并最终融入中华文化，留下了中外文化友好往来的历史一页。也就是说，大运河文化路线的第二层是中国与世界的双向传播与相互影响。在以上两方面的研究中，尽管人们关注的焦点主要是经济与社会，但由于政治、经济与文化的相互缠绕关系，文化交流的信息也必然隐含在其中。倘若在今天沿着这个方向进一步开掘与探索，一定会描绘出一幅完整而生动的中外文化线路图。

再次，是江南文化对北方、中原文化发生作用与影响的文化线路。与前两条线路不同，这在以往基本上是被忽视的。其主要原因在于中国传统社会有"重北轻南"的传统。北方是中国的政治、军事与意识形态中心，江南文化只是一个没有话语权的附属角色，使人们往往只见前者对后者的单向传播与影响，而对于后者对前者的影响，即使偶而被零星地提到，也基本上缺乏深度的关切。如有人尽管注意到运河的开通，使江南的丝织工艺、陶瓷制造术、建筑术、造纸印刷术、指南针及各种文化书籍大量运往北方，如茶叶有"舟车相继，所在山积"（《封氏闻见录》卷6）之说，但这些江南物产对北方与中原生活方式与价值观念的影响，基本上是看不到有"下文"的。传统上"重北轻南"的意识形态，与当代"重经济而轻文化"的运河研究思维定势，共同造成了江南文化北行研究的缺席或不定。

江南文化向中原与北方地区的传播，不仅有客观的必然性，也有深刻的历史背景。首先是江南地区学术文化的后来至上。至少在魏晋以后，江南地

---

① 田余庆、李孝聪：《唐宋运河在中外交流史上的地位和作用》，《运河访古》，上海人民出版社1986年版，第135页。

《南巡盛典》书影

区的学术文化就超过了北方，如刘师培说："魏晋以后，南方之地学术日昌，致北方学者反瞠其后。"（《南北学派不同论》）而到了两宋时期，杭州则成为全国的印刷业中心之一。如王国维说："北宋刊本，刊于杭者，殆居大半。"（《观堂集林》第4册《两浙古刊本考序》）

当代学者也指出："南宋时，除官刻的'监本'通行全国之外，大大小小的私家刻书铺，遍布杭城大街小巷，有名可查者就有十几家。就质量而论，也以杭州的印刷技术最高，汴京人叶梦得说：'今天下印书，以杭州为上，蜀本次之，福建最下。汴京比岁印板殆不减杭州，但纸不佳。蜀与建，多以柔木为之，取得易成而速售，故不能工。'（叶梦得《石林燕语》卷八）书籍的大量刊行，促进了文化知识的广泛传播。再加上杭州湖山秀丽，经济繁荣，运河交通的便利，又使之与各地的文化交流联系十分频繁和密切，可得风气之先，于是一时又成为全国人文荟萃之地。"①其次是江南发达的文教事业培养出众多的优秀人才。江南地区经济生产力的发达，为人才培养奠定了雄厚的物质基础。在北方与中原，"不幸而有荒年，则伐桑枣，卖子女，流离失所，草芽木皮无不食者"（丘濬《天下衍义补》）。而频繁的战争也直接影响到文化再生产，"中州老师存者无几"，以至于明洪武二十年（1387年）"特迁南方学官教士于北"。但在"膏腴千里，国之仓庾"的江南地区，

① 李志庭、楼毅生：《运河与杭州》，《运河访古》，上海人民出版社1986年版，第343~344页。

临清二闸修禊。描
绘了农历三月初
三，人们在鲁运河
临清段嬉戏，以消
除不祥的民俗

则是"民既富，子弟多入学校"（王世懋《二酉委谈摘录》）。
物质基础是精神文明发展的前提，早在北宋，南人考取进
士的人数已多于北方，全明初，进士的名额儿被南方人垄
断，明仁宗为解决南北文人之争，曾于洪熙元年（1425
年）制定了"南方取十之六，北方取十之四"（《明史》
卷七十）的政策。以江南水乡同里为例，从唐初贞观（元
年即627年）年间到清嘉庆十五年（1810年）间，同里
出了一个状元、38个进士和80个举人。大量江南士子或
游学或求仕，必然要把江南社会的文化、风俗、生活方式
带往中原与北方。但是很可惜，在多数情况下，人们看到
的是江南有多少船米、丝织品、茶叶等销往北方与中原，
对于其文化的北行则很少予以关注。不仅士子与官宦，也
包括为数众多的江南客商等，他们沿着大运河北上的历史
与文化行程，至今未能得到重视与系统的研究，使一条原
本应该更丰富多彩的大运河文化线路，不仅在形式上显得
过于呆板，在内容上也是相对匮乏的。

以运河两岸城市为主要对象，对大运河的文化线路进行考古与重绘，不仅可以丰富对大运河城市文化内涵的认识，也有助于当代人更深刻地理解中国文化与历史。中国区域文化虽然不少，但以北方的齐鲁文化与江南文化最具代表性。齐鲁文化本质上是一种伦理文化，而江南文化本质上是一种诗性文化，它们代表着中华民族最基本的生存需要与文化理想，因而两者之间的双向交流是十分必要的。一方面，伦理人文非常重要，是人与动物、文明人与野蛮人相区别的标志，但正如冯友兰说，"道德境界中人"可以做到不怕死，但却没有"生的快乐"，因其审美机能在伦理异化中"失语"了，所以仅有齐鲁伦理人文是不够的。另一方面，这恰好突显出江南诗性人文对一个务实民族的文化价值。正是由于江南诗性文化对齐鲁伦理文化的制约与渗透，才使得过于刚毅木讷的中原主流文化价值体系容易获得自身的平衡。在原理上讲，有了充满现实责任感的齐鲁礼乐，可以支撑中华民族的现实实践；而有了超越一切现实利害的生命愉快，则可以使在前一种生活中异化的生命一次次赎回自由。[①] 由于北方与中原文化一直占据主流，导致伦理文化与诗性文化的交流十分困难，所以在一些古代文献中，往往充斥的是伦理文化对江南风情的"批判""辱骂"乃至于"诅咒"。以运河城市文化为立足点和根据地形成的大运河文化线路，使在原则上针锋相对的伦理文化与审美文化，在现实中获得了接触、理解、对话与融合的可能。如古代北方士大夫在江南的青山绿水间可以重新发现人生的真谛；如在北方作家刘绍棠的运河系列小说中，也可以看到美丽、活泼，有一点自然与野性的水边女子，与儒家语境中"非礼勿视，非礼勿听"的"闺阁中人"不同，在她们身上似乎更多地可以看到江南文化的身影。这是大运河给中华民族带来的新文化理念与重要精神财富，如果没有大运河，中国传统文化一定会单调与贫乏许多，这是毫无疑问的。

五　日落江湖白，潮来天地青

与运河城市本身一样，依托于独特的地理、经济与社会条件，在文化冲突、

[①] 刘士林：《西洲在何处——江南文化的诗性叙事》，东方出版社 2005 年版，第 38 页。

碰撞与交流中，大运河还孕育出自己独特的文化形态与景观，而不仅仅只是一条南北、东西或中外文化交流的桥梁。运河城市文化主要体现在三方面：从文化类型上看，与古代主流的农耕文化不同，它本质上是一种城市文化；从城市功能上看，运河城市超越了"政治型"与"经济型"的二元对立模式，是两者在中国古代融合得最好的城市发展模式；从生活方式上看，与安土重迁、封闭保守的农业社会不同，在运河文化中包含了极其丰富的现代城市要素。在今天看来，最可注重的是运河城市文化的开放性与多元化，它们既对中国古代社会向更高水平的发展起到重要的刺激与推动作用，又在岁月沧桑中逐渐演化为一种弥足珍贵的文化资源与遗产，因而是研究中国当代城市社会与文化的一个重要的本土性对象。

尽管没有《二京赋》《三都赋》的铺陈与繁丽，没有《东京梦华录》《武林旧事》的沉吟与低徊，也没有《清明上河图》的直观与完整，在以城市与市民为主要内容的明清小说中，大运河还是为自己留下了许多珍贵的感性擦痕与历史镜头。

如《警世通言》中的《杜十娘怒沉百宝箱》。李甲是浙江绍兴府人氏，"自幼读书在庠，未得登科，援例入于北雍"。后来与杜十娘相识，两人走水路从京城回来，"再说李公子同杜十娘行至潞河，

清陈森《绘图品花宝鉴》书影

舍陆从舟。却好有瓜州差使船转回之便，讲定船钱，包了舱口……不一日，行至瓜州，大船停泊岸口，公子别雇了民船，安放行李。约明日侵晨，剪江而渡"。在瓜州不幸结识孙富，最终出卖了杜十娘，杜十娘万念俱灰，投江自尽，在运河上演出了一幕悲惨凄美的爱情故事。再如《品花宝鉴》中也有涉及苏州梨园和大运河的故事。

又如《警世通言》卷一讲述明朝永乐年间，北直隶涿州人苏云往浙江金华府兰溪县赴任，"此去是水路，该用船只"。小说讲到，当时不论客货私货，只要揽一位官人乘坐，借其名号，便可免一路税课，所以船家不仅不要船钱，反而要送几十两银子为孝顺之礼，谓之坐舱钱。"苏知县同家小下了官舱，一路都是下水，渡了黄河，过了扬州广陵驿，将近仪真。因船是年远的，又带货太重，发起漏来，满船人都慌了。苏知县叫快快拢岸，一时间将家眷行李都搬上岸来"。但不幸遭遇强人，苏云被"棕缆捆作一团，如一只馄饨相似，向水面扑通的撺将下去"。类似的故事又见于《金瓶梅词话》第四十七回，小说写扬州员外苗天秀的家人苗青与小妾刁氏私通，被发现后被痛打一顿，"誓欲逐之"。此时，天秀的表兄、东京开封府通判黄美寄书信来，邀其去东京游玩，兼谋前程。于是苗天秀带着家人苗青，"收拾行李衣装，多打点两箱金银，载一船货物"，"从扬州码头上船，行了数日，

明万历刊本《金瓶梅词话》插图

大运河中的漕运
景象。《康熙南
巡图》（局部）

到徐州洪。停泊在陕湾，不料搭的船只却是贼船。两个舟子皆是不善之徒，苗青就和舟子合谋杀死苗天秀，苗青另搭了船只，载至临清码头上做起了生意来。"如果将包括它们在内的各种细节全部串联起来，一定可望获得一部完整的以通俗文学与民间文化为主题的运河城市文化史。

这部历史的重要性不仅在于拾遗补缺，具有重要的社会学、民俗学、文学、史学、区域文化等学术价值，也可以为今天运河城市进行文化城市建设、文化创意产业研发、推动文化旅游业发展提供重要的资源、灵感与思路。

由于在古代城市体系中政治地位不高，以及在上层建筑与意识形态中缺乏自己的代表，所以在历史上意义十分重要的大运河城市群，在中国传统社会中并没有获得应有的评价，这是中国农业文明的历史局限与遗憾。但六千里运河上一座座曾灯火辉煌、无限繁华的城市，并没有因为受到歧视与打击而颓废与止足不前。直到今天，大运河城市群仍在顽强地证明了自身存在的价值。如连接淮河、长江两大水系的京杭运河江苏段，常年有 13 个省、市的船舶往来，一直承担着长三角地区大宗物资中转集散和北煤南运的战略任务。其中苏北运河是国家北煤南运的黄金水道，年货运量接近 1.2 亿吨，苏南运河则是大宗建材、生产资料的主要运输通道，其 2006 年时还有相当于沪宁铁路四五条单线或六条沪宁高速公路的年货运量。在世界文化遗产保护中，古老的运河城市群再一次以它巨大的文化遗产价值震惊了世界。与世界上其他运河相比，中国大运河的优势十分明显。如 1985 年被列入《世界遗产名录》的西班牙塞戈维亚古城与罗马时代的高架引水渠，它建于公元前 1 世纪，但长度只有 813 米，只是一个古建类的水利设施。又如 1996 年列入《世界遗产名录》的连接地中海和大西洋的法国米迪运河，它的全部家底是：建于 1667 至 1694 年，全长 240 公里，航运水道网络 360 公里，328 个建筑物（闸、导水渠、桥、隧道等）。再如 2007 年列入《世界遗产名录》的加拿大里多运河 (Rideau Canal)，它起于渥太华终于金斯顿，由河流、湖泊、人工运河将安大略东部的城镇连接起来，全长只有 202 公里。[①]中国大运河不仅有漫长的河道，无数的码头、船闸、桥梁、堤坝，及沿岸的衙署、钞关、官仓、会馆、庙宇和驿站，同时也是一个独特的河流文明谱系与集群性的城市文化形态，由北京、天津、沧州、德州、临清、聊城、济宁、商丘、开封、郑州、洛阳、徐州、淮安、高邮、扬州、镇江、常州、无锡、苏州、嘉兴、杭州等城市构成，无论是时间的早晚，运河的长度，还是空间规模本身，都是前三条运河无法相提并论的。

作为人类文明中独一无二的文化遗产，作为大运河文化带和国家文化公园建设的主要功能区和承载地，中国大运河传承保护利用应以运河城市群的主体形态为总体战略框架，才能更深刻与全面地展示其特有的集群优势与重要地位。这不仅可进一步增加大运河世界文化遗产的丰富性与权威性，彰显大运河文化带和大运河国家文化公园的主体框架与支撑体系，同时也是推动运河城市群在经济全球化时代走向复兴与新生、实现自身跨越式发展的重要战略平台。基于大运河城市的历史地位和时代价值，本书以运河两岸 21 座重要城市为对象，深入挖掘其历史文化资源，系统整理其文化资产和生活方

---

① 《世界各国运河文化遗产保护和申遗情况的比较研究》，《光明日报》2007 年 3 月 12 日。

式，着力阐述其作为中华民族精神根脉的重要内涵，努力
展示其作为彰显文化自信亮丽名片的人文精神与文明价
值，为加强运河世界遗产保护、推进大运河文化带和国家
文化公园建设略尽绵薄之力，共同期待两岸万家灯火、水
上千帆竞发的运河繁华景象再次到来。

目　录

第一城　北京（通州）：源头活水出京华，一水恋恋过通州 — 001

一、北京的城墙，城外人看城内景 — 001

二、白莲涌绿波，清水胜浑水 — 003

三、西高东低，水激沙扬，说破了终是等闲事 — 006

四、百"泉"归"海"，小小海子，一线通南北 — 012

五、熏风南来，吹皱一池春水 — 014

六、阅尽繁华终遗弃，多少事，猜不透 — 018

七、运河遗韵，到如今，说与谁人听 — 021

八、一水脉脉向东流，不是瀛洲，是通州 — 025

第二城　天津：九龙治水天津卫，两强相逢义者胜 — 031

一、渠成水转成大势，海河为界亦为媒 — 031

二、九龙治水，夺尽众势，平地起波澜 — 033

三、成也直沽，败也直沽，残垣颓壁屡收拾，可悲叹 — 036

四、神京门户，销金锅儿 — 042

五、拳打脚踢，强强相遇，义者胜 — 047

六、人在"江湖"，怎一个"混"字了得 — 050

第三城 沧州：萧条尽掩门，荒城明落景 —— 055

一、河人共东望，日向积涛生 —— 055

二、泱泱乎表海之雄风 —— 062

三、镖不喊沧州 —— 067

四、停桡买沧酒，但说孙家好 —— 070

第四城 德州：黄沙卫河水，清野德州城 —— 075

一、以水名州，因河设卫 —— 075

二、三王拜中华，运河埋忠骨 —— 080

三、出逢漕船来，入逢漕船去 —— 088

四、缅怀古贤哲，高卧得神趣 —— 094

第五城 临清：临清人家枕闸河，两岸歌钟十里楼 —— 101

一、舟车辐辏说新城，古首繁华压两京 —— 102

二、舟车捆载纷如雨，江上帆船万斛来 —— 109

三、一自髫年为禄仕，挂帆常向鲁门行 —— 118

四、上下滔滔会通河，南北悠悠临清巷 —— 125

第六城 聊城：三千里曹挽咽喉，四百年江北都会 —— 133

一、独登光岳楼，临眺起沧桑 —— 133

二、运河赐良机，"江北一都会" —— 137

三、意气洋洋过秦关，闻曲始觉离家远 —— 141

四、运河水长，翰墨飘香 —— 144

五、至诚参天地，伟烈壮古今 —— 147

六、水起处，繁华难掩；水落时，颓势难挽 —— 150

第七城 济宁：济宁人号小苏州，城面青山州枕流 —— 155

一、行在一时，功在千秋 —— 155

二、治运功臣今安在 —— 159

三、苦中犹唱运河歌 —— 164

四、南来北往济宁客 —— 171

第八城 徐州：汴水流，泗水流，流到瓜州古渡头 —— 178

一、一城四水三诗人 —— 178

二、一祖一鼎五王朝 —— 184

三、三洪一书一才子 —— 187

四、一湖一湾一能臣 —— 192

第九城 淮安：渺渺孤城白水环，舳舻人语夕扉间 —— 196

一、襟喉南北 南船北马 —— 196

二、纸糊的淮阴 铁打的淮安 —— 201

三、英雄儿女 锦绣才人 —— 202

四、运河文化 文化运河 —— 206

五、淮扬菜 开国菜 —— 209

六、万万顺 少少高 —— 213

七、淮水安澜 花满清江 —— 217

第十城 高邮：千古一邮邑，运河起繁华 —— 221

一、水运线上起繁华 —— 221

二、"甓社湖中有明月，淮南草木借光辉" —— 225

三、"腌蛋以高邮为佳" —— 230

第十一城 扬州：二十四桥明月夜，玉人何处教吹箫 —— 234

一、中华运河第一城 —— 234

二、天下名镇数扬州 —— 237

三、淮左名都，竹西佳处 —— 243

四、扬州繁华以盐盛 —— 248

第十二城　镇江：地雄吴楚东南会，水接荆扬上下游 —— 257

一、流贯江南古运河，西津渡口舟车忙 —— 257

二、舳舻转粟三千里，灯火沿流一万家 —— 262

三、豪情霸气雄镇江，江南锁钥战事频 —— 267

四、满眼风光是北固，金焦二山一肩挑 —— 270

五、文人荟萃古镇江，运河文化千古传 —— 275

六、江南城市江北人，京口盛况看今朝 —— 279

第十三城　常州：龙城岁月悠悠过，撒满一河星辉 —— 282

一、绝代红颜比诗篇，天下名士有部落 —— 282

二、龙城岁月悠悠过，八邑名都雄一方 —— 286

三、千帆竞发为漕粮，新生百业随运起 —— 291

四、文亨穿月有桥乡，层园叠翠是诗渊 —— 297

第十四城　无锡：两水回环抱一洲，不通车马只通舟 —— 306

一、芙蓉湖上黄埠墩，古今运河由此分 —— 307

二、西溪几曲环西城，城头斜月澹朝晴 —— 313

三、北塘直接到南塘，百货齐来贸易场 —— 319

四、麦畦松迳清溪曲，尽是乡城看会人 —— 322

第十五城　苏州：君到姑苏见，人家尽枕河 —— 328

一、吴趋自有始，请从阊门起 —— 329

二、绿浪东西南北水，红栏三百九十桥 —— 333

三、云埋古寺山藏色，月耀娃宫水放光 —— 337

四、虎丘待月中秋节，玉管冰弦薄暮过 —— 340

五、七里山塘一水通，画船罗绮妒秋风 —— 344

第十六城　嘉兴：曲水流觞，运河临镜 —— 349

一、烟雨嘉禾话沧桑 —— 349

二、翘首北望运河来 ———— 353

三、吴姬荡桨过嘉兴 ———— 357

四、人文渊薮，江南重镇 ———— 363

五、红船引路，全面复兴 ———— 366

第十七城　杭州：运河不老，锦帆无恙 ———— 369

一、江水波扬间，钱塘寻迷踪 ———— 369

二、水殿龙舟说是非，而今只爱西湖水 ———— 372

三、不以民生换千年，钱王万岁真天子 ———— 376

四、苏堤对白堤，从来英才难埋没 ———— 378

五、偏安江南一朝事，千古繁华永铸就 ———— 380

六、杭为大藩，财赋所聚。国计之重，倚于东南 ———— 383

七、天下莫非为王土，万里之外犹拱宸 ———— 386

八、运河不老，锦河无恙 ———— 388

第十八城　商丘：襟喉关隘起繁华 八水过宋是商丘 ———— 392

一、居水路要冲，扼南北咽喉 ———— 392

二、运河始为媒，舟车半天下 ———— 397

三、繁华南都城，渌水扬洪波 ———— 399

四、两宋龙潜地，用彰神武功 ———— 401

五、要道通南北，兵家必争地 ———— 404

六、莫道运河古，翰墨始今开 ———— 408

七、书院沉浮处，薪火有传承 ———— 412

八、千年有兴盛，故迹述繁华 ———— 416

第十九城　开封：夷门自古帝王州 汴京富丽天下无 ———— 419

一、联翩漕舸入神州，梁主经营摇宋休 ———— 419

二、夜市直至二更尽，才五更又复开张 ———— 426

三、三月金明柳絮飞，岸花堤草寻春时 —— 431

四、佛宫金碧开朝霞，游人杂沓来正哗 —— 436

五、云收雾霁水风高，百丈虹桥气势豪 —— 440

第二十城 郑州：自古中州胜迹多，管城风物喜重过 —— 447

一、中华腹地，九州之中 —— 447

二、枢纽天下，临制四海，舳舻相会，赡给公私 —— 449

三、势控霓虹镇水涯，楼台灯火几千家 —— 455

四、两崖峡束枕洪涛，自古英雄争虎牢 —— 458

五、民间疾苦，笔底波澜 —— 460

第二十一城 洛阳：天下之中 千年帝都 —— 465

一、天下治乱之喉也 —— 465

二、洛阳宫阙当中州，城上峨峨十二楼 —— 467

三、宫官试马游三市，舞女乘舟上九天 —— 470

四、江南江北接王畿，漕运帆樯去似飞 —— 473

五、留云借月与疏狂，绝妙三彩动四方 —— 476

六、芙蓉泣露香兰笑，宝仗雕文七宝球 —— 479

结语 蜿蜒千里赖通波，悠悠岁月话运河 —— 485

一、凿通三河两江，沟联四面八方 —— 485

二、漕事至急至重，国运或兴或衰 —— 489

三、都会八荒争凑，首善万国咸通 —— 493

四、悠悠千年相伴，城河盛衰相依 —— 496

五、四方通衢之区，文明交汇之所 —— 500

后记 —— 503

第一城

北京（通州）：源头活水出京华，
一水恋恋过通州

北京是我们的首都。关于北京，一提起来人们往往想到的是厚重的城墙。

一 北京的城墙，城外人看城内景

北京的城墙的确可观。史志有载，说北京雉堞一万一千三十八，炮窗二千一百有八。内城周长约四十里，墙高三丈五尺五寸，雉堞高五尺五寸，通高四丈一尺三寸（《光绪顺天府志》）。而在 1924 年由瑞典人伍尔德·喜仁龙撰写的《北京的城墙与城门》一书中，作者以满怀敬仰的目光这样仰视北京的城墙："纵观北京城内规模巨大的建筑，无一比得上内城城墙那样雄伟壮观。初看起来，它们也许不像宫殿、寺庙和店铺牌楼那样赏心悦目，当你渐渐熟悉这座大城市以后，就会觉得这些城墙是最动人心魄的古迹——幅员广阔，沉稳雄劲，有一种高屋建瓴、睥睨四邻的气派。"

北京的城墙，这一重重巨大无比的障碍物，与其说是一种实体的建筑，不如说是映射于人的心灵中的城市意象。因为在中国传统士人的想象中，从北京的城墙联想到的是北京的城门，而从北京的城门进而联想到的则是登堂入室，终于进入中国权力的中心。因此，北京的城墙所折射出的是一个威权重治的北京，一个权欲炎炎的北京，正所谓"西北望长安，可怜无数山"。

20 世纪 60 年代的紫禁城神武门外侧（自张先得编著《明清北京城垣和城门》）

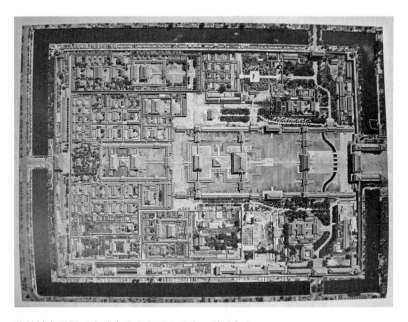

紫禁城鸟瞰图（自《中华古文明大图集·铸造》）

以此去想，似乎可以明白一个事实：实际上，以北京城墙为城市意象所看出的北京是一个充满欲望的北京，那么这一双透过城墙看北京的眼睛和一副以城墙来揣想北京的心态必然不是"城中人"，而应是城外的过客看北京，是"城外人"看"城内景"。

那么，被高墙掩映后的真实的北京是什么样子？这个城市的深层谜底又在哪里呢？

北京城真正的生命力不在崔巍的城墙上，也不在危机四伏的宫廷传奇中，而在它的一泓碧波中。老子说："上善若水。水善利万物而不争。处众人之所恶，故几于道。"中国智人对于柔善的水的感情似乎要超过刚健的山，"仁者乐山，智者乐水"，其实这里的"仁"山也应该指的是山温水软、"一水护田将绿绕，两山排闼送青来"的绿水环绕之山。水以其向下滋润的养护之力成为一切生命的核心。

二　白莲涌绿波，清水胜浑水

北京古称幽州，唐代诗人陈子昂的一曲《登幽州台歌》唱尽了多少天下有志之士屈沉下潦的悲愤心情："前不见古人，后不见来者，念天地之悠悠，独怆然而涕下。"这样包含开阔视野的诗篇也只有在北京这样的地方产生。公元1115年，女真人在北方大漠之地崛起，十年之后俘获辽主天祚帝，两年后攻克北宋的汴梁城（今河南开封），彻底打破了多少年来汉人一统天下的天朝上国梦。据说，后来成为一代之主的完颜亮（1122~1161年）在攻下汴梁之后却被这座城市征服了。当时的汴梁真可以说是人间的奇迹，很难想象在道法森严、规行矩步的宋代文化中可以丛生出这样一个感性的、欢乐的、五彩缤纷的都市来。从大漠边陲而来的完颜亮在面对这座城市时，一下子被它扑面而来的文明光芒征服了，柔软的心在经受了如此漫长的人生磨砺之后苏醒了。因此，当完颜亮在公元1153年将都城迁到燕京，兴建中都时，便完全仿制了汴梁城的城市格局面貌。从历史的角度而看，这是一个皇帝与一个都城的故事，但从人性的角度体察，毋宁说这是一个普通人实现自己内心文明之梦的传说。金中都盛极一时，但好景不长，公元1215年，强悍的成吉思汗军队兵逼中都城下，恰在此时，中都城中发生了一场神秘大火。大火连烧五日，将这座城市基本上烧为白地，只留下残破的城垣，一个朝代也随着这一把大火奏响了谢幕的乐曲。

金中都的城中水系是由城市西部的西湖（今莲花池）自西北至东南穿城而过构成，但真正对于未来北京的发展构成决定性影响的，则是在城外北部的白莲潭（即今什刹海）。白莲潭水域的形成，得益于古永定河河道在历史上自北向南的不断摆动。自两汉至唐代古永定河河道的向南"行走"留下了这一片大水的"足迹"，也从此成就了北京城几百年的水的传说。在金代，金代统治者虽然来自大漠，但颇能营水之利，知道利用这一片水域做文章。当时金中都的地理位置虽然军事优势显著，但又距天下物产最为丰饶的富庶之地有相当的距离，江南自不必说，就是不太远的山东的出产要运达中都，也很费周折。因此，金世宗（完颜雍）在大定四年（1164年）在一次视察后以极其严厉的措辞催促有司，"宜悉力使漕渠通也"。于是在1165年便以白莲潭为中心开凿成了漕河。又在1171年，仅用50天时间就开凿成了金口河，此河经中都北城壕与漕河之南段相接，过白莲潭，取漕河之北段，东至通州，入潞水，从潞水可直通山东、河北，岁粟可由此直入京都。

设想是这样设想的，但实际情况却相当糟糕。"及渠成，以地势高峻，水性浑浊，峻则奔流漩洄，啮岸善崩；浊则泥淖淤塞，积滓成浅，不能胜舟"（《金史·河渠志》）。基本上算是失败了，以至于金世宗情急之下这样说："分卢沟为漕渠，竟未见功，若果能行，南路诸货皆至京师，而价贱矣。"（《金史·河渠志》）话虽然说得有点与天子之尊的身份不太相配，但话粗理不粗。的确，中国地理大势偏于东南，江南包括整个东南沿海地区，自古以来就是财物阜盛之区，物产丰富，财力颇饶，而北方地区虽然自古以来为政治、军事重镇，但在经济上则相对落后。因此如果真的有一天有一条沟通南北通途出现的话，那么北方之重权威治则得南方之财力滋养，自是无坚不摧，金世宗在这一点上是看得相当准的。事实上，金世宗之后，自元至清的每一个统治者都将这一点看得很清楚。

而且，如果我们的理解不是太穿凿附会的话，金世宗以货物的"价贱"

论南北通航之利，从其措辞上还能够看出在政治谋划之外的个体意欲，那就是在内心深处对于山温水软、草长莺飞的江南感性文化的向往。当年海陵王完颜亮定都燕京之时，就满怀着对于汴梁繁华景象的怀念建造了心目中的元大都，因此完全可以认为金世宗如此急迫的要求开辟南北漕运，其实包含着希望早一日能使南方感性文化直航京都的文化诉求。

《四库全书·金史》书影

因此，正如磁石相吸的情形一样，南北区分之界限越分明，则其沟通的必要也越迫切，并且这种迫切的愿望必然要全力实现自己，因为一根红线已然系起了南北两端。

不信请看，在金世宗开辟漕运失败之后，金泰和五年（1205年），金章宗（完颜璟）又一次开始开凿南北漕运，这一次的规模很大，"敕尚书省发山东、河北、河东、中都、北京军夫六千改凿之，犯屯田户地者，官对给之，民田则多酬其价"（《金史·河渠志》）。这次改凿彻底抛弃了原先以浑河水（即卢沟河）为主体的规模，而主要以白莲潭的清水为水源。这条河道的具体走向是："向南沿旧日大明壕（有河漕之名）至今闹市口街北口转东，再曲折至察院胡同口，南折入今民族宫南，至受水河胡同西口，然后注入金中都光泰门处的北城濠。通过这条水道，可以将运抵白莲潭的漕粮转运至中都城内。白莲潭就成为供水、调节水库和泊船的区域，使每年所担负的几十万乃

卢沟桥

至上百万石的漕运任务得以完成。"（《什刹海》）这条河道在当时被称为"闸河"。

正是清水胜浑水，白莲潭的盈盈清波取代了浑河水的黑水，承载起自中国南方北上的航船，将中国南方的物产、文化输送到了京都，实现了南北之间的首次交流。在今天，我们已无法设想当初第一艘漕船经过艰难跋涉，从通州上溯至京都，泊于白莲潭中时所引起的轰动了；当然，也许并没有我们设想的轰动，因为在那个时代的人们还没有像今天的我们这样容易为一种新奇的景象所激动。

但不管如何，这一条役夫六千人开凿出的闸河河道在此时已经显露出了它的生机。然而，这只是开始，更加精彩的传奇是在进入元代之后——在元代，正是从这条小小的河道中孕育出了举世闻名的京杭大运河。

二 西高东低，水激沙扬，说破了终是等闲事

其实，今天北京城的位置与金中都并不重合，而且在城市的基本格局上也与金中都毫无关联。从现在的角度来看，金中都与今天北京城的唯一关系就是它对白莲潭的开发利用。公元 1215 年的一场大火将金中都烧为平地，因此后来的元代统治者必须从一片荒地上重建北京。元代于至元四年（1267年）开始兴建新的都城，至元十年（1272 年）竣工，定名大都，这就是今天

北京城的前身。关于元大都的兴
建有不少流传很广的民间传说，
其中最著名的就是关于元大都的
规划者刘秉忠的传说。

　　刘秉忠（1216~1274 年），
原名侃，是元代有名实学家，于
天文、地理、经学、律历以及三
式六壬法术等都颇为精熟，曾经
为忽必烈经营过开平府（即元上
都，遗迹在今天的锡林浩特市南
面的正蓝旗），忽必烈迁来燕京
之后又命刘秉忠为之规划新都。
刘秉忠在规划元大都时运用了《周
礼》上的建都原则，实现了前朝
后市、左庙右坛、九经九纬的城

元刘秉忠撰《镌
地理参补评林图
诀全备平沙玉尺
经》书影

巿格局，整个城市如规整的棋盘一样，焕然一新，极具形
式感，很好地传达了封建皇权至高无上的象征意义，堪称
世界城市规划史上的奇迹。应特别指出的是，元大都的城
市规划运用了城市中轴线原则，而这一条中轴线就是刘秉
忠沿着金代白莲潭的东岸所划的一条南北切线，并以积水
潭的东北岸为全城的几何中心点，就地筑有"中心台"作
为标志，以这一个中心点和这一条中轴线展开全城平面布
局的规划。（侯仁之《北京历代城市建设中的河湖水系及
其利用》）

　　这样，元大都与金中都相比，就将原先在城外的白莲
潭完全包括在城市中，并成了城市的中心，而金代的白莲
潭在元大都内也一分为二，南部水域被圈入皇城，称为太
液池（今北海、中海），是皇家禁地，百姓不得入，成了
"养在深闺人未识"的富家女。北部水域则留在皇城之北，

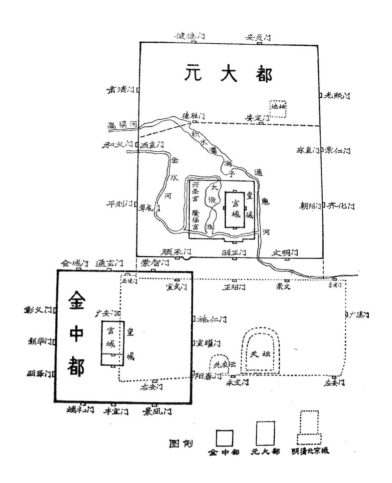

金中都、元大都和明清北京城示意图（自张先得编著《明清北京城垣和城门》）

初名积水潭，后名"海子"。史书有载："海子在皇城之北，万岁山之阴，旧名积水潭。聚西北诸泉之水流入都城，而汇於此，汪洋如海，都人因名焉，恣民渔采无禁，拟周之灵沼云。"（《元史·地理志》）

这里，我们得对刘秉忠的大都规划表示由衷的敬意。他的成就不仅仅在于规划设计出了一个方方正正的城市，恰如其分地诠释了中国传统京都文化的奥秘，更重要的是他就在铁一般的方圆规矩的中心留出了一汪灵性的活水，在用一个城市为高高在上的皇权统治树碑的同时，也给那些在皇权的重压下喘不过气来的升斗小民们一捧水，使他们有了一点现世的乐趣。庄子在一篇极有名的寓言中讲道：一个人在大路上走，遇见了一条困在小泥洼中的鱼，鱼向他求救，要点水喝。这个人大言道："好，你等着吧，我将去游说四海的龙王，用万顷碧波来救你。"这时泥沟中的鱼绝望地说道："我现在只要有一杯水就行了，等到你去说动龙王的时候，我已经成了鱼市上的鱼干了。"这个故事发人深省，对于芸芸众生而言，终极的拯救也许是不存在的，他们所需要的就是眼前的一汪水，曳尾游于涂中的快乐。

就这样，元大都之中被圈入城（都城）中，又被挡在城（皇城）外的"海子"（积水潭）成了这个城市中维持灵动人性的一汪活水，而所谓"恣民渔采无禁，拟周之灵沼云"其实大可不必这么冠冕堂皇，在这一片水域中获得了世俗欢乐的人们，不会因为它"与古不拟"就失去了他们对这一片水域的兴趣。他们很明白自己想要什么。

但我们应该永远记住这样一个道理：对于封建社会的统治逻辑而言，他们口中喊的是"得民心者得天下"，但"民心"只是他们达到统治目的的手段，而不会成为目的，民众的欢乐在他们的统治王国中也许会出现，但只是统治目的的"副产品"而已。虽然有亚圣孟子苦口婆心地劝导为王的要"众乐乐"，而不要"独乐乐"，但孟子的劝诫之所以在如此漫长的封建社会中总是被提起，就是因为为王的统治者们总是没有遵守这一点，而是相反。"海子"在这个城市中具有鲜明的娱民功能，但这个功能首先是为了元代的漕运功能而产生的，而元代漕运的成就离不开一个人，那就是杰出的天文学家、水利学家郭守敬。

郭守敬（1231~1316年），是元大都规划者刘秉忠的弟子，师生两人都是今河北邢台人，共学于当时邢台紫金山。郭守敬自幼精于术算、水利，中统三年（1262年），31岁的时候，被元世祖召见，郭守敬当时上陈水利六事，面献六条关于全国水利规划的大计，其中第一条就是重新疏通金中都旧漕河。"中统三年，文谦荐守敬习水利，巧思绝人。世祖召见，面陈水利六事：其一，中都旧漕河，东至通州，引玉泉水以通舟，岁可省雇车钱六万缗"（《元史·郭守敬传》）。

前面曾指出，金泰和五年（1205年）的时候，金章宗曾役夫六千人开凿

郭守敬调查线

了闸河，引白莲潭清水以通自中都至通州的漕运。但一方面是因为管理不善，另一方面闸河的主要水源来自"一亩泉"，而"一亩泉"水量小，地势低，这使得闸河中泥沙不断沉积，淤塞河道，到郭守敬这个时候，闸河已经闭塞，从通州到京都来的南方漕粮必须陆运，而陆运给当地人民带来的苦难是深重的。史书中这样记载："先是，通州至大都，陆运官粮，岁若干万石，方秋霖雨，驴畜死者不可胜计。"（《元史·郭守敬传》）有感于此，郭守敬

在被元世祖第一次召见时就提出了改凿旧漕河，恢复漕运的提议。玉泉山位于北京西郊，根据北京整体地理形势西高东低的特点，从玉泉山上引诸泉水入漕河，就加大了水的冲力，水速变快，泥沙就不容易沉积，可一劳永逸地解决漕河泥沙沉积的难题。但不知道为什么，元世祖似乎没有把郭守敬的这个提议放在心上。

到了至元二十八年（1291 年），郭守敬又趁着一次机会提出了自己的设想。该年，有人提议从滦河至开平，从卢沟河至荨麻林可以行舟，元世祖遣郭守敬前去勘查，郭守敬回来报告说上面两个提议都没谱，然后紧接着就又提出了"水利十一事"，其中第一条仍然是疏通旧漕河的事情。史书这样记载："守敬因陈水利十有一事。其一，大都运粮河，不用一亩泉旧源，别引北山白浮泉水，西折而南，经瓮山泊，自西水门入城，环汇于积水潭，复东折而南，出南水门，

合入旧运粮河。每十里置一闸，
比至通州，凡为闸七，距闸里许，
上重置斗门，互为提阏，以过舟
止水。"（《元史·郭守敬传》）
可以看出，郭守敬这一次的提议
比之 30 年前的提议更加成熟，
更加周密了，这当然是与他 30
年来对于北京地理形势的进一步
勘探把握所得，但主体构想没有
改变，仍然利用的是北京地势西
北高东南低的自然之势。

白浮泉位于今天北京昌平东
南，泉水流量颇大，但有一个
问题是要把白浮泉向南引导，

北京颐和园全图

则必须经过沙河、清河两个河谷，行不通。于是郭守敬别
出心裁地把泉水向西引导，然后再向南流，引到瓮山泊（今
昆明湖），然后再引进北京。这样一来不仅解决了跨越
河谷的问题，而且还将沿路诸泉，如双塔泉、一亩泉、
马泉眼、玉泉等一并汇总在一起，浩浩荡荡地汇集在积
水潭，然后再从积水潭东折向南，出南水门，进入金代
开辟的闸河，如此一来因为西山诸泉的加盟，使得漕河的
水量、水速等都不可同日而语，河中淤沙沉积的问题也就
解决了。又因为水量实在太大，水速实在太快，郭守敬
又在大都至通州沿河置河闸七个以调节水流，使水流平
稳利于航运。

即使在今天看来，郭守敬的水利构想也是非常出色
的。从大都到通州的漕河最大的问题就是泥沙淤沉的问
题，道理其实很简单，天下无至纯之水，有水则有泥沙
伴生，泥沙重于水，水缓则泥沙沉，水速则泥沙浮，这

是自然之理。那怎么样让水快速的流动呢，人为的激水扬波可以做到这一点，但人力总有疲竭的时候，水向低处流，这是水的自然之势，也是自然的道理，因此郭守敬用西山泉水解决了漕河淤塞的问题，其关键就在于遵自然之理，因自然之势而已。在今天，这一点看起来没什么了不起的，又有谁想不到呢？的确，对于自然的体察，遵循自然的规律而动，这本就是人的自然天性，但关键在于，我们的自然天性在与现实的纠缠中是如此脆弱，常常会被现实所遮掩。人的自然本性发抒出来，可以成为艺术，也可以成为科学，郭守敬在治理运河上的奥秘之处就在于以自己的自然本性随物体察，让大自然自己解决了自己的问题。

四 百"泉"归"海"，小小海子，一线通南北

郭守敬的这一次提议，元世祖痛快答应了，原因在于：至元十六年（1279 年）元灭宋之后，淮河以南版图尽入元人囊中，江南地区富庶的经济成为元世祖一心挂念的目标，而当时从江南到大都的大部分财物运输的路线主要借助于黄河，水路遥远不说，而且风险颇大，中间又要经过一段陆运，非常不方便。在这种情况之下，要把江南的财物运到大都来，必须开凿贯通南北的水运航线，于是自至元十八年（1281 年）开始着手开凿运河。在至元二十八年（1291 年）以前，元代已开凿了济州（今山东济宁）河与会通河，基本上建立起了从江南到大都的完整水道，但真正到达大都，还有一段距离要克服，那就是通州到大都。这一段距离虽近，但却是最

元世祖忽必烈像

后关键的一步。所以，元世祖在听到郭守敬的改凿金之旧河道的提议的时候，不假思索的就同意了，"帝览奏，喜曰：'当速行之。'于是复置都水监，俾守敬领之"。而且，更为夸张的是，他还命令自丞相以下的官员都手执工具，冲上治河的第一线，等待郭守敬的调遣。这对郭守敬来说，真是一个天大的荣誉，但此时郭守敬已经 60 岁了，回想在 31 岁时初次向元世祖的提议，再到今天终于实现，不知道他心中是什么滋味。

在皇帝的全力支持下，工程用了一年的时间（1293 年）就完工了，共用楮币百五十二万锭，用工二百八十五万个，粮三万八千七百石，引水总长一百六十四里半，修闸门十个，分别为广源闸、西城闸（后改名会川闸）、海子闸（后改名澄清闸）、文明闸、魏村闸（后改名惠和闸）、籍东闸（后改名庆丰闸）、郊亭闸（后改名平津闸）、通州闸（后改名通流闸）、杨尹闸（后改名溥济闸）、朝宗闸。后经有司提议，将各闸闸门加固以砖石，提高了大闸的耐用性。至是，工程告竣，一条贯通南北的大运河也于此画上了一个圆满的句号，南北通运的时代开始了，这就是堪称人类奇迹的京杭大运河。

这一条运河水道从北京西山的一眼白浮泉开始，引领众泉汇聚于积水潭，渟蓄作势，出海子闸（澄清闸），过万宁桥，入金代漕河旧道，激浊扬清，一路奔向通州。经通州北门外，过通济桥，东流注入榆河（一称潞河）。榆河是天然河道，与漕河会合后流入北运河（通州至天津一段运河），过直沽（今天津），进入南运河（大津至黄河一段运河），米到了黄河北岸的寿张县境（今山东阳谷县境内），与黄河面面相对。在历史上，京杭大运河的命运与黄河关系密切，在此处设有专门的积沙闸一座，用以阻挡黄河的泥沙流入运河。顺黄河下去不远，到旧东阿的西北，从此便接上了黄河岸的运河河道，大运河从此开始了它艰难而壮观的南部旅程，最后到达北方统治者心目中的人间天堂——杭州。中国东南丰富的物产就循着这一条运河河道一路北上，最后到达元大都内的积水潭，供应着整个帝国政治心脏的运转所需的物资，这小小的十里"海子岸"于是成为担荷起一个庞大帝国的生命线。

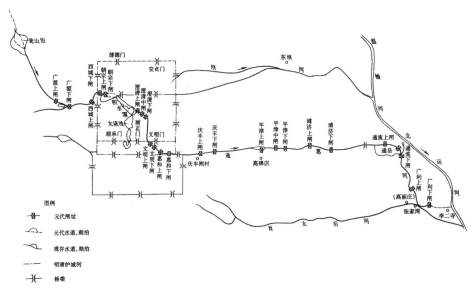

通惠河二十四闸示意图（自姚汉源主编《京杭运河史》）

五　熏风南来，吹皱一池春水

在运河开通的当年，积水潭一下子就"火"起来了。

史书记载：有一次，元世祖从外地回到大都，过积水潭，看到潭中"舳舻蔽水，大悦，名曰通惠河"。并赐郭守敬钞万二千五百贯，仍旧以都水监兼提调通惠河漕运。郭守敬可以说终于实现了自己的夙愿，但郭守敬的成功并非是纯粹个人性的，确切地说应该是历史发展的铁律在个人的生命轨迹中投下的影子。一个帝国的统治欲望，江南经济的快速发展，自南宋以来法律道德的涣散，人心思动，这一切使得京杭大运河的开辟成为必然。

郭守敬是京杭大运河这场大戏中的主角，而京杭大运河的清波荡漾之处，同样也为无数平凡生灵的生存提供了一捧水。这让我们想起了"久旱逢甘霖"这一句俗话，可以将封建帝国统治下平凡人的生活世界看作因道德、礼教炙烤而干涸的赤地，在这样一片干涸的土地上，奄奄一息的生物们对于空气中

傅杰绘《1898 年的正阳门箭楼》，画家想象当时城门外繁华一片

哪怕是一点点的水气都异常敏感，它们会伸展开身体的每一部分去吸收水分。京杭大运河在元帝国的庞大水系中是微小的，但它是从水气丰沛的南方吹送到水气稀少的北方的温暖季风，其中包含的大量温暖水气将滋润着、催促着北方干旱土地中生长的人性之花。

早在京杭大运河伸入元大都之前，这座城市基本上已经是一座国际性的都市了。意大利人马可·波罗随其叔父长途跋涉来到中国，在中国生活了 24 年后，写出了著名的《马可·波罗游记》。在书中，他以浓墨重彩的笔调写到了元大都。

一个"外来者"的描述中最有趣的可能不是他所描写的是什么东西，而是他看待这个东西的方式角度让人觉得新鲜。在马可·波罗眼中元大都就像是一座纪念碑一样的城市：整齐、威严、神圣不可侵犯，他特别对于元大都棋盘一样的整饬布局发出了由衷的赞叹。我们得承认马可·波罗的赞叹对于这座城市而言是名副其实；我们也不能否认，

身穿蒙古袍的马可·波罗

马可·波罗眼中的元大都是一个"外人"眼中的元大都，是从一定的心理定势出发所观看出的元大都，而这种心理定势的形成来自蒙古军队在成吉思汗时代就开始的对欧洲近半个世纪的征服。在那次征服战争中，蒙古的马队一直攻到了马可·波罗故乡威尼斯的城下，以至于在成吉思汗和窝阔台汗死后好多年，欧洲人还是闻之色变，从这个意义上来讲，蒙古人是欧洲人心目中的勇士、英雄，因此，我们完全有理由猜测：在马可·波罗充满敬仰的语气中，是通过一座城市的描述表达了对于统治者威权的臣服。

在这种臣服的眼光中，一个真实的、由平凡人的生活构成的元大都被忽视了，当然这种忽视还有一个客观原因，那就是马可·波罗在大都的时候，京杭大运河尚未开通，而在京杭大运河开通大约 20 年之后由熊梦祥（约公元 1335 年前后在世）所撰写的《析津志》中则展现了一个相对真实的大都。

根据《析津志》，京杭大运河的开通直接促生了元大都的商业布局。就在运河开通的第二年，积水潭一下子热闹起来了。从遥远的南方来的漕船满载着货物从海子闸（澄清闸）鱼贯而入，停泊在浩浩荡荡的"海子"码头，这使得货物贸易的主要地点，积水潭北岸的斜街，成了城市中最大的"市"，也成了人烟辐辏最为繁华的所在，以此为中心，贸易圈扩大到整个的钟鼓楼地区和东、西两城的东、西市，各城门之间。真是"一波激起千层浪"，因为南来的漕船，积水潭瞬时间成了整个元大都的贸易中心。《析津志》中对这一钟鼓"市"这样写道："钟楼之制，雄敞高明，与鼓楼相望。本朝富庶殷实，莫盛于此。""齐政楼（鼓楼），都城之丽谯也……此楼正居都城之中，楼下三门。楼之东南转角街市，俱是针铺，西斜街临海子，率多歌台酒馆""楼之左右，俱有果木、饼面、柴炭、器用之属"（《析津志》）。积水潭北岸斜街的这一个市场被称为斜市街市场，除此之外再加上西城的羊角市、东城枢密院角市，号称北京三大市。西城羊角市相当于今西四一带，为大都城西部的商业中心，这里有米市、面市、羊市、马市、牛市、骆驼市、驴骡市等集市。枢密院角市相当于今东四南灯市口大街，为大都城东部的商业中心。西城羊角市的形成与京杭漕运并无必然关系，但是东城枢密院角市正位于城外漕运向积水潭前进的中途，也应该是应运而生，是京杭漕运的产物。

　　根据《析津志》，在元大都城市商业格局中，还有一处所在是京杭漕运所催生的，这就是齐化门外的东岳庙一带。《析津志》记载，这一带因香火兴隆及"江南直沽海道来自通州者，多于城外居住，趋之者如归。又漕运岁储，

东岳庙会，一小男孩正在观赏泥塑马

多所交易，居民殷实"，至三月时，庙会兴盛，"道涂买卖，诸般花果、饼食、酒饭、香纸填塞街道，一盛会也"（《析津志》）。而这就是今天仍然长盛不衰的东岳庙会的前身。

商业集贸往往是鲜活人性摆脱封建专制自由成长的前提，京杭漕运促生了元大都的商业活力，也松动了人心灵上的枷锁，造就了一代有活力的城市新人。同时，也正是通过使人们参与到元大都的商业活动中去，这个城市中的人们才真正与这个城市发生了血肉交融的感性关系，使之从无生命的砖石和更加无生命的帝国威权的象征，变成了人们的第二故乡。这才是这个城市真正的生命和奥秘所在。

六 阅尽繁华终遗弃，多少事，猜不透

京杭大运河给元大都带来了包含水气的温带季风，吹醒了活泼的人性，但永远是好景不长在，说历史像是一部战车也好，像是一阵狂风也好，任何比喻都不足以描述历史的无情，任何个人的喜怒哀乐在历史的前进道路上都是无足轻重的。明洪武元年（1368 年）八月，大将徐达率军攻下了元大都，城破日，整个元大都已是狼烟四起，尸横遍地，这座昔日繁华的城市此时已经成了一座空城，没有了从万宁桥下缓缓驶进的漕船影子，也没有积水潭附近喧闹的市井声音，只留下荡漾的湖水在静静地看着这一切，看着一代繁华的衰落，静默无语。

在元大都被攻下之后，大都被改名为北平府，在身份上是降了一格。同时为了防御剩余元军势力的攻击，明朝在修筑新的北平城时，放弃了因战乱和饥荒而日渐荒疏的大都城内北部，将原元大都的北城墙向内平移三公里，新筑的北城墙在西段处折向西南，从而将原先在城内的积水潭分为两部分，其西北方向被隔在城外的一部分被称为泓潭，但这样一来，就使得积水潭的水面大为缩小。而且，在元代，西山诸泉在汇入积水潭时是畅流无阻的，但在明北平城修建新的北墙时，在积水潭水源入口处德胜门设立了铁棂闸，减少了入潭的水量，这也是积水潭在入明后水域面积缩小的原因。

但这还只是积水潭厄运的开始。永乐元年（1403 年），在明代宫廷政治

斗争中取胜的明成祖朱棣正式改北平为北京，并开始做迁都的准备。永乐四年（1406 年）开始营建新的北京城，十四年工程告竣，一个新的北京展现在世人面前。但是，通过历史记载我们知道，这个新北京的一砖一石都来之不易，都是通过元代所修建的京杭大运河从遥远的江南搬运过来的，因此明代的北京又被后人称为"从运河上漂来的城市"。史学家傅崇兰在《运河史话》中这样写道："明代北京城和陵寝的建设，不仅砖的来源是江苏苏州和山东临清，数量每年达 100 万块以上，若没有运河，运不到北京；而且，建造北京宫殿和陵寝的工匠，也从运河上来到北京，特别是著名的、为北京城市发展作出杰出贡献的工匠竟然全部来自大运河的南部或南端。如蔡信是明初营建北京宫殿和陵墓工程的出色工匠，曾升任'缮工官'，是南直隶（包括今江苏、安徽、上海）武进县人；杨青原名阿孙（杨青这个名字是朱棣给他起的），

与蔡信同时期，后来也做了明朝工部的官，是南直隶金山（今上海市金山县）人；陆祥是一个著名石匠，华表、石柱、石像和长陵'神功圣德碑'等项工程都有他参加，是南直隶无锡县人，宣德末年为工部官；蒯祥与陆祥同时期，名气很大，有蒯鲁班之称，一直做到工部左侍郎的高官，是南直隶吴县（今属苏州市）人。"言之凿凿，有史为证，不由得今天骄傲的北京人再自我膨胀。

京杭运河就像一个忠驯的

《同光间燕都掌故辑略》等杂记，记录了老北京的许多遗文轶事

老臣一样，忠心耿耿地为新王朝服务着，但似乎并没有换来应得的同情。就在明新都营建的过程中，明代统治者出于政治上的考虑将原先元代的皇城城墙稍稍东移，但这一移不要紧，恰恰切断了元代漕运从城外通向积水潭码头的路线，于是从通州来的江南漕船只能停靠在东便门大通桥，这里成了新的京杭大运河的终点。而且，在进入明代之后，作为通惠河上游的昌平被选为皇家陵地，为保护风水的原因已不适合从那里引水，因此通惠河进入明代之后就成了无源之河。就这样，水源被截、积水潭的水面缩小、航线缩短，曾经给元大都带来巨大生机的通惠河一下子成了"死河"，从北京到通州长长的河道也任其淤塞，从江南运来的财赋物产只能在通州卸下，然后再换小驳船运到京城。

然而，这不是说在此时京杭运河已完全失去了它对于北京城市文化的熏染，恰恰相反，自明至清，京杭运河一直在京城文化占有重要地位。傅崇兰先生说："明代和清代北京的手工业和商业，以及在明清两代逐渐发展起来的会馆，都打着南北大运河的印记，晨钟暮鼓与航运伴随，各处桥梁与运河相依，'南河沿儿''骑河楼''银闸儿'还依稀可见河道踪迹，缎、瓷、灯、竹等印记着运河的来历；海运仓、北新仓、北门仓、南门仓、东门仓、禄米仓都与通州仓有着直接的联系，又好像是从运河里流来的金和银。"（《运河史话》）

但不管怎样，通惠河的命运已经在一种奇怪的政治逻辑中被写定了。从当时明代统治者的种种言论来看，他们似乎是把从通州到北京的这一段通惠河以及由这条河道所构成的水域看作一个巨大的潜伏危险。在他们的设想中，他们的敌人可能会在某一天会沿着京杭运河从遥远的南方直接来到京城，端了他们的老窝。而放弃通惠河，将运河的终点设在通州，则可以有效的阻挡设想中的敌人的直接来犯。这种揣测不是完全没有道理，我们只要想一想明成祖朱棣的发迹史就可以想见他对于江南的复杂感情，那是一种既需要又畏惧，既想亲近又怕引火烧身的感觉。相比而言，元代统治者对于江南的感情没有这么复杂，他们只想着把江南的富足带到大都来，因此他们任通惠河直接通到自己皇宫的后花园——积水潭来。

如果我们的穿凿附会您还能承受的话，那么我们进一步引申：朱棣统治

北京东直门内南新仓，是大运河漕运粮食在皇城的储藏地，如今已改造为旅游景点

集团对于通惠河的关闭是不是折射出了一个闭关锁国时代的到来呢？是不是反映出了中华文明从唐、宋、元的开放向明、清的封闭的文明转型呢？我们看一看历史上从明代中期开始一直持续到清末鸦片战争中国被洋人洋枪洋炮打开了国门为止，中华文明的种种迹象，我们这种猜测似乎也并不是没有一点道理。

七　运河遗韵，到如今，说与谁人听

关于"文明""历史"之类的话题太沉重了，我们还是来看一看通惠河关闭之后北京城里那些平凡人的生活吧。

通惠河自明中叶任其淤塞之后，一直到清光绪二十七年（1901年）京杭运河被全线停止，都没有什么大的改观。悠悠几百年，北京城依旧，运河水依旧，只有那些生活在北京城中的人们，在早已成为运河遗迹的历史中书写着自身的个体生命。通惠河虽然在一天天地变得不可追寻，但是通惠河已经流淌到这个城市以及在这个城市中生活着的人的血液里，成为他们的生命密码。

积水潭在失去了它的贸易码头的地位之后，也逐渐从昔日繁华的商业中心变成了宁静的风景胜地，就像是一位盛装的女郎洗去铅华，换上了平常衣

李滨声绘《冰床》

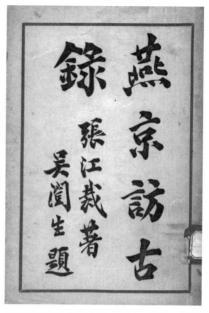

民国张次溪《燕京访古录》书影，此类书历代已积厚如城墙，点点滴滴讲述着老北京的往事云烟

衫，反而更添几分丰姿。自明以至于民国，积水潭一点点从官方那里"失宠"，却一步步成为平民百姓和文人墨客的"宠儿"。自明代以来描述积水潭热闹场面的著作不在少数，兹略引数则以见其大概。

明人孙国敉（1584～1651年）在《燕都游览记》中描写道："积水潭在都城西北隅，……或因内多植莲，名为莲花池。或因水阳有净业寺，名为净业湖。内官监向严鱼禁，今稍驰矣。酒后一苇，山光水色，箫鼓中流，时复相遇，江以北来无此胜游。然泛必从小径，抵虾菜亭，乃尽幽深之致。每年三伏日，锦衣卫率御马监官校浴马湖干，如濯云锦。中元夜，寺僧于净业湖边放水灯杂入莲花中。游人设水嬉，为盂兰会，梵呗钟鼓，杂以宴饮，达旦不已。水中花炮有凫雁龟鱼诸种。冬时河冻，作小冰床，各坐于上。一人挽行，轮滑如骤驶。好事者恒觅十余床，携围炉酒具酌冰凌中。积水潭水从德胜桥东下，桥东偏有公田若干顷，中贵引水为池，以灌禾黍，绿阳鬖鬖，

明刘侗等撰《帝京景物略》书影

齐如山著《北平怀旧》书影

一望无际。稍折而南，直环北安门宫墙左右，流入禁城，为太液池，汪洋如海，俗呼海子套。"孙国敉，是江苏六合县人氏，明万历、天启年间人，因此这里所描写的积水潭的应该是晚明时的景象。

　　清潘荣陛在乾隆二十三年（1758年）撰写的《帝京岁时纪胜》中写道："帝京莲花最盛。内在太液池金海；外则城西北隅之积水潭。植运极多，名莲花池。或因水阳有净业寺，名为净业湖。三伏日，上驷苑官校于潭中洗马。岸边柳槐垂荫，芳草为茵，都人结侣携觞，酌酒赏花，偏集其下。六月朔日，各行铺户攒聚香会，于右安门外中顶进香，回集祖家庄回香亭，一路河池赏莲，箫鼓弦歌，喧呼竟日。"从这里的记载可以看出，从晚明一直到清代中期，积水潭的风俗没有多大改变，甚至连"上驷苑官校于潭中洗马"的习俗也一直保持着。清富察敦崇在光绪三十二年（1906年）的《燕京岁时记》中特意写到了积水潭的荷花："十刹海俗呼河沿，在地安门外迤西，荷花最盛。每至六月，士女云集，然皆在前海之北岸。他处虽有荷花，无人玩赏也。……今之游者但谓之十刹海焉。凡花开时，北岸一带风景最佳：绿柳垂丝，红衣腻粉，花光人面，掩映迷离，直不知人之为人花之为花矣。"荷香裙影，真是令人追想无限！次年，光绪三十三年（1907年）出版的《天咫偶闻》中则写出了积水潭大俗大雅的一面："然都人士游踪，多集于什刹海，以其去市最近，故裙裾争趋。长夏夕荫，火伞初敛。柳荫水曲，团扇风前，几席纵横，茶瓜狼藉。玻璃十顷，捲浪溶溶。菡萏一枝，飘香冉冉。想唐代曲江不过如是。"

以对中国戏曲的广泛通识而著名的齐如山先生在《北平怀旧》中向我们描述了通惠河的另一处"遗迹"——二闸。"运河终点为朝阳门，由朝阳门往下，到东便门，为头道闸，即大通桥；此为第二道闸，简言之为二闸，离东便门有数里之遥。水平，河面亦相当宽，沿河芦苇柳树，荷塘鱼介很多，且有两处庙宇点缀其间，故景致亦颇潇洒雅静，每到夏季，游人极多。这个地方，倒是阔人穷人都可享受。由东便门上船，每人不过大个钱二三十枚，约合现大洋一角，船上且有唱曲说书之人；阔人则自包一船带家眷，或带妓女优伶者，每天必有若干起，至团体自包一船，则更方便了。到二闸，饮食亦很方便，有饭馆、茶馆、饭铺、饭摊、饭棚等等甚多。鸭翅席则可预定，或自带厨役均可。其余如瓜果糖果之类，也很多。亦有杂耍，如说书、唱曲、戏法等等都很全，与宋朝张择端之《清明上河图》相去不远。每年夏季，为该地居民船户等等，一笔极大的收入。此处曾经繁华了几百年，例如《品花宝鉴》中，就很详细地描写过。到了光绪末年，官米由火车输运，粮船告废，此处顿归冷落，然因北京城内无船可乘，只此一条河有之，故每到夏季，还有许多人到此逛逛，第一目的，即是想享受一些坐船的风味。后北海开放，此处便无人问津了。以上乃民国以前，北平人之消夏处所也，如今可以说是都看不见了。"

曾经的通惠河为北京留下的不仅仅是积水潭、二闸这样的人间乐景，事实上通惠河清波泽及之处，不管这一缕清波或大或小，或清或浊，总有无数卑微的生灵在这些水岸旁获得了现世的快乐，尽管这些快乐很短暂，甚至可以说有了今天没明天，但他们依然能将现世的快乐有滋有味地品尝下去。这让我想起一句从小品里流传出来的台词，"给点阳光就灿烂"，也让我再一次回到庄子所讲的"涸辙之鲋"的那个寓言。

八 一水脉脉向东流，不是瀛洲，是通州

从积水潭流出的清波沿着通惠河悠悠流向通州，水流从通州北门而入，穿城而过，流向东南，然后与天然河道潞水会合，直奔天津而去。通州，是从遥远的南方杭州出发的三千里运河航程的倒数第二站。

通州，古称潞水、潞县。金代此设州治，"以漕运通济"，故称通州。《天府广记》以极简单的记述说明了通州的沿革："通州在州府东四十五里，秦属渔阳郡，汉谓潞县，后数置潞县，隋废入涿州，唐置玄州，宋复为潞县，五代及辽皆因之。金升为通州，元仍旧，明代以县省入。"俗称北通州，以与江苏境内的南通州（今江苏南通）相区别。

不仅"通州"之名来自运河，而且通州之城的建设同样来自漕河航运。元代之前，通州有建置而无城市，通州城的真正历史开始于元代的"编篱为城"。元至元二十九年（1292年）春，元世祖任用郭守敬开始修凿贯通元大都至通州的运河，历时一年而成，赐名通惠河，经由通惠河，通州从此成为南方粮运来京的咽喉要道。南方的漕船从通州要么直航京都的心腹之地积水潭；要么在此卸粮转运，停顿数日，不管哪种情况，通州都因此成为了一个举足轻重之地。于官方而言，通州是京都甚至整个帝国的命脉所系，而对于普通大众而言，从通州一水直航可以达至天子脚下，这个原先的荒凉治所因此而具有了一层政治权威的象征意味。现实意义上的航运要道与非现实意义上的权威象征，这两层因素使得通州在京杭大运河的清波荡漾中逐渐成长为一个颇具规模的城市，自元至清，莫不如此。

元代的"编篱为城"使通州初具城市的形态，这个在今天早已难觅踪影的"篱城"距当时的乐岁、广储两仓甚近，通惠河穿城而过，延流至两仓仅500步之遥，可以想见当初"篱城"的选址其实就是依运河而建的。明初，大将军徐达定通州，派人开始兴建新的通州城，时间大概在明洪武元年（1368年）。新城城址选在潞河以西，这一次城墙的修建还是有些规模的，"甃以

砖石，周围九里十三步，高四丈四尺"，城设四门，从这四座城门的名字寓意就可以看出通州在明帝国政治版图中的意义所在。东门曰"通运"，是指城东门外的运河航运；西门曰"朝天"，是指通州以西的京城；南门曰"迎熏"，取"熏风南来"之意；北门曰"凝翠"，则是写实之笔。因为通州城北一片平原，植被茂盛，夏天时郁郁葱葱，真有翠玉之清润。城门的四个名字，尤其是东门和西门，以明了的方式说出了通州之于明帝国的意义就在于它的运河航运价值。

明代大学士李东阳（1447～1516年）在《重修通州新城记》将通州的城市功能说得很清楚："自文皇帝定都以来，肇立京府，并置州卫，东南漕运，岁入四百万，析十之三贮于州城，既久且富。乃于城西门外辟地建西、南二仓。"并赋诗曰："文皇建都，治必南饷。州名曰通，作我东障。高城巍峨，有兵有民。漕河北来，饷粟云屯。储盈庾增，新城是筑。"李东阳的记述是非常客观且具有洞察力的。建文四年（1402年），燕王朱棣以强大兵势从北京雄扑南京，将侄儿建文帝扫地出门，移都北京，使得整个中国的政治版图大幅度向北倾斜，北京取代南京成为人们心目中至上权威的象征。然而，一个城市毕竟是一个活生生的物质载体，不管它如何神圣，它总是需要物质基础，明代北京在将自己推向权威象征的塔尖时，它所需要的物质供养也在扩大，所以李东阳说的"治必南饷"不是虚言。而且这种情况随着北京的政治意味日渐浓厚而日甚一日，正如史书上所谓："百司遮府之繁，卫士编氓之众，无不仰给于江南。"（《元史·食货志》）这虽然说的是元代，但明、清两代莫不如此。

李东阳在他的《重修通州新城记》中提到了城西门外的西、南二仓，这是因通州储粮日多而在后来新修的仓库，当时两仓修在了城外，所以当时便有人上书请求扩建通州城以将西、南两仓圈入城里，朝廷准奏，于是便修建了通州新城，而明初所修建的通州城通常被称为旧城。后来到了清乾隆三十年（1765年），朝廷又将新、旧两城合并，成就了今天通州城的规模。

通州城是因运河而兴起，因此城市的人口构成也必然是以漕运的各个环节而分布，傅崇兰先生在《运河史话》中将通州城市人口分为这样几个层次：

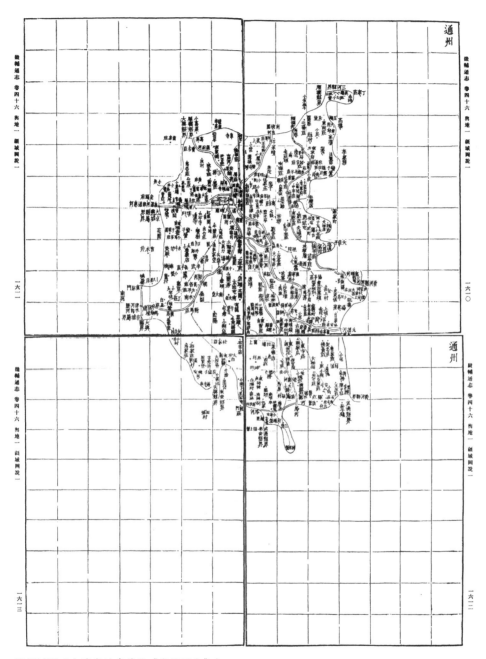

通州城图（自清李鸿章等修《畿辅通志》）

清代京杭运河全图——通州段

"一是通州至北京朝阳门石道的运脚工人约三四千人。二是通州城边土坝、石坝的漕粮搬运工人四五千人。三是通州东关北关各商船泊岸口装卸工人约二三千人。以上三项总数不少于一万人。四是明、清两代在通州城设有专管漕运仓储、验收的官吏、吏役、河兵,有数字可统计者749人。五是在城内四隅,东、西、南、北城关区,及土、石二坝各船只泊岸口,常年从事开办饭铺、饭棚、饭摊等谋求生路者,也有一个相应的数字。"

这样的城市人口构成保证使任何一个研究世界城市史的学者都摇头,因为按照城市发展的规律,一个完整城市的人口构成必须是常住人口占多数,才能真正形成这个城市的社会结构。但对于通州而言,脚夫、搬运工人以及装卸工人这样的流动人口竟然有一万人之多,再加上乞丐、流民、河兵、商贩等几乎占去了城市总人口的一多半,剩下的也多是与这个城市更加没有什么关联的官员。那么,这样的城市到底是谁的城市呢?或者说到底谁是这个城市的主人呢?一个没有人选择以之为归属的城市到底是为谁而存在的呢?

通州，也许可以说运河沿岸的任何一个城市，就像是广阔水流中的一片树叶，它本身是无根的，然而它却能够在自己无根的旅程中承载起或者一队蚂蚁，或者其他什么更加卑微的生命，承担起一个又一个像小水泡一样旋生旋灭的梦想。在通州这样的城市中没有什么伟大的东西，也许更多的是人间悲剧，但却有实实在在的生命证言，就在那些脚夫、搬运工、装卸工以及小商小贩的艰难人生中。

通州依运河而生，它的美丽也是运河赐予，今天所谓的"通州八景"，其中有三景与运河相关。一是"古塔凌云"，此塔矗立在通惠河畔，高峻突兀，气势非凡，无论是来京还是离京的人，从运河上一眼就能看到。二是"长桥映月"，"长桥"指永通桥，此桥为京东入京门户，横跨通惠河上，桥身修长，远望如长虹卧川，从桥上可以观赏桨碎玉盘美景，因此得名。三是"柳荫龙舟"，指的是当年康熙临幸潞河时龙舟停靠之处，此处每到夏季长柳垂岸，凉风习习，洵为一景。其他如"天际沙照""柳岸渔舟""漕船飞帆""风行芦荡"等通州胜景莫不与运河息息相关。

运河水日夜不停地流着，流过通州城。运河上人来人往，热闹非凡，但任何一个从通州经过的人都知道，即使他已经路过此地百千次，这一座城市既不是他的起点，也不是他的终点。逆水而上的人的终点是京城，顺水而下的人的终点是烟雨江南。然而不管是顺水而下还是逆水而上，人在坐船路过通州时，心情都特别复杂，希望与失望，得意与失意总是交错而来。元代有诗人写道："京尘冉冉岁华新，重向都门去问津。

通州运河边起灯塔作用的燃灯舍利塔

西日衔山沙水晚，通州城下雨沾巾。"（元贡师泰《发通州》）夕阳之下的京城西山固然美丽，但却又是如此遥不可及啊！明代诗人李贽于晚年寓居通州时有诗："只在此通州，此地足胜游。清津迷钓叟，曲水系荷舟。面细非燕麦，茶香是虎丘。今宵有风雨，我意欲淹留。"李贽本是南方人，此时却淹留北方，无人肯赏，不如归去，在欲去却留的矛盾中折射出的是诗人复杂的内心世界。

是啊，在通州，就在这样一个具象化了的权力中心门外，欲进不得进，欲退舍不得，又有谁能不心情复杂呢？

1901 年，光绪皇帝下令永远关闭运河，通州城最辉煌的一页翻过去了。

天津：九龙治水天津卫，两强相逢义者胜

大运河过了通州之后，顺流而下，与天然河道榆河（又称潞河）合流，一路深沉而平稳地继续向南流去，它的下一站即为天津。从通州至天津之间这一段，全长约 180 公里，被称为"北运河"。

一 渠成水转成大势，海河为界亦为媒

天津，古称"退海之地"。根据李世瑜先生的考证，天津在五千年前是一片汪洋，后来大水慢慢退去，就形成了今天天津的大陆地貌。真可谓"沧海桑田"，在大自然面前，任何神奇的事情都只是平常事罢了。

大水汪洋时期的天津在今天只留存在传说和考古者的发掘中，而今天实实在在的天津则从一条水系开始，海河。我们在考察一个城市的时候，习惯于将一个城市的成长过程比喻成一棵植物的生长，包含着播种、萌芽、成长以及衰老的过程。天津，这座城市的种子就是海河水系。

海河，西汉时称泒水，东汉末年天下大乱，北方边疆不靖，公元 206 年北方枭雄曹操决定起兵北伐靖边。为方便运输军粮，曹操采取谋士计策开辟了平虏渠与泉州渠，吸纳众流，注入泒水，从而使海河水成为流经天津平原的各个河流的总入海处。

今天看来，在天津城市的发展史上，平虏、泉州两渠的修凿固然不是什么惊天动地的大事，但它的重要性怎么估计都是不过分的，为什么这么说呢？我们还是打一个比喻吧。整个天津平原譬如一个平底盘子，原先是四平八稳的，现在因为这样两条沟渠的修凿，使得整个天津平原的水系都流向海河水系，造成了整个天津平原向海河水系倾斜的力道，海河水系成了力量的焦点，纵观天津近千年城市发展史，天津的秘密就在这种力量的倾斜中。

到唐代，由于唐代统治为加强对河北北部边防军的军粮供给，就沿着昔日曹操开辟的泉州渠重新开凿一渠，亦名平虏（与曹操开辟的平虏渠有别），以连海运，这样，在天津的发展史上第一次出现了河运与海运的交会，使得天津在当时有了"三海会口"的名称。据今天学者考证，唐代的"三海会口"地点就在平虏渠与沽水入海之尾交界的地方。

由唐入宋，中华封建帝国在度过了自己如日中天的辉煌之后，开始一步步走上下坡路。有宋一代，文质彬彬，但与盛唐相比明显就气弱了许多。因此，进入宋代之后，中国西北部的少数民族就开始蠢蠢欲动，觊觎中原。宋王朝与辽人经过了一系列的激战之后，终于形成了比较稳定的两国对峙局面，而两国对峙的界限其中一段即是以此海河为界，因此海河在当时又被称为"界河"，"界河"以北是辽之属地，"界河"以南为宋之领土，隔河相望。

而且，宋代统治者为加强边防，还采纳朝臣的建议修建了一条西起太行山脚下，东至泥沽海口（今天津大沽口）的防线，利用海河流域"深不可舟行，浅不可徒涉，虽有劲兵不能渡"（宋仁宗赵祯朝编纂《武经总要》）的天然优势有效阻挡了辽军的虎视之势。沿着海河南北两岸，宋、辽两国各自修建了具有军事防御意义的一些据点，这些据点都是以"寨"或"铺"为名，比如宋军所修建的乾符、巷姑、三女等寨，辽军修建的武清寨等，这些用来驻军的"寨"即是天津这个地域上最早出现的人口聚落。更重要的是，宋、辽以海河为界，但同时也是以海河为中介，互通有无，进行着一些简单的贸易。海河以北的辽地盛产盐、金、银、羊、马等，而海河以南的宋国产缯、帛、漆器、茶叶、香料等，因此两岸的贸易不可阻挡地开始了。此时的商贸虽然在浓厚的军事氛围中进行，时间也并不是很长，但它的重要意义在于它使得海河进一步积累了"人气"，为一个大都市的崛起打下了基础。

天津海河风景（自
赵大川编著《京
杭大运河图说》）

北宋缘边堡寨位
置图（自韩嘉谷
著《天津古史寻
绎》）

二　九龙治水，夺尽众势，平地起波澜

正像西方学者所指出的，城市区别于乡村的地方在哪里？就在于城市社会是以特有的社会组织形式聚集了超量的"人气"，脱离了日出而作日落而息的缓慢节奏，人和人之间不是依靠自然发生间接的联系，而是通过商贸、交易而发生直接碰撞。反过来说，从乡土社会向城市社会的迈进还是需要借助自然力量的推动，但这种自然的力量已不是自然的"常态"力量，而是自然的"突变"力量，这种自然的"突变"裹挟着人与人进入到一场风暴中去，激撞出新的生命形式和社会组织形式，这就是城市世界从乡土社会中脱胎的最重要的契机。在天津城市发展史上，从东汉以来的"三海会口"到宋、辽对峙时的两边贸易都是来自海河所赐，海河就是天津城萌生的胚胎。

但是，还不够！或者说，激荡的力量还不够，天津城的真正形成还需要

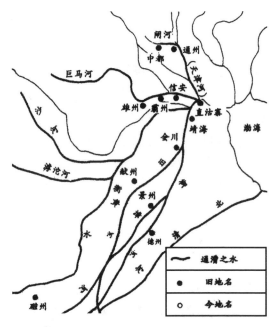

金毓黻《渤海国志长编》书影　　　《金史》"合于信安海堧"海渠形势图（自韩嘉谷著
《天津古史寻绎》）

另一种因素的加入，将这种力量的合奏推向最高潮，这就是从金代开始的漕运。

公元 1153 年，金军在打败辽军之后将首都从偏北的会宁（今黑龙江省哈尔滨市阿城区南白城）迁到燕京，改燕京为中都。中都从军事和政治的角度来讲占尽优势，但在经济上却异常脆弱，北方的土地大半尚未开垦，生产技术相对落后，粮食生产非常匮乏。而此时的长江黄河流域因为天时地利，经济却相对发达，于是必然的就产生了南粮北运的要求，金代的漕运主要担任的就是这样一个任务。

一开始，金代漕运的路线基本上是从中原或江淮地区调拨粮食，利用隋代开凿的永济渠，经霸州信安（今河北省霸州信安）以达今日的北京。但在永济渠运行一段时间（大约 40 年的时间）后因为黄河泥沙的侵蚀，已淤塞不可用了。于是金章宗在泰和五年（1205 年）"至霸州，以故漕河浅涩，敕尚书省发山东、河北、河东、中都、北京军夫，改凿之"（《金史·河渠志》）。重新开凿之后的新漕河运道由静海独流北行，然后东折向今天津柳口（今天津杨柳青地区）、三汊河口，进入今天的潞河河段，溯水北上达通州，从通州再进入中都。《金史·河渠志》中详细记载了金代新开漕河运道之后的漕运路线："金都于燕，东去潞水五十里，故为闸以节高良河、白莲潭诸水，以通山东、河北之粟。……其通漕之水，旧黄河行滑州、大名、恩州、景州、沧州、会州之境，漳水东北为御河，则通苏门、获嘉、新乡、卫州、浚州、黎阳、卫县、彰德、磁州、洺州之馈，衡水则经深州会于滹沱，以来献州、青州之饷，皆合于信安海壖。溯流而至通州，由通州入闸，十余日而后至于京师。其它若霸州之巨马河，雄州之沙河，山东之北清河，皆其灌输之路也。"（《金史·河渠志》）这说得够清楚的了，这样一来，就在今天天津的三汊河口一带形成了一个新的众流聚合点，南来的新开漕河与北下的潞河河水交会此处，继续向南流淌充实着海河水域。不仅如此，在此三汊河口处交汇的还有同样从北而来，与潞水成犄角之势的永定河，与漕河几成平行之势西来的子牙河，还有大清河。五大水系，加上其他一些比较细小的支流，一时间风云际会，众流激荡，就像一条条蟠龙一样，共同沿着海河水道，汇入大海，这就在今天的三汊河口一带形成了为历来天津方志学家所称的"九河下梢"的独特水利形势。放眼整个中国，又有几处地方能像此处一样如此汇集众流，夺尽众势呢？有人这样赞天津："地当九河津要，路通七省舟车"，是一点也不夸张的。

历史就是这样充满了让人无法预料的偶然，同时又充满了令人惊奇的必然，就像是流在平地上的水一样，前后奔突，纵横漫漶，好像没有什么规律可循，但是千流向东，万川归海，又有一个必然不移的趋向就在这些烦乱的局面中渐渐展现，想来真是觉得有一种神圣的东西油然而生。三汊河口因为众流汇集，因此它必然在这块土地上成就一段传奇。三汊河口不仅是众流所集之处，而且因为它是山东、淮河漕粮来京的必经地，所以它就是整个封建帝国政治心脏的大动脉，地位日趋重要。在开通漕运之后不久，金代统治者就在三汊河口设置了直沽寨，"直沽寨"听名字就知道是一个军事防御机构，主要居住的是军人，但就是这样一个军事性的"寨"子孕育了天津城最早的

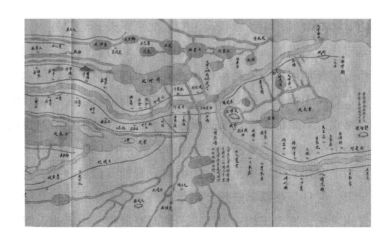

清代京杭运河全图——天津段

聚落形态。在以后的时间里，随着金中都对于南方漕粮的依赖越来越大，直沽寨的地位也越来越重要，渐次设置了都统和副都统，士兵数目一度达到近万人，可见金代对于此地的重视。

三　成也直沽，败也直沽，残垣颓壁屡收拾，可悲叹

　　进入元代，直沽寨因为漕运的继续扩大而日益成长起来，并逐渐完成着一个从量变到质变的城市诞生过程。天津故老相传，"先有大直沽，后有天津城"，说的就是从直沽寨的发展直接诞生了今日的天津城。

　　元人虽然打败了金人，但他们却都被共同的经济法则俘虏了。元代于1272年定都燕京，改名大都，确立为全国最高的政治中心，但整个北方在经济生产上与前代相比并没有多少改观，总之一句话，它还得需要南方富庶之地的滋养，而且胃口来越来越大，比如从至元二十年（1283年）到天历二年（1329年）46年的时间中，经直沽转大都的漕粮从4650石增加到了352万石，前后相比，几乎

757 倍之多，漕粮规模日益庞大可见一斑。在元代，在继续维持京杭运河河运的同时还开辟了海上运输漕粮的海运，但不管是海运还是河运，直沽都是咽喉要道，我们说，在这样的情况之下，直沽如何不继续庞大增长下去呢？远隔时空，我们在今天已经看不到当年直沽寨万樯云集的盛况了，但是穿越时空的文字留下了这样记录："东吴转海输粳稻，一夕潮来集万船"（王懋德《直沽海口》），"晓日三叉口，连樯集万艘"（张翥《代祀湄洲天妃庙次直沽》），由此可以约略想见其情形吧。

极大膨胀的漕运规模也促使直沽寨从一个军事性的"寨"子慢慢地向一个商业性的城镇转变。在表面上看，漕运的主要目的是向京都供应货资，直沽只是一个歇脚的地方罢了，但正如旅行的精彩之处不在于目的，而在于过程一样，直沽以其"在路上"的独特处境而变得精彩异常。比如元人张翥这样说道："一日粮船到直沽，吴罂越布满街衢。"（《读瀛海喜其绝句清远因口号数诗示九成皆实意也（十首）》）这句诗里透露出这样一个信息：元代的漕船在向京都输粮的过程中，"违章经营"，可能私自夹带了南方的货物在直沽进行买卖，这才会使得"吴罂越布满街衢"。但问题是，这些"私货"到底是以什么样的方式夹带的呢？是运粮兵士自己所为呢，还是商人行为？应该说，兼而有之，但商人们的积极性似乎更高一些。元人黄镇成有一首诗这样写道："直沽客，作客江南又江北，自从兵甲满中原，道路艰难来不得。今年却趁直沽船，黑洋大海波连天。顺风半月到闽海，只与七州通买卖。呜呼！江南江北不可通，只有海船来海中，海中多风多贼徒，未知明年来得无？"（《直沽客》）这首诗可以说写出了南北经商的辛苦，但如此艰难而又对直沽之地趋之若鹜，是不是从侧面说明了当时直沽经商利润的丰厚呢？

无数城市发展史告诉我们，商业贸易的发展就是能量无穷大的"原子弹"，没有它轰不破的壁垒，不管这种壁垒有多精巧，多坚固。直沽商业的发展带动着这个滨海小村走向了城镇的舞台，同时也使直沽在元帝国的政治版图上具有越来越重要的位置。元延祐三年（1316 年），"改直沽为海津镇，命副都指挥使伯颜遏直沽"（《元史》），至正九年（1349 年）"立镇巡抚于直沽海津镇"，至正十三年（1353 年）又"命南北兵司马各分官员一员，就领通州、漷州、直沽等处巡捕"，这体现出元统治者已经充分认识到海津就

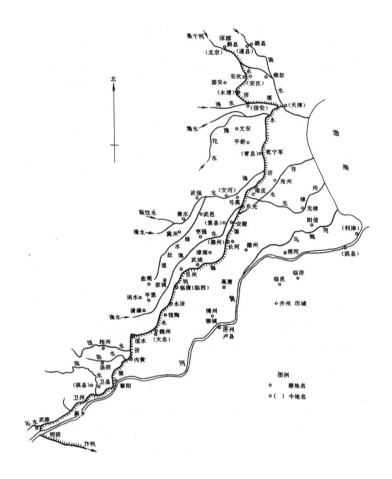

永济渠示意图

是整个元帝国的命脉所在，应该重兵把守，海津失守则将天下失守。果不其然，至正十八年（1358 年），红巾军就是从河北攻入直沽，进而威逼大都。又十年之后，至正二十八年（1368 年），明将徐达经由直沽，攻克大都，结束了元朝的统治。想一想，不由人无限感慨：真是成也直沽，败也直沽。

由元入明之后，江山易手，但海津镇则是获得了又一次更大的发展机会，基本上形成了今日天津的城市规模，而这一切同样还是得自运河漕运所赐。

　　建文元年（1399年），燕王朱棣从北平借口"清君侧"发动了对自己侄子建文帝的讨战，这里边有关天津值得一提的是，朱棣南下"清君侧"之所以大获全胜，关键的一步在于他选择了自直沽渡南运河直取沧州的战略路线。在沧州朱棣率军大败沧州守将徐凯，从而打开了向南的大门，一路挺进，谋取了大好江山。《明史·惠帝本纪》中这样说："建文二年九月，……徐凯屯沧州。冬十月，燕兵袭沧州，徐凯被执。"今天，我们已不能通过文字来准确探知当年朱棣渡南运河南下征讨时的心情，但肯定是充满着复杂的期待，因为他在渡过北运河之后，就把当时的"海津"改名"天津"，意喻着自己的此次南征必将是一次登上九五之尊的荣耀之征，也可以看作是一种自我的祝愿吧！20世纪50年代在天津南门出土的《重修三官庙碑》上刻有"我祖文皇帝入靖内难，圣驾由此济渡沧州，因赐名天津"。依据朱棣渡河的时间，"天津"名称的确立应该是在公元1400年左右。

　　朱棣南征大获全胜，也使他对于天津的重要性有了更加深刻的认识。几乎就在他刚刚登上皇位的同时，永乐二年（1404年）的十一月和十二月，朱棣在天津分别设置天津卫和天津左卫，并把原先属于山东都司的青州左护卫改为天津右卫，于是在面积并不大的天津就有了三卫的设置，这在明代军事布置中是罕见的，同时也说明了朱棣切实看出了天津对于京都的咽喉要道地位。天津设卫之后，就在同年，开始修筑天津城（即天津旧城），并在1405年和1406年将三卫移入城中，至此真正意义上的天津城在经过了三四百年的风雨之后终于以"城"的姿态站立在

朱棣像

海河边上，有了今天我们所谈论的天津的实体形态。

按照史书记载，此次修建的天津城位置在卫河（南运河）与海河之间的三角地带，历时一年修成，形状东西长南北短，呈矩形，形如算盘，因此也被叫作"算盘城"，城内主要驻守卫军。"算盘城"在刚刚修建的时候还是颇为壮观的，但因为处在海河与南运河之间，地势较低，常常遭受洪水的冲击，因此在后来的时间里，明政府多次修治。弘治年间一次修治的时候，在城内修筑了鼓楼，上置大钟一口，本来是为了戒警之用，但后来不知道怎么竟成了报时钟。暮鼓晨钟，声声催促着这些戍卫的兵士们还家的归期。清代诗人梅宝璐曾经为钟楼写过一副对联，联曰："高敞快登临，看七十二沽往来帆影；繁华谁唤醒，听一百八杵早晚钟声。"不仅写出了钟鼓楼高临的气势，而且写出了在繁华中人生的苍凉。

天津旧城名为"城"，但实质上就是一个军事碉堡，可以看作是明朝官方意愿在海河之畔投下的影子，这样的"城"因为不与现实人生发生关系，最终只是一座无生命的砖石壁垒罢了。旧城建起之后，因为屡次遭受洪水侵袭以及缺乏修缮，仅仅几十年的时间已经破败不堪，兵士们甚至可以越堞而入，也就是说城墙可以徒手爬过，这真是够凄惶的了。从此以后，旧城屡次整休，但是屡修屡坏，一直到崇祯十年（1637 年），距明亡还有七年时间的时候，明政府还在想办法去修城，想来真是令人唏嘘不已，这是一个城市的悲剧，更是一个朝代的悲剧！

然而，明政权告终之后，悲剧并没有结束。顺治元年（1644 年），清王朝正式在北京掌权，天津在新一代掌权者的眼中不仅没有降格，反而在几十年的时间内连升量级，由"卫"升"州"，又由"州"升"府"，天津的角色地位达到了空前重要的程度。天津地位从明代以来节节飙升的原因当然是多方面的，但其中最重要的原因还是因为运河漕运的关系。我们知道，从明代中晚期开始，南北之间的经济、文化水平差距越来越大，南方江浙一带因天时、地利、人和的原因生产力水平获得了极大的提高，文化景观也日益多姿多彩。与之相比，长江以北的广大地区，因为地近意识形态中心，长期处在意识形态的高压之下，长期以来依然贫穷荒芜，文化的道德伦理色彩也比较浓厚。因此，可以说，自明中后期以来，沿长江中下游一线在南北之间就

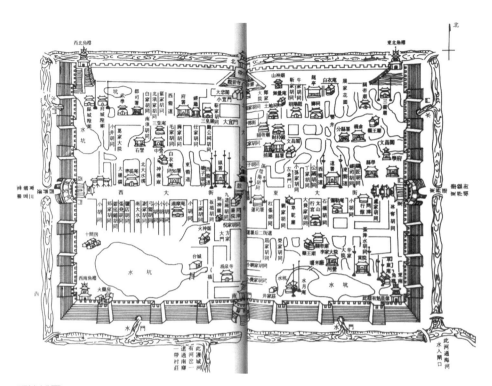

天津城图

形成了一道落差，就像是一道水坝一样，南方在水位高的上游，而北方在水位低的下游。京杭大运河的重要意义正在于，它以一线水脉，沟通南北，将富裕的、多彩的南方引渡到了北方。对于一个统治集团来说，它并不是不食人间烟火的高高在上，其实它更需要感性的物质供养，因此，京杭大运河几乎在它可以使用的每一个时期都是历代统治集团的"宝贝"，这一点在明清时期尤甚。天津之所以被明清统治者们推到如此高的地位，原因之一就在于它是最靠近京都的南方的"使者"。

除了南粮北运的枢纽之外，天津地位的提升还有军事防御上的原因，别看清代统治者来自关外，对于中国的历代得失可是清楚得很，他们很明白天津对于京都的军事意义。因此，明、清时期，天津的城市功能就是军事防御和漕粮转运两个主要方面。军事咽喉与漕运要道的重要地位使得清代的统治者就像着了魔一样，继续重复着明代统治者的修城悲剧。明末清初时，天津旧城已被严重破坏。顺治十年（1653 年）和十一年（1654 年）旧城又被海河水倒灌，大片民居被淹没，以至于舟楫可行。康熙十三年（1674 年），清政府开始大规模修治旧城，经过这次修建，旧城扩大了规模，并且大大提高了抗洪能力，确保了旧城五十年平安。雍正三年（1725 年），又遭水淹，重修城垣工程又起。此后乾隆在位六十年时间，旧城修治多达九次。

　　屡修屡坏，屡坏屡修，这固然说明了清政府对于此城的重视，然而我们想到的是：在这频繁的洪水灾害中，统治者可以输财来修城，维持其政治、军事格局的稳固，那么这城池中与此城共生的城市居民所遭受的折磨又有谁来补偿呢？旧城的最大威胁是季节性泛滥的海河河水，但水是最公平的，东决则东流，西决则西流，有问题的是那些强行将此城安放在水道交错上的统治者们！他们为了将天津铸造成一个帝国的符号，不惜以全城之人的生命安全为代价，真正是"一将功成万骨枯"，信前人所言不虚！光绪二十六年(1900年)，这座多灾多难的城池终于走到了生命的尽头，来自比南方更遥远的西洋的八国联军占领天津，拆毁城墙，填平护城河，题有"东连沧海""南达江淮""西引太行""北拱神京"的四座城门也化作瓦砾，而就在此时，京杭大运河也被清政府下令关闭，一个城市和一段河流的传说一块画上了一个句号。

四　神京门户，销金锅儿

　　天津的命运是如此奇特的，它也许是中国城市丛林中生长的最为奇特的一株树木。有一个西方城市学者，来到中国，游览了奇壮雄伟的北京之后，非常的震惊，慨叹世界上竟然有如此庞大而整饬的城市。但是当他来到天津之后其震惊程度更是无法言喻，这并不是说天津比北京更好，他感到不可思议的是，北京与天津这样两个超级都市竟然在一个区域中，不过百公里之遥却和平共处，和谐发展，因为根据西方的都市理论，一个超级都市就其自身而言可以无限发展，但决不可能在有两个超级都市在同一区域内共同发展，因为城市所需要的自然资源是无法与他人共享的。为什么北京与天津能够和平共处？

其实，这样的事说起来令人悲哀。京、津两城之所以能够在一个区域内和平共处，这并不是说中国传统社会的城市化道路走出了与西方城市化不同的发展道路——其实中西城市在其本质上是无所差别，而是因为从整个封建王朝统治的历史上看，天津这个城市存在的理由就是为卫护北京而存在的。也就是说，从官方的角度来看，并不存在一个真正独立的天津，天津的意义就是北京的"门卫"。这一点不用多说，我们已经看得够清楚了。封建王朝，不管哪个朝代，因为他们那种特有的"家天下"的统治思想，不仅要在思想上，而且也要在地理上确定一个"集权点"。思想上的"集权点"它需要一套封建道德思想来守卫，而地理上的"集权点"就需要拱卫在京都周围的卫城。中国城市发展史上，京都的卫城并不罕见，但是像天津这样的超级卫城是不多见的。因此，正是因为封建统治者不把天津当作一个独立发展的城市，因此才有即使天津屡次被洪水洗城，也要将这个城市在浪尖上将之维持下去的闹剧、悲剧。

究其根本，天津之所以成为北京的"卫士"，也正是因为贯通南北的运河和海河，滔滔运河水为天津卫赢来无限尊荣的时候，也为这个城市带来多少无妄之灾！

我们还是那句话，水是最公平的，水能覆舟，也能载舟，运河在将天津引入到帝国统治逻辑之中的时候，也以其润物之功滋养了天津城的真正生命，造就了一个有着自己独特节奏的生活世界。

清徐宗亮等修《天津府志》书影

清代天津兵营

　　商业贸易，是一个城市生命活力的标志。早在宋、辽隔河对峙时期，在海河两岸就开始了互通有无的贸易，但毕竟是相当不规律的初级贸易。金、元时代，天津主要作为军事防御阵地，但因为海运和河运的缘故，也出现了较有规模的商业贸易。天津城真正的商业繁荣是在明、清时期。

　　进入明、清，南粮北运成为整个封建王朝的命脉所在，帝国的北方日益倚重南方粮食的救济，因此运粮的规模越来越大，动用的运粮兵士和役夫越来越多，光这些人的费用就成为政府一笔不小的开支。于是，官方就想出了一个"以漕养漕"的聪明办法，就是允许随船兵士可以通过运粮官船搭载一些当地物产进行私人贩卖，名之为"土宜"。明成化十年（1474年），朝廷规定额定搭载"土宜"为每船十石，万历年间又放宽至六十石，以当时漕船的数目而言，这是一个相当可观的贸易量。而且，此风一开，运

估衣街是天津明清以后最繁华的商业街

粮兵士们往往不会遵守朝廷的规定数目，只有多没有少，数目之大，价值之巨，以至于朝廷最后不得不发下命令："凡漕运船只，除运军自带土宜物外，如附带客商、势要人等酒、面、糯米、花草、竹木、板片、器皿、货物等，将本船运军并附载人员参问发落，货物入官。"（《大明会典·漕禁》）这条禁令说出来的内容可太丰富了，不仅告诉了我们当时运送"土宜"的内容什么，而且还从侧面告诉我们通过官船搭载的还有一些"客商"以及"势要人物"的货物。但禁令归禁令，兵士们该怎么办还是怎么办，他们穿上官衣是官家人，脱下官衣就是一个平头百姓，也需要钱哪。因此就出现了李东阳在诗中所描绘的情形："南京马船大如屋，一船能容三百斛。高帆得势疾如风，咫尺波涛万牛足。官家货少私货多，南来载谷北载盐。凭官附势如火烧，逻人津吏不管诘。"（李东阳《淮麓堂集·杂记一》）而且，到了清代，政府不仅继续允许官船搭载"土宜"，而且还批准了运粮漕船在"回空"（漕粮运输有一定周期，有一段时间漕船是没有什么任务的，称之为回空）之机可以搭

山西、江苏会馆遗址，各地在天津设立的会馆是天津商业繁荣的历史见证

载商人货物运行。这就更不得了，并不宽阔的运河上整日红红火火，官船来往，但除了特定的几个月之外，没有几只船是为公家忙碌的，说来不可思议，仔细一想又在情理之中！

但这样一来，就在客观上繁荣了天津商业。

天津地近京都，又在"九河下梢"，交通便利，运粮的漕军在天津将官粮任务交接完毕之后，剩下别的军士用小船将粮食通过潞水经通州搬运到京都，而他们则可以从从容容地卖掉自己的"土宜"，获取巨额利润。在漕船回南的时候也不会空着，他们又将汇集到天津的北方的特产，其中主要的是天津出场的长芦盐，运送到南方，再赚一笔。这种官船搭运的贸易方式先前只是漕运粮军在做，到了后来则是那些财力雄厚的南北商人也卷了进来，天津这一下子真的 "火"了！天津在明中期之后就因为其这种官船搭运的贸易形式成了内陆地区最大的贸易口岸，商贾云集，日进万金，影响所及，不仅南北商人汇聚于此，而且还吸引了洋人来做买卖。在当时的天津，奇珍荟萃，异宝杂陈，那真是没有买不到的东西。这里所引李东阳的四句诗说得明白："玉帛都来万国朝，梯航南去接天遥。千家市远晨分集，两岸河平夜退潮。"

这说的是明代的天津。乾、嘉时代的诗人崔旭也有诗赞天津商业贸易之盛："畿南重镇此称雄，都会居然大国风；百货懋迁通蓟北，万家粮食仰关东。市声若沸虾鱼贱，人影如云巷陌通；记得销金锅子里，盛衰事势古今同。"（《津门杂记》上卷）"销金锅"是南宋以来文人对杭州的称呼，说天津与

建于 1326 年的
天后宫

杭州一样充满商业活力，这一点儿也没错！

　　充沛的商业活力在当时的天津城中形成了繁荣的商业空间。天津东门外一带，因为傍邻海河，是海河入津的要道，加之附近的天后宫长期以来是南来北往的人们降香祈福、欢会娱神的所在，因此这个地方就成了商业贸易的一个中心，据说每到祭祀的日期，"数日之内，庙旁各铺卖货物，亦利市三倍"。天津北门外一带，有大道通向京都，又是南北运河交会的地方，便成为当时粮商巨贾门盘踞的地点。这两个地方从明代到清朝，虽然朝代更替，但是繁华依旧，究其原因还是因为运河所带来的商业活力。

五　拳打脚踢，强强相遇，义者胜

　　运河带来了天津城的商业繁荣，而巨大的商业利益也将天南海北、五湖四海的人物带到了海河沿岸，将一群没有任何血缘、地缘，甚至文化缘的人聚拢在一起，让他们为了一个简单却又残酷的目的在一起纠缠，造就了天津城市一种特殊的文化内涵，有人将这种文化称为"码头文化"。

出巡时天津天后圣母木雕像，可惜今已失传

"码头"总是具有人在旅途的意味，它不是终点，但却总是截留下一些旅行文化的因子。哪个地方的水土不养人啊，这些来自异国他乡的文化因子就这样在陌生的土壤中开出了奇异的花朵。天津城市文化中有一些东西是与周围的地域文化格格不入的，比如说妈祖崇拜。妈祖本为闽、粤一带信仰的神灵，被当地人们看作是海上守护女神，但奇怪的是，妈祖崇拜在天津这样一个北方城市进行得如火如荼，在天津东门外海河沿岸专门建有皇帝敕封的天后娘娘宫，香火之盛甲于津门。妈祖为何千里迢迢来天津"落户"呢？这还是拜漕运所赐。在漕运刚刚开始的元代，因为漕运所使用的船夫水手多为闽浙一带的南方人，正是他们在运河航运中将自己的信仰崇拜带到了天津，而元帝则为了笼络人心对于船夫们的信仰崇拜积极迎合，将妈祖敕封为"护国明著灵惠协正善庆显济天妃"，并在东门外建庙供人香火拜敬。而那些并不信仰妈祖的来津客商因为商路艰辛，前途莫测，也少不了来此祭拜一回，因此，南方的妈祖崇拜竟在天津扎下根来，历数百年而不衰。

妈祖崇拜是通过运河泊来天津的，其实天津方言何尝不是呢。俗话说，京片子，卫嘴子。天津方言给人一种独特的感受，那是一种敞亮、大度、热情的感受，你和一个天津人在一块聊天，即使是初次见面也好像是已经认识了多少年一样的体己，谁又能想到这样一种处处展现着亲和力的方言竟完全是一种来北方做客的语言呢？天津的语言在明代之前是静海口音，与今天听到的天津话是不一样的，今天的天津话是明代以后出现的。新出现的

天津话与周围的口音截然不
同，尤其是与北京方言更是
差别甚远，为什么地域如此
相近，但语音却如此悬殊呢？
当代学者李世瑜先生在 20 世
纪 70 年代曾经对此专门进行
过一项研究，提出了"天津
方言岛"的观念，认为今天
的天津方言是一个舶来品，
确切说是当年来自安徽地区
的朱元璋的王牌军进驻天津
后将本地的语言带进了天津。
因为这些王牌军在天津城中
人数众多，势力庞大，就渐渐
将原先的静海口音挤到天津以
外去了。李先生曾经专门进行
田野调查，并画出了整个天津

津门武士（自冯
骥才《冯骥才画
天津》）

的方言地图，证明今天的天津方言区是被东西南三个方向
的静海方言区包着，形成了一个孤岛。李先生说，他曾经
在安徽宿州固镇街头操天津方言与当地人交谈，竟毫无障
碍，并且也没有被当地人发现来自外地。

　　就是天津这座城市，一座海中的孤岛，每一个人在此
都是匆匆路过，但每一个人都将自己的一部分永久地留在
了整个岛上，因此形成了天津城市文化的一种"杂"的特
征。天津虽然地近京都，天子脚下，但与北京城所体现出
的整饬肃穆截然不同，天津在表面上看去特别的"乱"！
但这种"乱"可不是无头苍蝇式的瞎乱，而是因为九龙治
水，强强相遇，因而很难有一种自上而下的绝对的权威能
将之驯化到一定规矩之内。天津就像一座孤岛，但并不是

一座被人抛弃的孤岛，而是一个大擂台，"拳打南山猛虎，脚踢北海蛟龙"，有真本事的就上台来比划比划，你若是好本事，人人敬你捧你，天津会给你至上的光荣；你若是本事不济，被人家给比下去了，那你摔得也特别的疼，有可能一辈子爬不起来！因此，天津的"杂乱"不是毫无秩序可言，这种秩序不是哪一个人定的，是一拳一脚打出来的，一个人对另一人的服膺是服其"勇"，服其"义"。这样"乱"而"义"显的城市文化特质也只有在天津这样的城市中才会出现，天津以其"九河下梢"的特殊地理位置，以其扼南北漕运咽喉的重要地位，才能使那么多的英雄豪杰，磊落人物汇集此地，才会产生如此残酷而酣畅的城市传奇。

强强相遇是天津之"乱"而"义"显的城市文化特征的一个方面的原因，另一个方面的原因则是自金代以来，天津作为重要的军事防御据点，长期驻军，尚武之风历几百年不歇，特有的军戍之风与残酷的生存竞争融合在一切，自然而然就形成了狭路相逢勇者胜的"江湖"规矩。明清时期的天津城就是天子脚下的一个"江湖"。

六　人在"江湖"，怎一个"混"字了得

说起"江湖"不由得我们想起了闻名已久的老天津"混混"。

天津的"混混"又叫"混星子"，名声一贯不好，说臭名昭著也可以。这些混混的所作所为也着实叫人可恨，他们往往抱成一团，欺行霸市，恃强凌弱，将自己的生存建立在毁灭他人生活的基础之上，可以称之为败类。这些混混打扮挺有戏剧效果，有人这样描述："混混儿的打扮与常人不同，入伙后首先要置办一身行头。他们常穿一身青色棉袄，一件清洋绉长衣披在身上，不系扣子，也有长衣随意搭在肩膀头上或挎在胳臂上的。歪戴帽儿，月白色搭包当作带子扎在松弛下垂的裤子上，脚穿蓝布长袜、绣花鞋，粗粗的辫子打着辫花，不是垂在背后，而是搭在胸前，每个辫花上插一朵茉莉花，素有'花鞋大辫子'之称。站在那，左脚前伸，右脚直立，双臂抱在胸前，下颌抬得很高，从不正眼看人，上下打量人时，眼不动，脑袋上下动。走起路来，迈左腿，拖右脚，故作伤残状。"（李然犀《旧天津的混混儿》）活

脱脱一副自甘下流，不求上进的样子。

但是"混混"又不是那么容易当的，"混混"的世界里规矩很大。"混混"们入门有入门仪式，入得门来你就得守规矩。"混混"们平时主要的活动就是成伙械斗，在械斗时应该有"不服饶不自逃"的精神，对方刀片砍来须以胸脯去迎，斧柄打来须以头颅去挡，如此才算是一个"好汉"。而打人的混混也得守规矩，除非与对方有衔死之仇，不能往对方致命处招呼。这些规矩如果你不遵守，即使你打胜了，也没人真正服你。在械斗发生之前，团伙之中要抽"死签"，一旦械斗发生恶性事件被官府追查时，抽到"死签"的人要去主动承担责任，为其他人开脱干系，被官府收押之后，他的家人由团伙其他成员照顾。"混混"们的规矩还很多，除去一些好勇斗狠逞强显能的恶俗之外，这些"混混"的规矩从其本质上来说体现出一种"义气"，是人们在天津这个鱼龙混杂，九龙治水的强强相遇之地发展出的一种民间秩序，虽然不上台面，但自有其地方的合理性。

天津的"混混"虽然只是明清天津城市文化特质的一个极端方面，但也反映出了这个城市的一些普遍特性。一般的天津人，即使不是"混混"也体现出一种其他城市之人所不具有的"派头"来。天津人的"派"儿相信好多人领教过。天津人的"派"儿首先是好面子。天津有句话，"借钱吃海鲜，不算不会过"，说的就是天津人宁愿私底

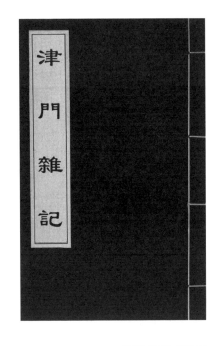

清张焘著《津门杂记》书影，此书记载了清代天津的种种社会世象

下吃糠咽菜，也要把面子上的事情撑下去。这种好面子不用说是一种恶习，但却是天津人身处风口浪尖，经多见广自然而然产生出的一种处世准则，是城市文化在个人身上留下的烙印。因为自己好面子，自己把"派"儿做得漂亮，也由此产生出对他人的高标准，严要求。天津人性格中有一个非常令人着恼的地方就是，一件事他自己可以做不到，但是他要求别人必须做到，而且还得做好。你如果做糠了，虽然他自己未必会比你做得好，但是他会理直气壮的鄙视你；反之，如果你做好了，做得让他服了，那他也不会吝惜自己对你的敬佩，会往死里抬你，就认定你了，谁说你的不好，那就是跟他过不去，非得以命相搏不可，这种心态在天津的戏迷身上体现得最明显。

天津的戏迷跟天津的"混混"一样出名，甚至有一些出了名的大"混混"就是一些铁杆戏迷。天津的戏迷那叫一个"个"，不知内情的人们站在局外看，真会觉得这些戏迷是一些神经不健全的疯子。民国刘炎臣先生在《津门杂记》中这样写天津卫的戏迷："同时，在现在的天津戏迷们，欣赏剧艺的能力，眼光已是特别的高，坐在台下对于台上的演员，每有公正的表示，就是对于唱作得好的角色，报以热烈的正好或是鼓掌，反过来说对于那些唱作欠妥或是出了大错的，亦就不客气地予以起哄式的倒好，而且由于卫里人的一腔满不在乎的热气，越是对名角，越有一番不客气的对付劲儿，谭富英因'叫小番'未嘎上去，及'八月十五月光明'未能拔高唱，马连良因演'断臂'捌错了胳臂，以及张君秋因演'别姬'而走错场子，前前后后，全得到起哄的倒好，使演者僵在台上引为是一件无可奈何的憾事。"

其实，在天津，不独是听戏的戏迷对于台上的演员异常苛刻，经常报以"倒好"，而且这一现象可以扩及到一切来天津"闯码头"，或登台，或"撂地"（指曲艺演员街头露天演出）演出的一切把式"玩意儿"上。天津的观众不管你来头有多大，名气有多响，只要有他们看不上眼的地方，他们通通的都是一声"嗵！"的一声倒好。这一声倒好，你要是扛不住，那就赶紧的离开天津卫到别的地方发财吧，反之，你要扛下来了，你也就在天津卫站住脚跟了，而在天津卫一炮打响，那就获得了在全中国吃遍天下的本事。著名京剧老生李万春曾经说过这样一番话："现在的天津观众，是与从前不同了，现在到天津来唱戏，绝不能够马虎从事，必须有真玩艺才行，一般看戏的，好像全

天津老戏台

是拿着秤在那斤斤较量，假如是角不齐，戏码软，成绩绝
不会好，因为现在的天津观众程度提高了，事实上实难马
虎对付，更有叫我佩服的，就是天津观众看戏眼光，让人
佩服，就以我所演出的戏而论，贴'钱公鸡'及猴戏一流
所谓新型开打戏，是一种看法，等到我再贴演'宁武关'
悲壮史剧，天津观众居然又换上一副眼光来看待，这种'识
货'的精神，的是令人佩服，今后我对于天津观众的欣赏
力，是拜服了。"（《津门杂记》）这可以说是还了天津
戏迷们一个公道！在当时的戏曲行里有这样一句行话，叫
"北京学戏，天津唱戏，上海挣钱"，说的是北京京都之
地，能人多，师傅多，是学艺的好地方，而天津呢，则有
一批最优秀的听众，他们见多识广，眼睛长在头顶上，唱
戏如果获得了天津戏迷的认可，就可以去上海十里洋场挣
大钱去了。天津就是这样一个磨炼人的好地方，仔细点数
一下近代以来的戏曲、曲艺大师，有哪一个不是从天津卫
中打拼出来的呢？

　　大自然是无情的，历史是无情的，八百年的天津卫就

在这无情的海河和运河的漩涡中心，演绎着"看似无情却有情"的城市传奇。"嗵！好嘿"，一声倒彩，吓坏了走南闯北英雄汉，成就了怀珠抱玉真英雄，天津卫，天津卫，你可太"哏儿"了！

沧州：萧条尽掩门，荒城明落景

"沧海桑田"用来形容沧州再合适不过了。由于地处九河末梢，古往今来，"萧条""荒城""孤城"等字眼频繁出现在众多关于沧州的诗作中。这座城市注定是荒凉的，悲哀的。京杭大运河之于沧州，在给沧州带来灾难的同时，也赋予了沧州一线繁华生机。在灾难与繁华中，沧州生产和弘扬了一种别样的财富——武术精神。这种财富是沧州人独有的。

一 河人共东望，日向积涛生

在沧州吴桥县城南有一古堤，岁久河涸，但堤址犹在。周围村庄的名字皆以此堤为名，如"堤口崔家""堤南宋家""桃花岭""堤头姚家""堤南赵家"。明朝万历吏部尚书杨巍在《桃花岭诗序》中如此描绘这一河堤："土岭高可丈余。余昔赴关陕，此岭延袤至魏境之南始尽，秦汉以来障九河者。"这就是沧州境界的古黄河堤。

远古时，古黄河至冀州分布为九河。九河者，乃徒骇、太史、马颊、覆釜、胡苏、简、絜、钩盘、鬲津之河也。下至沧州，合流为一大河，名为逆河。王莽时，将汉的渤海郡，即今沧州更名为迎河郡。王莽好复古，他的改名有着历史依据，古文中"迎""逆"二字互通。逆河流经沧州，并在沧州地界

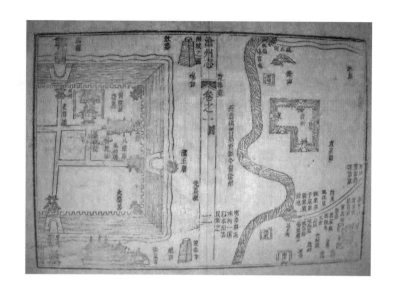

沧州州域图（自《沧州志》）

入渤海。据《尚书·禹贡》《汉书·地理志》记载推定，古黄河在沧州有两个入海口。一个在今黄骅市东部，一个在黄骅与无棣县分界的月河口一带。

由于气候干旱，加上农业对土地的开发，至元代时，远古的黄河故道已变成千里良田。元代诗人萨都剌登临此堤时，感慨而言："迢迢古河堤，隐隐若城势。古来黄河流，而今作耕地。都邑变通津，沧海化为尘。堤长燕麦秀，不见筑堤人。"此诗不仅是河堤沧桑变化的写照，更是沧州城市的历史变迁。

沧州，因濒临渤海而得名。始建于北魏孝明帝熙平二年（517年），割瀛、冀二州之地建沧州，盖取沧海之意。对于沧州而言，沧海变桑田历经万年才演变成现实，而在同样一片土地上，桑田变沧海却几乎是在"瞬间"完成的。这其中，京杭大运河是造成沧州"桑田变沧海"的主要因素。历朝历代，由于管理不当，加上黄河的不断侵袭，运河成为沧州水患的始作俑者之一。

　　西汉以前，今河北平原上主要河流如黄河、滹沱河、泒河、漶河、治水等都是独流入海的，诸水渐次交会。至东汉建安十一年（206 年）曹操开凿了一条自滹沱河入弧河的平虏渠（即今京杭大运河自青县北至静海独流镇一段）后，河北平原上主要河流都会流天津入海，海河水系遂告形成（谭其骧《海河水系的形成与发展》，《长水集续编》，人民出版社 1994 年版）。隋大业四年（608 年），隋炀帝征发河北诸郡男女百余万人，在曹操旧渠的基础上，开挖了永济渠，引沁水南达于黄河，北通涿郡，与江南运河、通济渠等构成了纵贯南北 2500 余公里的大运河。沧州段运河当时称为御河或卫河，成为海河水系的一部分。人工开凿的运河造成了众河汇流天津的局面，这也给海河流域的排涝问题造成严重后果。当六至九月的夏秋的多雨季节，每遇漳河、滹沱河、卫河同时涨水，整个河北平原几乎都要遭受水灾。

　　京杭大运河纵穿沧州达 220 公里，沧州成为京杭大运河流经里程最长的城市，更是运河造成最大危害的城市。每遇涨水之时，运河成为河水暴虐发泄的重要渠道。由于运河"水大渠狭，更不开泻，众流

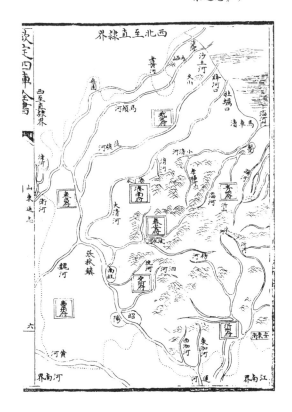

沧州九河图（自清岳濬等修《山东通志》）

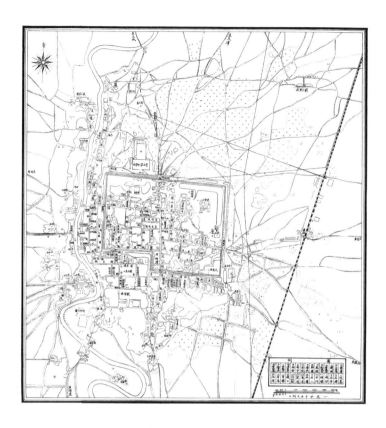

民国沧州城关图
（自民国张坤《沧
县志》）

　　壅塞"（北齐魏收撰《魏书》卷56《崔楷传》），河道常
常决堤。宋代河北地区的御河曾被黄河北流所袭夺，长达
五六十年之久，至使御河屡浚屡淤。元代御河在沧州一带，
"水面高于平地"，以至"水无所泄，浸民庐及熟田数万
顷"（明宋濂《元史》卷64《河渠志一·御河》）。到嘉
靖年间，河道淤塞，南北诸水"流经千里，始达直沽。每
遇大雨时行，百川灌河，其势冲决散漫，荡析田庐，漂没
粮运"（清傅泽洪撰《行水金鉴》卷114，引《明世宗实录》，
嘉靖十四年七月癸未）。漫天的洪水如发疯的野兽扑向沧
州大地，所有的树木，所有的庄家、所有的房屋都浸泡于
海水中，沧州霎那间成了一片荒凉之地。于慎行在雨中路

过沧州时，如此写道："广川城北倚扁舟，寒色萧萧对驿楼。过雨菰芦惊午梦，乘波凫鹭激中流。长天积水千帆暮，斜日疏林五月秋。指点津亭问前路，居人为说古瀛洲。"

"古瀛洲"即在现在的沧州境内，沧州人纪晓岚在《滦阳消夏录》中写道："余家距海，仅百里，故河间古谓之瀛州。地势趋东以而高，故海岸陡，潮不能出，水亦不能入，九河皆在河间，而大禹导河，不直使入海，引北行数百里，自碣石乃入。"地势较低的地理环境使洪水更加肆虐无忌，素有"九河下梢，鬲津最南，徒骇为北"之称的沧州由此被清代钦定为"泛区"，即是皇上亲自划定的水灾区域。僧可无在《送吕郎中赴沧州》诗中描述了他看到的情景："路遥经几郡，地尽道孤城，拜庙千山绿，登楼遍海清。河人共东望，日向积涛生。"

每到洪水肆虐，沧州大地上沿渤海方圆百余里，均系芦荡荒滩，四处望去，剩下的只有盐碱滩，还有浸漫在洪水中摇摆的芦苇和茅草，所以，沧州还有一别名——长芦。

水灾的连绵不断造就了古代沧州人特殊的民居风格和生活习俗：房屋依河坡而建，以半顶房居多，纺车一般都挂在树上。洪水一来，人们和家养的牛羊可以很快的爬到平顶房上去，挂在树上的纺车同样可以不被洪水冲走，减少了洪水带来的经济损失。杨慎在《长芦道》诗中曰："屋室鳞鳞傍水边。"当年，纪晓岚的高祖纪椒坡从应天府上元县北迁时，中途曾遇到一个算卦的先生，告诉他：你们走到牛上房、车上树的地方就是安身立命之地了。当他们走到沧州时，看到牛上了河坡，也就轻而易举地上了房顶，应了"牛上房"的寓言，而这里的农家人大多都把纺车挂在树上，纺车也是"车"，这不就是"车上树"吗？于是，纪晓岚的高祖就在沧州安家落户了。

几千年来，一个美丽的民间传说支撑着了沧州人与洪水的搏斗，他们在所认知的世界里苦苦搜寻着化解水灾的方法。

据说，很久很久以前，沧州是风景优美、土地肥沃的鱼米之乡。这里，海碧天蓝，气候温和，人们勤劳善良，日子过得非常美好。就连飞禽走兽，也愿意到这里落落脚。

有一年秋天，水面上突然刮起一股黑风，卷着水浪，像虎叫狼嚎一样呴哮着直扑沧州城，房倒屋塌了，满洼的好庄稼也被洪水吞没了。老百姓仓皇逃离，来不及逃离的纷纷被洪水卷走了。人们的哭声、叫喊声一片。原来是一条恶龙在兴妖作怪。它看着沧州这地方好，就一心想独吞这地方做它的龙宫。就在恶龙兴妖作怪、残害黎民百姓的时候，人们猛地听到一声像山崩地裂一样的怒吼。只见一头红黄色的雄狮，从海边一跃而起。它像鹰抓兔子一样，嗖的一声，冲向大海，直取恶龙。海面上顿时水柱冲天，狂风大作，龙腾狮跃。雄狮和恶龙从天黑一直厮杀到黎明，恶龙招架不住，掉头就跑。它边跑边想："我占不了这块地方，也叫这地方好不了。"于是，它一边跑着一边吐着又苦又咸的白沫。雄狮在后面紧追不放，一直到东海深处，逼着恶龙收回了淹没沧州的海水，这才罢休。

恶龙跑了，海水退了，沧州一带的老百姓，才避免了一场更大的灾难，又能安居乐业了。人们为了感谢为民除害的雄狮，就请一位叫李云的打铁名匠，带领着九九八十一个手艺高超的徒弟，用了九九八十一吨钢铁，铸造了九九八十一天，终于在当年雄狮跃起的地方，铸成了这尊活灵活现非常雄伟的铁狮子。那条恶龙虽然没死，但一听到铁狮子的吼声，就浑身发软，爪子发麻，人们把狮子视为瑞兽，又把这尊铁狮子叫做"镇海吼"。

在沧州历史上，"镇海吼"确实吼过。1923年冬天，沧人刘树鑫游赏旧州铁狮记道："时孟冬天寒，白草萧萧满地，夕阳将落，北风吹入狮腹作吼声。"（《古沧铁狮记》）这应是残破的狮腹所导致的。《万历野获编》记当时传说："曾有盗叛伏其中，搜捕不获，后知其故，铲破其腹。"海啸大潮常伴有狂风，而残破的狮腹恰好是个自然的发声器。

铁兽能镇水灾本身就是一种风俗，如古人所曰"兽为坤象，坤为土，土生水。"沧州铁狮铸造于公元953年北周时期。当时，犯人李云上书周世宗，请求铸造铁狮子以镇水灾，周世宗应允，并带头捐款。李云召集当地铸铁匠人数百人，在开元寺前动工。《沧州县志》中记载："铁狮，在旧州城开元寺前，高一丈七尺，长一丈六尺，背负巨盆，头顶及项下各有'狮子王'字样。右项及牙边皆有'大周广顺三年铸'七字。左肋有'山东李云造'五字，腹内牙内字迹甚多，然漫灭不全，后有识者，谓之为金刚经文。……相传周世宗北征契丹，罚罪人铸此，以镇州城。"沧州人把这种希望寄托给了铁狮，也赋予了它不屈不挠的精神。
清人李之峥在《铁狮赋》中
曰："此狮飙生奋鬣，星若
悬眸，排爪若锯，牙利如钩。
既狰狞而躞蹀，乍奔突出几
淹留，昂首西倾，吸波涛于
广淀；掉尾东扫，抗潮汐于
屟楼。"

　　沧州铁狮子身高3.8米，
头部高1.5米，通体高5.3米，
长6.1米，身躯宽约3米，
总重量约30吨，是世界上
最大的铸铁狮，也是世界上
最古老的铸铁狮。铁狮子身
躯朝南，狮首微向西南，昂
首怒目，巨口大张，四肢叉
开，阔步前进，栩栩如生，

沧州铁狮（民国
张坤《沧县志》
附图）

威武壮观。铁狮身披障泥，背负巨大莲花盆，相传是文殊
菩萨佛像莲座，圆盆底部直径1米，上口直径2米，通高0.7
米，可以拆卸卜来。狮头毛发呈波浪状披垂至颈部，有些
还作卷曲状，其前胸及臀部还饰有束带。

　　据研究，铁狮的铸造工艺非凡，是古人采用一种特殊
的泥范明浇法铸造而成。狮体内壁光滑，外面拼以长宽
三四十厘米不等的范块，逐层垒起、分层浇铸；其狮头和
狮背上巨大的莲座则是一次浇铸成功。铸造工艺之复杂精
湛，在当时世界上是绝无仅有的。铁狮成为沧州一宝，沧
州又称狮城。《沧州志》卷1《疆域志·古迹》云："卧
牛城，又名狮城。"（卧牛城是沧州旧城的别称，因为其
城池形状颇似一头卧牛）

康熙元年（1662 年），铁狮子被大风吹倒，摔掉了尾巴与下巴。康熙八年（1669 年）二月，15 岁的康熙皇帝南巡至京南四百里的沧州，摆驾观看了神武的铁狮。当时沧州诗人傅王灿记下了这次罕见的临幸："下州狮子远皇都，古色苍苍堪一娱；小物尚能劳圣顾，民间愁苦自然无。"

乾隆五十五年（1790 年），也在二月，80 岁的乾隆皇帝从东陵到西陵，再到泰山、孔庙兜了一大圈。大概四月上旬来到沧州。地方官员将康熙元年曾临幸的铁狮的故事讲给了乾隆。一心以祖父为榜样的乾隆帝果然顾不上旅途颠沛，也到旧城巡视。可是一向喜欢遇景题吟的他，却没有给沧州人留下值得荣光的御笔。

清嘉庆八年（1803 年）三月，有怪风自东北而来，铁狮倒地，口、腹、尾俱残缺。直至光绪十九年（1893 年），署州事宫昱遣污者扶起，以砖石补其残，然已失原状矣。当地人认为风过狮仆，是清朝政府走向没落的象征。

一千多年的沧桑洗礼，如今的铁狮已显陈旧，锈迹斑斑，但它昂首挺胸、刚健有为的气质没变，从它的身上我们也读到了沧州人特有的气质——不屈不挠的奋斗精神。

二 泱泱乎表海之雄风

如同温柔富贵的江南能产生美丽诗词一样，多难多灾的沧州繁荣了尚武侠义的中华武术精神，京杭大运河将沧州的武术精神名扬天下，沧州也因此成为京杭大运河岸边的一颗灿烂明珠。这一明珠的培育却历经沧桑与艰难。这其中的滋味也许只有沧州人自己清楚。

古之沧州，素有"武术之乡"的称谓，据《汉书》记载，渤海郡太守龚遂到任之后，有感于民风尚武，力劝民众"卖刀买犊""卖剑买牛"。而这一劝戒对于沧州民众而言，完全是徒劳的，更是不现实的。源于地理环境和历史文化背景下的尚武风气不是两三句劝勉之语就能改变的。

相对于小桥流水人家的江南而言，沧州的地理环境和人文环境并不适合人们安稳生活，贫瘠的土地和动荡的社会景象使沧州人学会了如何生存，如何保护自己。

沧州古城遗迹

　　古代沧州境内的河流并不比江南少，这里沿渤海方圆百余里，均系湖泊芦荡，大约有十条河流途经沧州。但是同样是水多，江南由于水源充沛，土地膏腴千里，成为国之仓庾，"尽中国之赋不能当江南之半"。而水留给沧州的除了灾难还是灾难。地处"九河下梢"的沧州土地由于多遭洪水侵泡，洪水退去后，所经之地多为荒滩盐碱，贫瘠苍凉，加上常年的水患，旱、涝、虫灾不时降临。在这样贫瘠的土地上，正常年景，许多人家糠菜半年粮；重灾之年，流浪乞讨，卖儿鬻女者不鲜。民谣云："抛弃黄口儿，一乳恩情尽；但恨生不辰，莫怨父母忍。"大片的盐碱地、蒹葭连天的大草洼让这里多了几分地老天荒的苍凉，恶劣的地理环境无法生产出足供民众生存的粮食，沧州人常常面临生存的困境。

　　相对于局面安稳的中原而言，沧州曾是天之尽、地之涯的边缘地界，成为远离政治中心、很少受人关注的边缘地方。这里是犯人发配的地方，"八十万禁军教头"林冲发配沧州使之名震南北，古人曰沧州"远恶军州"。这里是叛将蔽身良所。由于地处偏僻荒凉之所，又因管辖较松，众多叛将隐藏此地。跟随明末闯王李自成的"闯刀王"宗师秦氏夫妇起义失败后，就隐匿于沧州。明朝时，沧州就有"小梁山"之称。罪犯、叛将的聚集使之成为生产匪盗的地方，增剧了沧州地面的混乱，这种混乱局面又增加了沧州人的生存艰难。

生存的艰难、生活的艰辛使沧州人在历史体验中认识到，当生存面临绝境的时候，往往身体强壮者才能度过一时之困，而体弱者往往难躲其难。因此，练武强身成为沧州人生存护身的根本所需。

相对于安逸舒适的江南而言，北方除了自然灾害外，更多的还是战争灾难。沧州在历代历朝的战争中培育了尚武风气。运河同样是在战争背景下开凿而成的。

早在春秋时，齐桓公二十二年（公元前664年）桓公援燕攻打山戎就发生于沧州一带。战国时，沧州地处燕赵边境，更是战争发生的热点，燕国曾联合多国部队攻打齐国，就是路经沧州攻打的。苏秦合纵六国时，燕国成了列国合纵同盟的发起国。秦国为攻击燕国，离间燕赵，燕国在战国后期与赵国结为世仇。两国在沧州地界争战不休。

荆轲画像（自顾颉刚《荆轲刺秦王》，上海大中国书局出版，1949年）

战事频繁，民遭涂炭，民生维艰，燕赵两国民众在战争中知晓了须掌握攻防格斗之技方能自救图存。而燕、赵贵族也多收养行侠仗义之门客，以备不测。燕国义士荆轲堪称慷慨侠义的典范。为挽救燕国，入质秦国的燕太子姬丹收留刺客荆轲，准备刺杀秦王嬴政。经过一番准备，公元前227年，荆轲带着秦国叛将樊於期的首级和夹裹淬毒匕首的督亢（今河北易县、涿县、固安一带）地图来到咸阳进献嬴政。在献图时，图穷而匕首见，荆轲刺秦王不中，被杀于秦庭。"风萧萧兮易水寒，壮士一去兮不复归"，也成为慷慨悲壮的绝响。故史称"燕赵多慷慨侠义之士"。乾隆《沧州志》载："沧邑俗劲武尚气力，轻生死，自古以气节著闻。"至宋朝，沧州富贵之家尚存收留侠客的上古遗风。在《水浒传》中的柴进为了搜罗侠客武士，专门叮嘱路边小饭馆的店小二，如遇有流配的犯人，皆可免单或径行其庄上，以资助之。

民国顾一樵著《荆轲》戏剧书影

沧州段运河的形成更是与战争有着千丝万缕的联系。三国时期，曹操与袁绍争战河北。曹操先在官渡大败袁绍，又于建安七年（202年）进逼河北，袁绍病死，河北呈群龙无首之势，诸子不睦，袁尚、袁谭互为攻伐，袁熙固守故安，后被曹操一一攻破。袁熙、袁尚投奔三郡乌丸。

乌丸（亦作乌桓）是生活在北方的游牧民族，按照《三国志》裴注引王沈《魏志》的说法，乌丸是东胡的后裔，东胡在汉初被匈奴单于冒顿灭国，余部的一支逃到鲜卑山，以山为号，称为鲜卑，而另一部分族人逃到乌丸山，也以山为号，这便是乌丸。乌丸部落以幽、并两州为主要聚居地，在北方分布的范围相当广，布列辽东属国、辽西、右北平、渔阳、广阳、上谷、代郡、雁门、太原、朔方诸郡界。东汉末年，诸郡乌丸部首领各自称王，位处东北的辽西、辽东、右北平三郡的乌丸部落形成同盟关系，故称之

曹操画像

为三郡乌丸。三郡乌丸的首领辽西乌丸大王丘力居死后，因为儿子楼班尚小，由颇有武略的侄子蹋顿代立，总摄三王部。蹋顿在袁绍与公孙瓒交战时主动遣使与袁绍和亲，并帮助袁绍与公孙瓒作战，作为回报，袁绍不但与乌丸部诸王和亲，还遣使诏拜乌丸三王为单于。史书记载：三郡乌丸承天下乱，破幽州，略有汉民合十馀万户。袁绍皆立其酋豪为单于，以家人子为己女，妻焉。所以，袁尚、袁熙在穷途末路之时前去投奔，希望借助外族的力量杀回冀州。他们投奔至乌丸后，乌丸骑兵多次进入幽州腹地进行掠夺，骚乱曹操的北部边境。

为了能彻底解决三郡乌丸之患，清剿袁氏残余势力，平定北方局势，曹操决心北征三郡乌丸部。"兵未动，粮草先行"是古代战争取胜的重要策略，官渡之战，曹操打败袁绍，最主要的就是偷袭袁绍的粮草。为士兵、战马提供足够的粮草，是曹操最为注重的。于是，在征战三郡乌丸之前，曹操接受董昭的建议，征用百万余河北民众开凿了平虏、泉州两条渠道以利交通。史书记载："公将征之，凿渠，自呼沲入泒水，名平虏渠；又从泃河口凿入潞河，名泉州渠，以通海。"平虏渠即是京杭大运河沧州段的雏形，它完全是在战争背景下开凿形成的。

可以说，沧州的地理环境和上古依存的文化氛围培育了崇武学武的风气，形成了众多武术门派，也培育了沧州人特有的精神气质。各门派在传承武术收徒时都制定了严厉的门规，强调徒者忠孝、崇德、重义，如沧州六合门派规定："不忠不孝者不传，心术不正者不传"，这种收徒标准培育了沧州人行侠仗义、精忠报国的精神气质。如乾隆《沧州志》载："承平之世，家给人足，趾高气扬，泱泱乎表海之雄风。一旦有事，披肝胆，出死力，以捍卫乡间，虽捐弃顶踵而不恤。"后来残唐五代的战乱，明朝靖难之役，沧州民众多持械参战。

三 镖不喊沧州

至明清，京杭大运河的全线贯通成为促进沧州人文特色发扬光大的重要因素，沧州人从此有了施展本领的舞台，它使沧州武术真正达到昌盛，沧州"武术之乡"的称号真正享誉大江南北。

明清相继定都北京，运河漕运显得尤为重要。南粮北运，行程数千里，安全是最大的问题。明朝时，设有负责漕运运输安全的军运组织——漕军，并在沿河部分城镇设立营所。而至清朝，这一组织撤销。但各省地还是要运

沧州运河鸟瞰（鲍昆等摄，《京杭大运河》）

送皇粮赋税，官员们深知责任重大，纷纷雇用镖局、帮会护航。镖局是古代武林高手专门经营的代人护送财物的一种组织。它不但为朝廷或官府护送皇杠饷银，也常常受雇于商旅。

至清朝，沧州及沧州境内的泊头、莫州、河间、献县均为京杭大运河的交通要冲，成为京、津、冀、鲁、豫商品流通必经之地或商品集散中心，亦为官商巨富走镖的要道，这使沧州迎来了商业上的繁荣。比如当时出现了"商家林"地名。明永乐二年（1404 年），李、黄、王、郭、高、孙等姓由山西洪洞县迁此地，因当时经商的人多，故取"商家如林"之意而得村名商家林，后演化为商林。大批商人汇聚沧州，为沧州集市经济的发展注入了活力。值得一提的是这一时期还有许多回族商人迁来，回族向以善于经商著称。这些回族商人，手工业者和从事骡马运输的人更为沧州——这个大运河上的重要城邑的商贸繁荣带来了生机，运河上多居回民的小镇——泊头，就是因为其商贾云集，市面兴旺，为水陆交通、船只停泊的重要码头而得名的。

运河沧州段的漕粮及商业运输业的繁荣，大大刺激了沧州镖行、装运等行业的兴盛。地处运河沿岸、具有崇武风尚的沧州人占据了得天独厚的条件，其防身强体的武术成了他们重要的谋生手段。沧州人靠天吃饭的日子一去不复返。有一身武艺者纷纷入行当镖师，或入帮会负责漕运。沧州人从小拜师学艺也渐渐成为风气，"闯刀王"宗师秦氏夫妇隐藏沧州就以教人武术为业。由于沧州人的武术本领高，加上沧州人的正直、刚烈，"镖不喊沧州"，成为南北镖行共同遵守之常规。

镖行里有一行规——"喊镖号"，即镖局每过一境，就要敲锣呐喊、报喊地名、插旗招摇的，有"堂堂正正亮自己旗号"的意思，更暗含威慑匪盗的意味。喊镖号绝不能乱喊，该喊时喊，不该喊时不喊，如过省会城市或镖行所在地时，一般不喊，镖师也会下马或下船步行一段，待过了这个码头才可以重新登舟上马。但是，这个江湖规矩到了沧州却形成了一个不是规矩的规矩，即不管从哪儿来，往哪里去，途经沧州都要扯下旗号，不得喊镖号，悄然而过，这样才会一路无事。否则，会被当地的同业认为有班门弄斧之嫌，喊镖号者往往会惹上麻烦。

沧州武术（自沧
州武术网）

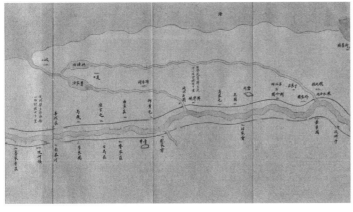

清代京杭运河全
图沧州运河段

乾隆年间，一个镖师押镖船沿大运河过沧州，沿河看到两岸绿树丛荫，烟村疏落，一时兴起，喊了几声镖号。却不曾想，这几声镖号竟惹怒了河西白家口的武术好汉李昆。李昆拳脚功夫极好，尤善弹弓，在兄弟排行老五，人称"神弹子李五"。听到镖号声，"神弹子李五"疾步追赶，待追近时，射出一粒铁弹子把桅绳打断，只见船桅骤落，桅杆上的镖旗也飘然而落。镖师大吃一惊，知道遇见高手了。见李昆在岸边向他招手，示意船靠岸，不等船靠

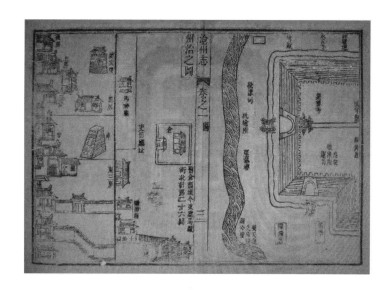

沧州州治图（自《沧州志》）

岸，李昆已飞身跳上甲板。拱手对镖师说，你既然敢在沧州喊镖，想必身怀绝技，我李昆想讨教两招。镖师也仗着艺高胆大，便与李昆较量起来。交手不过数招，李昆飞起一脚把镖师踢落水中。等镖师爬上船，揖手叩拜，发誓"镖永不喊沧州"。这也许就是"镖不喊沧"的来历。

沧州的武术名声也通过大运河名扬大江南北。至清末，沧州出现了津门大侠霍元甲、大刀王五等武术名家，他们倡导武术、精忠报国，成为国人称赞的民间英雄，他们高深的武术及优良的品格可以说是间接得利于运河。

四　停桡买沧酒，但说孙家好

运河之于沧州，除了灾难和灾难培育出来的沧州武术外，还赐予了沧州味清香甘冽的沧州酒。其酒在清朝康熙乾隆年间驰名海内，声誉如同今日之茅台，一罍可值四五金。

乾隆年间进士阮葵生，官至刑部右侍郎，最喜沧州酒，他对沧州酒的评价是"味始清冽"，每次由运河路过沧州，他都"至村中极意访之，始购得一壶归，饮之果佳。此后屡过其地，则皆饬仆往沽，无一如前味者矣。"（清梁章钜《浪迹续谈》卷4"沧酒"条）

在《茶余客话》中，阮葵生讲述沧州酒的来历：明末有三个老人，在沧州城外运河边的酒楼上喝酒，三人剧饮而醉，连账都没结就走了。第二日，三老人继续来喝酒，酒家也没问三人的身世，照常给他们端酒，三人又喝得酩酊大醉。临走之时，他们把酒碗中的余酒洒到楼窗外的运河里，这一洒，顿时酒香扑鼻。用这段河水酿出的酒，出奇地醇，出奇地香。

传说归传说，但是他道出了一个事实，即沧州酒取水于运河。这种说法得到了纪晓岚的证实。纪晓岚，沧州人，其《阅微草堂笔记》中记载的故事多数发生在沧州一带。他平生不饮酒，不但不饮，而且闻不得酒味。他曾在诗中说"平生不饮如东坡，衔杯已觉朱颜佗。今日从君论酒味，何殊义士谈兵戈"（《纪文达公遗集三十六亭诗·罗酒歌和宋蒙泉》）。但他特别推崇故乡的沧州酒，在《滦阳续录》之五中专论沧州酒。他指出，酿酒之水"取于卫河，而浊流不可以为酒，必于南川楼下，如金山取江心泉法，以锡罂沈至河底，取其所涌之清泉，始有冲虚之致"。清乾隆《沧州志·物产》中也提到：

《阅微草堂笔记》
书影

　　"沧州，酿用黍米，曲用麦面，水以南川楼前者为上味。醇而冽，他郡即按法为之不及也。"

　　从南川楼下取水酿酒有着不同一般的储存方法，更有它的奇特之处。纪晓岚在《滦阳续录》中描述得美妙绝伦，令人神往于此种奇特：此酒怕冷又怕热，怕湿又怕干，环境稍微变化，酒味就变了。必须把它放置在木架上，放置十年才是上品。如果把酒运到外地，无论是肩扛、车载或船运，只要一晃动，酒就变味。把它静放几天之后，才能恢复原来的味道。喝酒装壶时，要从酒坛里用酒枓平平地舀，如果用酒枓搅拌，酒也失去原味，又须静放几天才能恢复。

　　此酒如此奇特，其酿造之法也必然奇特，并非沧州每一个酒家都能酿造出来，他必须是"必旧家世族，代相授受，始能得其水火之节候"（清纪晓岚《滦阳续录》）。所以，阮葵生在喝遍沧州各酒楼酿的酒后，才下如此判断：沧州只有吴氏、刘氏、戴氏、孙氏诸家酿造的好，其他都不尽佳。

　　这种酒到底佳在何处？它又有怎样的不同一般的味道和感觉呢？纪晓岚在《滦阳续录》给我们了真实的答案：喝此酒，即使大醉之后，也不会感到胃痛，更不会头痛脑胀，只是感觉四肢舒服，想大睡一场。"虽极醉，膈不作恶。次日醒，亦不病涌，但觉四肢畅适，怡然高卧而已"。如果是用卫河其他段河水酿的酒，情况就完全不一样了。这也是验证真伪之酒的一种方法。

　　清乾隆《沧州志·物产》中曰："（此酒）陈者更佳。"阮葵生也同样认为，沧州酒以酿藏十年者为佳。辨别酒的陈新成了喝沧酒人的必备之术。沧州酒的验证之法极为奇特：此酒在架上放了十年的酒，可以温十次，味不变，温十一次，味就变了。放了一年的酒，温两次味就变了，放了两年的，也只能温三次，一点也不能假冒。即"凡庋二年者可再温一次，十年者温十次，十一次则味变矣。一年者再温即变，二年者三温即变，毫厘不能假借也"（《滦阳续录》）。

　　俗话说："酒香不怕巷子深。"更何况交通便利的沧州呢。沧州酒借助运河之便利而闻名天下，过往船只要到了沧州码头，必定下船买酒。当时沧州城外酒楼，皆背城面河。文人钱谦益在《后饮酒》一诗中，描述沧州酒被购一空的状况：

"停桡买沧酒，但说孙家好。酒媪为我言，君来苦不早。今年酒倍售，酒库已如扫。但余六长瓶，味甘色复缥。储以嫁娇女，买羊会邻保。不惜持赠君，君无苦相找。涂潦泥活活，僮仆手持抱。郑重贮船仓，暴富似得宝。"

清朝诗坛的南山北斗王士禛路过沧州，因喝沧酒而犯了一个错误——将沧酒误称为"麻姑酒"。他在《从山公乞沧酒》诗中写道"今宵且饮麻姑酒，别后俱为万里人"。不想这个错误因为他的名声，却流传了起来，并以讹传讹，《蝶阶外史》中说："（北方）惟沧州麻姑酒著名。其酿以麻姑泉，泉在城外运河中。"直到纪晓岚写《滦阳续录》才把这个错误改正过来："沧州酒，王文简公谓之麻姑酒。然土人实无称，而著名已久，论者颇有异同。"

如此上好的酒在沧州只卖给平常百姓，"盖舟行往来，皆沽于岸上肆中"（《滦阳续录》）。官府之人无论出多少倍的价钱也买不到真正的好酒，酒家常常以假酒应付官府，就是受到笞捶，酒家也不献出好酒。久而久之，成了沧州酒家的行规。"相戒不以真酒应，虽倍其价，不欲出，即笞捶，亦不献也"。其中原因，纪晓岚在《滦阳续录》中道出："且土人防官吏之征求无餍。"纪晓岚的朋友董曲江的叔叔董思任，最爱喝酒，他在沧州当知州时，无法喝到真正的沧酒，于是罢官之后，他又来到沧州，住在一个名叫李锐巅的进士家，主人请他喝酒，他把人家家酿的好酒全喝光了，喝得是如醍醐灌顶，大发感慨曰："我真后悔不早些罢官！"与此同时，沧州酒家还盛行着另外一个规矩，即，无论哪家酿造出上好的酒，都耻于拿到市上去卖，而是互相馈赠，"村醪薄醨，不足辱杯斝"（《滦阳续录》）。这两种规矩投射出沧州人的性格——耿介、刚直、不阿权贵、重义轻利，但是它们也大大阻碍了沧州酒的流传。

沧州酒只卖百姓的行规使它只能成为民间盛誉之酒，而无法得到官府的强力支持，这也就失去了扩大生产和改进酿酒方法的机会，毕竟民间的支持力度是比较微弱的、也是没有凝聚力和持久力的。好酒耻于上市的行规又让沧州就失去了更多的经济支撑。毕竟强大的经济后盾是沧州酒得以留传的重要因素。因此，沧州酿酒的大户，比如戴家、吕家、刘家、王家、张家、卫家在时间的流逝中，逐渐衰落。难怪梁章钜在《浪迹续谈》"沧酒"一条中提到："沧酒之著名，尚在绍酒之前。而今人则专知有绍酒，而鲜言及沧酒者，盖末流之酿法，渐不知其初耳。"

　　如今，沧州依然盛产酒，但已没有当年的名气，也许因为运河的淤塞，沧州酒失去了酿酒之水，失去了弘扬名声之渠道。而沧州武术却没有因为运河的淤塞而颓废，他已经深深印入了沧州人的精神气质中，成为沧州人的文化财富。

第四城

德州：黄沙卫河水，清野德州城

德州，地处黄河故道，运河之滨。一座河流文明造就的古城，远古黄河、鬲津河、马颊河、胡苏河、钩盘河、徒骇河等东西横穿德州，京杭大运河贯穿南北。清人顾祖禹在《读史方舆纪要》中曰："（德州）控三齐之肩背，为河朔之咽喉。"滔滔江河水在这里纵横其界、负载千钧，演绎着数不清的悲欢离合。它因黄河而命名，因运河而闻名。当我们将运河放在德州整个发展历史中，就会发现运河对于德州的价值和意义。

以水名州，因河设卫

德州，地处黄河故道。德州之"德"，乃德水之"德"。德水，古黄河别名。德州因处于德水之畔而得名。

秦灭六国后，秦始皇称天下之帝。他推崇五德终始说，五德即水、火、土、木、金之德。这是一种作为解释朝代更替和世道治乱的历史哲学和政治哲学。当时人们认为，黄帝得土德，夏得木德，殷得金德，周得火德，互克互生。秦因周为火德，能灭火者是水，故自称得水德之瑞，所以秦能灭周。封禅书曰："秦文公获黑龙，以为水瑞，秦始皇帝因自谓为水德也。"因此，秦改古黄河名曰"德水"（汉司马迁《史记·秦本纪》）。

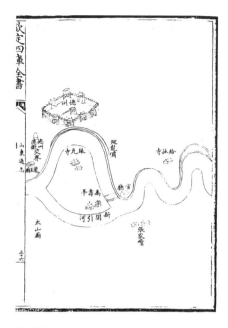

德州运河（自清
岳濬等修《山东
通志》）

颜真卿像

西汉时，在今德州东境、古黄河边置安德县，取"德水安澜"之意，意喻"太平祥和之州"。之后，此名此意就被赋予了德州。至隋朝，隋文帝于开皇三年（583年），改安德郡为德州，治安德县，此为德州地名之初始。以后时废时复，至唐乾元元年（758年）复称德州，自此，历代皆称德州。

几千年来，德州从来没有如名字所喻的那样——太平祥和，无休止的战争让它充满了不幸与灾难。清人顾祖禹在《读史方舆纪要》中曰："（德）州控三齐之肩背，为河朔之咽喉。"兵家必争之地必使德州成为战争的附属品和牺牲品。战国时，由于地处于齐赵的交界之地，齐、赵往往争衡于此。汉末亦如之。晋时，朝廷纲纪紊乱，夷族入侵，德州恒为战地。刘宋时，魏人谋并青州，唐天宝年间，渔阳肆祸，44岁的颜真卿结成抗击叛乱、维护统一的联盟，牵制了安禄山的叛军。文天祥曾盛赞云"逆贼牵制公威灵"。

京杭大运河开通后，德州是军事重镇的首要身份依旧没有摆脱。京杭大运河的全线贯通，使德州的地理位置更加重要。"因河设卫（明驻兵的城池）"成了德州与运河渊源甚深的一个重要原因。

京杭大运河德州段原为汉屯氏河。西汉元封后，黄河北决于馆陶（今属河北），分为屯氏河，东北流至章武（今河北沧县东北）入海。汉永光五年（前39年）因黄河在下游鸣犊口（今山东高唐南）决口，屯氏河遂淤绝。隋大业四年（608年）为便利河北地区的军事运输，隋炀帝下令开凿运河，史称永济渠。《隋书·炀帝纪》记载说：当时"诏发河北诸郡男女百余万开永济渠，引沁水南达于河（黄河），北通涿郡（今北京西南）"。永济渠从洛阳的黄河北岸，引沁水东流入清河（卫河），到今天的天津附近，经沽水（白河）和桑干河（永定河）到涿郡。永济渠全长二千余里，德州段就是利用屯氏河故道修浚而成。

北宋时，黄河改道，曾一度使"御河湮灭，失馈运之利"。金代，由于战乱，运河或通或塞，只有德州段储运。德州因此成为山东北部水路交通中心，"控燕云而引徐兖，襟赵魏而带滨岳，神京借为咽喉，漕艘由之通达"（明陈亮彩《重修德州城记》）。

这种特殊的地理位置和便利条件，使德州成为历代仓囷和驻防重地。早在金天会七年（1129年），德州就置设将陵仓，以利漕粮储运。元至元十九年（1282年），开通州河、会运河后称大运河。当时，临清至天津段称御河，也称卫河（御河本为卫水，春秋时又属卫国）。元时将陵仓改为陵州仓，德州成为御河漕粮的重要基地，并在德州设置捕盗司、达鲁花赤、监支大使等官职，驻扎大量军队统管漕粮运输和安全。

德州真正驻防，始于明洪武元年（1368年），当时大将常遇春攻克德州，立守御千户所。洪武七年（1374年），为控制运河仓储，朝廷将陵县升置为德州，城在御河西岸。洪武九年（1376年），改为德州卫，是为正卫。洪武三十年（1397年），运河裁弯取直，并在所截河湾东岸筑卫城，城内专门储存山东、河南等地的漕粮，是南北大运河沿岸四大名仓之一。明建文元年（1399年），为保护粮仓和战略需要，明朝在此地以营为单位驻扎军队，城内居民皆为军户。都督韩观在德州城北建筑了哨马营、驸马营、边北营、哨马囤等，也即历史上著名十二连营，它让德州变成地地道道的军事性城市。

天下粮仓并未给德州带来幸运，它带来的是一场难以泯灭的历史灾难。

明初的"靖难之役"是德州与运河漕运关系最突出的历史事件。因德州卫城储存大量的粮食，这里成为双方的必争之地。"靖难之役"总共进行了四年，在德州就打了三年。德州成为燕王朱棣夺取天下的一大障碍。德

运河军营

州之战，是燕王朱棣夺取天下的关键，"靖难之师，先下德州，引军而南，遂成破竹之势"（清顾祖禹《读史方舆纪要》）。

明洪武三十一年(1398 年)，明太祖朱元璋去世，他的孙子年仅 23 岁建文帝朱允炆继位。明朝建国时，朱元璋把自己的二十四个儿子和一个从孙分封在全国各地。一部分授以兵权，如燕王棣、晋王枫、宁王权等，命他们驻守北方，抵御蒙古；另一部分则驻于内地各省，如周王橚、齐王榑等，使他们监督地方的官吏。在诸王中，以北方诸王的势力最大。宁王"带甲八万，革车六千，所属朵颜三卫骑兵皆骁勇善战"（清张廷玉等撰《明史》卷 117《宁王传》）。燕晋二王更是长期在北方筑城兴屯，训练兵丁，中央派来的将领如宋国公冯胜、颍国公傅友德等皆听其节制（《明史》卷 116《晋王传》），甚至"诏二王军务大者始以闻"（《明史》卷 3《太祖本纪三》）。由于诸王（太子）相互煽动，一时流言四起，面对诸王势力逐渐增大趋势，建文帝坐立不安，遂谋削藩。

1399 年，在齐泰、黄子澄的建议下，建文帝削黜了一批诸王。但由于燕王朱棣擅长用兵，又居北平形胜之地，士马精强，难以遽削。建文帝便在北平外围的开平、山海关、临清、彰德（今安阳）、顺德（今邢台）等地部署兵力，以备燕王。这年七月，燕王朱棣见削藩已起，便打着"清君侧"的旗帜在北平起兵，称起兵为"靖难"。"清君侧"是明太祖朱元璋赐给诸王的权力。规定诸王有移文中央索取奸臣和举兵清君侧的权力，这是为了避免权臣擅政而设立。同时，明太祖又怕诸王权势日大，威胁了中央集权的统治，申明诸王"惟列爵而不临民，分藩而不锡土"（清王鸿绪《明史稿·列传三·诸王》）。

初时，燕军只据北平一隅之地，南京朝廷则在各方面占压倒性优势。但朱棣善于用兵，在真定之战中大败南军统帅老将耿炳文。建文帝遂任命李景隆代替耿炳文为征虏大将军，屯兵德州准备攻燕。李景隆贸然出击，在北平城下及白沟河两战中，军令不严，指挥不当，被朱棣打败。朱棣乘胜南追，攻陷德州，围攻济南。济南城中军民在都指挥盛庸、山东参政铁铉等督率下坚持固守，燕军围攻三月，未能破济南城。朱棣恐粮道被断，解围北去，盛庸随即收复德州。

济南保卫战后，盛庸被任命为平燕将军，代李景隆统兵，屯兵德州，相机出击，遏制住了燕军。德州处在运河线上，南北交通便利，燕军自河北南下，始终处在德州的监控之下。燕军南攻时，南军或自德州横出断其归路，或袭扰其补给线，或乘虚北攻。所以，南军再未出现过战争初期的那种大挫败，燕军势力基本上被阻在山东以北。后米，朱棣接受谋土建议，被迫绕开德州、济南山东之地，直趋金陵，半年内便夺取了政权。

"靖难之役"虽以朱棣成功、建文帝失败而收场，但从战争的进程看，德州在南北之争中的地位却凸显出来。正如顾祖禹《读史方舆纪要》所论："盖川陆经途，转输津口，州在南北间，实必争之所也。"但是，德州遭遇了空前绝后的重大损失。民国《德县志》记载："元明之际，干戈扰攘，常开平之红头军，燕王棣之靖难兵，残杀蹂躏，既无孑遗。"

明永乐迁都之后，德州不仅是运河漕运的必经之地，更是通往南方九省的陆路咽喉，"川陆则悉会于德州"。其地理位置更加突出和重要。

明永乐年间，明朝在德州建立了德州水次仓、常丰仓。永乐五年（1407 年），

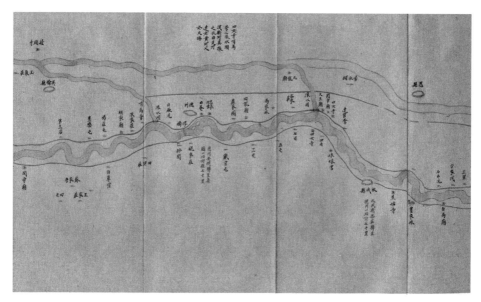

清代京杭运河全图德州运河段

又置德州左卫，加上洪武年间设置的正卫，德州共有 11200 名士兵驻防。明正德六年（1511 年），刘六、刘七率领的农民起义，率众数万围困攻打德州城。明崇祯十七年（1644 年），李自成攻占北京建立大顺政权后，旋即以大将郭升攻克德州。清代，德州城为清兵驻地。清雍正九年（1731 年），又建德州新仓 120 间，同时强化德州的守卫驻防。当时，山东境内只有两处设满兵驻守，一处在青州，一处就是德州。由此可见，德州当时所处的军事地位极为重要。

二 三王拜中华，运河埋忠骨

在德州强化军事地位的同时，运河又给它漂来了一位外国国王。带有军事性质的德州又多了一份政治功能——中外交流的见证者。

在中外交流史上，德州应该是浓墨重彩的一座城市。五百多年前，一位菲律宾国王坐船回国，途径此地，不幸染病去世，安葬于此。在德州的西北部，

墓园牌坊（刘铁军摄）

运河东岸畔修筑了墓地，他的王妃、王子等王室成员多人按照中国风俗留下守墓，这一守竟然守了五百多年。

这些王室成员及后代对运河而言，有着说不清的感情。正因为运河，他们留在德州，也更是有了运河，在明清之际，他们才能与祖国取得联系。五百多年来，他们不仅守护这片占地上百亩的墓园，守护着他们的祖先，更是深深地融入了中国，繁衍着后代，形成了德州有名的村落——北营村。运河让德州成为中菲友好交流的见证者。

在古代，大运河可以说一条"通天街衢"，是南北经济、文化交流的大动脉。古人依靠它通行于南北各省。明永乐年间，明成祖朱棣一改他父亲闭关锁国的政策。一方面，派遣郑和率领船队出使西洋，提高声望，宣扬国威；另一方面，在各地设立驿馆，起到了鼓励海外诸国使臣商贾来明朝开展朝贡贸易的作用。每处驿馆置船几只到几十只不等，同时建有馆舍、铺盖，供应一定数量的廪米，以供过往食客饮食住宿所用。在这种开放政策的激励下，明永乐年间形成了万国来朝的局面。但凡自京出使海外诸国者，必沿京杭大运河南下出海；而来京朝贡的各海外使臣凡在广州、福建和浙江沿海登陆者，也必经由京杭大运河北上达到北京。京杭大运河自此成为"外交街衢"。

明洪武九年（1376年），在旧运河东岸上（今迎宾路小学址）始建了德州水馆驿（即安德水驿）。据旧县志载："明洪武九年，置安德水驿于西关。""安德水驿"是指从安陵至德州运河河段，约六十多华里水段所设的水驿站。

正是在此种历史背景下，明永乐十五年(1417年)，苏禄国东王巴都葛叭哈剌，携同西王麻哈剌叱葛剌麻丁、峒王巴都葛巴剌卜率其家属凡三百四十余人，漂洋过海，到达福建泉州，又乘船至浙江沿海，后沿运河一路北上来京朝贡。

苏禄国，一个伊斯兰教的酋长国，位于菲律宾的西南部，后来成为菲律宾的一个省份。《明史》曰："地瘠寡粟麦，民率食鱼虾，煮海为盐，酿蔗为酒，织竹为布。气候常热。有珠池，夜望之，光浮水面。土人以珠与华人市易，

苏禄王墓（刘铁军摄）

大者利数十倍。商舶将返，辄留数人为质，冀其再来。"

当永乐皇帝得知苏禄王一行来京朝贡时，特别高兴与激动。虽当时形成了万国来朝的局面，但像苏禄国王这样如此隆重、如此高规格的使团朝贡尚属首次。三王并来，这是何等的尊重和向化之笃。永乐皇帝发出一道又一道圣旨，命令运河沿途各地方官员极其热情接待使团，并提供一切费用和开销。

农历八月初一，经过一个多月的颠簸，苏禄王一行终于见到了永乐皇帝，并敬献了珍珠、宝石、玳瑁等特产。明成祖用最高规格隆重接待了这些远方来使，并册封巴都葛叭哈剌为苏禄国东王，麻哈剌叱葛剌麻丁为苏禄西王、巴都葛巴剌卜为苏禄峒王。"赐印诰、袭衣、冠带及鞍马、仪仗器物，其从者亦赐冠带有差"。这一册封非同寻常，一方面，明朝通过册封强调和诠释了明朝拥有至高无上的权威，暗示苏禄国王是明朝之"臣"；另一方面，苏禄国得到了明朝的正式确定和认同。相当于现在，一个弱小国

御碑（刘铁军摄）

家政府得到一个强大国家的认同一样，同时得到了这个强大国家的经济资助和政治、军事庇护。

苏禄国三王在京城登临长城，极目燕山，与永乐皇帝一起探讨了治国平天下的国策，共访问27天。农历八月二十七日，苏禄三王辞归，沿运河南下归国。永乐皇帝各赐三王玉带一，黄金百，白金二千，罗锦文绮二百，帛三百，钞万锭，钱二千缗，金绣蟒龙、麒麟衣各一。并派遣专员护送回国。

路途德州时，已是农历九月。此时，秋风瑟瑟，寒凉骤起。对于身处赤地、气候炎热的古苏禄国东王而言，遇到如此寒凉天气，有些水土不服，加上多日劳累，不幸染上重伤寒。于是，船停靠岸边，苏禄国东王抬入德州驿馆养病。几天后，不治而亡。

消息传到北京，永乐皇帝万分悲痛。立刻派礼部官员携带祭文赶至德州，并择地为苏禄东王造墓，谥号"恭定"。

据说，按照苏禄王国的风俗，墓地应选择土重之所下葬。为此，永乐帝派遣德州大小官员称量德州不同方位的土重，最后选中德州北部、运河东岸的一片土地辟为墓园。据《温安家乘要录》记载当时的东王墓园情形："德州城北二里许，土垒十二所，周方数里，绵亘连峙，旧名十二连城……成拱卫环绕，风水所聚，前庙后墓，魂魄相依。其后王妃、温、安二子俱附葬于其次，佳城郁葱……庙在王墓前，永乐十六年初建，正殿五楹，奉王画像，东西配殿三楹，御制碑亭一座，仪门一间，大门三间，牌楼一座，翁仲、石马如其秩。"

下葬苏禄东王后，永乐皇帝遣使赍敕谕其长子都马含曰："尔父知尊中国，躬率家属陪臣，远涉海道，万里来朝。朕眷其诚悃，已锡王封，优加赐赍，遣官护归。舟次德州，遭疾殒殁。朕闻之，深为哀悼，已葬祭如礼。尔以嫡长，为国人所属，宜即继承，用绥藩服。今特封尔为苏禄国东王。尔尚益笃忠贞，敬承天道，以副眷怀，以继尔父之志。钦哉。"（《明史》卷325《列传第二百十三外国六》）

于是，东王长子随西王、峒王及使团回国继承王位，留王妃葛木宁、次子温哈喇、三子安都鲁和侍从十余人守墓。明朝政府按期供给他们"俸粮"和"钞贯"，置了祭田，特"恩赐十二连城之共祭田二顷三十八庙，永不起

科"。考虑到苏禄东王后裔信奉伊斯兰教，明朝政府在墓
园西侧建立了清真寺，又拨历城县姓夏、姓马和姓陈的3
户回民供其使役，协助办理每年的祭典，并豁免全部差徭。
守墓六年后，东王后裔回到了菲律宾，但由于眷恋中国，
第二年就又重返德州。从此，东王妃与两个儿子长居中国，
直至去世，一同葬在东王墓的东南侧，与苏禄王墓隔墙相望。
留下守墓的东王妃也没有与苏禄王合葬。

　　至清朝，他们同样作为友邦贵客受到朝廷的特别恩顾。
这样持续了三百多年。

　　清雍正四年（1726年），苏禄国使臣来朝进贡，并
定期五年一贡。雍正十一年（1733年），苏禄国王奏请
修复在德州的苏禄王墓园，清朝修理整治王墓所有神道享
亭，并从安、温二姓中各选一人给顶戴奉祀。使臣又向清
朝奏请，请求在德州的东王后裔入中国籍。雍正皇帝批复：
"前明留德守墓人等子孙，以温安二姓入籍德州"。从此，
东王在中国的后裔成为中国公民。当时温安两姓已繁衍至

王妃及两个儿子
的墓（刘铁军摄）

在墓园门口休闲
的老人（刘铁军
摄）

193人，他们围墓而居，形成了一个自然村，名曰"北营"。

乾隆时，苏禄国东王后裔温宪，字郁亭，"警敏好学，乾隆乙卯（1795年）举人，授河南修武知县，历权（代理）池州、宁国、徽州、安庆等知府，调补凤阳府知府。所至之处，能明察吏勤，能爱民，循声丕著，以卓异升任庐州、凤阳道台，一时有循良之誉"。这是苏禄国东王后代在清朝唯一的一位大官。

如今，苏禄王墓园依旧大致保持初建的规模和布局。在墓园的入口处，立一牌坊，上书"聪慧永传""芳名远播"八字。牌坊内立一石碑，乃永乐皇帝为苏禄东王亲笔御书的墓铭志。穿过牌坊，甬道两侧立着石马、石人、石狮、石猴，如同军纪严明的士兵守护着自己的主人，守护着这片土地（这些石马、石狮、石猴曾遭到破坏，后又修复）。

沿着甬道前行，是苏禄东王的墓园正门。在正门两侧经常可以看到晒太阳、下象棋的老人，他们聚坐在门口台阶上，与石马、石狮共同守望着这片土地。他们大多数是东王的后裔，几百年来，他们因守墓而留在德州，在德州繁衍生息，"北营村"成了他们专利的生活属地。如今，守墓的意义对他们来说，也许不再那么重要，但他们依旧喜欢在年老之时，守护在自己的祖先墓园前，享受一份安宁与休闲。在苏禄墓园东侧的王妃和两个王子墓地里，还经常看到家长带着孩子游戏其间，他们也许是温安家族的新一代。在孩子的脸上，我们已经看不到对墓地的一丝恐惧，有的只有快乐。而在大人的眼里，有的则是虔诚与尊重。家长们经常会指着墓地与旁边的碑亭讲述几百年前的史实，孩子们是在游戏中知道了自己的祖先，了解了自己的祖先。

进入墓园是一座气势不凡的大殿——灵恩殿。大殿的后面就是苏禄国王的硕大的圆形坟墓，坟墓前立有一石碑，上刻"故苏禄国恭定王墓"。

在灵恩殿里还供着一幅苏禄东王身穿红色中国官服的画像。据园里讲解员说：苏禄王来中国后，非常喜欢明朝官服。永乐帝便命人拿来象征不同官品的官服，供他挑选。苏禄王不假思索地拿了件红色官服，永乐皇帝看到苏禄王拿了件红色官服，非常高兴，称赞苏禄王乃是聪慧贤达之士，遂赐丰厚赏品。

为什么永乐皇帝如此高兴还赠予赏品呢？在明朝，不同颜色的官服象征着高低不同的职位，红色官服代表着最低的职位。苏禄王选择红色官服说明他是真心来朝圣的，有真挚的臣服之意。这也是永乐皇帝对苏禄王的一个小考验。当他看到苏禄王的臣服之意后，当然非常高兴。一是获得了唯我尊贵、天朝上国的优越感；二是满足了大国尊严的权威需要。"柔远人，则四方归之；怀诸侯，则天下畏之"，自汉朝始，在中国历史的朝贡交易中，中国一直遵循着这种外交政策，中国皇帝的行为也一直被这种心理所支配着。

每一次的朝贡交易，异邦小国通过敬献各种珍贵特产表达对中国称臣或表达对中国文化向往的同时，总是能获得大量的丝织品、金银、瓷器等回赠品。更为重要的是，他们获得了政治上的庇护，经济上获得了与中国政府进行官方朝贡贸易的许可，即拥有了与中国做生意的特权。自此，他们可以在朝贡贸易中尽情牟取厚利。而中国在朝贡贸易中得到的只是政治上的敬畏和推崇——借此树立起崇高威望，使诸国敬畏而向往。至明代郑和下西洋之后，中国的朝贡贸易达到了历史的极盛。在郑和下西洋前后的 28 年里，来明朝朝贡的海外使臣达 300 次之多。在这种"厚往薄来"的朝贡贸易中，各国使臣沿着运河北上朝贡的同时，也将带来的私货贩卖至运河沿岸的城镇，刺激了当地的商业。运河成为中外文化交流的纽带，运河沿岸城镇也成为中外商品交流的集散地。德州就是在这样的历史背景下逐渐走向繁荣的。

三　出逢漕船来，入逢漕船去

相对于山东的济宁、临清而言，德州落后于它们，它是一所偏重于军事政治型的城市。但明永乐年间，德州一跃成为全国 33 个经济重镇之一。德州明清之际的繁荣得益于运河。"河兴城兴"，成了德州与运河渊源甚深的另一个原因。

德州图（自清岳濬等修《山东通志》）

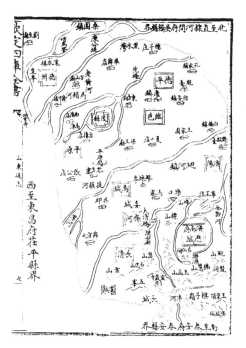

任何一个城市在由"城"到"市"，"城"与"市"相融，城与市融为一体的历史进程中，大多借助三个条件。而这三个条件，运河都赋予了德州。

第一，由"城"到"市"，大多具备便利的交通条件。"城"与"市"最大的不同是功能不同。"城"偏重于军事和政治功能，是用于防御的。"市"偏重于经济，是在农耕经济基础上发展起来的物品交换的重要场所，它一般在"城"的附近，是百姓换取必要的生活用品的地方。因此，在一个交通便利的地方才有可能形成集市。表现最明显的就是农村集市，它们大多数存在于几个村落村民方便到达的地方。运河的全线贯通是德州由"城"至"市"的主要条件。

元明清，山东运河经过四次较大规模的治理，全线贯通。尤其是永乐皇帝迁都北京以后，德州在南北转输的地位更加重要，永乐十三年（1415年），重疏大运河，漕粮悉由京杭大运河运往京、通两地，海陆运俱废。德州地处京畿附近遂成为四大粮仓，当时，河南、河北、山东、江苏、安徽、浙江、江西、湖北、湖南九省是通过运河经德州向北京运粮的，在德州城西北设置"递运所"。由于是九省运粮至京的通道，史称"京畿达九省御路"，明代在旧州城聚秀门（俗称大西门）外古驿道上（今米市街）、运河边修建了九达天衢坊，此坊4柱3孔，南北向，为木石结构。牌坊上部为木斗拱，挑檐，黄琉璃瓦盖顶；南北向4条青石基础，4根木质圆柱插入基石，两侧各有两根斜柱支撑。基石上雕有石蛤蟆8只，均为伏卧状。牌坊中间门楣上横书"九达天衢"四字，相传为明嘉靖年间太子太师严嵩所书。1899～1901年（清光绪年间）袁世凯任山东巡抚时重修，"九达天衢"四字由朱启钤重写。此坊毁于德州解放前。后又在火车站重建了九达天衢坊。

德州是在成为九省运粮通道之后才真正繁荣起来。当时交通的便利使运河漕运能力大大增加，至元二十七年（1290年），年漕运能力为151.3万余石，到泰定三年（1326年）增到335.1万余石，运河上常常是"舳舻首尾相衔，密次若鳞甲"。特别是明代和前清时，运河中兴并达到鼎盛。当时，每逢漕船过境，浮桥口（当时的运河码头）以南以北，帆樯林立，拥挤不堪。明弘治时礼部侍郎程敏政在路过德州时曰："出逢漕船来，入逢漕船去。帆樯密于指，我舟无着处。"德州段运河递运南粮赴通州量达400万～600万石左右，成为南北水运的咽喉要地，漕粮转运和开展贸易的重地。当时德州仓辖兑69个州县，其中24个县，直接将粮食交到仓口，年货运量、周转量、吞吐量都占运河各港口之首。

第二，地缘优势是德州经济发展的另一条件。明朝永乐年间，朱棣迁都

后建的九达天衢
坊（刘铁军摄）

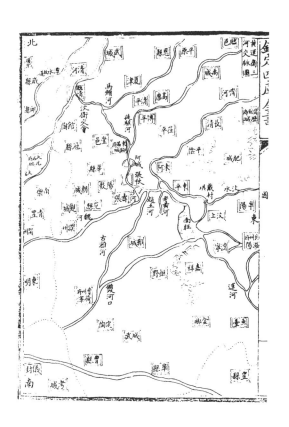

黄、运、卫三河
交脉图（自清岳
濬等修《山东通
志》）

北京，德州也由一个偏僻小城一跃而成为政治中心的辐射地域。凡东南漕粟，商贾宾旅以及皇帝南巡、外夷朝贡皆途径此地。尤其是康熙乾隆年间，皇帝南巡常常驻临德州，它让德州免受一些灾难之苦，促进了德州经济发展。

康熙二十三年（1684年），这位有作为的清朝皇帝第一次巡幸江南，就驻跸德州，看到德州人烟汇集的夜景，他思虑万千，当日就写下了《次德州即事》：

近郭人烟集，遥天月上初。新寒添夜漏，不寐坐看书。

康熙四十六年（1707年）正月，康熙皇帝第六次南巡，驻跸德州时，写了一首题为《德州》的五言诗：

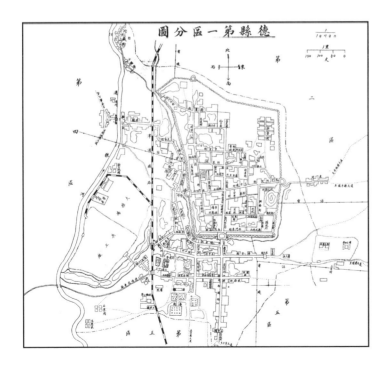

民国德县城区图
（自民国董瑶林
《德县志》）

长河绝流渐，晓坐寒仍肃。

若使居深宫，安知有冷燠。

此时，已经离他第一次驻跸德州整整过去 23 年，年过半百的康熙在经受长途颠簸和夜冷晓寒之苦后，看到自己还能亲自体察和了解平民百姓的冷暖疾苦而由衷感到欣慰。他以德州之境况了解民生，关注着生存在这片土地上的百姓们。

至康熙的孙子乾隆在位期间，乾隆曾六巡江南，且每次驻跸德州，"恭依皇祖德州即事诗韵"，写下了不少吟咏德州的诗作。乾隆十三年（1748 年）春，他巡幸山东，曾写下《旋跸过德州》一诗：

幸鲁过德州，柳梢初放青。

事毕兹言旋，绿云红雨并。

却来未及月，春色纷纵横。

麦垄纵未萎，黍田犹待耕。

连朝风势作，每与云相争。

哀此齐鲁民，何独连歉丁。

祀秩虽成礼，厪怀为灾民。

一日增百忧，往返愧此程！

写此诗的前一两年，即乾隆十二、十三年，直隶、山东连年遭旱灾。此诗表达了乾隆皇帝对齐鲁连年荒灾、民不聊生的深切悲悯之情，对自己耗尽大量民财深感愧疚，之后，乾隆下诏命减免山东粮税。

乾隆二十一年（1756 年），山东巡抚爱必达在德州城内为乾隆皇帝兴建行宫，起名曰"恩泉行宫"，以答谢浩荡皇恩，其建筑宏伟豪华，亭台楼榭，富丽堂皇，园林造景典雅优美。乾隆皇帝进驻后，感慨奢侈之风，于是写下《德州行宫示出山东大小官吏》七律诗一首，以"未敢深宫自晏居，万民得所乐宁如"诗句告诫山东大小官吏。民国时期，行宫已湮没无迹。

康熙皇帝、乾隆皇帝对德州民生的关心，对德州官吏的劝诫，是德州得以迅速发展的一个重要的政治环境。至乾隆期间，德州城池已具有一定规模，建筑蔚为壮观。城内有庙、寺、观、庵、祠、宫、楼、坛、驿等72处。

大量移民的涌入是繁荣德州经济的第三个条件。一定的人口规模是城市的繁荣与发展的条件。作为漕运粮仓的德州需要一定的人口规模。便利的运河和地缘优势使移民至德州成为现实。德州成为名副其实的移民城市。

元明之际的历年混战、靖难之役的德州战役，使德州遭到了严重的破坏，人口数量锐减。德州城内一时间皆为军户，几无民户。为发展德州经济，明初从洪洞移民以恢复生产发展，人口规模达到了一定数量。明迁都之后，德州的地理位置尤为重要。它带动了漕运的发达，更带来了经济的繁荣。当时，南北的商旅也纷纷改道大运河。明永乐年间的德州"四方百货，倍于往时"（《明成祖永乐实录》卷125，永乐二十一年正月）。为改变德州无商业的局面，永乐九年（1411年），南北商旅被安置在城厢并设市：

> 南关为民市，为大市；西关为军市，为小市；马市角南为马市，北为羊市，东为米市，又东为柴市，西为锅市，又西为绸缎市。中心角以北为旧线市，南门外以西为新线市。……小西关军市货物皆自南关拨去，故市名类以小字别之。后因每岁冬间运粮于北厂，故又以北市为名。万历四十年（1612年）御河西移，浮桥口立大小竹竿巷，每遇漕船带货发卖，遂成市廛。（民国李树德修、董瑶林纂《德县志》）

从这段文字的记载中可以看出，明代德州是一个典型的移民城市。漕船的来来往往形成了德州的商业中心——商埠，即在运河边附近便发展起了桥口街、小锅市街、米市街、顺城街和北厂街。清乾隆年间，城内有手工业作坊200余处，商号400多家，并涌现出许多名字号和名产品，如瑞兴号的水、旱烟畅销天津、济南，颐寿堂的人参再造丸行销北京、天津，德州农家编织的草帽辫，远销川藏云贵，德州成为很大的贸易基地。

四　缅怀古贤哲，高卧得神趣

明永乐迁都之后，地处运河之畔的德州由一个偏僻小城一跃而成为政治中心的辐射地域。这不仅给德州带来了经济的繁荣，更是让曾经处于政治边缘地带的德州人一下子拓宽了视野，赋予了他们一个关注政治、关注世界的历史机遇。政治文化再一次浓墨重染熏陶着他们，进而激发起这一区域的文化底蕴，被人评价为"人文飙起，名卿蝉连，实甲山左"之城（胡朴安编撰《中华全国风物志》），形成了一批有影响力的书院和有着影响力的德州学子。

明清时，德州由于受到政治中心的影响，州学兴盛。在不断繁荣州学的过程中，德州人寻找到了自己文化传统的立足点。这一文化传统可以追溯到西汉。当时，德州旧城西门外，古运河东侧，一位古代名儒在此下帷读书讲学，以治《春秋》，专注求索，"三年不窥园"，提出了治国安邦之策——"罢黜百家，独尊儒术"，成为中国历史上的一代名儒。他就是董仲舒。《史记·儒林列传》曰："董仲舒，广川人也。"田雯《长河志籍考》曰："董子，广川人。德州者，唐元和十年所徙之长河县，汉信都国之广川县也。"可见，古代广川包括今之德州。据《德州志》记载："我德为董子故里。"德州古人为纪念董仲舒，曾在董子读书讲学之所，建立了董子读书台。据考证，读书台至少在隋朝已经建成。清人马骕在《陵州杂咏》中写道：

> 春入柳湖三面青，仲舒曾此驻传经。
> 迄今繁露沿题额，旷代诸生溯典型。

明正统八年（1443年）知州韦景元在重新修葺州学时挖掘一石刻，知是董子读书台遗迹，故在旧址重建读书台。明成化九年（1473年），知州王绪及分督庾事户部主事毕孝，于读书台后营建祠堂八楹，将董仲舒与其他德州乡贤合祀，建立董子祠。名曰"聚贤祠"。明弘治八年（1495年），山东参政林先甫来德州巡视，见董子祠圮陋，扩修董子祠，并重筑读书台。万历四十三年（1615年），知州马明瑞将废圮已久的读书台和董子祠一并移至旧城西门之外、古运河东岸的一块高地上，并一同创建了醇儒书院。康熙四十八年（1709 年）山东督粮道朱廷桢对书院重加修葺，又筑亭植柳。在董子读书台旁有一小湖——"柳湖"，朱廷桢据此将醇儒学院改称"柳湖书院"。在柳湖书院旁边，当地名士田霡又出资修建了"数帆亭"。柳湖书院左俯古城，右傍运河。从此，董子祠、读书台与运河岸边的书院成为德州文化昌盛的标志。"时延文士校艺其中，亦一时盛事"（乾隆《德州志》）。

运河更是将董子祠、读书台与书院紧密地联系在一起，源源不断地将进出京城的学子举人、骚人墨客运载于此，每每登台游赏，吟诗题赋。一时间，运河岸边书声琅琅，吟咏唱和，文人墨士雅聚其间，成为德州学子与天下文人的习文研习之所。清人田致在《陵州四时词》中唱道：

> 柳湖西畔御河隈，芦荻萧萧两岸苔。
>
> 酒户词场多少客，登高齐上读书台。

这种浓郁的文风也深深感染了康熙、乾隆皇帝。他们南巡必驻跸德州，留下了歌咏德州的诗歌共 79 首。乾隆二十一年（1756 年），乾隆皇帝南巡，驻跸德州，在董子台写下了《繁露台》诗：

> 天人三策对贤良，已见春秋大义彰。
>
> 那更高台演繁露，转思董子失之详。

乾隆三十六年（1771 年），乾隆皇帝再次南巡，在德州又为董子台题咏：

> 故里千秋疑信猜，城楼竿处久称台。
>
> 都传繁露春秋演，谁识竹林与玉杯。

沐浴在文风浓郁的书院中，一批批德州学子从这里走出，走向了中国历史的政治、文学舞台。相对于江南文人而言，这里作为政治中心的辐射地域，学子们较多受到政治文化的影响。而在柳丝轻拂的运河岸边、柳湖之畔，"岸旁一湖水，阁下数帆秋"（清卢中伦《董子读书台诗》），优美的读书环境，学子们与天下学子的研习读书，尤其在进京赶考的江南学子的感染下，他们也融入了诗人气质。在走向历史舞台的同时，他们将政治文化理念与诗人气质合而为一。据统计，明清全盛时，德州共涌现进士 124 名。

清康熙年间，德州走出了人称"德州先生"的"山左"诗人田雯。他勤于著作，文学造诣很高，其诗歌成就仅次于当时"山左"诗派的代表王士禛。他用诗一样的语言撰写了德州地方志《长河志籍》，其开篇曰："维桑与梓，必恭敬止，诗言之矣。"（《长河志籍考》）将诗人气质毫无保留地倾洒在养育自己的土地上。其诗《舍弟江南之游，作此寄之》更是将德州故园描绘得美妙绝伦，犹如江南柔美之意境：

> 鬲河之水流清渠，数间茅屋城西隅。
> 桃花李花二月发，落英满地如毾㲪。
> 亭前老树缠风雨，上覆檐溜枝扶疏。
> 故园景物颇清美，行歌被酒真吾庐。

田雯《长河志籍考》中的《九河图》

而有着诗人气质的他却在险恶的仕途中走得较为平坦，这都源自故乡政治文化的影响。德州官员管辖着天下粮仓，其涉及层面较广，触及利益较多，受到上至天子，下至黎民百姓的关注，出现半点差错就可能招来杀身之祸，谨慎小心成了德州官员的处事风格。

田雯在这种环境影响下，在任期间谨慎小心。康熙帝称赞田雯曰"持躬克谨、莅事惟虔""秉质纯良、持心端谨""慎以持躬、敏以莅事"（清田雯《蒙斋年谱》，清德州田氏刻《德州田氏丛书》）。他先后任职江南学政、湖广湖北督粮道、江宁巡抚、贵州巡抚、刑部右侍郎，以户部左侍郎致仕。在贵州三年，他政绩斐然，把德州的浓厚文风引了过去，兴建学堂，倡导文化，一改贵州荒陋之气，被当地人称为"德州先生"。

康熙四十一年（1702 年），康熙南巡驻跸德州，驾临田雯家中，田雯喜出望外。他奉圣意自选"寒绿堂"三字得御书匾额。他解释曰："寒者如臣，年已衰暮。绿者，发生之意。"意思说，我已经老了，而老了还能枯木逢春，受到皇上赐给这么高的荣誉，一生足已，就这是田雯。

乾隆年间，德州又走出另一位才子卢见曾。康熙五十年（1711 年），卢见曾赴乡试中举，康熙六十年（1721 年）中进士。雍正三年(1725 年)出为四川洪雅县知县。此后，先后调任安徽蒙城知县、六安知府、亳州知州、江宁府知府、

卢见曾编纂《国朝山左诗钞》抄本

颍州府知府、两淮盐运使、滦州知州、永平府知府、长芦盐运使等职。

德州浓郁的文风培育了他好书、好才之性格。卢见曾平生最喜藏书、刻书，在世之日，在德州筑"雅雨堂"广藏天下图书十余万卷，并将自己收藏的珍、罕版本刊印发行，嘉惠士林。

任职期间，每到一处，必兴学造士，先后创修了四川洪雅书院、六安赓扬书院、永平敬胜书院、长芦问津书院、扬州安定书院等。他一生两次任两淮盐运使，在人文荟萃、风景如画的扬州，他筹资沿小秦淮修建了"红桥二十四景"及金焦楼观，成为名人学士云集之所。

李斗《扬州画舫录》卷十中曰：

> 卢见曾，字抱孙，号雅雨山人，山东德州人。公工诗文，性度高廓，不拘小节。形貌矮瘦，时人谓之矮卢。辛卯举人，历官至两淮转运使。乾隆丁丑（二十二年，1757），修禊虹桥，作七言律诗四首云（见附录）。其时和修禊韵者七千余人，编次得三百余卷。

郑燮、陈撰、厉鹗、惠栋、沈大成、陈章等前后数十人与卢见曾相交，皆成为卢见曾的上客，借此也成就了秩然可观的"扬州学派"。"筑苏亭于使署，日与诗人相酬咏""主东南文坛，一时称为海内宗匠"。当时直隶总督那苏图曾与乾隆皇帝谈及卢见曾，称他"人短而才长，身小而智大"。

乾隆二十七年（1762年）卢见曾告老还乡。他又一次沉浸于浓厚的文风中，沉浸于运河岸畔的醇儒书院中，与诸名士结社于此，饮酒赋诗，相互唱和。乾隆三十年（1765年），乾隆南巡路过德州，御赐书"德水耆英"匾。运河改道西迁后，醇儒书院旁的柳湖逐渐淤积干涸，卢见曾作《柳湖》一诗以表惋惜之情：

> 环水亭台有画图，下帷争效汉名儒。
> 河干断碣分明在，不见城西旧柳湖。

卢见曾有着与田雯一样的书卷气，却没有与田雯的一样的幸运仕途。虽然为官小心谨慎，但依旧脱离不了被诬陷暗害的仕途命运。据《两淮盐法志》记载，当地盐商勾结官府侵占灶户（盐民）盐池，在所有权问题上，双方久讼不决，盐民深受其害。卢见曾到任后，做出了"灶属商亭，粮归灶纳"的判决，并核发文契，维护了盐民利益，堵塞了不法盐商的财路。同时也得罪了贪官污吏及不法盐商，他们纷纷蜚语，陷害诬告。乾隆三年（1738 年），卢见曾被诬罢职，四年（1739 年），郑燮作七律四首赠之。诗后题云："乾隆四年十月廿日，恭赋七律四首，奉呈雅雨山人卢老先生宪台，兼求教诲。"乾隆五年(1740 年)，卢见曾被革职充军，发配塞外。后经查明，冤案昭雪，平反赐还。乾隆三十二年（1767 年），不曾想又因"盐引案"被人诬告，死于狱中。三年后，大学士刘统勋为其昭雪。

生活诗意、仕途谨慎在德州学子身上截然分离开来，它应该就是当时德州学子的共性。而这种共性是在繁荣的

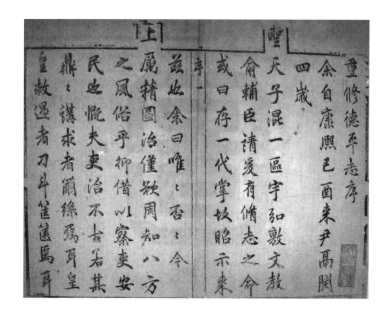

《德州乡土志》
（官绅校订本）

经济基础支撑下，在书院浓厚的读书氛围中，在与天下学子的交往中逐渐形成的。这一共性又是脆弱的，其中任何一个条件的消失，都会扼杀掉这一共性的存在。运河成了毁灭这些条件的始作俑者。

雍正四年（1726年），德州城西的运河改道西移，董子读书台旁的柳湖没有了运河水源的灌溉，逐渐淤积干涸。缺少了一泓湖水的润泽，柳湖书院也名不副实了。曾经风景如画的书院失去了往日的生动与秀丽。在美丽意境下产生的生活诗气渐渐在干燥的土地上蒸发掉了。衰落后的书院，只能被借用为义塾，留下的只是"之乎者也"的四书五经之谈。清道光时拔贡马洪庆在《董子台即事》中说道：

> 旧河曲绕董生台，台畔黄花寂寞开。
> 文苑销沉诗社冷，村童侵晓抱书来。

至清光绪年间，不仅书院的原有建筑多处坍塌，已成废墟，董子台也消失在历史的沧桑之中。

此时的运河，也因为海运的兴起，黄河的改道，逐渐淤塞了。至光绪二十八年（1902年），漕运全线停运。民国期间，铁路的修筑，德州段运河更加残破。至20世纪50年代，德州段运河还能进行小量运输，而至20世纪80年代后，运河已经变成了季节性河流，失去了运输的航运作用。那曾经繁忙的码头残骸已消失得无影无踪，剩下的只有长满青草而干涸的河道。1996年夏，运河上游大规模放水，我兴致冲冲的跑到岸边，看着晃荡荡即将溢出的河水，我的思想也回归到了从前。一想起史料上记载的因运河而繁荣的德州，想起那曾经的辉煌，想起那站在读书台吟诗唱和的文人，心中不免有几分酸楚。当所有的一切都融入了漫漫长河中，我们只能在对史料的细细梳理中重温那曾经的辉煌和寂寞，寻求当年的精神痕迹。

第五城

临清：临清人家枕闸河，两岸歌钟十里楼

临清，你这运河岸上的古城，

像一只飞鸿，我曾在你身边留影，

留影也留声，我的几百篇诗歌，

就在你这土地上产生。

……

这是著名诗人臧克家特意为临清写的纪念性诗作，题名《临清，你这运河岸上的古城》。在《诗与生活》一书中，诗人又曾以忧伤的笔触勾勒道："临清，属鲁西北，在有名的运河岸上，乾隆下江南，路过这里，留下了'沙邱古渡'的一座歇马亭。明代著名诗人谢榛就生在这里，我曾去凭吊遗迹，看到的只是在一片荒郊树立着的一块小小的残碑，上面题着'谢茂秦故里'五个字已经为风雨蚀得有点模糊了。远处的'塔湾'，有一座耸立的九层高塔，像一位饱经风霜的老人，在这送往迎来。……学校近处，有个'大寺'等于临清的'大世界'，卖吃的、用的、玩的，千态百样，在吸引着孩子们和大人，我曾为它写照，写了百多行长诗，题名就叫'大寺'。临清，回民很多，羊皮、羊肉干，都很出名，从这里离开的人，总带点特产分赠友人。"这是临清20世纪前叶的简描肖像，呈现的是一幅繁华过后历史远逸的萧飒苍凉图画。

民国时期拍摄的
临清舍利塔照片
（自民国张自清
等修《临清县志》）

诗里文间，无不饱满了诗人对临清的无限感恩和凄婉深情，因为这里曾激发过诗人绝妙的灵感和澎湃的激情。读诗人如此哀婉的诗句，不禁让人也心动浮想，生出一种探求临清历史的冲动。

一 舟车辐辏说新城，古首繁华压两京

此起彼消，似乎是中国古代城市逃脱不了的命运。南北大运河开凿后，盛极一时的开封、洛阳因运河的遽然改道而丧失它往昔的一切光华和荣耀，渐渐黯淡无光了，汴渠也逐渐荒废无闻。而另外一些城市却因此得了机缘，成长起来了。临清就是这样一个运河上的幸运儿。

临清位于山东省西北隅，处河南、河北、山东三省交会之区。历史上临清原名清渊，又称清源或清原，西汉始设，十六国后赵建平元年（330 年），因县治西北临近清河而改为临清。前人有一说云："州地于古，当中原之都

会。明兴肇，建两京，而吭搤辐持于其中。昔人谓锁天中枢，控地四鄙，咽喉九州岛，阃域函夏。"（民国张自清等《临清县志》序）实际情况是在京杭大运河贯通前，临清地僻位偏、交通甚不便利。元代以前有关它的重大事件史书记载寥寥无几。因此明人曾指出过："临清有县自后魏始，隋唐以来废置相寻，未为要地。"（明王俒《临清州治记》）从明人之说可见，临清迟至明代前，仍然没有重要战略地位可言！

临清城的历史可以说是"因河而生"的历史。史载"临清州城，后魏置清渊县在卫河西岸，宋建炎中迁曹仁镇，明洪武二年（1369年）徙治于此，在汶卫之间"（清岳濬等《山东通志》卷四"城池志"），即明之前，临清城可以说是居无定所，直到明洪武时才在现今处扎下了脚跟。而通运后，"（临清）自开渠运，始为要津""实南北之要冲，京师之门户，舟车所至，外连三边，士大夫有事于朝，内由而外入者，道所必由"（清王俊等乾隆《临清直隶州志》卷2"建置"）。此时"运河自清平县二十里铺入州（临清）境，至板闸而会通河止，此下接卫河"（《山东通志》卷7"形胜志"）。因为这时临清恰好扼锁了运河与卫水衔接的咽喉，其地理位置也变得极为重要了。既为通路要津，自然容易形成"为萃货之腹，舟车络绎，

清代东昌府临清境州图（自清岳濬等修《山东通志》卷3）

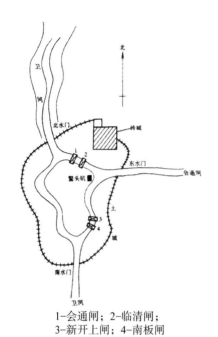

1-会通闸；2-临清闸；
3-新开上闸；4-南板闸

临清运道示意图
（自姚汉源主编
《京杭运河史》）

商贾辐辏，天下行旅出乎其途"
（乾隆《临清直隶州志》序）的
岿然重镇。

在明清时，由于运河在国家
政治和经济生活中的重要性，在
扼守运河咽喉的临清筑城的现实
意义也就非同一般了。明吏部尚
书王直曾这样强调说："临清为
南北往来交会咽喉之地……财赋
虽出乎四方而输运以供国用者，
必休于此而后达商贾；周于百货
而懋迁以应时需者，必藏于此而
后通其位要且切也。如此而可无
城池、兵戎之保障乎？"（明王
直《临清建城记》）事实远不止
于此，在影响到国家安全稳定的
政治意义上，明政府必须要考虑
得更多——它要保证大批囤积的粮食和物资的安全，以及
运河航线的畅通。不管出于何种考虑，其筑城的必要性都
是不可否认的。有鉴于此，明景泰元年（1450年），巡
抚洪瑛被派去进行了第一次大规模的筑城运动。其城"缘
广积仓为基，周九里一百步，高三丈二尺，厚二丈余，甃
以砖。池阔九尺，深如之。四门，东曰威武，西曰广积，
南曰永清，北曰绥远"（《山东通志》卷4"城池志"）。
城墙用坚固的砖石砌成，因而也称作砖城。

可砖城建起后，与别的城池很不一样。首先在城址的
选择上不按常规办事，它撇开了城市自然生长的优势地理
位置，撇开人口和建筑的自然聚集，只考虑物资囤积安全
和军事防守效能，最终选在卫河以东离河较远的粮仓处建

临清福德街上的
县治遗址（赵庆
欣、李尚方摄）

城。在城门的设置上，砖城也不同于古代建城居中设门的
习惯，为搬运粮食方便将西门偏西北设在粮仓处，而北门
为避开粮仓便于设立街道又开得偏东。这样造成砖城的严
重缺陷：离运河码头远，城中面积狭小，缺乏足够的空间
和交通条件，工商业没有发展机会。这有意无意就严重遏
制了临清的进一步发展，将之束缚在了一个蜗居里。

然而依靠运河，明代临清经济迅速发展，成为一个非
常重要的商品集散地。它的人口激增，加上各级衙门官署
的激增，以至出现了"生聚日繁，城居者不能什一"（乾
隆《临清直隶州志》卷2"建置"）的困境。砖城狭小空
间日渐见绌。许许多多的商贾、市肆、楼宇被迫向外滋生，
沿运河岸线在砖城外生长，成为真正的商业繁华区和运输
中心。这新生的区域不能没有安全保护措施吧。尤其明中
后期山东农民起义频繁，如成化间李原，正德六年霸州刘
六、刘七，嘉靖元年青州等起义，都对临清对运河运输构
成过严重威胁。大量的人口和财产被抛弃在城墙以外，没
有丝毫防护，总是会令人担心得很。城外的商贾、居民为

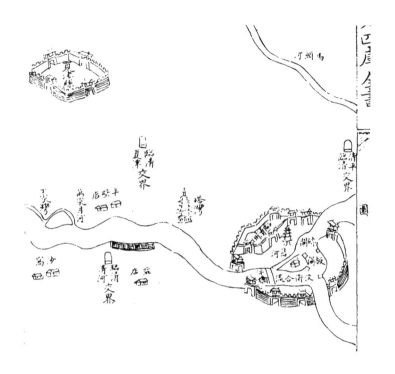

运河与临清城形
势图（自清岳濬
等修《山东通志》
卷 3 ）

保住自己的生命和财产，也极希望有一堵墙能把自己也保
护起来。

　　一些有远见卓识者开始奔走游说，要求官府扩大城墙
的范围，将运河边的商业区也囊括进去。但是也有人反对
扩建，他们认为这是费无益之力，花不必之财。他们提出
了两条反对理由：一是临清位处中原，没有外来威胁，没
有必要建那么大的防守城池；二是临清地势平坦开阔，无
险可守，一旦有战争即使城再大再牢固也守不住，所以扩
了也等于白扩。但从更长远的考虑上，明大学士丘濬提出
支持扩建的理由说："临清乃会通河之极处，诸闸于此乎
尽，众流于此乎会。且居高临下，水势易泄而涸速。是凡
三千七百里之漕河，此其要害也。……东控齐青，北临燕赵，
且去边关不远，疾驰之骑，不浃旬可到。为国家深长之思

者，宁有而弃，毋无而悔。书生过虑，请跨河为城，两际各为水门，以通舟楫，而包围巨闸在于其中，设官以司启闭，屯兵以为防守，是亦思患豫防之一事也。"（丘濬《漕运河道议》）就这样，在扩建城池的问题上，形成了针锋相对的两派，他们之间彼此互不退让，吵得不可开交。

但是砖城毕竟不靠近运河，对控制漕运不便，且国家也不能坐视大量税收流失和经济命脉受到威胁。明弘治二年（1489 年）特地将临清擢升为直隶州，就是为了进一步加强对临清的直接控制。因而在此后临清人王元焕追记这两种分歧时，他还激烈地抨击那些没有眼光的反对派道："盖王公设险以守其国，城固不可但已也。然城盛也，旧城隘民无盛矣；将以卫民，新城可但已乎？新城成而议诸哗然，大约有二谓：临清中原也，不必城，或谓大不可守。夫谓不必城，郡邑皆城何也？谓大不可守，或几矣。"（王元焕《创建土城记》）

最后得到国家在政治权力上的进一步支持后，争论以扩建派占据上风，扩建新城也就顺理成章了。弘治间兵备副使陈壁增创月城，正德间副使赵继爵加筑罗城，而以嘉靖间巡抚曾铣和副使王扬扩建的规模最大，跨会通河与卫河拓建，称为新城（俗又称土城，因城墙以土筑而成）。新城"北起塔湾，南至头闸，绵亘二十里，市肆栉比"（《临清县志》卷 8 "经济志"），增加陆门六个、水门三个，城门上建有戍楼防守。这次扩建不仅极大地拓展了城池范围，还是一个花费少不扰民的高效工程："其始，城兵备副使王公杨择文武才吏度寻尺算匠佣，墙以堵计，堵金二十有六，城二十里，金八万奇。以是达之巡抚曾公铣，许之。乃各出其帑赎一

明代临清著名书法家方元焕于书的"第一山"碑
（自民国张自清等修《临清县志》）

夫不市，一钱不民，移凶邑之饥者以就工，庐僧布恭，橄
商均直，章程蝟列，罔不悉。工之日，版筑巍巍四郊而居
人不闻；既趋视，争畚土持杵不用也。……逾四十有六日
而城就，所费才四万金。"（《创建土城记》）

　　新城建成着实令明人欢欣鼓舞了一阵，因为它一举实
现了国家在政治、军事及经济上的多种现实需要。为此明
代诗人皇甫㳫特地作了首《临清新城行》来赞美这次明智
之举的重大意义："君不见，清源都会天下无，昨来筑城
巩贵图，长河千里万艘集，乃知保障为良谟。戈船隐隐横
川流，蒸霞照曜双飞楼。华京鼎峙争雄长，气压百二当中

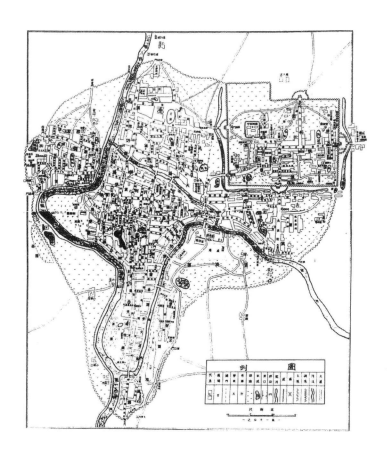

民国时期绘制的
临清城区图（自
民国张自清等修
《临清县志》）

州。言徂于齐泊河汜，左右帆樯阅崇骓。甲第纷纷乱入云，红波绿树歌钟起。我皇垂衣二十载，玉帛群方协文礼。边头晏和稍失备，晋代之间近多垒。金汤委输轸长顾，峨峨此城遂辉峙。更闻安石下东山，焉得边马饮江水。"从诗中，我们不难看出作者对临清筑城的政治、军事意义的高度褒扬，虽然临清不濒边塞却对于稳固江山、保卫国防具有不可替代的作用。

"舟车辐辏说新城，古首繁华压两京。名士清樽白玉尘，佳人红袖紫鸾笙。雨晴画舫烟中浅，花发香车陌上行"（清贺王昌《题清源》其二）。这样，临清依托运河之便，在运河两边形成一块面积庞大的像玉带一样的城市，因此临清在历史上又常常被美名为玉带城。据后人记载，当时"总计临清城周围逾三十里，而一城之中无论南北货财，即绅士商民近百万口"（民国中央研究院历史语言研究所编《明清史料甲编》）。它在规模、人口和经济繁荣程度上都不亚于天津这样全国性的一流大城市。这一切都因为有了使它生命焕发了青春的运河，是运河上的白帆樯影直接把临清由荒僻之隅推到了时代发展的潮头，完成了它由小小茅庐到华屋广厦的成长过程。

二　舟车捆载纷如雨，江上帆船万斛来

运河让临清产生的变化实在巨大，以至于它与中古之前的时代形成了判若两人般的分别。运河穿城而过，仿佛是一夜便成了有"南有苏杭，北有临张"美称的商业大都会。

受传统重农抑商思想的影响，历来人们只注意到物质生产环节的重要性，对临清一直是个典型商业城市这个事实视若无睹，无法认识商业活动在临清社会经济发展中的巨大推动力。时至清末民初实业救国思想大兴，人们仍然不能摆脱这种思想的束缚："县境僻处济西，风气谫陋，对于农工生产素不讲求，有利弃于地之憾。民国初元，地方实业始渐萌而事属草创，恒多简陋。时至今日，感于经济之惶恐，知非空言所可救济，于是实业建置日有气色，较前大备矣。"（《临清县志》卷7"建置志四·实业类"）事实上，临清"地产麦故不敷用，犹取资于商贩。从卫河泛舟东下者，豫省为多，秋梁取自天津溯流而至；其从汶河来者，济宁一带之粮米也。布帛亦皆来自济宁"（乾

民国时期临清实业组织进德分会全景（自民国张自清等修《临清县志》）

郭维元《漕运盛埠图》（局部），原图长 39 米

隆《临清直隶州志》卷 2 "市衢"）。若无运河上的商船转贸四方，这一直困扰临清的物质匮乏问题又怎么可能解决得了呢？"四方商贾辏集，多于居民者十倍""服贾之民亦什居其六"，临清有此说也算是一种本色概括吧。

　　明清时代，临清为运河咽喉会津，海内外舟航毕集于此，商贾云集而萃止居留，百货麇集而市肆鳞次。可见运河的大流通和大交换的经济形态，已将临清由刨土的农民迅速转变为贩四方货物的运河商客。如临清素号"小天津"，传说此名得自乾隆之口。有一次乾隆到临清巡视，见漕船码头和城市景象都颇似天津，所吃的喝的东西口味亦绝类于天津，便脱口说了句："真

临清城外运河图
（自赵大川编著
《京杭大运河
图说》）

个小天津。"传说将此雅号与皇帝老儿攀上关系，无非是想借此以自高身价。而诗人云"清源城中多大贾，舟车捆载纷如雨"（明谢肇淛《清源行》），却实在地总结出了这个名号来历的根源。当时临清商业发达，城中各地商人云集于此，著名商号多半为天津商人，或者其供货来源主要是天津的商号，或是天津大字号在临清的分号，所以临清商号的字号命名多天津商号特色；往来临清的天津客商多如牛毛，到饭店吃饭的人也主要是天津商客，所以临清饭店的饭菜为满足天津商人口味，吃喝上也就多仿天津了。

　　在农业社会中，商贾的生活水平总是比一般农民、城市手工业者要高出许多，要沉醉糜烂得多。明人薛瑄有首《临清曲》专以摹之云："临清人家枕闸河，临清贾客何

111

其多。停舟落落无可语，呼酒只对长年歌。"沈翰卿也有首写临清城市生活靡靡之乐的诗作："迤俪星桥雀舫回，欲凌倒景上层台。鸡鸣万井烟光合，雉堞重城日晕开。杨柳楼深吹玉笛，蒲桃酒满泛金杯。无端约伴寻芳草，康乐祠前步紫苔。"（《过清源》其二）其情状不谓盛欤？君未听见运河两岸传来的丝竹声声、杯盘酒席上的腻腻歌喉吗？明人听见了，他说这里曾有经"两岸歌钟十里楼"的奢靡沉醉。

当临清聚集的商贾越多，越豪奢靡烂，越对笙歌燕舞无恢追求，它越能为其城市下层民众提供谋生机会，使之生活相对宽余而趋向于享受。自然这些商贾对城市一般民众所起的示范作用也越强烈，城市的社会生活方式和观念也就会受其深刻影响。当时临清普通人被这种风气所浸染，可谓是耽于奢靡无度："丰阜之余习于侈靡，后渐裁并，而市廛阛阓日亦衰落。康熙癸丑岁，州人孔大参序旧志，不胜俯仰之感：迄今又八十年矣，乃民贪而俗尚不易。仆亦绮罗，婢皆翡翠，陈歌设舞不必缙绅，婚丧之仪越礼踰制而不顾，骄奢相效，巧伪成风，岂独外腴中枯。已乎！识者有隐虑焉。俊承兹土之乏，思所以维之而材力弗逮，七年之久未能有所移易。"（乾隆《临清直隶州志》序）这一度令卫道士们感到恐慌，觉世风浅薄轻浮，大远于古人淳朴敦实之风矣。"花开两朵，各表一枝"，事实是这种转变对城市的经济与人文两个方面都极有裨益。

运河上繁忙来往的物资和人员，使运河蕴含着巨大的经济效益，各地商贸的滋聚，大批船只和人员的汇集，会极大地推动一个城市的迅速膨胀，使之变得繁荣和重要，也使城市开始了按照它自身滋生的方式生长。临清有句俗语叫"先有临清仓，后有临清城"。由于临清闸是联系会通河和卫河两条本不相连的运河的咽喉，本身地势陵峻，落差和水量亦相悬甚大。船只在此过闸极为缓慢费时，经常闸外数里都是被阻滞的船只。清初著名词人朱彝尊就曾被阻临清五天，有诗苦叹道："清源驿路接幽燕，日日沙头但系船。五两南风空自好，无由吹送卫河边。"（《守闸清源驿凡五日不得渡》）。自明永乐后至清道光咸丰以前，每年大约有 400 万石粮食要由此运河北上，运艘一万多只。如此巨大数字的粮食实际大多被迫登陆囤积。明代起这儿就建有广积、临清和常盈三仓，一度堆积的粮垛连绵数里，就像一座座在城市中

清王毂书"沙邱古渡"匾（自民国张自清等修《临清县志》）

连绵起伏的沙丘。据说南湾渡也因此而得"沙邱古渡"之名。

　　鳌头矶更是临清城典型的自我生长点。各色人等和财货络绎不绝地涌到这里纷纷上岸，或玩赏或买卖或暂住，这里成为热闹繁华的去处。运河上四方聚来的商贾纷纷云集在此买卖，使市肆骈起，高楼栉比鳞次，热闹非凡。明代文渊阁大学士李东阳踏上此矶时，见运河穿梭忙碌、两岸繁华无比的景象，感慨而作《鳌头矶》两首云："十里人家两岸分，层楼高栋入青云。官船贾舶纷纷过，击鼓鸣锣处处闻""折岸惊流此地回，涛声日夜响春雷。城中烟火千家集，江上帆樯万斛来。"可见运河在运来漕粮的同时，也酝酿了临清城生命的胚芽。

　　然而回顾临清建城史，则不难看到依托运河生长起来的鳌头矶曾经的尴尬处境。最初它因不属政治关心对象而被摒弃在受保护圈之外，但随

鳌头矶（赵亚军摄，自高志超主编《运河名城临清》）

2001 年树立的钞
关遗址碑（赵庆
欣、李尚方摄）

着运河商品贸易的日益兴盛，鳌头矶逐渐成为临清最富庶
繁华、交通最重要的中心，如明人说："鳌头矶在临清州，
延亘二十余里。汶卫合流，而洲峙其中，自胜国来名曰中
洲，环砌以石，如鳌头突兀，四闸分建而广济桥尾其后，
四方商贾财货辐辏于此。"（明谢肇淛《北河余纪》卷 3）
它是在运河的怀抱里茁壮成长的，并成熟繁荣的，成为各
方面所关注的焦点。新城建起来后，钞关在这设立了，工
部营缮司有了，……最终它成了各种国家权力集中展示的

舞台。这里的关税税收曾居全国八大钞关之首，占全国关税收入的近 1/4；这里的街市鳞次栉比，百货聚集、人潮蚁涌，其壮观图景定不会比《清明上河图》中的汴梁逊色几分吧。

鳌头矶景色独秀，河边成荫的柳树与河水交相辉映，仿佛是凝固在运河上的秀色画卷，有"鳌矶凝秀"（临清十六景）的美誉。矶上曾于明中期创建精巧典雅的楼阁一座，登上此楼可以远眺运河船闸和水闸景色，令人抚息叹喟、垂怜忘返。因而这里又是文人荟萃雅赏之地。商业繁华给了它健康活力的血肉之身，使之显得一派生机；人文锦绣造就了它隽永深厚的精神气质，使之涤除了仄陋庸俗之气，出落得俊秀不凡。晚清著名文臣、《安吴四种》的作者包世臣大概是在这里最后欣赏完临清风景，登船离开南回的。明朝编年史《国榷》的作者谈迁搭乘漕船北上京城时，也许在这里的岸边徜徉过。"十年三往复，此地忽

繁华锦绣的鳌头矶牌坊（赵庆欣摄）

重经。尘土长安辖，烟波汶水舻。平川涵夕景，远树隐春星。鲁酒偏难醉，从人笑独醒。"（明储瓘《鳌头矶》）几百年来，交游南北的文人墨客，奔走天涯的仕宦、商客不知曾有多少为之倾心沉醉，从运河上对之仰望遐思。

大运河就是古代的"高速公路"，在它上面"燕赵、秦晋、齐梁、江淮之货，日夜商贩而南；蛮海、闽广、豫章、南楚、瓯越、新安之货，日夜商贩而北……舳舻衔尾，日月无淹"（明李鼎《李长卿集》卷19）。运河上无论哪座城市如能把这快速流动的人与物吸聚过来，它都必然会成为运河上的璀璨明珠。抚今追昔，顺着运河的粼粼波光倩影回望，仿佛临清往日的繁华便随着那远逝的滔滔河水跃然于眼前。

在运河上，临清曾是极度繁华热闹的。清时它曾"连城依阜，百肆堵安，两水交渠，千樯云集，关察五方之客，闸通七省之漕"（《山东通志》卷7"形胜志"）。康熙时临清"其甲第连云，人物熙攘，漕运万艘衔尾北上，市肆毂击肩摩，不减临淄"（《临清县志》序"贺王昌康熙旧志序"）。雄壮的城池，忙碌拥挤的运河，嘈杂繁华的码头、街市和云集的商贾。一派繁忙兴盛的图景！

临清强有力的商品汇聚和流通能力，使四面八方的舟车、商贾和财货都络绎不绝地汇聚到这里。明清时期，这里是华北最大的棉布、绸缎和粮食等商品集散和贸易中心。如明代经临清转销的布匹和纺织品每年至少有一二百万匹以上。清乾隆年间，临清城内粮食市场有六七处，粮铺多达百余家。它还是明清时著名的茶叶和纸张集散地。临清城内商业也可谓繁荣至极，明景泰至嘉靖年间，不计无名街巷，城内有街23条、市12处、巷29条、厂7所；布店73家，绸缎店32家，杂货店65家，当铺100多家，瓷器店20多家，纸店24家，辽东货店13家，大小客店数百家，盐行除国家专卖店外，还有私人盐店10余家，此外还有众多的粮铺、茶叶店、羊皮店等散布各街巷中。它通过运河发达快捷的贸易和运输网络，将其经济活动延伸到几乎全国所有重要经济区域和城市，临清因此在明代全国著名的33个大城市中占有一席之地。

明时朝鲜人崔溥特别将其与江南并论道："繁华丰阜，无异江南，临清尤为盛。"（朝鲜崔溥《漂海录》）明代诗人沈翰卿亦有首写临清的诗云："扑

凤凰山上的"凤岭钟英"阁（赵庆欣摄）

面游丝羁抱开，彩云垂幔鸟喈喈。舟车绕郭称都会，莺燕穿花过别街。幕下材官辘轳剑，月中游女凤凰钗。朱缨锦席淹留处，苦忆扬州梦与偕。"（《过清源》其一）难怪当时有人夸饰临清为"天下佳丽之地"，想必诗人曾对它非常好奇与向往，乃至亲眼目睹，才会将它与当时最锦绣繁华的城市扬州相提并论吧。有统计表明，明清两代500多部市井、言情小说中竟有300多部与临清有关，许多小说都以临清作为故事发生和演绎背景。如明代《金瓶梅词话》就是以临清作为主要的故事背景展开铺叙的。其中第九十二回还写到江南青年商贩陈敬济到临清来做生意的经历。有天陈敬济从母亲那讨了些银钱跟随杨大郎到外做贩布生意，来到临清，见"这临清是个热闹繁华大码头去处，商贾往来之所，车辆辐辏之地，有三十二条花柳巷，七十二座管弦楼"。陈敬济不禁看得眼花缭乱、心动神摇，一头便随杨大郎扎进这七十二花柳巷中，结果没贩到多少布倒把本钱都花到这儿的青楼里了。

临清的风流繁华，把康熙、乾隆这两个皇帝老儿也吸引来了。他们南巡也到临清看了看，逛了逛，留了诗。康熙《巡视运河堤》诗云："身罹遏前驾，渔歌进小滩。去回四百里，舟次五云端。"乾隆还多次驻跸凤凰岭，曾观运河两岸层楼林立，通衢纵横交错，与其书童对一联云："东夹道西夹道东西夹道河夹道，南绿营北绿营南北绿营清绿营。"临清之地方官甚以为耀，说："皇上东巡、南巡回銮时，阅运河必经临清，且为驻跸所。"（乾隆《临清直隶州志》序）

运河是流动的运河，它的生命意义就在于流动和交换。它沿岸生长起来的城市乃是吮吸运河母亲的乳汁生长的生命，注定它的命运就是要在波涛流水上求生存；只有在与母亲的同呼吸共命运中，它们才能开为朵朵的似锦繁花。临清命运更是如此。运河可以伸展得多远，临清的脚步就应该能走得多远；运河上有多少扁舟乘风破浪，临清就应该有多少贾客、游子逐利天涯。从一开始临清以运河为转折点，它就与运河上的云樯帆影了结下了几世的宿缘。南来北往的财货和往来商旅、官宦、士子、驻军、役夫，使这个城市变得无比热闹和嘈杂的同时，又赋予它以典型的运河经济、文化特征。运河将它滔滔水流输入并转化为临清的自我生命节律。

从运河两岸那些自然聚集起来的繁华市肆、街道楼宇，我们完全可以看到政治和军事的重要性只是给了临清一个生命诞生起点，而最终让临清生命发生脱胎换骨的却是运河。它那百万人口的繁华大都市的出现，只有当这运河上四处漂流来的人潮、物流聚集到它的岸边后，只有运河把它自身的文化生命在此驻留以后，这个城市才真正具有了它的精神本质，才能成为具有文化生命的大都会。它的生命精神来自那运河滚滚波涛，来自那运河上白帆樯影下运载的文化生活。否则临清在运河上重则重矣，不过是一个军事和政治上的孤城，而缺失了一个城市应有的生命气息和文化底蕴。

三　一自髫年为禄仕，挂帆常向鲁门行

富贵与学识，一般人难以得兼，或富有或学识都足以为常人所羡之对象。但只能据其一，总不免会让人心生出这样那样的遗憾来。原因在于只有钱而

临清州塔湾，清欧洲访华使绘

无文识容易使人粗鄙庸俗，令人感到浅薄轻浮；而只有文识却无钱财，难免会自恃清高而又时常会捉襟见肘，易让世人感觉寒酸自傲，难以亲近。倘若在两者之间能做到和谐融洽的话，他必是人尽仰慕企羡的对象。城市亦如人，仅仅人文荟萃或者繁华市井都不足以令人向往至极，只有当两者兼备时才会令人魂牵梦绕。

16 世纪时，有朝鲜人崔溥沿运河北上回国后，他给主君讲起途中发现的一个很有意思的现象。他说道："江南人以读书为业，虽里巷童稚及津夫、水夫皆识文字。臣至其地写以问之，则凡山川古迹、土地沿革，皆晓解详告之。江北则不学者多，故臣欲问之则皆曰'我不识字'。"（《漂海录》）这里反映出了中国南北城市之间的根本差别。十五六世纪江南是中国最富庶最奢靡的地方，也是中国文化教育最发达的地方，下至贩夫走卒皆能知书识字。其城市能成为人尽倾慕之地，原因即在于它能把物质与精神两种文明都搞好，在奢华富丽与文质彬彬之间做到鱼水兼得。北方城市在这一点上，往往要逊色于江南。

然而临清深受运河文化的浸染，绝不类于一般北方城市。清《山东通志》卷七曾有这样一段评临清风俗的话说："临清州，俗近奢华而有礼，士虽务名而有学。文教聿兴，科第接踵，衣冠文物甲于东方。"可以看出临清这种汲汲于"物"又笃志于"文"的精神，是不类于北方城市反似于江南的。运河的开通，使四方人文荟萃于临清。而在运河上漂流的诸多文化中，江南那种既重利又重文的城市精神曾对临清产生过深刻的影响。

受这种文化精神的熏陶，加之邹鲁之邦本身文风渊源淳厚，使得临清在发展过程中既重视看得见的物质建设，又重视看不见的精神文化建设，而后者在城市持续发展中具有重要意义。而这种看不见的东西主要体现为文化教育，对它作出贡献卓著的则是临清的两种特殊人群。一种人是主事该地的官宦，他们除办官学外，尚竭力于学院和私人教育。如始创于明嘉靖十一年（1533年）最负盛名的青源书院，清初曾因战乱一度衰落，但在历届职官的努力下，又重新成为临清人才培养的圣地。为了振兴学院，康熙年间知州许承苍曾延师掌教，并委两学教官同监院事；乾隆年间张维垣上任，见书院年久衰败，就利用原工部旧署重建；光绪年间上任的知州陶锡祺在努力扩大书院规模的同时，还出部分俸禄为书院添购书籍，给学生作助学金。他们又发动官绅捐献钱财来置办学田。无论官宦重教育的目的是为攒取政声，还是为实现个人抱负，还是实践儒家学说的理想，在客观上都有利于临清人文精神的培养和人才鼎盛。而另一种人是有长远眼光、不迷惑于熏熏利欲的乡绅、平民，他们知人文精神乃是社会的第一等大事，为倡乡邦文化不遗余力，乃至损折个人名利。如康熙三十年（1691年）时，州人周亦达于学宫后建尊经阁一座，先后自费购书二百余种无偿向临清的学者开放；清道光二十年（1840年）有僧了证以化缘来的钱创办姊妹义学；清末乡绅孙毓玑年捐银一千多两创办临清中学堂。其中被传为千古佳话的是武训兴义学。

武训是清道光、光绪年间临清堂邑（今属河北）人，父母早亡，早年极端穷困、遭受过种种欺辱和不幸。在苦难中他终于认识到只有读书识字才能改变穷苦人命运，于是他立志要办义学。武训为实现夙愿，终生东奔西走靠行乞、帮人打短工筹措资金，经常口中念叨"抗活受人欺，不如讨饭随自己；别看我讨饭，早晚修个义学院"这样的歌谣。他想出让人弹脑袋，学倒立，做蝎子爬，给人当马骑，甚至吃毒虫、吞石块、吃粪等使人施舍的种种办法。以至临清有了句"武训的脑袋莫轻弹（清谈）"的歇后语。经过十年的乞讨，武训有了点积累，先后恳求馆陶县武进士娄峻岭和文进士杨树芳代为放利生息。起初为求杨树芳，武训到他门外跪了三四天，杨氏

武训先生小像

查知他是真心实意要兴义学后，当时十分惊喜，满口答应下他的请求。此后武训继续行乞，积得的钱只要满一串就去交给他。

武训办义学从不夹私心。他一直鳏居，就是怕有了妻儿会妨碍他的义行。有人问他为什么，他编了两首歌回答说："不要老婆不要孩，以修义学为生涯""不取妻，不生子，修个义学才无私"。他五十岁的时候，杨树芳郑重劝他再考虑。他还是说："我活一天，就办一天义学，这个心愿是永远不会放弃的。我不娶亲，我积蓄的钱都可由我做主；若是娶了亲又生了子，妻子的衣食用度，都要花费我的钱，那就妨碍我的事情，违了我的心愿。"（民国冯玉祥《武训先生传》）

到光绪十二年（1886年），他的积蓄已有银七千多两时，杨树芳向堂邑县知事郭春煦正式提出办学申请。知事听说这个千古奇事后，极为感动，同意并愿赞助办学。经过多方支持，武训终于实现了夙愿，在堂邑柳林镇办起了他的第一所义学"崇实义学"。学堂建好后，他仍继续

民国时期的临清
武训义学校门

行乞维持学堂和创办下一个
义学，先后还办了馆陶杨二庄
育英义学、临清御史巷义学。
学堂的教书先生和学生都是
武训挨门跪请来的，数年间学
堂的学生增加到了百多人，邻
近各县的生童往往跑数十百
里到他这里来读书，每年岁
考，考入县庠学的学生不下
一二十人。山东巡抚张曜听到
武训的义行后，特地派人传见
了他。张巡抚还向朝廷奏请给
他建造了一座"乐善好施"的
牌坊。光绪十五年（1889年），
清政府特颁匾额一方以表彰
武训，上书"博爱为仁"四个
金色大字。

临清渐渐形成了学校林立、人才鼎盛的局面。民国时
修纂的《临清县志》叙明清以来其教育盛况道："数百年
来得才为盛。是时，上作下应，庠序如林，有家塾、有公塾。
又城市外陆续添设义学多处，童而习者，经书制艺而外，
并及诗赋楷法。"（《临清县志》卷10"教育志一·学制"）
其才之盛，可谓："一自髫年为禄仕，挂帆常向鲁门行。"
（明王问《泊武城县》）据民国《临清县志》统计，临清
文科进士唐宋时只有3人，元无记载，而明代骤升至63
人，清代有所下降为32人；文科举人，元前无记载，明
有162人，清有79人；贡生明有253人，列贡生240人；
清有194人，恩拔副优贡生70人。若再结合明清时代人
才尽出江南而北方寥落这一个情形，就不难明白临清科举

数据增长的巨大意义了。这些才士就像天空的明星一样，以他们的德、才、识、学耀亮了临清精神世界，超拔了临清的人文境界。除了这些进士、举人外，临清最耀眼的星星、最值得称道者，应数名响大河南北的布衣诗豪谢榛。

谢榛，字茂秦，号四溟山人，又号脱屣山人，活跃于明嘉靖至隆庆间，是明中后期诗坛著名的"后七子"之一。相传谢榛一目失明，但自幼聪颖超人，16岁时所作乐府商调为少年争相传诵。年龄稍长，他

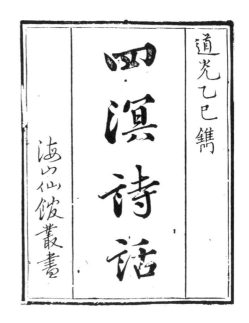

谢榛《四溟诗话》书影，清潘仕成辑《海山仙馆丛书》刻本

心不旁骛，折节读书，潜心于诗歌创作和诗歌理论研究，不久即以声律闻名于世，其所著《四溟诗话》（又名《诗家直说》）在中国诗歌理论史上具有一定的影响力。

谢榛壮年开始游历四方，在长安遇李攀龙、王世贞等人结为诗社，是为明"后七子"。结社之初七人均为布衣，谢榛以年龄最大及最有诗名而掌盟主之位，李攀龙次之。谢榛主张诗歌创作应汲取盛唐诸家的创作经验，提出一些自己的诗歌理论说："选李杜十四家之最佳者，熟读之以夺神气，歌咏之以求声调，玩味之以裒精华。得此三要，则造于浑沦，不必塑谪仙而画少陵也。"但为防止陷于泥古，他又提出要"文随时变""有意于古而终非古""纵横于古人众迹之中。及乎成家，如蜂采百花为蜜，其味自别，使人莫之辨之"。（明谢榛《四溟诗话》序、卷3）他的主张成为"后七子"诗论的理论基础。

清钱谦益著《列
朝诗集》书影

在明代专以模仿为风气的氛
围中，他的理论产生了巨大的冲
击力，但也引起盲目拟古的李攀
龙、王世贞等人的一些不满，七
子之间逐渐产生了分歧和矛盾。
之后，随着李攀龙与谢榛在政治
和社会地位上的差异越来越大，
以及诗歌理论上的不合，这种不
满情绪演变成激烈论战。李、王
猛烈攻击谢榛的诗作及诗论，最
终李攀龙与谢榛绝交，并将其从
"后七子"中排挤出去。尽管如此，
谢榛的声望依旧，其诗作及诗歌
理论依然为当时文坛所推崇。李、
王二人也最终没能彻底超越它。
清人钱谦益在评价"后七子"时，
就指出其在理论上对谢榛的依赖："当七子结社之始，尚
论有唐诸家，茫无适从"，及至谢榛论出，"诸人心师其
言，厥后虽争摈茂秦，其称诗之指要，实自茂秦发之"（清
钱谦益《列朝诗集》）。

　　谢榛虽终生布衣，但重情仗义，曾以壮举博得天下士
林景仰。嘉靖时，河南浚县有太学生卢楠饮酒赋诗傲视公
卿，激怒县令，被下冤狱。当时正携诗卷西游长安的谢榛
闻讯后，立即愤然写下"枯草又春风，尔怀莫能诉；绿鬓
生死间，谁怜鹦鹉赋"的绝句，寄到狱中安慰卢楠；又毅
然千里跋涉不辞艰辛入京师寻求营救途径。他奔走呼告，
拜求贤哲，泣诉卢楠之冤，以救无辜；费尽周折，终于将
卢楠营救出狱。明代著名小说家冯梦龙获知谢榛的义举及
详细经历后，将这一事实写成一篇脍炙人口的《卢太学诗

酒傲公侯》话本小说故事，播扬天下，以激励天下文士。天下士林也因此对之景仰称颂，京师名流争与之结交，连当时的秦、晋诸藩王亦争相邀请，以至于大河南北称之以谢先生。

烟云散去，尘埃落定。当清初诗客吴江人计甫草途径凭吊时，殁葬邺城的谢榛才华已难敌荒冢野草，其墓早已圮坏。计氏见状痛惜万分，因感慨而作《邺城吊谢茂秦山人》诗一首云："邺中怀古正秋风，辞赋深惭谢氏工。生欲移家辞白雪，殁后疑冢对秋枫。诸王礼数何常绝，七子交期竟不终。自是贵游无远识，布衣未必叹飘蓬。"计氏不忍才人埋没无迹，后人无以凭吊，遂倾囊为之修葺一新，又请呈县衙为其墓立碑。计氏之举，复惹后人感叹道："眇目山人足性灵，诗盟寒后苦飘零。后来谁吊荒坟者，只有吴江计改亭。"（清沈德潜《戏为绝句》）

民国临清广积门外发现的谢茂秦故里碑（自民国张自清等修《临清县志》）

四　上下滔滔会通河，南北悠悠临清巷

临清绝大多数的街巷名称来历都具有非常鲜明独特的运河风貌。"人"字形的运河像脊梁一样穿临清而过。沿着这脊梁，运河二支流与卫河将临清土城分割成几块，如棋盘一样区块分明又纵横交错。两岸生长出临清无数的街市，或两面靠河，或四面临运，形成傍河而设的商业区。因着运河，一些货物和商贩聚集在一处，形成专门经营某类商品的街巷或市场。其名称多具典型的行业

特征，如地方志中记载的街有茶叶店街、草店街、冰窖街、酱棚街等；市有锅市、马市、鸡市、青碗市、姜市、饭市、柴市、猪市、米市、菜市、羊市、牛市；巷有果子巷、大小白布巷、白纸巷、钉子巷、银锭巷、竹竿巷、琵琶巷、箍桶巷、粜米巷、纸马巷、麦巷、估衣巷、手帕巷、弓巷、窑冶巷、鞍子巷、碾子巷、豆腐巷、马尾巷、油篓巷、皮巷、香巷等。

这些街、巷、胡同在形成布局上紧随运河走向，一头紧靠运河码头，一头向运河两边伸展，迥异于政治中心城市以中轴线对称分布的街巷格局。更有些街巷名直接以运河命名，著名的会通街其名就得自会通河。

有首古老的歌谣曾唱道："会通河畔会通街，会通街靠会通河，会通故事寓意深，会通会通细琢磨。"相传在隋朝时，临清有条章子巷，巷里住了位章老汉，以做小本生意为生。有一天，隋炀帝下令要挖一条贯通南北的运河，

会通街上身影沧桑的历史老屋（赵庆欣摄）

向临清征集人夫，章老汉也被征去挖河了。章老汉非但不悲伤，反而非常高兴，干活也十分卖力，因为他做梦都想着有一天运河会通到他的家门口。可是流血流汗地挖了四年，成千上万的累死了，运河通到了洛阳，通了江南，通了燕蓟，就是没有开到临清来。章老汉的梦想破灭了，他回到临清后一头栽倒在病床上，终日痴呆似地唠叨着会通、会通……直到咽下最后一口气为止。人们起初以为老汉得了失心疯，后渐渐明白老汉的心意：运河开通了，水陆交通也就便利了，临清的买卖就好做，生活也就容易过了，家家就可以富裕起来了。老汉死后，街坊邻里给他立了个碑，只刻了"会通"两字。几百年后，元代开凿会通河，监督挖凿运河的官吏听闻章老汉的故事，又看运河边刻有"会通"的墓碑，深受感动，就奏请朝廷将这段运河命名为会通河。人们为纪念章老汉，把章子巷改名为会通街，后来这条街真的热闹起来，据说曾经有"会通街千车如流水，会通河万船如穿梭"的繁华景象。

　　不过临清最多最有特色的还是那些以行业命名的街巷。这些街巷因临运河，里面集中生存着许多与运河上贸易和生活需要的行业，同类店铺相对集中到一起，沿街店铺挨挤，作坊相连作坊，形成一个同类货物的集中贸易区。如临清运河边是华北最大的粮食贸易中心，有从江南和济宁等地运来的大量粮食，因此有数十家的粮店在米市街上，另有一部分在枲米街上。临清又是重要的棉布和丝绸贸易中心，这里有多达数十家的各种布店、绸缎店在大白布巷、小白布巷等。茶叶街的名称，源自这条街是临清的茶叶集散中心，街上聚集了规模较大的茶叶店28家，从运河上来的南方茶船大都在这里停泊发卖，山西陕西的茶商再从此批发茶叶，运往北方各地。另外一些是因生活用品销售地得名，如锅市街、碗市街，最初卖锅碗而得名，后因日渐成繁华商业区的中部，其他各种商品都在这里设店出售；小市街因有店铺上百家，主要经营古玩、金属器皿、粮食、木材和估衣等，像个小市场而得名；油篓巷、钉子巷、银锭巷、竹竿巷、箍桶巷、手帕巷、弓巷、皮巷等，因是各种手工者聚集地而得名……

　　临清街巷受运河的曲折走向和空间的限制，具有典型的南方巷子那种曲径幽深而狭窄的特征，七弯八拐，分不清方向，生疏者走进去半天钻不出来，有的巷子窄得只能容一人行走。临清有句俗语叫"耳朵眼里跑马，墙缝里走

运河旁仅容一人
通过的临清小巷
（赵庆欣摄）

人"，乍听之下令人诧异不已，其实"耳朵眼"是临清城里从纸马巷通往锅市街的一条小胡同的俗称，巷子虽极窄，但人骑马还是可以从里面通过，若想挑个担子、推个车就甭想过了；"墙缝"则是条更小的胡同，其"墙缝"之名，就是因为里面窄到像墙缝一般，两人对过需要侧身才行。其他很多这样的巷子、胡同也被形象地呼作夹道、豆芽等名。

这些巷子是临清运河上南北文化交汇的具体地点，这也是它最有韵味的历史特征。在一篇散文中，有一位作家曾这样描述了他在临清街巷里的感受，他写道："临清的巷子多，巷子奇是出了名的。从这些

临清街巷里的依
然保存着临清幽
雅文化底蕴的老
门楼（赵庆欣、
张颖摄）

丰富多彩，稀奇古怪的街巷名称中，我们感受到运河文化博大的包容性和统一性、广阔的扩散性和开放性，强大的凝聚力和向心力。临清的街巷文化，是运河文化的组成部分，是吴越文化和荆楚文化沿运河漂来的文化。……临清素有三十二趟街，七十二条巷子之说。这么多街巷却有一个共同的特点，就是曲径幽深，狭窄幽长。有的巷子窄得仅能容一个人行走，因此，它们又获得了耳朵眼、夹道的雅号。这些窄而小的巷子，更有点像南方小家碧玉的女子，显得委婉而纤巧。……临清的古街古巷就是一部临清城

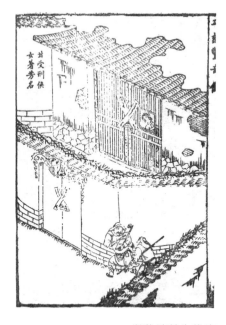

以临清帕为线索的《二刻拍案惊奇》第十二回插图

市的发育史，那灰墙灰瓦的四合院落，那圆滑闪光的青石古道，写满沧桑，透着古朴。从街巷中走来，穿梭于林立的高楼大厦之间，无法抹去太多带有尘埃的旧情往事，思念中，街巷虽然苍老古旧，却蕴含着几多快乐和无限温情。"（郭爱民《临清的小巷》）

从这里北方的文化漂到江南，对江南人的审美与消费心理产生过一定影响。如临清的手帕巷，专门以生产临清手帕出名。明代《金瓶梅词话》第五十一回讲江南商人陈敬济曾专门到手帕巷贩买手帕，来到这只见"门外手帕巷，有名王家，专一发卖各色改样销金点翠手帕汗巾儿，随你要多少也有。"而乾隆《临清直隶州志》则把临清手帕的质地和形状、纹样都记述下来了，书中说手帕是一种非常精致的丝织品，手帕上织各种花纹，

因其呈斗方形，行话即所谓"浇花斗子"。关于临清手帕的精彩描写，明代还有小说这样写道："（蒋震卿）看见天明了，那两个方才脚步走得急促，赶将上来，走到面前把眼一看，吃了一惊，谁知不是昨日的同行客人，倒是两个女子，一个头扎临清帕，身着青绸衫，且是生得美丽。一个挽发髻，身穿青布衫，是个丫环打扮。"（明凌濛初《拍案惊奇》卷12"陶家翁大雨留宾，蒋震卿片言得妇"）此故事发生在远离临清的浙江诸暨，一个普通男子一眼便能辨认出临清帕，必定是临清帕已成江南一般妇女的日常用品。也暗示了当时临清帕对江南普通妇女的审美嗜好的重要影响，它迎合了江南女子细腻精致而典雅的审美心理，因此受到江南女子的普遍喜爱。

而南方的生活方式和文化观念也在这些巷子里落地生根，对临清人的生活产生了影响。临清本不产竹，所需竹子等都由运河从南方运来。各种竹子编制的生活器物，如竹篮、筛子、箩筐、晾衣竿等，都成为临清人生活的必备用品，逐渐巷子里形成了专以生产竹竿和竹制品的手工业集散地，因此像竹竿巷这样在南方才有的街名也出现在临清了，并且几百年一直不衰。以制作马桶闻名的箍桶巷的产生过程也非常有意思，足以证明江南文化观念和生活方式对临清人的改变。马桶原来是只有南方人才用的东西，也是从运河上

静默的箍桶巷街牌指引人们走向繁华的过去（赵庆欣摄）

竹竿巷里依然在使用传统方式加工竹木（赵庆欣、李尚方摄）

来的江南船家的必备日常生活用具。随着船家的往来，南方、北方客商相互通婚，马桶也随着进入临清日常生活之中，并随着需求的旺盛产生了专门的手工行业。至明宣德年间，临清的这些箍桶木器作坊已有几十家，并集中在一条街上规模经营，因此这条街就被俗称为箍桶巷了。而箍桶巷兴起的深层原因，则是临清人在使用过程中发现了当时江南人使用马桶的一些优良文化根源。即随马桶而来的江南婚俗嫁女必要陪赠马桶，其功用在使刚生育的妇女免受风寒一类月子病。承此文化习俗，临清乃有"子孙马子、长命灯"的结婚俗语。子孙马子即"马桶"，使用它可宜子孙，保产妇平安。由此可见在马桶文化的熏陶下，当时

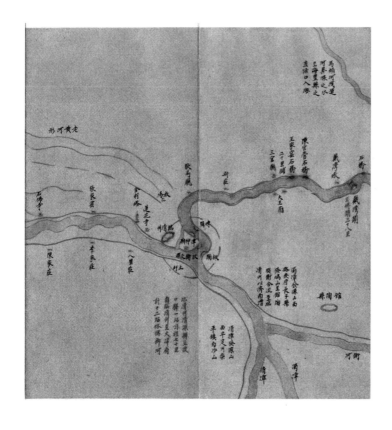

清代京杭运河全
图——临清段

临清人的生活质量得到提高。今天这一习俗在临清还流行，并演变成嫁女时在马桶里放痰盂，盆内放两枚红鸡蛋。于此可想在如厕方式发生极大转变的今天，临清人对此物依然情有独钟也就是情有可"源"的了。如今临清箍桶巷依然存在，加工的木制品也依然畅销。

回想几百年来的光景，这是何等有意蕴的一种文化景观啊！

聊城：三千里曹挽咽喉，四百年江北都会

历史究竟给了聊城什么样的机缘，使它在明清时期保持了四百余年的繁荣？历史又给它开了什么样的玩笑，使它在最近一百余年来默默无闻？历史又是怎样再一次垂青于它，使它在近几年来以"江北水城"和"中国北方的威尼斯"的美称又渐渐为人们所熟知？——这 切都与京杭大运河有关。

一 独登光岳楼，临眺起沧桑

在明清时代山东运河沿岸的城市中，仅次于临清和济宁的有两个， 个是德州，另一个便是东昌，即聊城。虽然它的发达程度及重要性比不上临清和济宁，但它却是明清时期山东运河直接经过的四座城市中，唯一的一座府级政治中心城市。

聊城历史悠久，春秋时称聊摄，为齐国西部重要城邑。战国时期，聊城为诸侯争战之地。秦改立县制时初置聊城县。北魏时聊城为平原郡治所，隋、唐、宋、金时为博州治所，元世祖至元十三年（1276年）改为东昌路治所，明清时为东昌府治所。东昌之名，原自汉宣帝时封清河刚王子为东昌侯始，虽然当时的东昌侯国并不在后来的东昌府境内，但东昌之名被沿用了下来。

今天的聊城，是经过历史上多次迁徙、修筑之后才稳固下来的。五代时

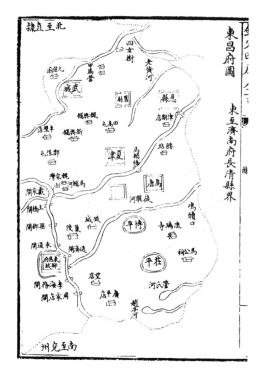

东昌府图全境图
（自清岳濬等修
《山东通志》）

后晋开运二年（945年），聊城曾因"河决城圮"而迁往在其东南十五里的巢陵。北宋淳化三年（992年），又因"河决巢陵，乃移治孝武渡西"。今日聊城的修筑，始于北宋熙宁三年（1070年），当时只修了一座土城。到明朝洪武五年（1372年），东昌卫守御金指挥使陈镛始改建为砖城。该城方圆约七里，高三丈五，基厚二丈，东西南北共设四座城门。城墙上建有25座楼橹（古代军中用以侦察、防御或攻城的高台）、2700多个垛口。环城设47个更橹，48个栖卒之所。可见聊城在明初是一个地方政治中心，更是一个军事重地。

聊城城内的建筑繁多，构成了一个恢宏庞大的建筑群，在山东各署府中可算首屈一指。除了一般治所的公共建筑如衙署、仓库、学校、庙宇之外，还有其他著名的建筑。其中有非常引人注目的万寿宫，是专门为了供皇帝巡幸驻跸而建造的。清代康熙、乾隆二帝巡幸全国，曾十余次经过聊城，故此处万寿宫的建筑规模也相当可观。这个建筑群由宫门和两座大殿、四座东西朝房组成，其余还有守宫人役住房等。另外值得一提的是几座城楼。一是位于城区东北的望岳楼，现已不存。二是位于城区西北的绿云楼，始建于宋代，名曰白公亭，元代改建为绿云楼，也称绿云

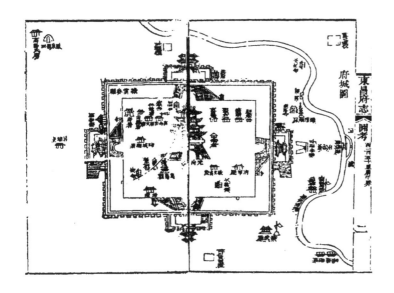

东昌府府城图（自
清《东昌府志》）

亭，后废弃，改为依绿园。第三个就是保存至今的、与黄
鹤楼及岳阳楼齐名的光岳楼。

光岳楼建于明朝洪武七年（1374 年），系陈镛修筑
聊城完工之后，利用剩余材料建成，因而初名"余木楼"。
明朝弘治九年（1496 年），考功员外郎李赞认为它"近
鲁有光于岱岳"而改名光岳楼。光岳楼由楼基和四层主楼
构成。主楼全部为木结构，四面飞檐斗拱，通高 33.5 米。
楼基为砖石砌成的方形高台，占地近 1200 平方米，高 9.38
米，四面各辟有一个非常宽阔的半圆拱门，东西南北交相
贯通，中心处为十字交叉拱，可供车马行人通行。光岳楼
正好位于十字路口的交汇点，处在聊城的正中心。明代倭
寇猖獗，建造此楼的主要目的是"严更漏而窥敌望远"。
明万历五年（1577 年）进士、文武双全的聊城人傅光宅
（1547 ~ 1604 年）《饮光岳楼》诗云："画栋雕甍依太清，
平时岱岳俯东瀛。天低远树浮烟迥，水绕孤城落日明。座
引长风消暑气，野舍时雨近秋城。传闻海外风波急，一剑

光岳楼（自《中华古文明大图集》编辑委员会编《中华古文明大图集·铸鼎》）

同怀报主情。"

可见，光岳楼总能让人做军事上的联想，可以想见，光岳楼楼洞中平民百姓穿行其中，而它的顶部却旌旗招展，时刻有卫兵持械守望着，这应该是让人浮想联翩的一副画面。后来，由于运河给聊城带来的商机，聊城逐渐变成了一个著名的商业城市，而光岳楼经过历代的多次修葺也渐渐改变了它的军事瞭望用途，成为一座用来观光的城楼。楼的四面，建起了四个曲折幽长的回廊，与高大雄伟的光岳楼相映成趣。登上光岳楼，回想明清时代的繁华旧梦，那些大大小小的商铺、人来人往的客栈和莺歌燕舞的青楼，迎风飘扬的各色旗幌迎来和送去来自四面八方的客商，如浮云过眼，既真实又虚幻；或者远眺黄河与运河交汇处，想象它的壮阔的波涛以及地处其界曾辉煌一时被誉为"小济宁"的名镇张秋，不禁使人襟怀开展，须眉欲动；或者遥望东阿，想起独占天下八斗之才的陈思王曹植之墓，令人不禁心生"从来多古意，临眺独踌躇"（杜甫）的感慨。

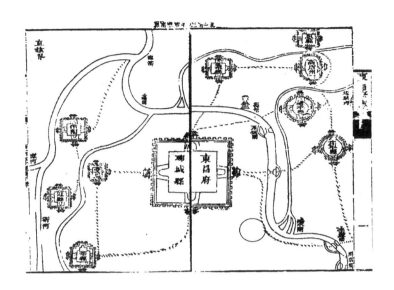

清代东昌府城水
路图（自清《东
昌府志》)

同所有的城一样，聊城在挖土建造城墙过程中也开辟
出一道护城河。护城河深二丈，宽四丈，护城堤绵延二十
里。护城河上，与四个城门相对建有四座吊桥，以供人们
进出城门。由于历史上黄河经常夺泗入海，护城河常常被
淹没。为防止附近河水侵入城内，聊城人民在护城河的基
础上拓展挖掘了东昌湖。东昌湖面积 4.2 平方公里，常年
水深 3~5 米，是我国北方第一大人工湖，素有"北方西湖"
之称。东昌湖引黄河水为源，湖水清澈，像一匹巨大的素
练环绕着聊城古城区，古城区内又有片片湖水似明镜镶嵌
其间，湖光波影与铁塔、光岳楼、山陕会馆等名胜古迹相
映生辉，为聊城增添了迷人的色彩。

二 运河赐良机，"江北一都会"

聊城的兴盛源自京杭大运河带来的商业机遇。
隋朝大运河永济渠段在馆陶县附近进入今山东境内，

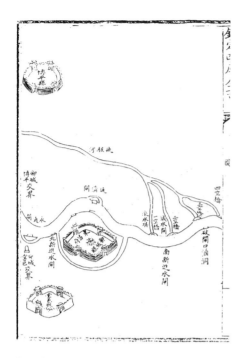

东昌府运河图（自清岳濬等修《山东通志》）

然后沿今山东、河北省界东北流，经过今临西、清河到德州，又流进河北境内，尚与聊城无缘。大运河经过聊城始于元代。从南宋开始，江南的经济实力已大大超过了北方。政治中心位于北方的元朝，其"百司庶府之繁，卫士编民之众，无不仰给于江南"。为了更方便地将江南的财富向北运往元朝的首都大都，元朝政府于元世祖至元十九年（1282年）十二月和至元二十六年（1289年）正月分别下令开挖了济州河和会通河，沟通了济宁以北直至临清的河道，使运河自淮北直接流进山东，穿过华北平原以达京城，不必再绕道河南，比以前更方便了江南物资向京城的输入。其中会通河便流经聊城。但初期的会通河岸狭水浅，漕运功能不强。况且元末明初长期战乱，一度断了航路。明成祖永乐九年（1411年）二月，明朝政府征发民夫二三十万，重新开挖会通河，同年八月竣工。开通后的会通河由济宁经张秋、聊城至临清全长385里，"深一丈三尺，广三丈二尺"，比元代大为拓展。为了保证运河的畅通，明清两代政府频繁地对大运河进行修治与管理，有的时期运河山东段几乎是年年治河，岁岁修坝修闸。

运河贯通之前，山东西部地区交通不便，偏僻闭塞。及至运河贯通，以运河码头为起点或终点的众多区域性道路，使山东西部变成了一个开放的地区，促进了该地区漕运的兴盛，活跃了南北物资交流，使该地区的经济出现了一片繁荣的景象。作为京杭大运河山东段的重要码头之一，聊城处于鲁西北的流通中心地位，与山陕、辽东联系密切，其社会经济在明代曾一度走在了全国的前列。它也由明初的地方政治中心城市开始转变为一个商业城市，成为"商贩所聚"之地。

　　然而在明代中后期，聊城的经济发展速度慢了下来。这主要是因为聊城在京杭大运河山东段的地理位置与临清和济宁相比较而言处于劣势。临清地处鲁西北，据汶卫交汇处，扼运河交通之要冲；而济宁居鲁西南，南控徐沛，北临汶泗，亦为运河交通孔道。明代江南货物大量输往北方，以这两座城市为集散之地，所以它们的发展速度尤为迅速。而聊城位于山东运河中部，则无此优势，所以它的发展速度远不如临清和济宁。但尽管如此，聊城的商业仍有明显发展，据万历《东昌府志》卷2《物产》载："聊城为府治，居杂武校，服食器用竞崇鲜华……由东关溯河而上，李海务、周家店居人陈橼其中，逐时营殖。"

　　到了清朝前期，华北地区经济发展速度加快，山东运河区域商品经济也发展到较高的程度，聊城城市的经济功能明显加强，其发达程度一度直逼临清、济宁等商业城市。清中期以后，由于几次黄河决口以及战争的破坏，临清受到很大的冲击，地位渐趋衰落，而聊城由于受到冲击较小，其商业规模甚至一度日渐扩大。特别是到清乾隆、道光年间，聊城商业达到极盛，成为运河沿岸九大商铺之一。据估计，道光年间聊城的商业店铺达1300家之多。全国各地客商络绎不绝地涌向这里，以致城东关外的运河中帆樯如林，舳舻相连；岸边车水马龙，货积如山。南国的丝绸、竹器、茶叶、食糖，北方的松木、皮货、煤炭、杂品等物品经运河源源而至，再由聊城转运周邻各县；而聊城当地所产的麦豆、乌枣、棉花、布匹、皮毛等物品则经运河运往附近各省，并转运四面八方。

　　输向各地的聊城特产中，尤其以乌枣和皮毛著名。鲁西一带盛产梨枣，如东昌府恩县马颊河两岸的枣梨桃李果林带"凡五六十里"，堂邑、博平两县素有"堂梨博枣"之说，清初的阳谷县境内更是"梨枣相望"。聊城加工熏制的乌枣，"每包百斤，堆河岸如岭"，除少部分供应本地外，大部分都随回空漕船销往江南。据研究，清代乾隆年间，每年运往江南的山东大枣及

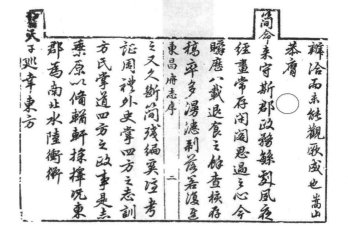

《东昌府志》书影

其他干鲜果品达五六千万斤之多。聊城乌枣也因而美名远扬。聊城的皮毛加工业规模和名气虽然不如济宁和临清，但其产量也颇丰，名声也颇响。万历《东昌府志》卷2《物产》云："羊裘、毡罽出自府城（按即聊城）、临清者佳。"这除了是因为大运河带来的便利交通外，另有一个重要原因在于自元朝以来，回族人的大量迁入带来了畜牧业和先进的皮毛加工技术。

聊城发达的商品经济给自身带来了名声，被称为"曹挽之咽喉、天都之肘腋"，并有"江北一都会"的美誉。从某种意义上讲，聊城在清中期代替临清成为山东运河北段最重要的商业中心城市。这真可以称为聊城历史上的一个黄金时代。

三　意气洋洋过秦关，闻曲始觉离家远

由于商品经济带来的丰厚利润，聊城人民纷纷加入了经商的行列。聊城土地平旷，在会通河开通之前，也像山东西部平原的其他地区一样，是典型的农业耕作区，几千年来一直保持着男耕女织的传统生产和生活方式。加上它"近邹鲁之乡，沾孔孟之化"，聊城人民一向重农习儒，民风朴厚，不善营殖。但自会通河贯通之后，在商品经济发展潮流的裹挟中，聊城人民也自然渐渐地走上了经商之途。民国《聊城县志》中记载了明代聊城孝子傅完贞弃儒经商、积财千缗的故事。《聊斋志异·鸦头》中也有东昌书生王某为了生存，在门前"设小肆""与仆人躬同操作，卖酒贩浆其中"的描写。在清代，整个东昌府的经商风气很盛，其属县观城"为农居六七，贾居二三"，莘县经商者达3200人，占从业人数的8.99%，远远超过当时山东、陕西、河北5.92%的平均水平。乾隆间东昌府的商人还走出鲁西，形成商业团体"东昌帮"。苏州就有东昌商帮与河南及苏州当地枣商在阊门外鸭蛋桥共同建立了枣业会馆，盛极一时。东昌本地盛产的红枣、乌枣等，随回空漕船运往苏州。至宣统年间，东昌枣帮在苏州仍有恒毓等14家。由整个东昌府的从商情况及其属县的从商比例，我们可以想见作为东昌府治所所在地并且就在运河近旁的聊城，其居民从商比例应该会更高。据说，在聊城城厢内，就连白发老妪也会抱布登门求售，以赚蝇头小利。

然而在聊城经商的更多的是外省人。来自山西、陕西、安徽、江苏、江西、浙江、福建各省的商人都来此大展身手，其中尤以山陕商人最为著名。明清时期，山陕商人已执北方商业之牛耳，在山东各地都有广泛的足迹。活跃于山东运河区域的山陕商人，尤以聊城、临清两地最多。聊城山陕会馆嘉庆十四年（1809年）碑文云："（聊城）地临运漕，四方商贾云集者不可胜数，而吾山陕为居多。"道光二十五年（1845年）碑亦云："东郡（指

聊城）商贾云集，西商十居七八。"而其中山西商人尤多。山陕商人之所以能占据优势地位，是因为东昌府一带距山西较近，且与河南河北接壤，山陕商人在河南河北经商者较多，容易向鲁西地区扩展。另外，它还与明初以来政府组织的移民活动有密切关系。据统计，洪武年间，鲁西的东昌府和鲁西南的兖州府共接受来自山西的移民近60万人，其中东昌府的山西移民人口占当地人口总数的90%。原迁移地的商人来到移民区经商，在商贸往来中有信任感，在观念上有认同感，在生活上也有安全感。这自然有利于吸引山陕商人的到来。

山陕商人在聊城经营的商品非常广泛，包括棉布、丝绸、衣饰、皮货、铁器、煤炭、书籍、木材、茶叶、海味、副食杂货等许多种类；另外山陕商人还经营典当、钱庄和票号等业务，还有一些手工业作坊，比如书坊和染坊等，几乎涉及了社会生活的各个方面。对于某些在全国居于优势的项目，山陕商人还实行了垄断性的经营。到咸丰八年（1858年），在聊城经营的山陕商人的店铺已多达953家。嘉庆、道光年间，有许多商号的年经营额都有数万两，其中福兴和在嘉庆二十一年（1818年）的年经营额竟高达49.24万两。

聊城山陕会馆（鲍昆等摄）

在经商过程中，为了增强竞争实力，占领聊城市场，清初山西商人曾在聊城建立太汾公所，以接纳和团结本省商人。后来山西商人和陕西商人又共同建立了山陕会馆。据说，在聊城东关运河沿岸，共有各省商人建立的山陕、苏州、武林、江西、赣江、福建等八大会馆。其中浙江商人在山陕会馆邻近兴建的武林会馆，一直到1947年才拆除。而其中规模最大且至今保存完好的就是山陕会馆。山陕会馆始建于乾隆八年（1743年），到嘉庆十五年（1810年）才全部竣工，共耗银50 333两有余。它坐落在聊城城南、运河西岸，坐西朝东，共占地3 311平方米，拥有各类建筑物160余间，碑刻19座。整个建筑群雕梁画栋，飞檐挑角，金碧辉煌，气势雄伟，既灵巧雅致又巍峨大方，充分体现了山陕商人在聊城的实力和气派。

山陕会馆是一处会馆与神庙（关帝庙）相结合的古建筑群。它的第一进院落的主体建筑为戏楼，建于砖台之上，西向，二层，与主殿相对。戏楼后台的墙壁上满是自道光

山陕会馆戏楼（自高建军编《山东运河民俗》）

至民国来此演出的艺人留下的墨迹，几无空白之处，令人心生"进得戏楼墨水多"的感慨。戏楼墨迹中所见自山西、陕西、安徽、河北及山东本省来此演出的戏班名可辨认者有28个，尤以山陕两省为多。各戏班演出剧目可准确辨认者近150个，多为山陕梆子戏，此外还有秦腔、乱弹、皮簧以及河北梆子、山东梆子等。戏楼墨迹中有一首诗写道："二府五县子弟班，会馆唱了正（整）六天。戏价京钱十八吊，还有二千点心钱。"从中可以想见当时山陕会馆戏曲演出的盛况。戏曲的繁荣来自商业资本的支持。这些演出活动多数是商家为了满足自己的精神需求、敦睦乡谊或者酬答地方乡绅民众而约请赞助的。它在客观上加强了各地区之间戏曲文化的交流，丰富了当地人民的精神生活，促进了鲁西地区戏曲文化的发展。

四　运河水长，翰墨飘香

　　运河商业的繁荣促进了聊城文化事业的发展。它突出表现在书院的创建上。

　　聊城在明朝中期创建的东林书院及有清一代创建的阳平书院、龙湾书院、启文书院、光岳书院、摄西书院、平阴书院等大都创建于山东运河畅通无阻的时期。那是山东运河沿岸经济发展昌盛、南北物资文化交流繁荣的黄金时期，为书院的发展和兴盛提供了极为有利的条件。聊城各大书院的创建促进了科举的兴盛。据统计，从1401年到1900年，整个聊城县共出举人241名。而聊城共出状元两名。一个是清顺治三年（1646年）的傅以渐，另一个是清康熙六十年（1721年）的邓忠岳。

　　傅以渐（1609～1665年），字于磐，号星岩，是清朝开国后的第一个状元。他学识渊博，精于考究，治学严谨，诲人不倦，被京城学士尊称为"星岩先生"。明朝末年，"文章风气皆尚浮诞"，傅以渐"以开科鼎元，恪守理法，使文气为之一变，道德文章实为一时之冠"。傅以渐考中状元时顺治才八岁，作为顺治皇帝天子门生的他（顺治钦赐的"状元桂冠"）实际上是顺治的授业老师。"顺治皇帝稽古右文，留意经史，兼及书画，傅以渐日承顾问，应对如响"。傅以渐因此深受顺治器重，君臣关系颇为融洽。傅以渐由于身体肥胖，不习惯乘马，常常骑着一头黑驴往来于宫廷之间。有一次顺治偶然看到他骑驴的样子，大笑不止，遂送给他一幅御笔亲绘的《状元骑驴图》，并改苏轼诗题写于上云：

　　云龙山下拭春衣，放鹤亭前送夕晖。

　　一色杏花红十里，状元归去驴如飞。

一时传为佳话。顺治的继承者康熙，幼年也曾跟随傅以渐读书。后来康熙南巡途经聊城，曾到光岳楼北街路东的傅以渐故居凭吊，并为之题写

康熙像

了"相府""状元及第"的金字匾额，以及楹联"传胪姓名无双士，开代文章第一家"、横批"圣朝元老"等，并留下了刻有"忠朴清慎""文行端良"的"圣旨碑"。傅氏家族在聊城享有盛名，一直保持着诗书传统，后来的傅斯年在民国的史学界和1949年以后的台湾教育界也有非常大的影响。

邓钟岳（1674～1748年），字东长，号悔庐。康熙六十年（1721年），邓钟岳应考殿试，因其楷书劲挺秀美，其殿试试卷被康熙御批为"字甲天下"，一举夺得进士一甲第一名。邓钟岳的仕途与教育密切相关，为培育人才竭尽全力。他曾任广东学政，推崇程朱理学，倡导学以致用，深受广东学子的爱戴和颂扬。作为当时著名的书法家，邓钟岳在聊城留下大量墨迹，最著名的是城内万寿观三清殿内的"阆苑瀛州"四字及东西两壁所书的"龙""虎"二

字。"龙""虎"二字均高丈余，笔走龙蛇，富有气势，令世人赞叹，人称"每见之，咸称仙景"。光岳楼所悬"太平楼阁"的匾额、聊古庙所悬"聊古庙"的门额以及"重修护城堤"碑文也出自他的手笔。邓钟岳孝顺父母，友爱兄弟。他的父亲生病时厌恶烟草的气味，他因而戒掉了他所嗜好的烟草，从此终生不用。在他父亲去世后，他抚育三个弟弟长大成人，后来他的三个弟弟都考中了进士，被传为美谈。邓钟岳深受聊城人民喜爱，被称为"聊城七贤"之一，并被供奉在聊城七贤堂，受人们瞻仰。

书院林立，科举兴盛，促进了刻书、印书业和公私藏书活动的发展。始创于明初的好友堂，清代前期的四大书庄书业德、善成堂、宝兴堂、有益堂等规模都很大。后来发展到二十几家书坊。《老残游记》第七回对聊城书业的繁盛有生动的记述："我们这东昌府，文风是最盛的……小号店在这里，后面还有栈房，还有作坊。许多书都是本店里自雕版，不用到外路去贩买的……"相反，像书业德这样的有作坊百间的大书坊在太原、济南等十多个城市设有负责销售的分号，书籍销往附近几省及京津、上海等南北各地。

印书业的发达也为私人藏书提供了有利条件。据统计，清代山东藏书家共 349 人，远远超过了江苏和浙江。在众多藏书家中，聊城杨氏海源阁所藏珍善本书多，来源广，历时久，影响也最大。海源阁由道光二年（1822 年）进士杨以增（1783～1856 年）于道光二十年（1840 年）创建。其藏书主要来自京杭运河两端的江南和京师。海源阁最兴盛时期共藏宋元版、精校名抄本书籍 460 余部，11 000 余卷；普通版本书籍三千余部，208 300 余卷。其中有许多珍本、孤本、善本。海源阁与常熟瞿氏铁琴铜剑楼、归安陆氏皕宋楼以及钱塘丁氏八千卷楼齐名，而其藏书之富赡珍秘，远在陆氏、丁氏之上。后陆氏、丁氏书转归他人，仅余海源阁和铁琴铜剑楼遥相辉映，故有"南瞿北杨"之称。清末民初几经战乱，海源阁的藏书被损毁了许多，其余的绝大部分都散佚了。山东图书馆几经努力收集了海源阁原藏书的大部分。现在聊城海源阁已书尽楼空，再无只字片纸，令人扼腕。海源阁虽然只存在了百余年，但它对山东运河区域文化的普及与发展起到了重大的促进作用。

聊城海源阁（自
高建军编《山东
运河民俗》）

五 至诚参天地，伟烈壮古今

　　商品经济的发展也为古老的民间
信仰赋予了新的意义。

　　山东号称孔孟之乡，崇尚忠义的鲁
西人早就有对关羽的崇拜，明初大量
山西移民的涌入以及山西商人的到来
更强化了这一信仰。对这位故乡先贤
的崇拜，不仅寄托了山西人的乡思，
也是他们加强团结的纽带。鲁西的山
西移民家中，绝大多数都供奉着关羽
的神像。而那些经商的山西人更以自
己的信仰理念，为关公崇拜添加了新
的商业内涵。在山西商人建立于山东
运河区域的数十座会馆里，每座都奉
祀着关羽。他们通过祭祀、迎神赛会、
献戏等活动来表达对关羽的信仰，以

关羽像

《关帝圣迹图》
书影

求保佑自己生意兴隆。据说在聊城，大大小小的关帝庙有上百座，而山陕会馆的俗称就是关帝庙，为其中最大的一座。其正殿就是关帝大殿，供奉着被尊称为关圣帝君的关羽的楠木雕像。大殿外的一副楹联透露了商人们的心声：

非必杀身成仁，问我辈谁全节义。
漫说通经致用，笑书生空读春秋。

对读死书的书生的嘲笑正说明了他们对商业利润的追求。当然，山西商人也非常推崇关羽的人格。殿内另有一幅楹联云：

伟烈壮古今，浩气丹心，汉代一时真君子。
至诚参天地，英文雄武，晋国千秋大丈夫。

聊城金龙四大王
塑像（自高建军
编《山东运河民
俗》）

有一则故事说，一位山西商人向另一位山西商人借了一大笔钱以扩大生意，但由于经营不善到了规定的日期而无法偿还，债主得知后主动取消了债务。这充分说明山西商人非常注重儒家的理念，而他们也以儒商闻名于世。

由于行商们来往于运河之上，为祈求漕运的安全与顺利，对水神金龙四大王的信仰在山东运河区域一带也非常流行。传说金龙四大王姓谢名绪，排行第四，是南宋末年谢太后的族人，因不满奸臣当道而隐居于金龙山。元人灭宋，谢绪愤而赴水自沉，死后遂成为河伯。元末，朱元璋与元人大战于吕梁，谢绪显灵，"挥戈驱河逆流"，助朱元璋大败元军，后被明朝封为金龙四大王。因为谢绪最初显灵的吕、梁二洪（即徐州一段黄河）从元朝起就是京杭运河借黄河行运的一段运道，所以他后来就逐渐成为内河漕运的行业保护神。商人们常常供奉金龙四大王以祈求水上行商的安全。政府在进行漕运和治理黄河或运河时也要拜祭金龙四大王。据说金龙四大王的法身是一条不到一尺长的黄色小蛇，每当黄河、运河工地上出现这样的小蛇时，就会被认为是金龙四大王降临，各级官员必率属众亲迎于庙幔内，三牲供礼，叩拜祷告，或招戏班演戏酬神，直到大王法身消失。明清的笔记野史中有许多关于因祭祀金龙四大王而治河顺利、因不敬而遭受责罚的故事。聊城有两座金龙四大王祠庙，其中一座是与山陕会馆的关帝庙合二为一的。山陕会馆大殿奉关公，南殿祀火神，北殿奉祀的就是水神金龙四大王。这是民间商人祭祀金龙四大王的地方。此外，在聊城东关运河西岸有一座著名的官驿——崇武驿，崇武驿以北运河东岸的一座大王庙则是官方祭祀金龙四大王之所。

不仅是民间信仰，山东运河区域的民间风俗也因商品经济的发展发生了重大的变迁。传统的重农轻商观念逐渐被重商逐利的观念所取代，而勤劳俭朴的风气也随之变得浮华奢靡，普通民众嗜酒成风，在饮食、服饰、出行等方面不觉僭越了古老的礼制。史载："（东昌府）里党之燕会，少长不均齿席而坐。隆庆（明穆宗年号，1567～1572年）后，风恣侈靡，庶民转相仿效，器服诡不中度。游闲公子舆马相矜，盛饰蜉蝣之习，意气扬扬，嫣鄙闾里。"而"濒河诸城尤甚"。由此可见，聊城的风俗也毫无例外地发生了这样的变化。这是由于运河贯通后南方奢靡的生活方式向北方传播，以及商业发达后财富增多而造成的自然结果。

鲁西一带自古是兵马驰骋之地，战乱频繁，这种严峻的生活环境使崇尚孔孟之道、温柔敦厚的鲁西人民逐渐变得刚武彪悍起来，形成了一种尚武的风气。特别是运河开凿以后，明清两朝为了管理、护卫这根朝廷的输血大动脉，在运河沿岸设置了大量粗犷嗜酒的卫所官兵，对这种尚武的风气更起到了推波助澜的作用。据统计，明清时期山东运河区域的12位状元中，武状元占到了一半。这在全国是罕见的。作为运河区域一大城市的聊城，其尚武风气也非常显著。史载，东昌府"其俗刚武尚气力"；据说去聊城赶考的阳谷武秀才们还集资在粮市街修建了一座关帝庙，作为研读经史、切磋武艺的场所。许多来往于运河之上的富商巨室都聘请鲁西一带的习武者做他们的镖师。清朝时聊城镖师的武艺之高强成为腾诵于众口的话题。清末笔记《聊摄丛谈》记载了一个关于乾隆年间聊城窦某及其三子一女为客商做保镖谋生的故事。窦氏一家都骁勇矫健，在直隶、山东、河北、河南等北方各省都有很高的威望，只有直隶境内一个名叫黄天狗的巨盗头子不服。一次，窦氏的女儿女扮男装为人做保镖押送巨额财产，经过黄天狗的势力范围。黄天狗假意宴请窦氏女，于酒席间用匕首戳肉送至窦氏女嘴边，想暗算她。窦氏女以口接肉，用力将刀头咬断，恰好有一只燕子飞向屋梁，窦氏女转眼间吐出刀头将燕子刺落。黄天狗大惊失色，转而跪求窦氏女收他为弟子。此事后来被传闻于绿林好汉之间，使得聊城窦家镖行的名声更响了。

六 水起处，繁华难掩；水落时，颓势难挽

乾隆三十五年（1774年）八月，鲁西爆发了震动朝野的王伦起义。起义军连续攻占了寿张、阳谷、堂邑，一路沿运河北上，最后攻占了咽喉重镇临清，短短二十天，给临清造成了巨大的破坏。咸丰年间，太平天国的军队、捻军以及其他一些农民起义军在鲁西一带活动，再加上嘉庆到咸丰年间的几次黄河大决口，临清以及其他一些山东运河北段城镇急剧衰落，昔日的繁华零落殆尽。

而聊城由于在黄河改道以后，没有像临清那样直接遭受战争的蹂躏，它的衰落要相对晚一些。甚至由于其他城市的衰落，一些商人和商业资本向聊城转移，使得聊城一度更加繁荣。在1860年代，人们还认为聊城是个非常重要的城市，其店铺可与天津和上海相媲美。但到后来，由于航路长期不通，山东北段运河逐渐废弃，大批山陕商人陆续撤离了东昌府，只

留下一座空荡荡的山陕会
馆还在明镜般的东昌湖水
中照着它的沧桑。本来聊
城的商业全靠山陕商人支
撑，他们的大批迁移，使
东昌城顿显萧条，商业迅
速衰落。清宣统二年（1910
年）《聊城县志》卷1描
述这一变故云："殷商大贾，
晋省人为最多，昔年河运
通时，水陆云集，利益悉
归外省，土著无与焉。迄
今地面萧疏，西商俱各歇
业，本地人谋生为倍艰矣。"

乾隆戎装像

　　清朝后期，政府又几次
治理运河，但因为国家处于
多事之秋，经费问题也不能很好解决，运河时修时辍。清
光绪三十二年到三十三年（1906～1907年），聊城至
临清段运河河身几如平地，已经到了无法修复的地步。民
国前期，军阀混战，对于大运河的恢复通航当然无人顾及，
聊城至临清段运河河道也渐渐干涸。1934年春，山东省
建设厅实施治理鲁运河北段工程，运河聊城段曾一度实现
通航。1937年日军全面侵华战争开始，自古作为军事重
镇的聊城再一次显示了它军事上的重要地位。但在国民党
的不抵抗政策的耽误下，聊城终于未能抵制住日军的猛烈
进攻，接受共产党抗日主张的国民党人范筑先将军以身殉
国于光岳楼旁。日军于次年占领了聊城。国民政府为阻止
日军南下，炸开花园口黄河大堤，黄河水南流，运河聊城
段再也无人管治，原定于1937年6月竣工的黄河以北至

运河衰落后依然巍立在运河岸边的铁塔（鲍昆等摄影、撰稿《京杭运河》）

临清运河工程也不了了之。1943年，侵华日军在鲁西实施细菌战，利用陆路和运河水，大肆施放霍乱菌，屠杀鲁西人民，致使鲁西北出现了大面积的灾荒，形成了涉及包括聊城在内的4个县10余个区1000多个村庄的40万人口死亡的"无人区"。

聊城人民对日本帝国主义的侵略进行了英勇的抗战，中华人民共和国成立以后，特别是改革开放以来，聊城人民在中国共产党的领导下，于各行各业都取得了骄人的成就。聊城人民始终把运河作为自身的骄傲，为了再现聊城昔日的繁荣景象，从1999年8月开始，聊城人民依托城内东昌湖、古运河和徒骇河的优势，投资近3亿元实施了古运河开发工程，决定建设园林式、生态式、卓越秀美的"江北水城"，陆续对城内水系进行开发治理。其发展战略要点为：编制详细的、高水平的水系工程规划设计方案，使谭庄水库——东昌湖——小运河——古城区有机相连，形成流动的水上游路，营造水城环境；进一步深化古运河旅游开发，深度挖掘古运河遗产的文化内涵，促进"运河文化"转化为实际的"旅游产品"；并充分利用水城特色，增加水中景观景点，把该区建设成为一处以水上观光、娱乐、购物、休闲、度假活

聊城鸟瞰（鲍昆
等摄影、撰稿《京
杭运河》）

动为主的目的地；另外，还与其他地区组建旅游协调委员
会，共同制定运河文化开发的规划，协调交通问题，统一
安排旅游线路，联手进行市场营销。这一工程是以运河文
化为底蕴进行的运河风情文化的开发，保护和恢复了古运
河风貌，并成功地浓缩了京杭大运河著名景观于城区段7.5
公里内。

聊城运河旅游产业的开发促进了聊城自然景观和人文
景观的改善。市区段古运河实现了完全贯通，运河与东昌

湖及其他有关水系连通起来，成为江北水城的重要组成部分。聊城人民以长远的文化战略眼光实施的这项工程于2003年3月通过了国家文旅部的验收，并为聊城带来了巨大的经济效益。运河文化的开发与恢复，使得上文提到的东昌湖，因运河而兴的山陕会馆、海源阁、光岳楼，以及聊城境内的其他一些名胜古迹如具有宋代建筑风格的舍利塔、建于宋元年间的铁塔等重新放射出绚丽的光彩。今天，走进聊城，我们可以欣赏到它"湖水相连，城湖相依，城在水中，水在城中，城中有湖，湖中有城，城河湖一体"的独特水城风貌。这一胜景使我们不禁想起那些热爱美的人们给它的美好称誉——"中国北方的威尼斯"。

明清时期的聊城，以"经济运河"而兴；如今的聊城，以"文化运河"而再次繁荣。

济宁：济宁人号小苏州，城面青山州枕流

济宁，这颗鲁西南的明珠，是在京杭大运河的河床里孕育出来的，同时又为这条运河增光添色。它与运河兴衰荣辱与共，山东运河的开凿为它注入了新的血液；漕运的兴起，托起了它历史上的辉煌，使它熠熠生辉；漕运的废弛，又使它黯然失色，逐渐退居边缘，厚重的历史尘埃，遮去了它的光芒，它逐渐淡出人们的视线。随着人们对运河历史的追问，对运河古迹的寻踪，新的机遇再一次临幸于它的头上。"中国运河之都"济宁又一次走上历史的舞台。

一 行在一时，功在千秋

在交通不发达的古代，运河对国家的兴衰存亡举足轻重。中国历代王朝开凿和修浚运河，缘于政治、经济需要。有人说隋炀帝修运河只是贪图一己之欢。烟花三月的扬州的确让人沉溺忘返，但是，物产丰富的江南不更是帝王安国兴邦的天然粮仓？唐朝诗人皮日休说，隋运河"在隋之民，不胜其害，在唐之民，不胜其利"。如果隋王朝不是那么短命的话，它一定能分享到运河之利吧！

隋运河尚未经过济宁。济宁与运河结缘始于元代。自从南宋时期起，江

济宁府图（自清
方岳等编《山东
通志》）

南的经济水平超过了北方。
元朝建立之后，为了更好地
把南方物资运往大都，元朝
政府决定开凿贯通南北的京
杭大运河。正如元丞相伯颜
不花建议："江南城郭郊野，
市井相属，川渠交通，凡物
皆以舟载。比之车乘任重而
力省。今南北混一，宜穿凿
河渠，令四海之水相通。远
方朝贡京师者皆由此致达，
诚国家永久之利。"（元
苏天爵撰《元朝名臣事略》
卷2）于是元世祖忽必烈授
命著名的科学家郭守敬到山
东、河北勘察汶、泗、卫等
水文地势。

　　历经四年共六次的辛勤勘查，郭守敬终于制定了一条
新的漕运路线：即将以洛阳为中心的隋唐运河裁弯取直，
改建为从大都至杭州、经由济宁的京杭大运河路线。郭守
敬也因其巨大贡献被誉为"京杭大运河之父"。

郭守敬像

　　京杭大运河的济宁段名为济州河，俗称运
粮河。济州河以济宁市为中心，向南至鲁镇与
泗水沟通。向北经南旺、袁家口至梁山县小安
山入济水，而后从利津入海。由此再向南、向
北而贯通了整条京杭大运河。

　　运河改变了济宁的一切，济宁的命运从此
与运河休戚相关。"济宁"之名，意求安宁，
即缘由运河而生。实际上，济宁由南而北地势

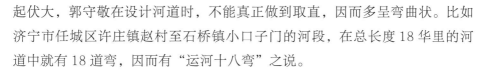

起伏大，郭守敬在设计河道时，不能真正做到取直，因而多呈弯曲状。比如济宁市任城区许庄镇赵村至石桥镇小口子门的河段，在总长度18华里的河道中就有18道弯，因而有"运河十八弯"之说。

运河带来的便利交通让济宁迅速崛起，使它从一个万物凋敝的城市，一跃成为"五方之会，骛于纷华，与邹鲁间稍殊"的繁华都市，被誉为"江北苏州""运河之都"。运河的贯通使济宁周边零散的水道得到了改善，使它成为鲁西南转运贸易的主要码头。"江南之材，从河入漕；山西之材，从沁东下，由济濮故渠入漕……服食器用，鬻自江南者十之六七"（民国陈梦雷等辑《古今图书集成》卷230《职方典·兖州府物产考十一》）。而鲁南及鲁西南地区盛产的煤炭、棉花、梨枣、毛皮、药材、粮食等土特产的输出，也都是先经济宁，再转运到江南地区。

"济宁当南北咽喉，子午要冲，我国家四百万漕艘皆经其地。士绅之舆舟如织，闽、广、吴、越之商持资贸易者，又鳞萃而猥集，即负贩之夫，牙侩之侣，亦莫不希余润以充口实。冠盖之往来，担荷之拥挤，无隙晷也"（明陈伯友康熙《济宁州志》"艺文志"）。可以想见，当年济宁这个转运码头是何等的繁忙。

庞大的漕运船队，有力地带动了济宁商业的发展。元初，元政府在济宁增"漕舟三千艘，役夫二千人"（清卢朝安续修《济宁直隶州志》卷1"大事记"，咸丰九年刊），每年经过这里的漕粮达30万石。但因水浅舟大，运送异常困难，于是又增"漕运司军万二千人"。至此，元代在济宁一地就设置了漕舟3 000多艘，役夫、运军共1.4万多人。据统计，当时全国共21路，只有7路商税额超过1万锭银子，济宁路位居其四，商税额为12 403余锭。

运河上往来帆樯如林，河岸货物堆积如山，铺面作坊鳞次栉比，商会牙行竞相争市，戏楼酒馆灯红酒绿。商户发展到上千户，年营业额高达白银亿两以上。济宁市场辐射周围地区近百县，成为明清时期全国著名的商业城市之一。明代朱德润《飞洪桥诗》这样描写了济宁的商业繁盛："日中市贸群物聚，红毡碧碗堆如山，商人嗜利暮不散，酒楼歌馆相喧阗。"直到今天，济宁还有很多反映商业性质的街名：棉花市街、枣店街、果子巷、牛市街、杀猪街，以及大、小炭沟街等。

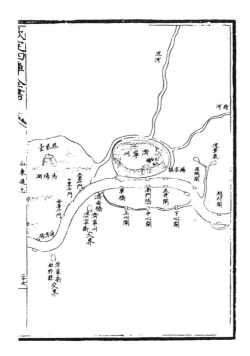

济宁运河图（自清方岳等编《山东通志》）

商品经济的繁荣也促进了济宁手工业的迅速发展，使它成为全国著名的手工业城市之一。济宁的手工业行业主要有皮毛、酿造、糕点、竹器等17个之多。在今天济宁市区，也同样有很多反映手工业性质的街名：烧酒胡同、船厂街、打铜巷、豆腐市街和徽子胡同等等。

随着经济的发展，济宁的人口也是一路飙升。晋代的任城县，只有1 700户；北魏的任城郡，只有8 050户、21 789人；元代的济宁路，有 10 545 户、89 818 人。到明代中叶，济宁发展成一个"车马临四达之衢，商贾集五都之市"的繁荣商业城市。城区定居之民已不下数万家，"其商贾之踵接而辐辏者，亦不下数万家"（清道光《济宁州志》卷4《建置》）。

这一切影响了济宁的文化以及人们的生活方式。乾隆《济宁直隶州志》中的一则故事客观反映了运河贯通之后济宁经济的繁荣和城市生活的多元性：

南阳陈氏迁居济宁，来到城外济州关南侧，看到"百物聚处，客商往来，南北通衢，不分昼夜"，觉得自己的志向不在谋求财富，于是入城，另谋居处，而当他看到城内东南部"多有子弟效梨园者"、西南部"多有子弟聚赌博者"、东北部"多有子弟乐酣饮者"，又担心子孙后代沉湎玩乐而荒废学业。最后他选择了人迹罕至而利于读书

济宁古运河码头，从图中还依稀可以想见其往昔繁忙之景象
（自山东省济宁市政协文史资料委员会编《济宁运河文化》）

的西北部定居下来。

　　清朝更有《竹枝词》描绘出一个容纳了江南水乡风味的济宁："济宁人号小苏州，城面青山州枕流。宣阜门前争眺望，云帆无数傍人舟。……城中圜圚杂器尘，城外人家接水滨。红日一竿晨起候，通衢多是卖鱼人。"（民国潘守廉修：《济宁直隶州续志》卷23"艺文志"，民国十六年1927年刊）

二　治运功臣今安在

　　济宁南控徐沛，北接汶泗，处在主航道的咽喉地段。同时，它又是运河治理和维护的"老大难"。元、明、清三代统治者都把济宁河段作为漕运重点，在济宁设立了从中央到省道府州县的各级衙门，因而济宁有"七十二衙门"之说。三朝治运最高机构——河道总督署均设在济宁，这是除北京、天津之外的沿运各城市无法比拟的，故济宁有"中国运河之都"的美誉。

　　在济宁运河开凿和治理过程中，无数治运功臣为之付出了聪明才智和艰辛的劳作，总结了许多治理运河的方法。

　　济宁古运河开凿之初，首先面对的是水源问题。为了解决这个问题，古代的治水功臣们首先实施的是"四水济运"工程。"四水济运"是指引济宁

宋礼石刻像

周边的"汶、泗、洸、府"四水汇集至济宁流入运河，以解决南北通航用水。济宁位于汶、泗下游中带，最早有洸河流经城东，再南流至鲁桥汇入古泗水。郭守敬查勘河道时，认为可利用"四水济运"解决水源问题。元代济州河开通的当年，扩大并完善了四水济运工程，使汶、泗、洸、府四河之水滚滚流向济宁。站在观澜桥上，看诸水入运，水花飞溅，惊心动魄。

元末，黄河多次决口，淤塞运河河道，漕运受阻。明朝永乐年间，济宁州同知潘淑正建言："会通河道四百五十余里，其淤塞者三分之一，浚而通之，非惟山东之民免转输之劳，实国家无穷之利也。"(刘玉平等《中国运河之都》)明成祖为了使江南钱粮尽快运往北京，允准潘淑正奏请，命工部尚书宋礼率军工民夫疏浚运河河道。宋礼等人领着二十多万的疏浚队伍劳作几个月，末见成效。宋礼意识到：如果不尽快解决好这个问题，恐有杀头之祸。心急如焚的宋礼最后只得决定微服私访，经过一段时间走村过店的暗访，他终于访到了汶上老人白英这位民间水利专家。

"老人"在明代是一种职役，与里长一起负责一里之事，一般由有德行的长者充任。宋礼在汶上军屯乡彩山下的白家店村访到了白英，几杯鲁酒下肚，宋礼很快忘记了自己的尚书身份，喋喋不休地向面前这位老人诉说着心中烦闷、治运的困惑。白英感于宋礼的诚挚，便把自己多年经验一一道来。白英指出，黄水漫淤，河道沧桑，地势已变，元朝引汶、泗入济已不足所用。针对汶上东北高而西南低的地形，可以引汶水直接进入南旺脊顶，先成居高临下之势，再于南旺南北设闸分水而下。这就是所谓的"借水行舟"计划。宋礼如获至宝，请白英一起指挥施工。他们在汶上与东平交界的戴村，筑坝横亘"五里十三步"，腰斩汶水，逼汶水入小汶河南流直达南旺。在分水口处凿设了一个活动的鱼嘴形"石拨"，控制南北分水量，使它"七分朝天子，三分下江南"。这就是南旺分水枢纽工程。

在完成南旺分水工程之后，由于

清代总督河道院衙门内押签房院门（自山东省济宁市政协文史资料委员会编《济宁运河文化》）

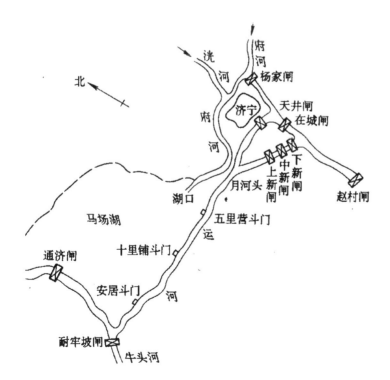

济宁枢纽及分水示意图（自姚汉源编《京杭运河史》）

南旺分水口（自山东省济宁市政协文史资料委员会编《济宁运河文化》）

汛期汶河洪水涌入小汶河四处外溢，滞留于古茂都淀（南旺附近的洼地），致使洪水为害。为了解决这个问题，宋礼又一次听取了白英的建议，在济宁运河建闸设"水柜"。

他们在济宁河段置闸38个，并将汶上的袁家口至寿张沙湾的一段河道向东迁徙了10~25公里，另开新河，南北两端对接旧河；明时，古茂都淀已被运河和小汶河分割成三块：运河西边为南旺湖，运河以东小汶河以南为蜀山湖，小汶河以北运河以东为马踏湖。宋礼、白英以及继任陈瑄等将这三湖分别围堤变成三个水柜。此外，济宁城西运河东岸，洸、泗二水汇流处马场湖也被辟成水柜。宋礼、白英将引来的"汶、泗、洸、府"四水截引至马场湖存起来，不再直接由玉带河从天井闸上流入运河。这样济宁以北便形成了马场湖、南旺湖、蜀山湖、马踏湖、安山湖（东平湖）五个水柜，后来，人们把这五个水柜统称为北五湖。北五湖水柜形成后，宋礼、白英等人又在济宁以南的南阳、独山、昭阳、微山四湖开创了南四湖水柜。

光靠"水柜"蓄水，并不能满足运河供水需求。于是，宋礼、白英又采用了"导泉补运"的措施，在兖州、青州、济州开挖泉水300眼，分五脉水系因势利导，补充运河水源，从根本上征服了南旺水脊，确保了运河长年畅通无

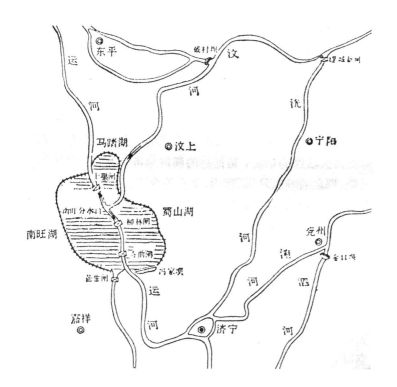

南旺分水工程示
意图（自庄明辉
著《大运河》）

阻。"杨树旺，水草鲜，挖不深，出清泉""河拐弯，山
抱头，泉水往外流""两山夹一嘴，常常有泉水"等，这
些是至今还在汶上流传的关于寻找泉水的谚语。

白英的才能得到了人们的公认。就连精通水利的康熙
也被他深深折服，他说："朕屡次南巡经过汶上县分水口，
观遍分流处，深服白英相度全之妙。"清乾隆南巡，在南
旺分水口留下了不少诗篇，如"地脊原来南北分，老人能
识果超群"（乾隆《题分水龙王庙》五）、"天然因地利，
神威借人工"（乾隆《题分水龙王庙》六）等，对白英赞
赏有加。乾隆年间，一位李姓的诗人自京沿河南下，途经
南旺水脊时，想到白英献策引汶济运的功绩时，也不由得
提笔写道："不遇老人陈利运，安知汶水注流西？"

为了纪念"身在岩穴而心在天下，行在一时而及万世"的白英，朝廷封他为"功漕神"，在彩山下白家店村建祠，赐祭田500多亩，子孙守祠奉祀；万历年间，工部主事胡缵撰写了《白英老人祠记》，并撰联"天下无二老，泉河第一功"。京杭大运河济宁段的治理首倡于潘淑正，成功于宋礼的慧眼和白英的才能。三人治运功德无量，深受人们爱戴。在南旺分水口处的分水龙王庙内建有一座宋公祠，供奉着宋礼塑像。祠前分列配殿两座，分别供奉着潘淑正和白英塑像。在济宁人民中也流传着一首歌谣说"宋家的河，白家的泉，潘家的闸"，可见三人在运河治理中的地位。

三　苦中犹唱运河歌

运河既承载着帝国的梦想，又见证了历史的辛酸。无论是它的开凿还是通航都凝结着万千河工和船工的艰辛劳

清张伯行《居济一得》书影，此书是一部关于济宁运河的重要水利著作

古版画漕粮起运，描绘了漕粮起运前祭祀的场面

作，有许多人甚至搭上了身家性命。

"堤遥遥，河弥弥；分水祠前人如蚁。鹑衣短发行且僵，尽是六郡良家人。浅水没足泥没骭，五更疾作至夜半。西风大雨霜，十人九人趾欲断……道旁湿卓炊尤烟，水面浮冰割人膝……"这首《挑河行》是明代万历年间曾在山东至天津河段任工部郎中的谢肇淛所作，它真实地记录了山东运河工地的生活场景。这样的场景是生活在现代社会的我们很难想象的。

而行船拉纤的船工生活也并不比河工轻松，他们的生活也同样是非常清苦的。当时的船舶全靠人力和风力，又要过闸过滩，航速极慢。漕船从瓜州到京城，一般要走100天，平均每天走15公里，从杭州起程则要130天。大部分漕船、商船一年仅一个来回。然而按当时清政府的规定，船载 100 石粮、航程 50 公里，只需付给船工一两三钱的脚钱。船工们的劳动强度大，收入极为微薄、漂泊无定居却还要受地霸、帮会的盘剥，他们的命运正如一首歌谣所唱的那样："运河水，千里长，千船万船运皇粮。漕米堆满舱，漕夫饿断肠。姑娘不嫁摇船郎。"

然而，生活的异常艰辛，并没有使这些朴实的河工、船工们丧失生活的勇气，反而激发了他们生活的热情，运河号子便是河工、船工们在清贫、单调、漫长的漕运生活中创作出来的，那一声声运河号子也是他们乐观精神的最佳见证。

济宁运河号子按劳动种类不同而有不同的分类，如挑挖河道时就有挑河、抬土、筑堤、下桩等不同的劳动号子。行船时又有"拉篷号""起锚号""摇橹号""拉帆号""撑篙号""行号""呀哟号""太平号""打冲号""拉纤号""绞管号""老号""拔棹号"等。这些号子多半有声有曲无词无字，或只有简单唱词。如《夯号》：

　　　　拉起来呀，拽起来哎咳哟，
　　　　哎咳哎咳哟，一溜三夯往前排哎，
　　　　弓嚎咳，呀嚎咳嚎咳嚎咳。
　　　　……

"号子本来是令旗，不喊号子打不一"。这些号子主要用来统一劳动节律，协调河工、船工动作。在地势高陡，而河闸众多的济宁河段，当漕船行至高陡的河段或者漕船过闸时，船工们若不能劲往一处使，且拼尽全力，常常会引起事故，甚至会有船毁人亡的危险。所以此时的号子节奏铿锵，威猛刚健，堪称是船工们"吼"出来的生命之歌。如《拉篷号》：

　　　　喂——来嗨！
　　　　抓紧大缆使猛劲啊，
　　　　一折一折往上升啊。
　　　　一气升到将军顶啊，

漕船上的船工，描绘漕船上船工生活的艰辛（自高建军编著《山东运河民俗》）

　　紧靠鳌鱼好使风啊。

　　满篷过角送船行啊，

　　九曲三湾随船转啊，

　　高手能使八面风啊。

　　哟——哟——哟！

　　船逆流航行时首先要拉篷，拉篷时唱的号子就是拉篷号。当头工喊："拉篷啦！"船工们就背对着船头，紧握通过桅杆顶端的三个滑轮穿下的篷绳，分列三队站立。专门领唱号子的号工站在中间一队的最前面。大家准备好后，头工首先领唱号了。头工这一领，表示拉篷开始，大家接着应号。在应号的同时，往后拉一把篷绳，再唱时就倒一把。当绳子都拉上劲了，号工便用高昂、宏亮的声音把号子接过去，由他拉篷并掌握拉篷的速度。随后就是行号。行号是整个号子的中间部分，是紧接着起号把篷升到桅杆顶端的时间里唱的。篷渐渐升高，船工们每倒一把都需要更大的力气。无论多么辛苦、多么劳累，大家还是有条不紊地按号子的节奏劳作。又如《拉纤号》：

　　嗨呀哈嗨！

栽下膀子探下腰，
背紧纤绳放平脚。
咳呀哈嗨！
拉一程来又一程噢，
不怕流紧顶头风。
临清州里装胶枣，
顺水顺风杭州城；
杭州码头装大米，
一纤拉到北京城。
咳呀哈嗨！
千里运河一条龙，
背紧纤绳莫放松，
好比文王拉太公。
文王拉他八百步，
太公保周八百冬。
哎呀哈嗨！

　　船逆水而行时，有时单靠篷和推动力是不行的，所以得有人到河滩上或河岸上去拉纤，因此拉纤又叫"跑滩"。船上留下必要的人员外，其余的都要在号工的带领下上岸拉纤，拉纤时所唱的号子就叫拉纤号。号工一起号，纤工们就起步走。强拍时迈右脚，弱拍时迈左脚，一拍走一步。

　　"不喊号子不起劲，打起号子抖精神。"号子的另一重要功能便是抒情审美功能。在漕运过程中，并不是所有的历程都需要船工自始至终地将所有注意力高度集中在节奏的统一上。船工有时唱号子，是为了抒发内心的情感，或者在享受歌声的审美过程中，消除劳动带来的身体疲乏。如《抬土歌》：

嗨！嗨！
甩开胳膊挺直腰，
脚步走稳好登高！

哼……嗨！嗨！嗨！

你也抬来我也抬，

抬了河土垫河崖。

河堤修得高又宽，

挡住大水保家园。

哼……嗨！嗨！嗨！

头号大筐装得尖，

运河挖得深又宽，

南北二京好行船。

大船装来江南米，

小船又装青竹竿。

抬上堤来筐放稳，

排着筐头莫要慌。

嗨呀啦，嗨！嗨！

　　河工们唱起高昂雄浑的《抬土歌》，心中想得更多的是建设自己美好的家园。眼前的艰辛在对未来的憧憬中淡化。

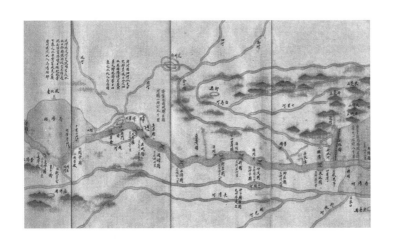

清代京杭运河全图——济宁段

又如运河夯号具有很强的抒情审美性。夯号又叫硪号。因为筑堤时要一层层地将土夯实，故又称"砸堤"。用以"砸堤"的工具叫做"硪"，也叫"夯"，用以牵拉硪的绳子叫"辫"。常用的硪是礅子硪和束腰硪，两者重量差不多，一般在25~40公斤左右，圆形，下粗上细，直径一般为40~60厘米，高约30厘米。硪一般没有把手，多为10人牵拉，这一牵拉过程叫"打硪""拉硪"。一般来说，修堤要比开凿河床的工程长得多，又长又高的河堤要一层层地筑，一硪一硪地打，往往一干就是几个月。艰苦、恶劣的工作环境，让人厌烦；单调、枯燥的打硪动作，令人疲倦。人们为了打发这些难过的日夜，使工作有激情一些，便将"咳哟咳呀"的吆喝，改编成带有故事情节、或幽默调侃、或委婉抒情的硪号。在济宁民间流传着一首这样的硪号：

> 山是山，海是海，
> 池里荷花风摆开。
> 风摆荷花满池红，
> 德州古城甲马营。
> 甲马营中产太祖，
> 一母所生两条龙。
> 大龙皇讳赵匡胤，
> 二龙皇讳赵匡义。
> 匡胤匡义兄弟俩，
> 打罢关西闯关东。
> 关东关西都打到，
> 睦邻关前打韩通。
> 一打韩通来进宝，
> 二打韩通纳晋奉。
> 三打韩通无宝进，
> 进来铁背宝雕弓。

那些辛苦的船工，就以那铿锵豪迈的声声号子来慰藉他们艰难岁月的。

四　南来北往济宁客

"（任城地处）南北之交，人物之盛甲于齐鲁，往往名公巨卿、文人墨士，安其风土而寄迹焉，故侨寓特多"（清卢朝安续修：《济宁直隶州志》卷8"人物四·侨寓总传"，咸丰九年刊）。

西汉末年，仲子后裔为避战乱率族人自泗水流寓济宁，在任城县治所在的龙延亭安家立户。后来此地改名为仲家浅。

济宁仲氏的祖先仲子名由，字子路，为孔子弟子。子路耿直尚勇，"闻过则喜"，为孔子赶过车，做过侍卫，直到61岁，才离开孔子任卫国大夫。在一次平定叛乱时，仲子在苦战中帽子不幸被打落，他全然不顾自己的安危，坦然地捡起帽子，从容地戴正，系上缨带，说"君子死，冠不免"。话刚说完，便被叛军砍倒，剁为肉泥。孔子闻讯大哭　场，此后再也不吃肉酱了。至今仲家浅乃至整个济宁地区还保持着大年初一第一顿饺子不吃肉馅的习俗。

唐朝贺知章非常推崇仲子，他到任城做官时，寻访了仲氏的后人——仲子第36代后人仲文。他是一介穷书生，当时非常穷困潦倒。贺知章感叹于"先贤之后如此贫穷"，遂捐钱资助并建庙以祀仲子。仲子庙在运河西，大门朝东对着运河。庙内现存有大殿五间、寝殿三间、南北配庑各五间。坐西朝东的卫圣殿内供奉着仲子塑像，两侧廊柱上镌刻着乾隆皇帝联："三德达身修勇故不怠，四科从政事果则

仲子像

仲子负米图。仲子少贫，虽以野菜藜粟果腹，奉侍双亲不敢怠懈，常负米百里以为赡养。仲子之孝后人所以重之

无难。"两庑内有康熙帝御书"圣门之哲""克绍家声"的石匾。

济宁也流传着很多关于贺知章的故事。其中金龟换美酒的故事让人实在难忘。

贺知章在任城街上考察民情时偶遇来此地游玩的诗仙李白，感到相见恨晚，于是他们携手去酒店豪饮。酒逢知己千杯少，两人指点江山，激扬文字，不知不觉间便喝到"骑马似乘船"境界，好不痛快。可是到了付账的时候，两人都愣住了，原来都没有带钱。东道主贺知章毅然解下身上佩带的金龟，偿还了酒债。金龟是朝廷赐予官员的信物，贺知章用金龟偿还酒钱，可见他的豪迈。

贺知章与李白喝酒之处便是坐落在济宁古运河北岸、后来被改称为太白酒楼的贺兰氏酒楼。

贺兰氏酒楼是任城当地最有名的酒楼。自与贺知章来此喝过一回以后，李白便常来此宴饮。当时当垆的贺兰氏酷爱诗歌，对李白极为敬重，常邀李白宴饮。有一次，两人喝得高兴，贺兰氏便把酒楼当作礼物赠给了李白。李白便把远在湖北安陆的妻小接到任城，在此处安家。他和妻子常在楼上把酒论诗，共渡美好时光。李白对此酒楼有很深的感情，今人郑修平《太白楼与李白》说："李白在此楼上饮酒赋诗、会朋别友，他的很多名篇巨制，例如：《行路难》《将酒进》《梁甫吟》《梦游天姥吟留别》《答王十二寒夜独酌有怀》等，都是在这里问世的。"离开济宁后，李白曾有《寄东鲁二稚子》诗中"春风吹归心，飞堕酒楼前"二句表达了他对酒楼的怀念之情。

贺知章像

因为李白在任城呆的时间比较长，而且对任城充满了感情，以致很多人都误以为他是山东济宁人。如《旧唐书·李白传》称李白为"山东人"，杜甫也称李白为"山东李白"。

李白逝世后，唐咸通年间，吴兴人沈光敬慕李白，登贺兰氏酒楼观光，为该楼题写了"太白酒楼"的篆书匾额，并作《李翰林酒楼记》云："至于齐鲁，结构凌云者有限，独斯楼也，广不逾数席，瓦缺橡蠹，……李白常醉于此矣。"从此贺兰氏酒楼便改为"太白酒楼"闻名于世。明洪武二十四年（1391年），济宁左卫指挥使狄崇在重建"太白酒楼"时，以"谪仙"的寓意，依原楼的样式，移迁于南城墙上，并将"酒"字去掉，名为"太白楼"，后来太白楼又经历了几次较大的修整，便成了今天这个样了。

太白楼为上下二层。扇形"太白楼"匾额中悬二楼檐下。楼上正厅北壁上方镶有明代诗人所书"诗酒英豪"的大字石匾，下嵌着李白、杜甫、贺知章全身阴刻"三公画像石"，楼的游廊和院内有《李白任城厅壁记》和唐代以来文人墨客的赞词、诗赋及乾隆皇帝《登太白楼》等碑碣60余块。有罕见的李白手书"壮"字方碑。"缥缈层楼霄汉隈，南城山色镜中开"。李白初来济宁登临太白楼，被眼前的秀丽景色所激发，遂书"壮观"两字，后分刻成"壮""观"两碑。现仅存"观"字刻石一方，"壮"字石刻已遗失。楼四周环以游廊，楼东北角布置了碑林。外壁周围镶金，元、明、清各代碣石四十余块，包括颂、题咏等，俱是称颂诗仙的即兴之作。有"太白一去不复留，任城尚有崔巍楼"之语等。这里保存着李白《清平调》横

太白楼（自山东省济宁市政协文史资料委员会编《济宁运河文化》）

卷。卷中画的是唐明皇与杨贵妃在沉香亭同赏牡丹的情景。卷后有吕温、苏东坡、黄庭坚、米芾、蔡襄、赵孟頫、文徵明、祝枝山等十一位名家的跋和印章。

清代大学者王士禛在《带经堂诗话》中曾记载当时酒楼盛况："……济宁州太白楼，下府漕河，凭高远眺，据一州之胜。"因此，常有文人骚客来此游览题咏，留下了不少故事。

相传侍读钱香树由运河乘船出京至济宁时，因仰慕太白楼名声，泊船伫立船头遥望，一不小心，失足落水，家人急忙把他搭救上船，他笑着说："我听说淹死之人，必有鬼物相引，倘若我昨晚梦见李白，他一定拉我走了，我今天就淹死了。"第二天，他游览太白楼时，作诗一首："昨夜末曾逢李白，今朝乘兴一登楼；楼中人已骑鲸去，楼影当空占上游。"

"白楼远眺景色好，南池荷静莲蓬多"。与太白楼齐名的另一个好去处就是南池了。

南池在任城南，"渊著淳泓，芰荷被渚，夹岸杨柳，淖约近人，最为佳境"。相传为诗圣杜甫在任城游玩处，后人为纪念他在南池建少陵祠。开元年间，杜甫兖州探父时游历了任城。时值秋高气爽的八月，杜甫应当时的任城主簿许某之邀，泛舟同游南池。正是傍晚时分，天气凉爽，百姓们在水边浣洗，孩子们在池里嬉戏。茂密的树林中蝉声一片，与孩子们的嬉戏声应和着……这一切都激起了杜甫无穷的诗兴，他写下了《同任城许主簿游南池》一诗，许主簿也因此诗留名。

杜甫与李白的友谊也得从任城说起。天宝年间，杜甫故地重游，与家居任城的李白结下了情同手足的友谊。两人相偕，寻幽探胜，"醉眠秋共被，携手日同行"（唐杜甫《与李十二白同寻范十隐居》），度过了平生交游的最后一段时光。

济宁"李杜诗情高万丈""摛词即境却逡巡"（乾隆《过济宁州》），"却吾今日畏言诗"（乾隆《再咏南池四首》其一）。在乾隆南巡，迴跸济宁时，乾隆御制诗中多次写到南池："任城南部有南池，古迹犹传老杜祠"；"朴室三间洁葺之"（乾隆《再咏南池四首》其一），"千秋遗迹以谁芬，咫尺城南静不纷。何事寻常许主簿，却教名字附青云"（乾隆《再咏南池四首》其四）。他还在南池建起行宫。

与李白相比，皇帝老儿似乎更青睐杜甫。他的《再咏南池四首》其三云："诗仙诗圣漫区分，总属个中迴出群。李杜劣优何以见，一怀适己一怀君。"

济宁人杰地灵，运河南北通航后，交通更是便捷，经济得到迅速发展，吸引了南来北往各地商人和手工业者。

较早来到济宁的是一批回民皮匠。他们跟随着蒙古人的军队，从甘肃、宁夏、内蒙古等地来到了济宁，许多人定居济宁后仍操旧业。传说，济宁的皮毛业就缘由这批回民。济宁的回民主要分布在越河西岸和南关一带。他们在济宁建起了表示他们文化特征的清真东大寺。东大寺坐落在济宁市小闸口上河西街。因寺门临古运河西岸，所以俗称"顺河东大寺"。

康熙年间，苏州船户戴某沿运河北上，来到济宁，创建了"姑苏戴玉堂"酱菜铺。嘉庆十二年（1807年），戴老板将"姑苏戴玉堂"酱菜铺以1000两白银的价格卖给了济宁的大官僚孙家和大绅商冷氏，店名也随之改为"玉堂酱园"。

玉堂酱园与临清济美酱园、北京"六必居"、保定"槐茂"，合称为"江北四大酱园"。它是济宁酿造业中生产规模最大、被誉为"京省驰名""味压江南"的手工业作坊。正如济宁民谣中所唱："……京省驰名是玉堂，金

济宁玉堂酱园获奖记录（自高建军编著《山东运河民俗》）

波药酒白玫瑰，有醉蟹，有糟鱼，包瓜磨茄酱合锦，老醋套油黄甜酱，糖醋萝卜酱莴苣；豆腐乳，五香干，龙缸松花核桃仁……"

据说《金瓶梅》中记载了一种色泽金黄、玉液晶莹、酒味佳美、能滋阴补肾的"金华（花）酒"，就是济宁玉堂酱园所产的金波酒。

济宁的竹竿巷，也是南方人在济宁活动的历史见证。竹竿巷顺河而设，具有江南苏州的风格。竹竿巷为南方竹匠建铺，采用的是南方样式。经上百年北方泥木工匠不断翻修，到了清代，便与济宁其他街巷迥然不同了。

街上的店铺，全敞开式板搭门面面街而设，不设槅扇，最大限度地拓展了营业空间。铺面上方铺设木板，做成简易的"楼"，以活动木梯作垂直通道，"楼"上一般是伙计、学徒的宿舍。虽然店堂多为北方常见的硬山式，但从街面看，多是南方常见的风窗阁楼式建筑，让人可明显地感觉出"江北小苏州"之风韵。

来济宁经商的还有许多山陕商人，他们主要经营中药材、生漆、烟叶、杂货等。他们与河南商人一起在济宁建立了规模宏大的会馆。会馆位于运河南岸的济阳大街东首路南，东临慈灯寺，南靠西越河，建筑分前、中、后三进院落，占地近十亩，门楣上"三省会馆"是时任济宁同知的黄意手书。

济宁竹竿巷作坊（自高建军编著《山东运河民俗》）

徐州：汴水流，泗水流，流到瓜州古渡头

汴水流，泗水流，流到瓜州古渡头。吴山点点愁。

思悠悠，恨悠悠，恨到归时方始休。月明人倚楼。

——白居易《长相思》

白居易这首家喻户晓耳熟能详的《长相思》与徐州息息相关：那如玉带一样穿城绕墙的"故黄河"是"古汴水"，那至今仍在日夜奔流着的"中运河"是"古泗水"。

一 一城四水三诗人

词中的汴水，源自陕西秦岭崤山一带，隋炀帝开凿古运河通济渠的时候，河南部分走的就是汴水水道。由此可知，元朝以前的运河是借汴水为道，而汴水又是借了黄河为道。由此可知，流经徐州的"汴水"也就是未改道之前的黄河，即今仍在作为徐州胜景的"黄河古道"。汴水与黄河，合二为一于徐州之后继续向东南流入安徽宿县、泗县，与泗水合流，入淮河，继续南流，入长江。

词中的泗水，源自山东沂蒙山，走鲁西南，转安徽，经江苏徐州，入淮

河。围着黄淮平原绕了一圈，元代以后的运河便是借了古泗水这条水道，于徐州与古汴水（黄河）交流，共同注入淮河，继续南流注入长江。从今天的山东泗水、安徽泗县、江苏泗洪、泗阳地名称谓就可略知，它们都是古泗水所经的遗迹。只是后来由于黄河的频繁决口，洪水侵入汴水、泗水河道，导致这两条古河消失，变成今天的废黄河。

词中的瓜州，在今江苏省扬州市南，为运河注入长江的入江口，对面即是素有"南徐州"之称的镇江。

有着那么多的证据，不知道南宋词人黄升为什么偏偏说"此词上四句，皆谈钱塘景"。第一个对黄之"钱塘说"发出质疑的是清代词家谢朝征，他说："黄升云，此词'汴水流'四句，皆说钱塘景。按泗水在今徐州府城东北，受汴水合流而东南入邳州。韩愈诗'汴泗交流郡城角'是也。瓜州即瓜州渡，在今扬州府南，皆属江北地，与钱塘相去甚远。叔旸谓说钱塘景，未知何指。"（清舒梦兰编选《白香词谱笺》卷1）

更何况，《长相思·汴水流》的作者与徐州的确有着很深的缘分。

建中三年（公元782年），白居易的父亲白季庚任彭城（今徐州）县令，白居易时年9岁，随任寄寓徐州符离，长达23年。期间尽管被送往南方避乱，但往返徐州至少有6次之多。由于白季庚政绩显著，升任徐州别驾，得以与徐州节度使张愔往还。

贞元十九年（公元803年），白居易登科及第，二十年，任校书郎，故地重游，才有了关于"燕子楼"那一段公案。

白居易像

"徐州故张尚书有爱妓曰盼盼，善歌舞，雅多风态。余为校书郎时，游徐、泗间。张尚书宴余，酒酣，出盼盼以佐欢，欢甚。余因赠诗云：'醉娇胜不得，风袅牡丹花。'一欢而去，尔后绝不相闻，迨兹仅一纪矣。昨日，司勋员外郎张仲素绘之访余，因吟新诗，有《燕子楼》三首，词甚婉丽，诘其由，为盼盼作也。绘之从事武宁军（唐代地方军区之一，治徐州）累年，颇知盼盼始末，云：'尚书既殁，归葬东洛，而彭城（即徐州）有张氏旧第，第中有小楼名燕子。盼盼念旧爱而不嫁，居是楼十余年，幽独块然，于今尚在。'余爱绘之新咏，感彭城旧游，因同其题，作三绝句。"

这是白居易《燕子楼》诗前的一段小序。"燕子楼"故事，非关本文，暂付阙如。

由是观之，《长相思》的创作时间、地点也就可想而知了：

那一定与汴水（黄河）有关。

那一定与泗水（运河）有关。

那一定与古老的徐州有关。

其实，还有更多的诗词佐证着上述判断。

正如清人谢朝征在批驳黄升时所提到的"汴泗交流郡城角"，另一个唐代的大诗人韩愈也曾说道：

> 汴泗交流郡城角，筑场十步平如削。
>
> 短垣三面缭逶迤，击鼓腾腾树赤旗。
>
> 新秋朝凉未见日，公早结束来何为。
>
> 分曹决胜约前定，百马攒蹄近相映。
>
> 球惊杖奋合且离，红牛缨绂黄金羁。
>
> 侧身转臂着马腹，霹雳应手神珠驰。
>
> 超遥散漫两闲暇，挥霍纷纭争变化。
>
> 发难得巧意气粗，欢声四合壮士呼。
>
> 此诚习战非为剧，岂若安坐行良图。

当今忠臣不可得，公马莫走须杀贼。

——韩愈《汴泗交流赠张仆射》

韩愈像

　　贞元十五年（799 年），比白居易大 4 岁
的韩愈投奔在徐州的张建封幕。东西流向的
汴水与南北流向的泗水相交于徐州之东南角，
所以才有了韩愈的就地取材，在一次观赏张
建封打猎、击球的运动之后挥笔写下了这首
《汴泗交流赠张仆射》，并"得寸进尺"又
写下了《谏张仆射击球书》，以一介书生之义气，讽劝徐
州节度张建封："此诚习战非为剧，岂若安坐行良图。"

　　天涯流落思无穷。既相逢，却匆匆。携手佳人，
和泪折残红。

　　为问东风余如许，春纵在，与谁同？

　　隋堤三月水溶溶。背归鸿，去吴中。回首彭城，
清泗与淮通。

　　欲寄相思千点泪，流不到，楚江东。

——苏轼《江城子·别徐州》

　　苏轼的这首词还有一个名字就是《江城子·恨别》，
从词之内容可以看出，多情的词人在徐州一定是遇到了让
他魂牵梦萦的红颜知己，然而"官身不自由"，皇命在身，
必须分手，所以才有了这首缠绵悱恻而又不失沉郁悲壮的
名篇。词中"回首彭城，清泗与淮通。"便是"汴泗交流
于徐州"的又一明证。

　　熙宁十年（1077 年）四月，苏轼赴任徐州知州，八
月便遭遇了黄河决口，"宋熙宁十年秋，河决于澶渊，溢
于泗，水及彭城下，二丈八尺""水穿城下作雷鸣，泥湍

城头飞雨滑"。面对汹涌澎湃的洪水和暴雨，苏轼"庐于城上，过家不入，使官吏分堵以守，卒全其城"。在洪水退去之后，在奏请皇帝筑建了可以防御洪水的新城墙之后，在本着"以土克水"的理念修建好"黄楼"之后，在做了23个月的徐州知州，留下170多首诗词之后，元丰二年（1079年）3月，一纸调令，苏轼便被调往湖州（今属浙江，州治吴兴）知州。

诗人的心是软的，屐痕处处，到处都留下了他的歌咏：云龙山、云龙湖（当年叫石狗湖）、快哉亭、燕子楼。徐州百姓的心更为柔软，当这位曾经与他们共过患难、整天乐呵呵的太守将要离开徐州的时候，让人落泪的场面出现了：

> 吏民莫扳援，歌管莫凄咽。
>
> 吾生如寄耳，宁独为此别。
>
> 别离随处有，悲恼缘爱结。
>
> 而我本无恩，此涕谁为设。

五省通衢牌坊

纷纷等儿戏，鞭镫遭割截。

道边双石人，几见太守发。

有知当解笑，抚掌冠缨绝。

父老何自来，花枝袅长红。

洗盏拜马前，请寿使君公。

前年无使君，鱼鳖化儿童。

举鞭谢父老，正坐使君穷。

穷人命分恶，所向招灾凶。

　水来非吾过，去亦非吾功

古汴从西来，迎我向南京。

东流入淮泗，送我东南行。

暂别还复见，依然有余情。

春雨涨微波，一夜到彭城。

过我黄楼下，朱栏照飞甍。

可怜洪上石，谁听月中声。

————苏轼《罢徐州，往南京，马上走笔寄子由五首》选三

　　当然，最让人动情的还是前面那首荡气回肠的《别徐州》。

　　诗词中的隋堤指的是隋朝开通济渠（运河）之后，旁筑御道，并植杨柳，后人谓之隋堤。词中的彭城自然是徐州。泗是泗水，淮是淮河。楚江东当然是指湖州所在地。长江流经楚地，故称楚江；湖州在江东（即江南），词人将移知此处，故云。那么"寄我相思千点泪，流不到，楚江东。"就不能说与白居易之"汴水流，泗水流，流到瓜洲古渡头，吴山点点愁"没有关系了。

　　江山有幸，赖诗人之笔；百姓有幸，赖诗人之心。

　　事实上，黄水、汴水、泗水和运河在历史上也的确是纠缠不休。

　　开封以下的黄河由于中经黄土高原而带来的大量的泥沙经年累月的堆积，一次一次地改道，三天两头地决堤，无休无止地夺泗入淮，夺淮入海，才造

成了淮海大地千里黄泛的特殊景观。

元代的运河裁弯取直，使运河不再经过开封，既有新的开凿，又有旧的利用。

一是新开凿的运道，即今山东济宁市至今山东梁山县以北的济州河，梁山县到临清的会通河，通州到大都的通惠河；二是利用宋以前临清至直沽的御河，扬州到淮安的淮扬运河和杭州到镇江的江南运河；三是利用天然河道，即淮安至济宁的泗河水道。此时，徐州以南的泗河，既成为黄河水道，又兼为运河航道；徐州以北的泗河，则成为南北沟通黄河与济州河、会通河的运河航道。

一座古老的城池与一条古老的运河一旦结缘，好故事便绵绵不绝。

二 一祖一鼎五王朝

其实，徐州的历史远比运河的历史长得多。

早在"混沌初开，乾坤始定"的氏族时代，经历了上万年的分分合合，华夏大地上最终形成了四大氏族联盟：炎黄族属、东夷族属、苗裔族属和百越族属。在东夷集团内部，生存着一支以淮水流域为栖息地的族群——淮夷或者说是徐夷，也就是徐国。《史记·秦本纪》正义引《括地志》云："古之徐国，即淮夷也。"蚩尤为徐人族系的祖先，后来的刘邦起事之初，最先祭奠的就是蚩尤。至徐偃王时期，盛极一时，吴楚争霸时期，为吴国所灭。从徐州征战、疆域和消亡的地域来看，徐国都与今天的徐州地域相当，因此，完全可以大胆地推断，徐州源于徐国。

在徐州这块土地上，最早建立城市的当推那位特别长寿的老人——彭祖。彭祖，原名篯铿，为大彭国第一代始祖，后世便尊称其为彭祖。是颛顼的六世孙（四代孙）、黄帝的九世孙（七代孙）。帝尧四十八年（前2225年），尧封篯铿居彭城，为大彭国，今之徐州，别称彭城，当源于此。

彭祖这位真正的寿星为中国文化注入了好多个第一，为博大精深的中国文化开拓了很多的疆域：

他是中国远古道家先驱、寿星的象征。

他是中国有文字记载的烹调和营养美食的始祖。

他是中国气功和武术的鼻祖。

由此足可见出徐州历史的悠久，文明的渊源。

而运河的历史呢？

据说最早可以追溯到春秋时期，吴王夫差挖邗沟，开通了连接长江和淮河的运河，并修筑了邗城，运河及运河文化由此衍生。秦始皇在嘉兴境内开凿了一条重要河道，也奠定了以后的江南运河走向。据《越绝书》记载，秦始皇从嘉兴"治陵水道，到钱

彭祖墓碑

塘越地，通浙江"。由此可以看出：大运河开掘于春秋时期，完成于隋朝，繁荣于唐宋，取直于元代，疏通于明清（从前486年始凿，至1293年全线通航），前后共持续了1779年。最终成为一条跨六省，断五水，长3 000里，为中国文化作出了巨大贡献的交通大动脉。

徐州南郊，有山名曰马棚山，山建一园，名为彭园，园中一脉清流南北纵贯，清流上小桥一座东西通联。桥分两股，中有一隙，自隙下观，一鼎坐落于水中，故名"观鼎桥"。谁能想到，那一脉清流就是古泗水的遗韵，那一座老鼎就是关系到国之命脉，象征着权力合法性的国之重器。

鼎在先秦时代，作炊煮使用，又是祭祀的礼器。夏朝

彭祖楼

大禹治水成功，收"九牧之金"铸"九鼎"，自兹之后，九鼎成为传国重宝、天下共主的象征。每个朝代的嬗迭更递，无不以有无"九鼎"相传证明自己政权的合法性。据《汉书·郊祀志》记载，大禹收集了全国的青铜，按九州方圆，铸造了九个大鼎，并把治水时所遇到的奇神怪兽一起铸在上面，让人们熟悉宝鼎上的神物和鬼魅，无论走到哪里都能分辨出好与坏，善与恶。九鼎历经夏、商至周王朝，成了最高统治者权力的象征。

《史记·周本纪》说，楚庄王看到周朝衰落，就有取代它的野心，派人问九鼎的大小、轻重时，被拒绝说："九鼎的轻重是不可随便乱问的！"诸侯都在窥视重鼎，秦始皇更是想得到它们。

公元前 256 年，秦灭周，秦取九鼎宝器。迁鼎途中其一鼎飞入泗水。《史记·秦始皇本纪》载，秦始皇东巡回来"过彭城，斋戒祷祠，欲出周鼎泗水。使千人没水求之，弗得"。此段文字记载被形象地反映在汉画像石上，石刻上大致为：河上有一座桥，两条绳系于桥下一鼎的二耳上，鼎内有龙头伸出欲咬断绳子。鼎旁或有捕鱼者、游鱼等点缀物；桥两边有数人拉绳起鼎。徐州汉画像石馆藏的"泗水捞鼎"汉画，刻有秦始皇坐在桥上焦急等待的状况，但是鼎内的龙把绳子咬断了，鼎复入水下再也找不到了。此故事用天人感应论说明有德时宝器和祥瑞才能出现，秦朝的横征暴敛，天怒人怨，由宝鼎的失去，揭示秦王权覆灭是必然的。但从史实的角度看，以为这是发生在秦时的民间传说，捞鼎失败是暗示秦将失去江山。

汉画像石《泗水捞鼎》

秦始皇没有捞上来的神鼎，一直让汉家皇帝耿耿于怀，九鼎缺一，总是憾事，于是方士们投机钻营，编造谎言，用谶纬的形式取悦和蒙混皇上。武帝时期，有方士在地下发现了一鼎，"鼎大异于众鼎，文镂无款识"。汉武帝"乃以礼祠，迎鼎至甘泉"。武帝十分高兴，于是"赦天下，大酺五日"，改年号为"元鼎"（汉班固《汉书·武帝本纪》），至此，捞鼎的故事"圆满"结束。

三　三洪一书一才子

其实，鼎落泗水的真正地点并非是在今天的徐州南郊，而是北郊。

泗水的流向是从徐州的东北向东南流淌，流经徐州的时候，受两侧山地的影响形成了三大急流，即：秦梁洪、百步洪和吕梁洪。

秦梁洪在徐州市城北10公里处大运河畔，有名为秦梁洪的村庄，水流湍急，猛浪若奔，是当年泗水上的绝险之处，经常有船只在此沉没，九鼎中的一鼎真正的失落地点应在此处。

百步洪又叫徐州洪，在今徐州市东南七里沟之显红岛，为泗水所经，有激流险滩，凡百余步，所以叫百步洪。苏轼曾经这样描写过徐州洪：

> 长洪斗落生跳波，轻舟南下如投梭。
> 水师绝叫凫雁起，乱石一线争磋磨。
> 有如兔走鹰隼落，骏马下注千丈坡。
> 断弦离柱箭脱手，飞电过隙珠翻荷。
> 四山眩转风掠耳，但见流沫生千涡。

苏轼一口气用了那么多的比喻来志洪险水急，其急其险，可见一斑。

吕梁洪在徐州市东南60里处的吕梁山，宋王应麟《通鉴地理通释》云："泗水至吕县，积石为梁，故号吕梁。"位置即在今铜山县伊庄吕梁村凤冠山，山下即吕梁洪。春秋时期，孔子曾亲临吕梁洪驻足观瀑，目睹了"悬水三十仞，流沫四十里"的壮观景象，留下了"逝者如斯夫，不舍昼夜"的千古名句。明代国子监祭酒胡俨途径徐州的时候也曾写下《上吕梁洪二首》以志其险：

> 乱石穿孔叠浪惊，乌犍百丈上洪轻。
> 扁舟载雨西风急，试问徐州一日程。
> 细雨斜风拂画船，船头怪石起苍烟。
> 仰看白浪排空下，始信河流远自天。

徐州吕梁洪工部分司员外郎张镗感孔夫子此言，遂在凤冠山上建川上书院（正谊书院），并于山上建孔子观道亭。位于凤冠山顶的疏凿吕梁洪记碑，至今尤存。该碑为明吏部侍郎、国子监祭酒徐阶所撰，刑部侍郎、河道总监韩邦奇篆额，著名书法家文徵明书丹，可谓三绝，故而又称"三绝碑"。碑的右侧，则是著名的"岳飞北伐诗碑"，诗题为《送紫岩张先生北伐》，诗文为：

号令风霆迅，天声动北陬。

长驱渡河洛，直捣向燕幽。

马蹀阏氏血，旗枭可汗头。

归来报明主，恢复旧神州。

元之后，海运、陆运废止，整个南北运输，系于千里一线。尤其是明朝，对运河安全格外看重，特地在吕梁洪、徐州洪（百步洪）分别修建了闸门，设立了工部分司，修筑了吕梁洪堤坝。"吕梁之为洪有二，上下相距可七里。盖河之下流与济水汇于徐，以达于淮。国家定都北方，东南漕运岁余万艘，使船来往无虚日，民船商舶多不可籍数，率此焉道，此其喉襟要地也。"（明李东阳《吕梁洪修筑堤坝记》）。当时的纤夫多达 1 500 余人，有一首古诗反映了当时纤夫拉纤的盛况：

船头浇酒祀神龙，手掷金钱洒水中。

百尺楼船双夹橹，唱歌齐上吕梁洪。

泗水三洪，均经徐州。扼运咽喉，生死攸关。

运河自元朝被裁弯取直之后，徐州之于运河的意义也就非同寻常了，一来运河的徐州段本来就是整个大动脉的中段（北起微山湖，南至骆马湖），称"中运河"，二来徐州又是中段的中间，至今仍是五省通衢、繁华依旧。运河与徐州，互相见证着各自的历史沧桑。

运河的水流的确泽被了徐州的繁华。这繁华自明至清，自清至民，一直到今。

元之前的运河虽然也借着古黄河流经徐州，但是因了这条古黄河的喜怒无常，其给徐州带来的更多的是灾难而不是恩泽。

南来北往、人声鼎沸、源源不断北上送去的是江南的大米、丝绸、茶叶和珍玩；快马加鞭、扑扑奔驰、缓缓南下的是圣旨、将令、皇恩和大赦天下的诏书。而徐州则是这些南来北往的皇帝、大臣、武将、士子、商人和盗匪歇脚换马、补充供给继续南来北往的驿站，其繁华可知，其胜景可想。

《金瓶梅词话》
书影

在黄河、运河和徐州数百年的历史沧桑中，不知道浪淘尽了多少风流人物，然而，有一个人物和一部书，却因了一个现代学者经历了30年的"上穷碧落"般的考证，把书连同他的作者一同与黄河、运河和徐州牢牢地拴在了一起。

书是《金瓶梅》，人物是《金瓶梅》的署名作者，那个谜一样的"兰陵笑笑生"。考证者则是江苏师范大学的李洪政先生。

李先生研究"金瓶梅"的全部的学术成果都汇集成了两部专著，一是《〈金瓶梅〉解隐——作者、人物、情节》（台湾商务印书馆，2000年），二是《〈金瓶梅〉与徐州》（中国矿业大学出版社，2005年）尤其是后者，专门论证《金瓶梅》与徐州之关系，作者考证的最核心观点是《金瓶梅》的作者就是那个曾经在徐州做过主管运河的判官王寀。

是的，通过作者的欲盖弥彰、明假暗真、烟云模糊的独特笔法，我们清楚地看到了《金瓶梅》书中的地名差不多一一对应着古运河流经徐州流域的地名。自此以后，运河、《金瓶梅》和徐州因了一个老人的辛勤考证便形成了一个牢不可破的铁三角。

事实上，《金瓶梅》时期（明"宋"暗"明"）的徐州也的确因了运河这一脉水流的滋润更见其繁华。使得明朝一跃而成为徐州作为大运河漕运枢纽的最辉煌时期。从气魄宏大的永乐皇帝在徐州建设了当朝四大转运仓之一的徐州广运仓（另外三仓所在地是德州、淮安和临清。）开

明万历刊本《金瓶梅词话》书影、插图

始，徐州繁华便日胜一日。民船交粮，官兵接运，舟车鳞集，贸易兴旺。"一切布、帛、盐、铁之利，悉归外商""百工技艺之徒，悉非土著"（清陈梦雷辑《古今图书集成》职方典卷171"徐州民俗考"）。《金瓶梅》作者候选人之一的李开先曾经于明嘉靖十三年（1534年）被调往徐州监管广运仓。至万历年间，徐州商业臻于鼎盛：市井繁华，店肆林立，街巷交错。据记载，当时已经有"街十四，坊二十一。户三万七千八百四十一，口三十四万五千七百六十六"（清张廷玉等撰《明史》卷40）。可惜的是因了天启四年（1624年）一场大水，使这座千年古城沦为城下城、街下街、房下房的天下奇观。如今徐州地下已相继发现地下城墙、地下南门、瓮门、地下街、地下署衙、地下民居、地下道观、古药铺、古井古闸、古物、徐州卫碑文、广运仓碑等，无声地见证着昔日的繁华。

其实，徐州一直都是《金瓶梅》研究的重镇。

早在清康熙年间,徐州就诞生过一位靠评点《金瓶梅》而声名雀起的评点大家——张竹坡。张乃是继金圣叹之后明清小说评点派的又一批评家。

古来才大难为用。张竹坡五试不第,人穷极著书,张则穷极评书。倾其毕生于对《金瓶梅》的点评,一如脂砚斋之于《红楼梦》。然则天不假年,29岁即暴卒于永定河工地。

四 一湖一湾一能臣

谈徐州与运河,微山湖是绕不过去的。不仅仅是因为其故事传奇车载斗量,仍是因为其与运河的胶着关系。

微山湖其实并不是湖,而是古泗水的河道。由于一次次的黄河夺泗入淮的缘故,才造就了这一北方最大的淡水湖——微山湖。

围绕着微山湖,该会有多少故事可以大说特说啊:泗水亭、三贤墓、铁道游击队……单就刘邦集团的崛起就是一部颇有历史意味和文学色彩的长篇,更不必说抗日战争时期活跃于这一带的铁道游击队。

在微山湖庞大的故事堆里,汉初三杰之一的张良功成身退的故事读来让人唏嘘不已。

当地至今仍流传着这么一个故事,说微山岛的一位捕鱼回来晚了的渔民,竟然划着船进入了灯火辉煌的一座古城里,城内亭台楼阁鳞次栉比,行人都身着古装。他下了船后被人带到一位峨冠博带谈吐古雅的官员面前。官员自称是城主,不过平

张良像

时不住这里，只有 60 年才会回城一次处理公务，这次好不容易回来，城主还请他游览了一下全城，并且大摆宴席招待了他。由于主人殷勤劝酒，大家都喝得酩酊大醉，这个渔民醒来后发现天已大亮，自己正躺在小船里。等渔民爬起来一看水下面，还能影影绰绰地看到当时停靠的码头，参观的宫殿，喝酒的酒楼。这才知道当天晚上是在古留城和张良吃了饭，于是"留城六十年一现"的传说就成为微山湖上所有打渔人都憧憬的梦想。

根据《括地志》所载："汉张良墓在徐州沛县东六十五里，与留城相近也。"凭张良之才，他可能早有预见留城将来会没于洪水，于是，专门在留城东十里的微山岛上给自己选了一块墓地。结果所有和留城有关的东西到现在就只有微山岛上的张良墓了。但是当地还有一个神奇的民间传说，讲张良长期学道，已经到了飞升成仙的境界，但身为朝廷重臣，不愿意造成社会恐慌。只好捏造自己死了。为了防止朝廷挖墓掘尸看看到底死了没，他干脆叫手下到全国各地制造自己的假墓，等造好后突然宣布自己死了。朝廷自然不相信就准备派人挖墓证实，结果全国到处都是张良墓，朝廷只好作罢。这就是"一夜三千张良墓"的由来。

萧何下狱了，韩信灭族了，眼看着一个个战功赫赫的老将纷纷落马，张良或许也怕了。

"今以三寸舌，为帝者师，封万户，位列侯，此布衣之极也"。该离开了。"身未升腾思退步，功成应忆去时言"。政治只不过是智者把玩的棋局。天上仙人一步棋，世间生灵万骨枯。当黄石公和赤松子为了棋局的某些规则争执不下的时候，观棋已久的张良突然微笑着在棋盘上写下了四个字——楚河汉界。

这是徐州运河的上游，那么下游呢？下游当然还有一个更加无法绕过的名字，那就是苏北仅存的一座千年古镇——窑湾。不仅仅是因为其是运河在徐州的最后一站，实在是因为从其绰约的丰姿中依稀还能读到当年运河漕运繁华的盛况。

窑湾地处京杭大运河注入骆马湖之入湖口，位于宿迁、新沂、邳州交界处，素有"鸡鸣三县"之称。窑湾因其独特的地理优势，在明、清漕运时期一度鼎盛，京杭运河傍镇而过，开阔的骆马湖则绕镇三面。镇上的 800 多户人家，竟然保存了 800 多间明清建筑。直到 20 世纪 40 年代，这里依旧是繁华的

窑湾古镇1

中转码头和商贾云集之地。正因有如此绝佳的地理位置，便担得起"四季时菜迎宾客，苏北水乡胜江南"之美誉，"日过桅帆千杆，夜泊舟船十里"也绝不是夸张。来往船只南达苏杭，北抵京津。那时的窑湾商贾云集，店铺林立，全国有18个省在此地设有商会，开店经营。有10个国家的商人和传教士在此地建商号和教堂，经商传教。至今仍有山西、江西、福建等地商帮宏大轩昂的会馆建筑，更有众多白墙黑瓦、檐角飞挑、兽脊斗拱、鳞次栉比的富商宅院。

如今，虽历经沧桑，仍掩盖不住曾经的闺秀气派。

窑湾的历史可以追溯到隋唐，据当地百姓说，窑湾早年是一块荒地，周围零星分布着几座砖窑，隋炀帝开凿大运河以后，每每有拉纤的船家经过此处，总爱到砖窑旁停步歇脚。时间长久，船每到此处便问："湾（停靠）在哪儿？"答曰："窑上湾"，故得名窑湾。

窑湾还有一大特色——"夜猫子集"。因为船家傍晚靠岸，凌晨启程，因此这起停之间，集市就形成了。"梆打三更满街灯，恭候宾客脚步声，四更五更买卖盛，十里能闻市潮声"。鸡鸣伴随着脚步，脚步踩落三星。灯火辉映处，一声吆喝把夜集叫醒。人越来越多，买卖声音越

窑湾古镇 2

来越大……当东方泛起鱼肚白，古镇如同海水退潮，赶集人散尽，一切又恢复了宁静。窑湾人至今还保留着这种夜生活的习惯，而不似相邻的村落，日出而起，日落而息。

　　通过窑湾，大运河终于汇入了骆马湖。至此，徐州运河走完了它的 210 公里的全部里程。

第九城

淮安：渺渺孤城白水环，舳舻人语夕扉间

古淮河的入海口何在？至今仍是一个谜。也许曾经湮灭在岁月的泥沙中，也许消失在史书记载的数度黄河夺淮里，也许就静静地躺在以它而得名的淮安城的脚下。

一个没有入海口的大河是危险的。涓涓细流，通过巨大流域水系的整合，在下游所形成的，往往是滔天的巨浪和漫无边际的洪水。几千年就这样过去了，淮河的自然入海口早已不在，而淮安这座历史文化名城仍在繁荣生长。究其原因，也许就是京杭大运河这条人工开挖的河流，从淮安城流过的缘故。

一　襟喉南北　南船北马

淮安是一座很特别的城市。

淮安第一个特别是因为穿城而过的淮河的特别。横贯我国东西的秦岭—淮河一线被认为是我国南北方的自然分界线，同时也是我国 800 mm 等降水量线、1 月份 0 度等温线、水田与旱地的分界线、水稻种植区与小麦种植区的分界线、华北平原与长江中下游平原的分界线、长江流域与黄河流域的分界线、温带水果与亚热带水果的分界线。谈起水果，大家肯定能想起古代智者晏子曾经说过的一句话，"橘生淮南则为橘，生于淮北则为枳"。这句话

大家耳熟能详、至今却又百思不得其解。淮河就是这样的神秘，沟通南北的同时却又区分南北。"白沟旧在鸿沟外，易水今移淮水前。川后年来世情了，一波分护两涯船。"（杨万里《题盱眙军东南第一山》）在历史上许多时期，比如春秋战国、魏晋南北朝、五代十国、宋金等"天下大乱"时代，淮河还往往成为南北割据的分界线、兵戎相见的前线。面对如此神奇而又诡怪的河流，无怪乎南宋诗人王信发出"谁将淮水分南北"（《第一山》）的感叹。

青莲岗遗址出土的穿孔石斧展现的是淮安文明的曙光

　　在这条划分中国南北的分界线上，只有淮安这样一座历史文化名城。当千里长淮逶迤而来，从淮安穿城而过时，淮安不仅具有划分南北的特征，而且还有兼容南北的特点。淮安市修建的全国南北地理分界线纪念碑，让游客在一脚横跨中国南北的同时，感受到南北的地理、气候以及民俗文化等方面的奇妙变化。

　　淮安第二个特别是因为经历过"沧海桑田"的变化。一万年前的淮安地区是汪洋大海，由于淮河泥沙的不断淤积，才渐渐形成陆地。从江淮流域最早的原始文化遗存——距今已有5 000年到7 000年历史的青莲岗文化的考古发掘中，发现在耕作层以下2米处有大量黄沙，沙中伴有贝壳、木块等物，表明7 000年前此处是紧靠大海的沙堤。在这块"新大陆"上生活的"淮夷"，以虎为图腾，被商及周初称为"虎方""人方"。进入中国轴心时期，淮安先后为吴、越、楚所有，成为它们"北上中原"的主要通道之一。

　　淮安城的建立是在公元前223年秦灭楚后，相传为甘罗所筑，因名甘罗城。东晋时淮安城"地形都要，水陆交通，……方舟漕运"（荀羡《北征诗序》）。唐时"淮颖水运"，打通了从中原到江南的水路交通，淮安作为交通枢纽，最为冲胜。中国四大译经家、唐代僧人义净去印度取经，由海道归国途经淮安城外，在娑罗树（即菩提树）下演说佛法而开悟，兴建了太宁寺道场。从此，南来北往的商旅们多至娑罗树下焚香，祈祷旅途平安。李邕为此撰书了《娑罗树碑记》，记载当时之盛："江海通津，淮楚巨防，弥越走蜀，会闽驿吴，《七发》枚乘之丘，三杰楚王之窟，胜引飞罄，商旅接舻……"淮安城北有个新罗坊，是新罗侨民的聚居区。但是随着淮河造陆运动的持续进行，淮安城逐渐远离了大海，并与淮河一样最终失去了自然出海口。

淮安第三个特别，也是它最大的特别，就是它的命运往往随着大运河的变化而变化。据《史记》载，淮安在夏朝即有"陆则资车，水则资舟"之便。东周时，燕齐通向吴楚的陆路，穿过淮安，称作"善道"。秦朝修"驰道"，有两条经过淮安境内。公元前486年，吴王夫差为了争霸中原，开凿古邗沟，长150余公里，沟通江淮。长江流域的军旅乘船北上，到淮安下船后上车马；黄河流域的军旅乘车马南下，到淮安下车马后上船，"南船北马"汇聚淮安的局面开始形成。公元587年，隋为兴兵伐陈，从淮安到扬州开山阳渎。此前的运河开凿，均以军事为主要目的，隋炀帝即位后，都城由长安迁至洛阳，经济上要依靠江淮，于是开凿了自洛阳经淮安至扬州的大运河。大运河沟通了海河、黄河、淮河、长江和钱塘江五大水系，而淮安由于地处南北之间，成为漕运的重要孔道。唐初，淮安成为全国四大盐场之一，盐运事业又开始兴旺发达。随着运河交通发展而来的就是南北人口的汇聚以及经济、文化的繁荣。"酒酣夜别淮阴市，月照高楼一曲歌"（温庭筠《赠少年》）。淮安逐渐发展成为运河沿线的一座名城，有着"淮水东南第一州"（白居易《赠楚州郭使君》）的美誉。

"成也萧何，败也萧何"，和淮阴侯韩信的命运相似，淮安的命运是"败也黄河，成也黄河"。黄河和淮河本是两个独立的水系，有着不同的入海通道，可谓"井水不犯河水"。可在北宋末年，杜充为了阻止金兵南进而掘开黄河，致使黄河水奔腾南下，并夺淮河河道入海。明朝中叶以后，黄河几度全流夺淮，使黄淮平原成为一片汪洋。"黄河之水天上来，奔流到海不复回"。这意外而来的洪流，不仅冲决了淮河流域长期以来自然形成的水道，从而带来频繁的水灾、旱灾（"大雨大灾，小雨小灾，无雨旱灾"的民谚，就是对淮河流

明清两朝漕运总
督府设在淮安，
淮安是名副其实
的"运河之都"

域一种真实而又形象的写照），而且这滚滚洪流还带来了
大量的泥沙，淤塞了淮河流域许多大大小小的航道，其中
淮河、大运河首当其冲。由于大运河北部航道的淤塞，元
朝曾经选择通过海上进行漕运，但是空阔无边、风急浪高
的大海，经常使这些船只迷失方向，甚至于"樯倾楫摧"，
全部覆灭。无奈之下，他们曾对淮河以北的大运河进行疏
浚，但由于运河北方航道窄浅，水源不足，年漕运量不到
10万石。在黄河对淮河的轮番冲击下，淮安地区大水后
的"衰败"景象是可以想象的。

　　所谓"成也黄河"，就是指由于黄河的入侵，淮安"南
船北马"的局面再度形成，并且如鲜花着锦，无比繁盛。
随着明、清时期江南地区的发展，帝国对江南的需求越来
越多，"天下财赋，半出江南"（季开生《谨陈民情疏》）。
为了能让这些财赋源源不断、安安全全地运抵皇都，明、
清两朝一致将漕运总督府和河道总督府设在淮安，来维护
这条南北"生命线"。明永乐十三年（1415年），漕运
总督陈瑄疏浚沙河故道，并建立全国最大的内河漕船厂，
厂房工棚达23里，集中了6 000多精良工匠。这个船厂

明清两朝在淮安设官治河，清代河道总督府第名曰"清晏园"，取"河清海晏"之意

在其后 55 年间共造船 27 332 艘，其中最多一年达 678 艘。明、清时期，每当漕运时节，"帆樯衔尾，绵亘数省"，最多时有漕船 1.2 万只，漕军 11.2 万人，入京漕粮一年达 600 万担，"居天下强半"。

然而最富有意味的是，无论这些河道大员们如何治理，以淮安为界，大运河的南北漕运能力是非常悬殊的。江南源源不断的物资船运抵淮安后，绝大多数无法继续北上，只有改为车马陆运（乾隆间在淮安设马号，北达京师，计程"一千八百六十四里，为站有十八"）；大量的北方人士乘车马抵淮安，休整一番之后，乘船优游南下。由于淮安"最是襟喉南北处""舟车日夜绕城行"，并且大量的人员、货物还要经过这么"一停""一顿""一周转"。"船一靠岸，千车万担"（光绪丙子《清河县志》），因此淮安城里货物的丰富、仓储的发达、各色人等的汇集、市井的繁华，是不消言说的了，真可谓南船北马，南腔北调，众声喧哗。周恩来曾如此称述他的故乡："淮阴古之名郡，清时海运未开，南省人士北上所必经之孔道也。"此时的淮安，扼漕运、盐运、河工、榷关、邮驿之机杼，进入历史上最为鼎盛时期，与扬州、苏州、杭州并称运河线上的"四大都市"。

二　纸糊的淮阴　铁打的淮安

　　黄河不断全流夺淮，使得淮安地区的诸多城镇不仅不能固若金汤，经常处于迁徙之中，还使得这些城市的名称也处在不断的变更之中。这从历史上淮安地区的两座城市——淮阴和淮安之间的关系上可以明显地看出。在历史上大多数时期，淮阴和淮安是并列的；先是有淮阴之称，后才有淮安之名；先是由淮阴做地区首府，后才有淮安的后来居上；也曾有短暂的淮阴被淮安吞并的历史，但不久就恢复了。但总体说来，淮阴的城址和名称不易长久，恰似"纸糊"，淮安的城址和名称比较稳定，如同"铁打"。所以在淮安民间，一直流传着这样的说法："纸糊的淮阴，铁打的淮安。"其实，这个民间说法的背后，蕴藏着巨大的战争逻辑、洪水逻辑和运河逻辑，可谓是天灾加人祸。

　　秦统一六国后，置淮阴县于甘罗城，以城居淮河南岸，故名曰"淮阴"，这是"淮阴"之名在历史上第一次出现。在秦末农民大起义中，著名军事家韩信即于此仗剑从戎，立下赫赫战功，被汉高祖册封为淮阴侯。晋人康三年（282年），移广陵郡治于淮阴。其后南北政权对峙，地处前沿的淮阴遂为重镇。永和八年（352年），荀羡镇守淮阴，以"无地屯兵"，因而在秦汉故城（即甘罗城）之南，营造新的城池。在南北朝期间，或为淮阴郡，或为淮州，还时以北兖州以及南高平郡、东平郡等，均寄治于此。南齐永明七年（489年），割淮阴东南部地区置淮安县，"淮安"之名始见。从上可以看出，在战争的影响下，淮阴不仅被经常更名，辖区还经常被更换甚至被换过城池，"纸糊"的特点已经开始显现。

　　隋开皇元年（411年），改东平郡为淮阴郡。唐朝时由于淮阴地处江、海、运河和淮河交通的双十字路口，成为全国重要的交通枢纽，因而盛极一时。同样的原因，淮安也是极为繁华。南宋和金、元对峙时期，淮阴再度成为前线，遭受兵火的长期荼毒。更可怕的是，由于黄河夺淮，使淮阴成为名副其实的洪水走廊，洪水不仅冲走了肥沃的土壤，冲垮了城池，荡平了财富，还磨灭了一切可以保存的物质和精神方面的记忆。从公元1214年起，淮阴城址先后迁移到八里庄、大清河口、小清河口、清江浦，名称也先后更为清河县、清江浦等，"纸糊"的特点越来越明显。淮安城由于地处洪水边缘，始终得以保全，与淮阴城相比，如同"铁打"。

大运河就像人的血脉，只要血脉贯通，就会有生命力的存在。明清期间，由于淮阴段运河的疏浚，漕运重新兴起，"南船北马"的局面再度形成，清江浦的石码头因被称为"九省通衢"而名扬全国，淮阴进入了长达数百年的繁华、稳定期。饶是如此，淮阴"纸糊"的特征仍然存在。地处汴河入淮口的泗州城始建于北周，宋代在老城旁建新城。明代在两城之间架设"悬桥"相连。清康熙十九年（1680年），由于黄河入淮和洪泽湖水位的不断上升，泗州城逐年被淹没，也逐渐被泥沙淤积，康熙三十五年（1696年）左右，泗州城全城彻底、完好地没入湖中，成为"中国的庞贝城"。与之一起沉入洪泽湖底的，还有明代第一陵——明祖陵。大自然的鬼斧神工不可言语，诚如南宋诗人真德秀所言："淮山那管人间事，依旧青青出画图。"（《使都梁次韵》）

清朝末年，由于海运的兴起、陇海铁路的建成以及运河淤塞，淮阴逐渐失去了南北交通的地位，再加上频繁的水灾和战乱，昔日的繁华渐渐消退。1914～1921年，江苏淮扬道治淮阴。1945年改称清江市。1948年与淮安市合并为两淮市。1949年恢复为淮阴县。1951年划城区为清江市。1958年清江市与淮阴县合称淮阴市，1964年市县分置。1983年改清江市为淮阴市。2001年淮阴市更名为淮安市，原县级淮安市改为淮安市楚州区，原淮阴县改为淮安市淮阴区。2012年楚州复名淮安，为淮安市淮安区。不到百年期间，淮阴就八度更名，真是比"纸糊"的东西还不长久；而淮安，却成了如今地区首府的名称。我想这种变迁，与民间"纸糊的淮阴，铁打的淮安"有一定的关联，更与淮安在现当代产生的名人效应有关，真所谓"山不在高，有仙则名；水不在深，有龙则灵"。

三　英雄儿女　锦绣才人

世道多变，故生才子英雄。在淮安这块物产丰饶却又充满水患、战乱的

泗州城刚浮出一点水面，却也是气象峥嵘。明代第一陵——明祖陵

土地上，在淮安这个物资、人员、信息沟通要塞却又命运多舛的城市里，英雄儿女、锦绣才人的大量涌现，应该是一件很必然的事情。

　　生活在淮河下游近海地区的淮夷人，由于所处气候温湿，地势低卑，又常与禽鸟虫兽争食，很自然地成了弓矢和凿井的发明人。在大水浩淼的洪荒时代，又不断与洪水作斗争，形成了英勇无畏的传统与精神。传说大禹三上淮河的发源地桐柏山，征服了淮水、涡水的水神无支祁，把他锁起来，还在胸前挂了一个大铜铃，然后"徙淮阴之龟山之足下"。无支祁"形若猿猴，缩鼻高额，青躯白首，金目雪牙，颈伸百尺，力逾九象，搏击腾踔疾奔，轻利倏忽，闻视不可久"（李公佐《古岳渎经》），成为《西游记》中"齐天大圣"孙悟空的原型。

以淮水、涡水之神无支祁为原型的孙悟空，可能是它在《西游记》中被百姓称为"妖怪"的根子所在吧（此图为动画片《大闹天宫》中的孙悟空）

其后，夏、商、周三朝不断东进，征"虎方""人方"，激起了淮夷人激烈的抗争。周穆王时，徐偃王"率九夷以伐宗周，西至河上。穆王畏其方炽，乃分东方诸候，命徐偃王主之。"（《后汉书·东夷列传》）徐偃王成为淮安地区第一个名垂青史的英雄。

春秋战国时期，淮阴地区成为吴、越人争霸中原的前沿。在这样的环境下，楚汉时期一代名将韩信的出现，是实至名归的了。韩信本在项羽麾下效力，因未得信用，于是离开项羽投靠了刘邦，无奈还是没有得到重用。韩信失望之极，决定离开刘邦，于是上演了"萧何月下追韩信"的精彩一幕。在萧何的竭力举荐下，韩信被刘邦拜为大将军后，"连百万之众，战必胜，攻必取"（刘邦语），虏魏、破代、平赵、下燕、定齐、灭楚，为平民王朝——汉朝的建立立下了煊赫战功。南宋陈亮称他的用兵"古今一人而已"，明朝茅坤称之为"兵仙"。目前淮安还留有韩信的出生地——韩城、韩侯钓台、韩信点将台、胯下桥、韩母墓（又称青水墩）、漂母墓、漂母祠等一批文物古迹。除韩信之外，淮安人梁红玉辅助丈夫韩世忠抗击金兵，转战大江南北，其中"梁红玉击鼓战金山"的事迹特别感人，"红颜摧大敌，须眉有愧"（摘自梁红玉祠上对联），被誉为巾帼英雄；还有爱国将领关天培，在虎门抗击入侵英军，血洒炮台，"异类亦钦伟节"（林则徐语），在中国近代史上书写了壮丽的一笔。新四军军部旧址——黄花塘、

一代文学的开创者，到老仍被汉武帝挂念的人——枚乘。图为毛泽东手书枚乘作品《七发》

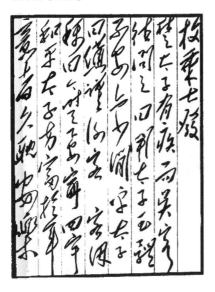

阎若璩，字百诗，号潜丘，清代考据学家，朴学大师

淮阴八十二烈士陵园、苏皖边区旧址纪念馆、新安旅行团纪念馆等革命史迹，也是抗击外敌入侵、追求自由解放的英雄们留给我们的印记。

对自由的追求，对美好的向往，注定了运河儿女不仅是英气的，也是灵性的。象征汉帝国"铺张扬厉"的大赋的开创者——枚乘就出生在淮安，汉武帝仰慕他的才华，用"安车蒲轮"征召年迈的他进京，在文学史上留下一段佳话。枚乘的儿子枚皋也是一位有名的辞赋家。他们父子二人以辉煌的词采，开启了淮安的文脉。此外，陈琳以"章表书记"名列"建安七子"之中，鲍照以诗歌为"元嘉三大家"之一，张耒以诗文位居"苏门四学士"之列，边寿民以花鸟成为"扬州八怪"之一；吴承恩的《西游记》是我国"四大名著"之一，吴鞠通的《温病条辨》是中医四大经典之一，刘鹗的《老残游记》是晚清"四大谴责小说"之一。这里还走出了著名经学大师阎若璩，著名盲人天文历算家卫朴，著名书画鉴赏家和理论家汤垕，剧作家和戏剧大师王瑶卿、周信芳、陈白尘，摄影大师郎静山，著名雕塑家滑田友等一批名人。明清两朝仅山阳县就有进士200余人，河下镇还出了状元、榜眼、探花，留下"河下三鼎甲"的佳话。特别值得一提的是盱眙第一山的宋元题刻，其中不乏苏轼、黄庭坚、米芾、蔡京、赵孟頫等大家的珍品。明清时期淮安城市的繁华，更是带来了人文荟萃的局面。

最值得一书的是，淮安还是伟人周恩来的故乡。周恩来于 1898 年 3 月 5 日出生在淮阴市淮安区（时为山阳县），1904 年他随同父母及养母及两个弟弟迁居淮阴市区（时为清江浦），1907 年因生母和养母相继去世，复与两弟迁回出生地，1910 年"从伯父召，赴辽东"。这样，他在淮阴前后度过了童年的 12 个春秋。为了纪念这一伟人，淮安设有周恩来总理故居、周恩来读书处、周恩来纪念馆，供后人参观凭吊。其中，周恩来读书处面对大运河，隔河即为清江浦楼。我们可以遥想，少年恩来常登清江浦楼，览运河风物，观楚天风云，壮志在胸！

四　运河文化　文化运河

少年恩来居住在运河边，运河给予他的，不仅是沿岸的风物，还有蕴涵其中的文化。他自己曾经说过："12 岁以前，我受的完全是封建教育。……我的知识，许多都是从看小说得来的。"最富有意味的是，他看的许多小说，本身就是淮安地区运河文化的产物。

首先，我们来看小说。施耐庵所著的《水浒传》，虽然故事地点总体上来说发生在山东，我们也可以发现淮安文化杂糅其中的痕迹。在淮安，"浪里白条"是对本地特产白鱼的俗称，因为这种鱼身长体白，一般活动在水的上层，游速极快，又喜翻腾跳跃。为此，用"浪里白条"来形容梁山的水上好汉张顺（绰号"浪里白条"），该是多么的贴切生动。与梁山好汉同时代的苏轼，久知白鱼的名贵，一到洪泽湖边，就急忙问道："明日淮安市，白鱼能许肥？"（《发洪泽，中途遇大风复还》）元末天下大乱，施耐庵曾迁至淮安居住到老，有诗为证："年荒乱世走天涯，寻得山阳好住家。"（《赠顾逖》）他为什么要寓居淮安？因为宋江等梁山好汉曾占领过淮安，有关故事"载在人口"，并陆续搬上戏曲舞台与书场，其中淮安画家龚开还曾为他们一一画像，并作了《宋江三十六人画赞》，提供了直接的艺术形象。施耐庵寓居淮安，在田间、港口采集梁山好汉的遗迹、遗风，显然有助于《水浒传》的创作。

在"四大名著"中，《西游记》里文化杂糅的气息是最为浓厚的。《西游记》的作者是吴承恩，他出生在淮安一个商人家庭，从小就很聪敏，喜欢听神奇故事，爱读稗官野史，接受的不全是儒家"幼承庭训"式的教育。吴承恩博览群书，成年后"英敏博洽"，但直到46岁才成为"岁贡"。又十数年后，为母"屈就"长兴县丞，因"不谐于长官"，拂袖而归。后补荆府纪善，不就。他在家乡结庐而居，以诗文自娱："中岁志丘壑，茅斋寄城郭。窗舞花气扬，林阴鸟声乐。鱼蔬拙者政，鸡黍朋来约。何以陶隐居？松风满虚阁。"（《斋居》）他以这样非功利的眼光看待世界，胸中升起的往往是一股郁郁不平之气（如在《二郎搜山图歌》中所言"胸中磨损斩邪刀，欲起平之恨无力"），而世界自然显得世俗而又可笑。由于思想的杂糅，为此在他的笔下，唐僧有传统儒生式的迂腐和执着（外表是佛门的和尚），猪八戒有着旧式农民般的

吴承恩之墓。吴承恩的魔怪小说告诉了我们运河文化的另一个方面，乱世虽乱，有点理想、敢于坚持的人，还是可爱的、值得敬佩的，哪怕他们有这样那样的弱点和缺点

懒惰和天真（外表是猪），沙和尚有着码头苦力工一样的空洞和塌实（外表是脚夫），以民间水神无支祁为原型的主人公——孙悟空具有新兴资本者游走江湖时的勇敢、机智和不羁（可惜外表是个猴子），仙界、魔界如同人间（神仙们举止更像是官吏，妖魔们举止更像黑道人物），儒、道、释、鬼怪等思想与世上的芸芸众生紧密连接在一起。可以说，他所创设的人物形象，半人半神，半人半兽，半兽半魔，三界合一，运河中、码头上形形色色的人物都在书中得到了象形。

其次，我们看一下戏曲。元代剧作家关汉卿的名剧《窦娥冤》是以淮安的淮安区为背景创作的，比如剧中窦娥有"着这楚州亢旱三年"的"无头愿"，让"山阳县"为"官吏们无心正法，使百姓有口难言"买单，而"楚州"和"山阳县"这两个地名均是淮安的老地名，可见关汉卿与淮安之间的关联。如果我们进一步提到淮安的地方文艺形式，就不能不提到淮剧，因为淮剧是唯一以"淮"字命名的剧种；而提到淮剧，又不能遗忘筱文艳，筱乃大师也。其实，淮剧只在淮安南部亦即淮安城向南地域发展，在淮安北乡亦即在淮河向北的乡村，流行的却是淮海戏。淮海戏又称"柳琴戏"，百姓称"蛮琴调"，而提到淮海戏，又不能不提

港口城市的特点就是兼容并包，文通塔包容了古今

杨秀英，杨乃开山人物也。淮海戏与淮剧是两个唱腔完全不同的戏种，造成这种"书分南北版本"的界线在哪儿？在淮河！谈到淮安京剧，不得不提"通天教主"王瑶卿，梅、程、荀、尚四大名旦均曾向其拜过师、学过艺。麒麟童周信芳以海瑞形象、荀派传人宋长荣以"红娘"形象，名动海内外。

在历史上，淮安虽然有源远流长的高雅文化，但不可否认的是，以平民文化和商业文化为特征的运河文化，却逐渐成了淮安地区文化的主流。因为从文化品种来看，除了诗、文、赋、八股等正统的"案头"之作外，淮安更多也更闻名于世的是小说、戏曲等为大众所喜闻乐见的"码头"文化。诚如李泽厚所评价的那样："以小说戏曲为代表的明清文艺所描绘的却是世俗人情。这是又一个广阔的对象世界，……完全是近代市井的生活散文，是一幅幅平淡无奇却五花八门、多姿多彩的社会风习图画。"（《美的历程》）淮安地区小说、戏剧的兴盛，特别是具有商业色彩和平民精神的人物形象的不断涌现，与其作为大运河的中心港口城市密切相关。

从城区现存的古建筑来看，淮安作为一个港口城市，对不同文化思想也是兼收的。慈云古刹体现了"于荣利无毫发矜重"的佛教理念，文庙中留有诵读儒家经典的声响，古清真寺在斑驳中显现着异域的风采。清光绪二十八年（1902年），江北大学堂诞生，淮安有了现代意义上的教育。

五　淮扬菜　开国菜

运河是开出来的，而美食是吃出来的，淮安是名扬海内外的淮扬菜的故乡。

淮扬菜的特点是以清淡见长，味和南北；烹调标准是"油而不腻，酥而不烂"。淮扬菜炒菜靠油多而诱人，但并不腻人；靠酥软而可口，但并不烂糊。如果以美人为喻，淮扬菜就像是贵夫人——雍容华贵，"软兜长鱼""爆炒虾仁""平桥豆腐"，无论色、香、味、形，都称上品。淮扬菜在中国，地兼南北，比如在它的基础上，以偏辣为主发展为川菜，以偏甜为主成沪菜，以偏生为主成粤菜，以偏硬为主发展成鲁菜……淮扬菜虽然没有自己的特色和名菜谱系，但选料精细，做法考究，对烧、烤、炖、焖、煮、煎、炒、溜、炸、烩、炝、熏的要求却一点儿也不低。西汉时淮安人枚乘在《七发》中劝说楚太子时，留下了最早的"天下之至美"的淮扬菜的菜单："刍牛之腴，菜以笋蒲；肥狗之和，冒以山肤；楚苗之食，安胡之饭，抟之不解，一嚖而散。于是使伊尹煎熬，易牙调和，熊蹯之臑，芍药之酱；薄耆之炙，鲜鲤之脍，秋黄之苏，白露之茹。兰英之酒，酌以涤口。山梁之餐，豢豹之胎。小饭大嚖，如汤沃雪。"在这份菜单上，有鲜嫩的小牛肉搭配上新鲜的竹笋和蒲菜，有脆嫩的石耳点缀着肥美的狗肉羹；在吃法上，可以用焖烂的熊掌蘸着散发着芍药香的鲜酱，可以用叉烧里脊和烩鲜鲤鱼片夹着沾满露水的紫苏和秋菘；此外，还有丰腴的卤山鸡，以及香软的炖豹胎。就餐之始，先用发散着兰花香的酒水漱口开胃；就餐之时，伴以"抟之不解，一嚖而散"的香米饭。但你一定要切记，享受美味时，应少吃点饭，多喝些酒，只有这样，才会有热水浇在积雪上一样爽快、愉悦的舒服感觉。

好菜首先需要好的原料。淮安的母亲河——淮河从桐柏山奔流而下，旁汇众多支派，滔滔千里，浩然而东，与大海相交时，泥沙淤积，形成了大片平原和众多湖泊。由于淮安地区气候温和，雨水充沛，不湿不燥，四季分明，更使得水草丰茂，灌木丛生，大树参天。在平原上，春天有嫩叶繁花可餐，夏日梅杏桃李果腹，秋月摘枣梨、挖菱藕、采苡米鸡头，初冬拾毛栗白果、捡桐子松仁；在密集的水网和纵横交错的江海河湖里，蟹虾蚌珠、鱼鳖鼋鼍，出产丰富（《尚书·禹贡》特别提到了"淮夷蚌珠暨鱼"）。此外，还有家畜家禽，飞禽走兽。苏轼曾经赠诗给门下的淮安学士张耒，赞叹其家乡物产的丰饶。诗中写道："眼明初见淮南树，十客相逢九吴语。旅程已付夜帆风，客睡不妨背船雨。黄柑紫蟹见江海，红稻白鱼饱儿女。殷勤买酒谢船师，千里劳君勤转橹。"（《再过泗上》）"黄柑紫蟹，红稻白鱼"，他在赞美之中充满了向往。

好菜同时离不开民间的创造。"一生好入名山游"的"诗仙"李白，在淮安途中曾经叩开道旁农家的一扇柴门。接纳他的老妈妈捉了一只大黄鸡，用家酿的村醪为调料，精心烹制成美味，来招待这位素昧平生的过路人。她的善良诚挚、热情好客，赢得了大诗人由衷的敬意："暝投淮阴宿，欣得漂母迎。斗酒烹黄鸡，一餐感素诚。予为楚壮士，不是鲁诸生。有德必报之，千金耻为轻。"（李白《淮阴书怀寄王宗成》）善心与诗心相辉映，留下了一段人间佳话，也留下了一道淮菜名品——"酒焖黄鸡"。
清朝时宴乐楼继承了民间做长鱼的若干独特技法，一气推
出了八大碗、八小碗、十六碟、四点心，共三十六道菜点
的全席。按其走菜程序，均分四次进筵：第一批：龙凤呈
祥、米粉鱼、一声雷、铃铛鱼、炝虎尾、白炒长鱼片、炸
脆长鱼、月宫长鱼、长鱼酥合；第二批：叉烧长鱼方、烩
长鱼圆、烩状元、锅贴鱼、炝胡椒鱼、软兜长鱼、子盖长鱼、
长鱼丁、长鱼烧卖；第三批：乌龙抱蛋、高丽长鱼、银丝
长鱼、长鱼羹、炝斑肠、蝴蝶片、长鱼千、长鱼圆、长鱼
三翻饼；第四批：杂素鱼、大烧马鞍桥、龙凤籴、桂花长鱼、
熘长鱼、二龙抢珠、炒长鱼丝、长鱼吐丝、银丝炒面。"长
鱼席"与闻名全国的南河总督署的"燕菜烧烤席"公开叫
板，被称为"怪巧瑰奇，冠绝一时"（金安清《水窗春呓》）。

　　好菜还要有好的吃客。由于大运河与淮河落差大，船
行过淮，不仅要盘坝过闸，还常常因待潮待风滞留淮上，
"水浅舟且迟，淮潮至何处。"（刘长卿《赴楚州次自田
途中阻浅，问张南史》）明初，为了防止黄河水向淮河、
运河倒灌，特建造了清江、惠济等四闸，极慎启闭，众多
公私船只到淮皆须盘坝，换船北上。顺治年间史学家谈迁

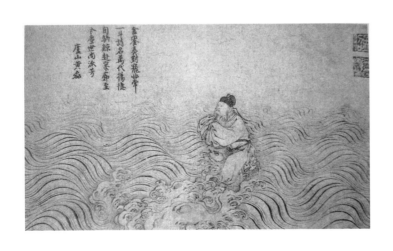

明徐良绘《太白
骑鲸图》

两次过淮，就盘桓月余。为此，淮安城里经常车水马龙，酒楼歌馆日夜不休。每值会试之年，江南、岭南赶考举子莫不汇聚于此。行役之人，黄昏羁愁，最难消受，其中最惬意的事情，莫过于对酒当歌，尽情品尝美味。俗话说："穷家富路。"为此，一条条通衢长街上，酒楼食店比户挨肩，无不以淮安特色菜肴招徕顾客。当然在这些吃客中，更不乏大的盐商、茶商等巨贾，以及漕运总督、河督的钦差大员们。他们因为有了巨额财富和通天权力的支撑，吃得更精致、更豪奢。薛福成在《庸庵笔记》中记录下"河工之宴"："食品之繁，虽历三昼夜之长，而一席之宴不能毕。"

好菜也离不开相互之间的交流。淮安港作为我国古代重要出海口，唐宋时，大食、波斯的胡商由海上来华，也多经淮安去长安、汴京。一些穆斯林在淮定居下来，以马、杨、沙、丁四姓居多。马头即马姓最早的聚居区，其后代多以经营饮食业为生，来自异域的清真风格使淮地牛羊肉烹调技术大大改观。据高岱明《淮安饮食文化》，著名的马头汤羊肉由特殊配料和烹技做成，半汤半肉浑然一体，肉嫩软绵酥，入口即化；汤若稀若稠，回味持久。在吃法上"先上汤，后上菜；先用勺，后动筷"，也别具一格。晚清时"全羊席"最终在淮安集大成。从事海运业的新罗人喜欢聚居在山阳、涟水的新罗坊，淮菜中"高丽羊肉""高丽长鱼"等，很可能借鉴了他们的烹艺。

好菜也需要美酒为侣。在酒中，淮安有著名的"三沟一河"（高沟、汤沟、双沟、洋河）。20世纪末，中国科学院古脊椎动物和古人类研究所的科学家们在淮河下游的下草湾，发现了1500～1200万年前的古猿化石，定名为"双沟醉猿"（淮安人爱饮酒的源头）。高沟酿酒始于西汉，唐时已很出名。韦应物过此，闻酒香，开怀畅饮，欣题"三日开瓮香满城，甘露微浊醍醐清"。汤沟酒最早产于北宋年间，明末即享盛名，《长生殿》的作者洪昇曾赞道："南国汤沟酒，开坛十里香。"而洋河酒在唐代已负盛名，康熙南巡，曾两次亲临其地品尝美酒。乾隆第二次南巡时也上岸觅琼浆，饮后留下了"洋河大曲酒味香醇，真佳酒也"十二字御笔。由于淮水清澈、谷物甘淳，淮酒最大的特色就是酒香浓郁，醇冽甘美，开坛窖香四溢，一啜馨香沁齿，回味余香满颊。

由于淮菜盛名在外，整个淮安厨师从业人数之众、整体水平之高、技术竞争之激烈，引起朝野上下的瞩目，形成了三股风：一是"要厨子"，慈禧太后向河漕总督要了一批批淮厨入御膳房，京里王公贝勒、显官势要，各地督抚大员、豪门富家也都伸手向这里要；二是"带厨子"，在淮仕宦离任时，多喜带厨子一起走，如河漕总督张之万、李瀚章、张人骏、陈夔龙以及江北提督段祺瑞等皆如此；三是"送厨子"，淮安人凡赴外地为官，或办学经商创业者，依乡俗，亲友多以熟悉的厨子相荐，美名其曰"送"。清直隶总督杨士骧与杨士琦不仅向李鸿章、庆亲王奕劻、袁世凯等力荐淮厨，还给众多同僚好友"送"过家厨。还有的厨师在使馆或领事馆供职，将淮菜带到国外，向世界展示了中国菜的风采。

　　1949 年，经中央决定，中华人民共和国开国大典国宴上所用菜肴，以南北人士都能接受的淮扬菜为主。张文显等一批淮厨被借调至北京，参与筹备盛典。淮菜代表作——"软兜长鱼"率先登台，被人们誉为"共和国第一菜"。这道菜后来还被评为"江苏十大名菜"之首。

六　万万顺　步步高

　　在我国，吃总是和过节联系在一起，过节肯定离不开美食。淮安作为大运河上的"繁华之都"和黄、淮洪水的"故乡"，更是特别讲究花色花样和蕴涵其中的吉祥寓意。

　　正月初一，早餐要吃饺子和汤圆。饺子弯弯像船，象征"万万顺"；汤圆圆圆，象征"金元宝"，讨的就是这个吉利。人们在堂屋里桌子上摆下盛满瓜子、花生、蜜饯、糖果、大糕的盒子，款待来拜年的亲朋。中午吃饭，只上冷盘，再将除夕备好的大菜上锅热一热，不做新菜，也不新煮饭，更不熬粥，主食乃烫饭就包子、馒头。春节期间，地不能扫，怕扫了财气；不能动刀剪一类"凶器"，要的是一种绝对的祥和。初五是小年，要早起点香烛，放鞭炮，祭拜财神爷。茶杯酒盏皆要五套，因为财神有五路；菜肴必备"炒黄豆芽"，此日专门叫做"如意菜"，因为豆芽形状既像如意，又像金钩。民谚云："设下万把金钩，搭住五路财神"。当然少不了"跳财神"这个活动，"财神爷"穿着红衣红裤，戴着红帽红花，在大人小孩的簇拥下，挨家挨户"讨吉利"。正月十五元宵节，早餐吃汤圆，晚间逛灯市猜灯谜。

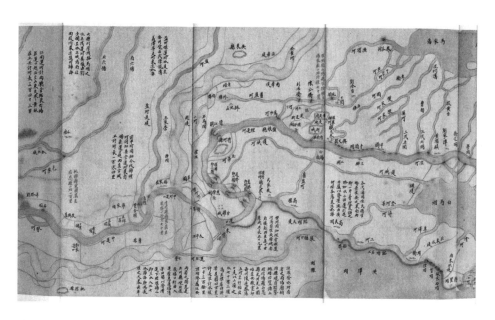

清代京杭运河全图——淮安段

"月上柳梢头，人约黄昏后"，灯如海，人如潮，烟花烛天。到了立春日，必吃萝卜，俗称"打春"。

"二月二，龙抬头，家家户户带活猴"。二月二是女儿带着孩子回娘家的好日子，也是做媳妇的一年中难得的几天俗定假期之一。父母心疼女儿在婆家受委屈，再加上同姓的一家人重新聚全，因此菜是尽可能的丰盛。二月十二，百花生日，也是沿河插柳的日子。

三月三，曲水流觞。城外游人如织，多踏青寻芳，会饮郊外。年轻的读书人，还有帽檐两边双插杏花的习俗。清刘蔚《上巳大风独游清江北岸》云："无聊河岸漫徘徊，觅取黄垆酒一杯。为客不知逢上巳，见人双插杏花来。"寒食禁烟，清明祭扫。立夏每个小孩一只煮鸡蛋，据说吃了不枯夏。

五月初五过端午。家家门悬菖蒲和艾草，称大将军，以纪念韩信，企望他在"恶五月"中能为乡亲辟邪。小孩子们洗过菖蒲艾草澡后，个个"武装到牙齿"：胸前挂着的是护心镜（以丝络网，套个咸鸭蛋），腰上系着的是银瓜锤（独瓣蒜上结彩丝为络，又称蒜络），脚下蹬的是老虎鞋，头上戴的

运河上的淮安船闸总是那么繁忙，无论是过去还是今天

是艾虎绒（蚕茧彩丝做的老虎），臂上缠的是百年索（五彩丝线系腕，七夕时剪下放屋顶上，让喜鹊衔去搭鹊桥）。在这些"武装"里面，老虎的形象最突出，也与历史上的"虎方"称呼相一致。新娘子缚绢中穿荞麦为首饰，称"荞麦娘"。这个荞麦要悄悄藏起，以备秋后求子之用。"端阳节包大粽，娘家送了舅家送"。早饭吃粽子，粽子有斧头粽、羊角粽，小脚粽等形状，甜的、咸的随意。午饭吃咸鸭蛋，饮雄黄酒。午后，万人空巷，不是看龙舟竞渡，而是看在箫鼓的伴奏下，龙舟上表演的各种惊险动作。他们一边观看，一边"争输下聘钱"。

六月六，吃炒面。六月二十四，俗称荷花生辰。立秋日必吃西瓜，称

"咬秋"。

七月七，女儿节，"七夕之夜月如弦，乞巧瓜果列庭前"。七月半，中元节，祭祖先。

八月十五，团圆节。"桃、伏、秋"三汛过后，处在"洪水走廊"里一家人还能够聚在一起，看花赏月，已是非常的难得；而且从今以后，一年中的艰难日子已经殆尽，平安时光已经来临。为此，淮地中秋的重视程度仅次于春节。饮酒赏月之外，一些文人雅士还喜欢乘月游湖。女孩子们（淮地有男不拜月、女不送灶的民俗，男孩子拜月会被别人耻笑的）把瓜果时蔬、月饼蜜饯等供在中庭，拜月许愿。

九月初九，重阳节，文人节。文人们持螯赏菊，登高赋诗。边寿民曾咏道："苇间好，重九雨霏霏。古寺客穿红叶出，小舟人载菊花归。酒熟蟹螯肥。"重阳日还吃"菊花锅"、旗儿糕，因此吟作又统称题糕诗（词）。

十月十五下元节，淮人登禹王台祭禹（禹因治淮有功，被尊为水官大帝），赶禹王宫庙会，人山人海，有各种各样小零食卖。

冬至称大冬，前一日叫小冬，上坟；次日祭祖。在三鬼节中，大冬拿供，祭肴最丰，且要过正午，有"早清明，晚大冬，七月半等不到中"之说。

腊月初八煮"腊八粥"，分赠亲戚邻友。腊月二十三至二十五，按"官三民四龟家五"，分别送灶。淮安还有小儿主祭灶神的习俗，沈德潜《泊

传说中对淮河进行治理的大禹，被处在洪水包围圈中的淮安人视为"水官大帝"，公祭活动一直得以绵延

舟板闸》云："河壖儿祀灶，村店妇司庖（原注：淮上小儿祀灶以其无过）。"送灶后，扫积尘，办年货，做馅心，蒸点心，大烧大煮，大煎大炸，备年夜团圆饭。除夕午饭后，春联雪中映，红光满户庭。小傍晚先祭祖先，后吃团圆饭，菜肴无论多寡，至少要有鱼（寓意"年年有余"）、有肉圆（寓意"团圆富足"）、有酒（寓意"长长久久"）。饭也煮得特别多，非要"酒足饭饱"。入夜，围火盆守岁，"三更分二年"时，家家放鞭炮、吃年糕，迎接新年的到来。最有意思的是那些小孩子们，熬着熬着就困得不行睡着了，被大人抱上了床；第二天睡醒眼一睁，发现枕边放着难得一见的蜜枣、大糕。他们在大吃大嚼"甜甜蜜蜜、步步登高"的时候，还从枕头下摸出红纸包、压岁钱，脸上真是惊奇得不得了，而这也正是大人们最乐意看到的。

世上没有人会拒绝好年头，拒绝富足和快乐，处在洪水包围圈中的淮安人，自然会更加珍惜，有时还把南来北往的客人的节日当作自己的节日过。

七　淮水安澜　花满清江

"渺渺孤城白水环，舳舻人语夕霏间。林梢一抹青如画，应是淮流转处山。"（《泗州东城晚望》）宋朝词人秦观对淮安的生动描写，让我们感受到家居山、水之间的美好。

淮安是水的故乡，从它目前管辖的清江浦、淮阴、淮安、洪泽、涟水、盱眙、金湖七区（县）的名称中可以看出（大都与"水"密切相关）。相传大禹曾在淮安境内治水，意欲"使淮水永安"，淮安市名即寓"淮水安澜"之意。无奈后来黄河数度夺淮入海，使淮安成为名副其实的"洪水走廊"，水患更加频繁。我们可以想象一下，淮安常遭洪水的后果是什么样子？市面还能繁荣？人民还能安居？有几个大富在淮安经营了三代以上，留下华丽的苑囿？一次次的洪水过后，所有的存在都荡涤无存。

新中国成立后，第一条进行全面治理的大河，就是淮河。1950 年，毛泽东发出"一定要把淮河修好"的号召，周恩来主持制定了"蓄泄兼筹"的治淮方针，先后兴建了苏北灌溉总渠、三河闸，整修加固了洪泽湖大堤，开辟了分淮入沂和淮河入江水道。这样，淮河水流入洪泽湖，经过洪泽湖的调蓄

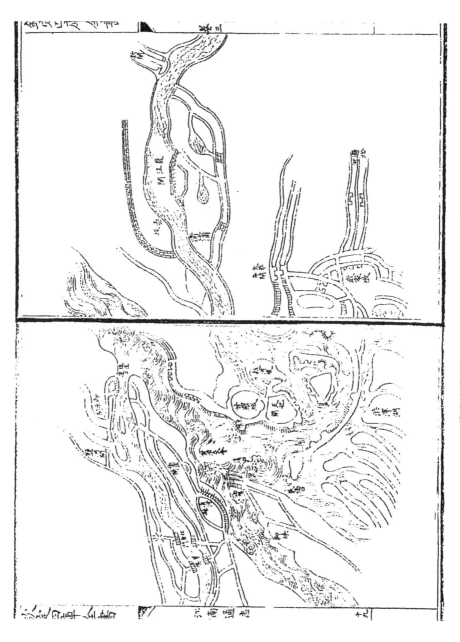

淮安府漕运图（自黄苇等修《江南通志》）

后，从淮河入江水道、苏北灌溉总渠及二河闸入江入海。千里长淮终于结束了八百多年来流水无出路的历史，终于可以顺畅地入江、入海，而不再四处泛滥了。其中，三河闸的建成，还使洪泽湖这个空中"悬湖"（湖底高出淮、扬里下河地区 4～8 米，民谚云："倒了高家堰，淮、扬二府不见面"），变成了一个巨型的平原水库。经过有计划的系统治理，江淮地区由"洪水走廊"重新回归为"鱼米之乡"。更值得一书的是，这些巨大工程的完成，绝大部分不是凭借机械，而是凭借广大河工的一付铁肩一双手，一担担、一车车完成的。1958 年在开挖淮沭新河的时候，据说在最初的蓝图上，曾经无私帮助过韩信的漂母之墓正处在即将开挖的河道的中心。周恩来发现这个问题后，立即找有关同志商量，要求在不影响全局的情况下将河道偏移，保护漂母墓这一处古迹不受破坏，来珍重人民大众之中的这一最朴素的感情。

从 1950 年起，在国家的整体规划下，交通部和江苏省政府先后投资 10 亿元，扩建了京杭运河上的谏壁、解台两座二线船闸和淮阴、淮安、宿迁三座三线船闸，消除了京杭运河江苏段的"瓶颈"制约，实现了京杭运河苏南、苏北全线畅通，为江苏及华东地区提供了一条南北水上快速交通大动脉。苏北运河常年可行驶 2000 吨级的船舶，目前有苏、鲁、沪、浙、湘、豫等｜多个省市的船舶航行其中，年货运量可达 3 亿多吨。其中，大运河淮安段北起骆马湖民便河船闸，南迄北运西闸，全长 169 公里，横跨淮、沂、泗诸水系，贯通骆马湖、洪泽湖、白马湖、宝应湖、高邮湖五大湖泊，成为淮安灌溉、防洪、防涝、航运结合的主要河流。在国家实施的"南水北调"工程中，大运河正在发挥着越来越重要的作用。

淮安市围绕"水""绿"和"文化"做文章。淮安市区规划采取棋盘式主次干道网络架与水系的结合，形成路环河绕，城随水展，城绿相间，融水、绿、老城、新区于一体，以天然河道和专用绿带走廊分割城市空间的结构布局。其中，在清江浦和淮安区之间的结合部，亦即大运河两边规划大片绿地，建设里运河风光带，挖掘淮安所蕴涵的深厚的运河文化。1986 年，"中国诗人录音馆"在淮安成立，录音馆以中国有影响的诗人将自己代表诗作原声录音的方式，收录了艾青、臧克家、冰心、冯至、柯岩等 60 多位诗人的录音作品，留下了中国诗人的心声。1988 年，"中国运河诗会"在淮安召开，运河将中国诗人的心紧紧地系在一起。2003 年，淮安水上立交建成，实现淮河入海水道与京航大运河各自独流，并成为著名的"网红打卡地"。2014 年，中国大运河正式列入世界文化遗产名录，淮安共有 2 处遗产区（清口枢纽、漕运总督遗址）、1 段河道（淮扬运河淮安段）、5 处遗产点（清口枢纽、双金闸、清江大闸、洪泽湖大堤、总督漕运公署遗址）在列。

唐朝储光羲在《寄孙山人》诗中，描绘出"新林二月孤舟还，水满清江花满山"的美丽画面。"山水有清音"，我们唯愿淮安如目前大运河流经过的地区——"清江浦""淮安"一样，美丽清澈而又安静平和！

第十城

高邮：千古一邮邑，运河起繁华

水乡高邮，一个有着2000多年建城史的古城，坐落在长江三角洲、江淮平原的南端、里下河地区。这儿，有京沪高速与京杭大运河纵贯南北，有运河大桥、湖区漫水公路和高邮、珠湖船闸连接运河东西。在中国九百六十万平方公里的版图上，高邮，是 个并不起眼的名字；在经济腾飞的现代中国，在经济富裕发达的江苏，高邮，也远不如苏南的县市那样赫赫有名。然而，历史上的高邮，实在要算得上是一个大有来历的地方。

一 水运线上起繁华

高邮境内，有被称为1993年全国十大考古发现之一的龙虬庄遗址，这也是迄今发现的江淮东部地区最大的一处新石器时期的古文化遗址。龙虬庄遗址的发掘，充分表明，早在7 000多年前，这里便已经有了人类璀璨的文明。根据学者们对龙虬庄遗址发掘实物的综合研究，有人得出了这样几点结论：高邮的龙虬文化，具有很高的文明程度；高邮的龙虬文化，孕育了尧文化；在尧文化中，具有独特的江淮东夷文明印记。《史记·五帝记》《索隐》谓："尧初生时，其母在三阿之南。"而三阿，正在今天高邮的西北。作为尧的出生地与早期活动中心，其对尧文化的观念体系，产生了深刻的影响，所以说，

尧帝像

高邮是尧文化一个重要的发祥地（参见丁季华、薛小荣《尧文化圈漂移点击——兼论高邮是尧文化重要发祥地》，《探索与争鸣》2007年第4期）。

择水而居，是人类先民们共同的特点。人类早期的文明，也都与水结下了深深的不解之缘。高邮能够在中华早期文明史上书写下浓墨重彩的一笔，正与它作为水乡，水资源丰富、水运发达，有着十分直接的关系。

公元前5世纪，吴国开凿邗沟，从扬州附近，上通长江，经高邮、宝应、淮安入淮，沟通江、淮，从此，无论是隋朝的运河，还是元代取直以后的京杭大运河，高邮都成为中国南北水运大动脉上一个著名的重镇。

在主要依靠水运的中国古代，因为地处水运的大动脉之上，秦王嬴政二十四年（前223年），在此筑高台、置邮亭。高邮也以此而得名，又称秦邮。高邮还称盂城，则取意于宋代词人秦少游"吾乡如覆盂"的诗句。明洪武八年（1375年），这里又开设了规模更大的盂城驿，作为当时京杭大运河上一个有着重要地位的驿站。这些，都显示出了高邮在中国历史上重要的水运要站的地位。

重要的水运交通地位，促进了高邮的进一步发展。而随着其地位的日渐重要，在汉武帝元狩五年（前118年），于此设高邮县，属广陵国。此为其建城之始，迄今已有了2100多年的历史。其后，虽时有废设，几经调整，如三国时废县，晋太康元年（280年）复置，南朝宋析置临泽县，梁又析置竹塘、三归二县，置广业郡，寻改神农郡，隋开皇初废郡，属江都郡，省临泽、竹塘、三归三县，唐属扬州，宋开宝四年（971年）置高邮军，熙宁五年（1072

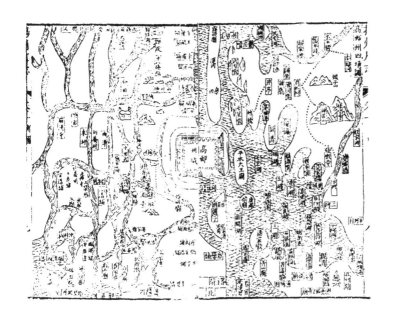

高邮州四境界图
（自清崔华、张万寿纂修《康熙扬州府志》）

年）改为县，元祐元年（1086年）复为军，属淮南东路，元至元十四年（1277年）置高邮路，二十一年（1284年）改高邮府，属扬州路，明洪武元年（1368年）改为州，属扬州府，清因置，但其重要的地位，其实并没有太多的变化。

关于高邮的发达繁荣，著名的《马可·波罗行记》里，就有具体的描写。元时，马可·波罗曾取道大运河南下，到过扬州、宝应、高邮、泰州诸城。其《行记》中记载："走了一天路程，当夜幕降临时，来到一个名宝应州的大城镇，居民信奉佛教……他们靠工商业维持生活，丝产量很高，并且织成金线织物，生活必需品极丰富。……和宝应相距一天时间的路程，往东南方向去，就是建筑很好，范围广大的高邮所在地，这里的工商发达，盛产鱼类，可猎取的飞禽走兽也很丰富，特别是雉鸡出产极多。"在西人马可·波罗眼里，豪华的建筑、广大的面积、繁荣的工商业、丰富的鱼类及飞禽走兽，高邮是那样的富庶繁华。

明代高邮籍著名散曲家王磐，他那首脍炙人口的名篇
《朝天子·咏喇叭》，早为人所熟知：

喇叭，唢呐，曲儿小腔儿大。官船来往乱如麻，
全仗你，抬身价。军听了军愁，民听了民怕，那里去
辨甚么真共假？眼见的吹翻了这家，吹伤了那家，只
吹的水尽鹅飞罢。

根据明人蒋一葵的《尧山堂外记》记载："正德时，
阉寺当权，往来河下者无虚日，每到辄吹号头，齐征夫，
民不堪命。"这首曲子，其命意，自然是通过咏喇叭，来
讽刺宦官们的煊赫声威，戕害百姓，扰民祸民，而那"乱
如麻"的官船，与林立的樯桅，其实也是古运河高邮段当
年的运输繁忙景象的真实写照。

有这样一个记载，说是康熙第四次南巡的时候，途经
高邮。高邮人贾国维献上了《万寿无疆诗》《黄淮永奠赋》，
康熙龙颜大悦，召其到了船上，再有御试《河堤新柳》七
律一首：

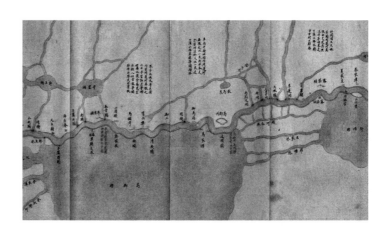

清代京杭运河全
图高邮段

官堤杨柳逢时发，半是黄匀半绿遮。

弱干未堪春系马，丛条且喜暮藏鸦。

鱼罾渡口沾微雨，茅屋溪门衬晚霞。

最是鸾旗萦绕处，深林摇曳有人家。

贾国维因为他的《河堤新柳》及《芳气有无中》等诗，康熙厚赐其白银，并命他随行入都，任懋勤殿纂修。康熙四十五年（1706年）赐进士，殿试中探花，任翰林院编修、内廷供奉、上书房行走。四十九年（1710年）任《佩文韵府》纂修兼校勘官、《康熙字典》纂修官。康熙的第五、六次南巡，贾国维也都随驾出游。

这一资料，透露了这样几点信息：交通要道，窗口地势，可得风气之先；帝王出巡富庶江南的必经之路，与康熙的于此驻留，说明了高邮在当时重要的地位；重要交通地位，便利的交通运输，不仅贾国维辈个人因之有了风云际会的运气，而整个高邮也都会因此不断获得各种重要的发展机遇。古代高邮的繁荣，在此不难看出其必然的原因。

二　"甓社湖中有明月，淮南草木借光辉"

说起高邮，不可不提高邮湖，这是镶嵌在高邮大地上一颗最为璀璨耀眼的明珠。而说起高邮湖，也不能不提作为"秦邮八景"的第一景——甓社珠光。根据宋人沈括《梦溪笔谈》卷21中记载：

沈括像

嘉祐中，扬州有一珠甚大，天晦多见。初出于天长县陂泽中，后转入甓社湖，又

后乃在新开湖中。凡十余年，居民行人常常见之。余友人书斋在湖上，一夜忽见其珠甚近，初微开其房，光自吻中出，如横一金线，俄顷忽张壳，其大如半席，壳中白光如银，珠大如拳，烂然不可正视，十余里间林木皆有影，如初日所照，远处但见天赤如野火，倏然远去，其行如飞，浮于波中，杲杲如日。古有明月之珠，此珠色不类月，荧荧有芒焰，殆类日光。

科学家言之凿凿，应该是所言不虚，有这么回事儿。其所谓的"友人"，则是指的北宋高邮文人孙觉。传说，就在这一年，孙觉吉星高照，高中进士。而看见了珠光，则便是预兆了祥瑞。孙觉的女婿，著名词人、书法家黄庭坚，还为此特意赋诗《寄外舅孙莘老》，云：

明崔公度撰《珠湖赋》书影（自明杨洵、陆君弼等修《扬州府志》）

> 赟社湖中有明月，
> 淮南草木借光辉。
> 故应剖蚌登王府，
> 不若行沙弄夕霏。

因为有了此等名人神话，人们也就竞相以一睹珠光奇观为快，更有甚者"往往维船数宵以待现"（《梦溪笔谈》卷21）。

行走在高邮这块古老的土地上，到处可见历史的岁月所留下的浓重印痕。天山原名土山，位于高邮湖西边，是高邮、仪征及安徽天长的交界处。

——这儿，是东晋时期著

名的战役肥水大战的一个战场。东晋宰相谢安和他的弟弟谢石、侄儿谢玄，就在这里将前秦的大将彭超打得落花流水、丢盔弃甲。

——这儿，也是谢安炼丹的地方。据说在会稽王司马道子执政时期，谢安受到排挤，出镇广陵（今江苏扬州），因天山距扬州不远，于是就来到这里修炼丹药。传说南齐还有位亘公，也曾来到这里建庙，修炼丹药。

——始建于北宋太平兴国年间的文游台也在这里。史载元丰七年（1084 年），苏东坡途经高邮，曾与孙觉、秦观、王巩等，在东山庙台载酒论文，"文游台"以此而得名。

巍然矗立在运河当中，有一座被建筑家们称为"南方大雁塔"的方形宝塔——镇国寺塔，此塔原为唐代僖宗为他的弟弟李偗所建。又名空塔，乃是清乾隆四十二年（1777 年），因起火，塔内楼板被焚一空而得名。又名断塔，是清嘉庆十五年（1810 年），在一场龙卷风中，塔之三级被毁了的缘故。现在的七级宝塔，则是清光绪三十二年（1906 年）重建之物。

高邮历代不乏名人，高邮的土地孕育了他们的诞生，而他们的出现，也为高邮增光益彩，丰富了高邮文化的底蕴。

秦观画像

孙觉（1027～1090 年），字莘老，北宋人。自幼苦学，十五岁通《易经》《春秋》大意，二十岁，从胡瑗学，在"春秋经社"中最年少，也最受先生及社内同学推重。历仕湖州、庐州、润州、苏州、福州、亳州、扬州、徐州知州，右谏议大夫，吏部侍郎兼右选，龙图阁学士兼侍讲。著《周易传》《春秋传》等。

《高邮王氏父子
年谱》书影

秦观（1049～1100年），字太虚，后改字少游，别号邗沟居士，世称淮海先生。北宋人。仕至太学博士、国史馆编修。著名词人。有《淮海集》40卷、《淮海词》（又名《淮海居士长短句》）、《劝善录》《逆旅集》等，为宋"苏门四学士""苏门六君子"之一。元丰元年（1078年）赴京应试，过徐州，拜访苏轼，作《黄楼赋》，苏轼以为有屈宋之才。元丰七年（1084年），苏轼过扬州，往会秦观，与孙觉、王巩往游东岳庙，吟诗作赋，传为佳话。

汪广洋，字朝宗，明初人。历仕参政、左丞相、右丞相等。曾被明太祖朱元璋誉为"处理机要，屡献忠谋"，比其为汉代张良、三国之诸葛亮。著作有《凤池吟稿》八卷。

王磐（1470～1530年），字鸿渐，明代散曲作家、画家。少时薄科举，常"登山临水，幅巾藜杖，飘然若神仙"（《高邮州志》）。善于画画，"长于写意，评者称其天机独到，别有一番风趣，非学力所及"（《高邮州志》）。自称"我是个不登科逃名进士，我是个不耕田识字农夫，我是个上天漏籍神仙户""赤手江湖真钓隐，白头天地老诗狂"。布衣终身，筑楼于城西，日与文人雅士诗酒流连，歌吟啸咏，自号"西楼"。他与同时的金陵陈铎被人并誉为"南曲之冠"。明人徐复祚《花当阁丛谈》中有则故事，说他自己一日读《留青日札》，感觉极杀风景，便取了杜牧诗与王磐的散曲，以消喉中污秽，可见王磐散曲在当时社会的广泛影响。王磐的散曲创作今传有《王西楼乐府》。

王永吉（1600～1659年），字修之，号铁山，明朝人。历仕山东大理寺卿、兵部尚书、都察院左都御史、国史院大学士兼吏部尚书，以清廉著称。

贾国维（1671～1743年），字奠坤，一字千仞。殿试中探花。康熙第四次南巡，经高邮时，献《万寿无疆》《黄淮永奠赋》得宠，随行入都。任《佩文韵府》纂修官兼校勘官，《康熙字典》纂修官。著《太史算》《望尘集》等。

王安国（1692～1757年），字书城，号春圃，王念孙的父亲。祖居苏州，明初始迁高邮。世代书香相继。安国禀承家训，饱读诗书，雍正二年殿试，高中一甲第二名榜眼，授翰林院编修。历仕广东学政、左都御史兼领广东巡抚、礼部尚书、吏部尚书等。为人耿直、清廉。"由巡抚入为尚书，衣食器用不改于旧"。卒年64岁，乾隆御赐白金五百治丧，谥文肃。著有《王文肃公遗文》1卷，《补遗》1卷。

王念孙（1744～1832），字怀祖，号石臞，石渠。王安国之子。4岁诵《书经》而知意。8岁可以写史论。13岁师从戴震。历仕山东运河道、直隶永定河道等，于治水颇有心得。年67去职，年82岁授四品衔，重赴鹿鸣宴。道光二十年（1840年）卒，享年89岁。

《高邮王氏四种·字典考证》书影

念孙于为官从政之余暇，治文字声韵训诂之学，有《广雅疏证》20卷、《读书杂志》83卷。

王引之（1766～1834年），字伯申，号曼卿，念孙长子。34岁高中一甲第三名探花，授翰林院编修。38岁，在翰林院考试中名列一等，升为侍讲。60岁，代理户部尚书。62岁，为工部尚书、英武殿正总裁。64岁，代理吏部尚书。65岁，调任礼部尚书。道光十四年（1836年），任工部尚书。卒年69岁，谥"文简"。引之自少年习文字声韵训诂之学，颇得乃父嫡传。毕生研究《尔雅》《说文》《音学》等书，有《经义述闻》32卷，《经传释词》10卷，为学人称道。

孙云铸(1895~1979年)，地质学家，古生物学的奠基人。教授。历任地质部教育司长，中科院学部委员，地质科学院副院长，为全国第三届人大代表，政协第二届、第三届委员，九三学社中央委员。曾与李四光共同出席世界地质和古生物学会议，当选为国际古生物协会副主席。为我国培养了大量地质人才。有《中国北部寒武纪动物化石》，为中国第一部古生物学研究专著。

汪曾祺(1920~1997年)，著名作家。出生在高邮城镇一个旧式地主之家，衣食无忧，自幼接受了良好的文化教育与艺术熏陶。中学分别就读于高邮县中学和江阴南菁中学，初步展现出了文学的天分与才华。就读西南联大时期，颇得沈从文先生赏识，其处女作《灯下》，经沈从文先生指导、推荐，后改名《异秉》发表。1949年春出版的第一部小说集《邂逅集》，此后陆续有20多本小说、散文集问世。汪曾祺的散文小说，乡土气息颇浓，其名篇佳什，大多留有家乡的印痕，可以说，是高邮，孕育了文学家汪曾祺的诞生。现有《汪曾祺文集》和《汪曾祺全集》流行于世。

三 "腌蛋以高邮为佳"

说到高邮咸鸭蛋。清人袁枚的那本鼎鼎大名的《随园食单》里，有《腌蛋》一条，已就高邮咸蛋做专门的介绍：

腌蛋以高邮为佳，颜色细而油多，高
文端公最喜食之。席间，先夹取以敬客，
放盘中。总宜切开带壳，黄白兼用；不可
存黄去白，使味不全，油亦走散。

高邮籍现代著名作家汪曾祺先生，在他的
《故乡的食物》里，有《端午的鸭蛋》一节，
其中也不无自豪地说：

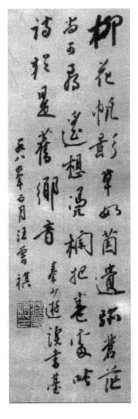

汪曾祺书法

　　我的家乡是水乡。出鸭。高邮大麻鸭
是著名的鸭种。鸭多，鸭蛋也多。高邮人
也善于腌鸭蛋。高邮咸鸭蛋于是出了名。
我在苏南、浙江，每逢有人问起我的籍贯，
回答之后，对方就会肃然起敬："哦！你
们那里出咸鸭蛋！"上海的卖腌腊的店铺
里也卖咸鸭蛋，必用纸条特别标明："高
邮咸蛋"。高邮还出双黄鸭蛋。别处鸭蛋
也偶有双黄的，但不如高邮的多，可以成
批输出。双黄鸭蛋味道其实无特别处。还
不就是个鸭蛋！只是切开之后，里面圆圆的两个黄，
使人惊奇不已。我对异乡人称道高邮鸭蛋，是不大高
兴的，好像我们那穷地方就出鸭蛋似的！不过高邮的
咸鸭蛋，确实是好，我走的地方不少，所食鸭蛋多矣，
但和我家乡的完全不能相比！曾经沧海难为水，他乡
咸鸭蛋，我实在瞧不上。

　　汪曾祺先生说他不高兴人称道高邮咸鸭蛋，不过是文
学家欲扬故抑的手法罢了，但他说的高邮不仅仅出咸鸭蛋，
却也是无可辩驳的事实。就在《故乡的食物》里，汪曾祺

先生就还谈到了《炒米和焦屑》《咸菜茨菰汤》《虎头鲨·昂嗤鱼·砗螯·螺蛳·蚬子》《野鸭·鹌鹑·斑鸠·鹩》《蒌蒿·枸杞·荠菜·马齿苋》，美食家开列的高邮"乡土菜"，洋洋大观，令人垂涎。物产外，如孤陋寡闻的我辈，岂不也还知道，宋代有词人秦观，现代有小说散文家汪曾祺吗？高邮的闻名，秦观、汪曾祺等当然功不可没。而丰厚的历史人文底蕴，与水乡的名产，恰恰是高邮历史所具备的最重要的两张名片，也是代表高邮特质的两个顶重要的符号。

曾几何时，运河要道上的重要地位，为高邮带来了历史上的空前繁荣，无限风光。历史的脚步迈进了 19 世纪的门槛，随着南北海运的兴起，还有此后的津浦铁路通车，运河的地位一落千丈，作为运河沿线重镇的高邮，也逐渐褪去它原有的神采光环，走向衰落，风光不再。但历史的积淀仍在，大运河水流淌依旧，得到重新疏浚、加深、裁弯取直的运河，将不仅是重要的运输线，在南水北调，以及灌溉、排洪、排涝、发电等方面，也将发挥它重要的价值。而在新形势下，运河古城，如果能够迅速地完成其角色的转换，借着新时代的东风，凭着丰厚的文化财富积蓄，与丰富的物产资源，新旅游业的崛起，其阴霾散去之后，必将显得更加光辉夺目。

高邮镇国寺塔，建于唐代，位于运河上

扬州：二十四桥明月夜，玉人何处教吹箫

历史上的扬州，首先是一个区域的总称，原为古代九州中的一州。《尚书·禹贡》曰：冀、兖、青、徐、扬、荆、豫、梁、雍，是谓九州。虽然关于九州的说法并不一致，但扬州均为其中的一州，则没有例外。然而，纵向观之，六朝以前的扬州，一直与现代意义的扬州无涉。而今天的扬州，在春秋时期称作邗国，后又相继称为江都、广陵、吴州。直到隋文帝开皇九年（589年），改吴州为扬州，设总管府，杨广任扬州总管，从此，扬州开始享有了它的专名。

一　中华运河第一城

万里长城的建造，它的起始点在哪里，恐怕无法考证；而1800公里长的京杭运河的第一锹，则是在扬州开挖的。从这个意义上来说，扬州是与运河同龄的一座城市。

在1800公里长的京杭大运河中，邗沟无疑是最早开掘的一段。春秋初期，吴国吞并了盘踞在现今扬州地盘上的邗国。公元前486年，"吴城邗，沟通江淮"（春秋左丘明《左传》），面对着江、淮之间，到处可见的湖沼水泊，却没有一条内河水道沟通，这对于志在逐鹿中原，进而称霸天下的吴国，便

成为必须解决的一个不算小的问题。于是，他们先筑邗城于蜀冈，接着在蜀冈之下，绕城而过，开掘了沟通长江、淮河的"邗沟"，约在今天的扬州螺丝湾至黄金坝一带。吴王夫差开凿的邗沟，也就成为大运河的起始河段。邗沟还有"邗江""韩江""渠水""邗溟沟""中渎水"等不同的名称。

吴王夫差开挖邗沟，消耗巨大，元气大伤。公元前473年，也就是在邗沟开成后的第十三年，卧薪尝胆的越王勾践，与中原诸侯联盟夹攻，夫差被打得大败，吴国走向覆灭。

吴国灭亡了，运河的开挖，却前后持续了千年的历史。但日后无论是隋炀帝开挖运河，形成大运河的格局，还是后来的元代运河取直，新京杭大运河诞生，因为在运河沿线，因为运河枢纽的地位，扬州都有着极为重要的地位，有人称它为中华运河第一城，足可以看出它地位的非同一般。

扬州在汉代被称为广陵。西汉初年，刘邦兄刘仲之子刘濞被封吴王，更荆国为吴国，辖五郡五十三城，以广陵为都城。吴国南有铜山，东临大海，刘濞"采铜铸钱""煮海为盐"，迅速扩张壮大自己的实力。而为了方便运盐，吴国从扬州城东北处，东通海陵仓（泰州），开挖了"茱萸沟"，一名邗沟，又名运盐河，后称通扬运河，也成为古运河上最大的一条支流。从此，盐业与运河联系到了一起，成为扬州的支柱产业。

夫差与刘濞的历史功过，自有后人论其短长，他们对于扬州的贡献，扬州人民却没有遗忘。位于黄金坝的邗沟大王庙里，供奉着两位财神，一是刘濞，另一是夫差。成书于20世纪30年代的《扬州览胜录》，其卷四云："邗沟大王庙俗称邗沟财神庙，在便益门北官河旁，中为吴王夫差像，配以汉吴王濞……至乾隆间，则有借元宝之风，香火不绝，谓之财神胜会。至今仍相沿成习，于正月五日烧香时，爆竹声喧，箫鼓竟夜，沿途士女往来，车如流水，有借元宝者，有还元宝者，人持纸钞，络绎于途，可谓新年胜景。"以供财神的形式，岁岁祭祀，香火不断，此亦可谓不朽。

汉武帝元狩二年（前121年），改广陵国为广陵郡。六年（前117年），恢复广陵国，以皇子刘胥为王。东汉建安二年（197年），曹操任命陈登为广陵太守。在陈登的手里，运河得到改造，曲折迂回的邗沟或疏通，或改道，原樊良湖至末口一段，九曲回肠的水道得以拉直，这大大便利了航运交通。

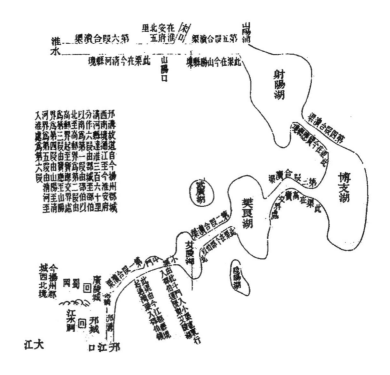

邗沟故道图

三国时期，邗沟地处魏、吴交界，曹魏政权也对邗沟做过一些具体的改造工程。

在汉朝诸侯方国时期，扬州迎来了它的第一个繁荣时代。南朝宋文学家鲍照的名篇《芜城赋》，具体描绘了这种繁盛："全盛之时，车挂轊，人驾肩，廛闬扑地，歌吹沸天。孳货盐田，铲利铜山。才力雄富，士马精妍。"

到了东晋时期，因为江都（今扬州）城南的沙洲淤涨，造成长江南移，邗沟在长江的出水口被淤堵。在永和年间，邗沟南段改造，由现今仪征境内的欧阳埭，引长江水东行，至今天的三汊河、扬子桥，北上广陵。

谈到六朝以前扬州的文化，首先要说的，大约应该是汉代著名的赋家枚乘了。枚乘做过刘濞的郎中。他曾作《谏吴王书》，劝阻刘濞不可造反。而他的名篇《七发》，有

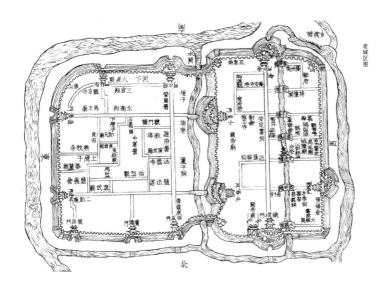

扬州古城图

人认为，也作于吴王刘濞的时期，同样是为规劝刘濞而作。另一位赋作家邹阳，做过刘濞的门客，写有《上吴王书》，劝阻刘濞作乱。建安七子中的陈琳，为广陵人。南朝诗人鲍照，曾在南兖州治所广陵，为刺史临川王刘义庆做事。他的名篇《芜城赋》作于孝武帝大明三年（459 年），是一篇抚今追昔的作品。

二　天下名镇数扬州

隋文帝开皇七年（587 年），在邗沟的基础上，开山阳渎。关于山阳渎，有人认为，乃自扬州茱萸湾东北，向东经宜陵折向北，经樊川、高邮三垛，至宝应以东的射阳湖，北经山阳而达末口。还有人说，隋文帝的开山阳渎，仅是对邗沟旧道的疏浚和裁弯取直，取消了多余的埭堰而已。总之，山阳渎开凿以后，运河的南端，重新又从扬子（今扬州城南扬子桥附近）入江，而仪征的欧阳埭，则是另外一个入江口。

隋炀帝大业元年（605 年），在开挖通济渠的同时，"发淮南民十余万，开邗沟，自山阳至扬子入江。渠广四十步。渠旁皆筑御道，树以柳"。这是在邗沟旧有的基础上进行的一次大规模的扩大修整，从而也具备了后世运河的规模。自隋朝以后，每年有数十百万石的漕粮及物资，经过邗沟，运往关中，邗沟成为封建朝廷一条重要的经济与军事生命线。

关于隋炀帝开挖运河的目的，自有史学家去做深入的探讨；而他为开挖运河，置黎民百姓的死活于不顾，并因此给人民带来了深重的灾难，在文献中则多有记载。宋人传奇小说《开河记》，写隋炀帝为了到扬州游玩，命征北大总管麻叔谋为修河督护，其中叙及：

> 时叔谋开汴渠盈灌口，点检丁夫，约折二百五十万人。其部役兵士旧五万人，折二万三千人。工既毕，上言于帝。遣决汴口，注水入汴渠。帝自洛阳迁驾大渠。诏江淮诸州造大船五百只。使命至，急如星火。民间有配盖造船一只者，家产破用皆尽，犹有不足，枷项笞背，然后鬻货男女，以供官用。龙舟既成，泛江沿淮而下。至大梁，又别加修饰，砌以七宝金玉之类。于吴越间取民间女十五六岁者五百人，谓之殿脚女。至于龙舟御艇，即每船用彩缆十条，每条用殿脚女十人，嫩羊十口，令殿脚女与羊相间而行，牵之。

骄奢淫逸，其不灭是无天理，其灭亡实在咎由自取。

然而，开挖运河的成果，在客观事实上，却为后世带来了极大的利益。唐代诗人李敬说："汴水通淮利最多，生人为害亦相和。东南四十三州地，取尽脂膏是此河。"皮日休《汴河怀古》诗曰："尽道隋亡为此河，至今千里赖通波。若无水殿龙舟事，共禹论功不较多。"诗人们的评价，倒也颇有些真知灼见。

有前朝留下的现成基业为底子，唐王朝也无须再像隋朝那样，劳民伤财，大规模地征调人夫，来开凿运河，他们只需要对旧有的河道进行疏浚、整治。唐代将运河称为"漕河"或"漕渠"。

扬州唐城遗址（自
清汪中等《广陵
通典等三种》）

　　唐开元二十六年（738 年）冬，润州（今镇江）刺史
齐澣着手漕运线路的改造，将江南漕路移到京口塘（即京
口埭，位于今镇江城西北江畔）下，直渡对岸的瓜洲。而
在瓜洲至今天的扬州三汊河之间，开凿新河，即伊娄河，
既避免了船只货物的漂损，又省去了水陆转运，每年可以
节约运费达数十万两银子。至此，山阳渎又有了一条直达
长江的新运河。"汴水流，泗水流，流到瓜洲古渡头""楼
船夜雪瓜洲渡"，伊娄河的开通，使瓜洲成为一个重要的
渡口与军事要地。

　　随着京杭运河全线贯通，与旧河道的疏浚，运输更趋
便捷，而处在南北运河与长江交汇处的扬州，自然成为东
南地区的交通枢纽。其政治、经济、军事上的地位日渐凸
显，因而带来了经济、文化的繁荣，扬州也迎来了它前所
未有的鼎盛时期。

　　后晋刘昫的《旧唐书·食货志》中说："唐都长安，
而关中号称沃野，然其土地狭，所出不足以给京师、备水

旱，故常转漕东南之粟。"东南之粟，赖运河漕运，地处邗江入江口处的扬州，自然成为重镇。

关于扬州在唐朝的重要地位，可由一些基本的史实看出。唐朝初年，扬州设立大都督府。"安史之乱"后，在此设立淮南节度使，也为盐铁转运使的长驻之地。而有时候，淮南节度使兼盐铁转运使，总掌着东南八道诸州的财富。"安史之乱"发生后，朝廷财政物资所需，更主要仰给于江淮，所谓"方今之急在兵，兵之强弱在赋，赋之所出，江、淮居多"（《旧唐书·第五琦传》），"今兵食所资在东南"（北宋欧阳修、宋祁等《新唐书·萧颖士传》），"赋取所资，漕挽所出，军国大计，仰于江、淮"（《全载之文集》卷47《论江淮水灾上疏》），"当今赋出于天下，江南居十九"（唐韩愈《韩昌黎集》卷19《送陆歙州诗序》），联系江南江北的枢纽扬州，其得到唐王朝的重视，实在情理之中。

宋代真扬运河示意图（自姚汉源主编《京杭运河史》）

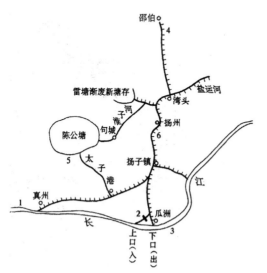

1—江口堰；2—龙舟堰；3—瓜洲堰；4—茱萸堰；5—陈公塘、太子港；6—城南运河

关于扬州的繁盛，当时人多有载及。唐武元衡《奉酬淮南中书相公见寄并序》中云："时号扬、益，俱为重藩。"（清董诰等《全唐文》卷317）唐卢求《成都记序》中云："大凡今之推名镇为天下第一者，曰扬、益，以扬为首，盖声势也。"（《全唐文》卷744）宋司马光《资治通鉴》卷259曰："扬州富庶甲天下，时人称'扬一益二'。"明人

张存绅《雅俗稽言·扬州》云："扬州唐时为盛，有'扬一益二'之语。十里珠帘、二十四桥风月，其气象何如！张祜诗'十里长街市井连，月明桥上有（看）神仙'，王建诗'夜市千灯照碧云，高楼红袖客纷纷'，徐凝诗'天下三分明月夜，二分明（无）月（赖）在（是）扬州'，其盛如此！语曰：有钱到处是扬州。盖其盛有自来矣。"在这些资料里，一无例外地都给予了扬州极高的地位。《成都记序》的评价稍有区别，但也无非是排列第一第二的问题，毫厘之间，无关宏旨。赞扬者则极尽夸扬之辞，甚至于认为，普天之下，就连月亮，扬州都要占取三分之二，月亮也以扬州的最圆最亮。

　　回到扬州自身，唐时，这里已有了发达的手工业。因为水运枢纽的特殊地位，造船业十分发达。造船在扬州，有着悠久的历史。汉朝，这里就已经成为造船的基地；隋朝，扬州的船业已具备相当大的规模。唐朝天宝二年（743年），高僧鉴真东渡日本，航海所需的高标准要求的大船，也是在扬州的东河造船厂制造。至于漕运所用船只，更有不少是在扬州打造。制盐及铸钱业，在扬州也由来已久。始于西汉初期的吴王刘濞，到唐朝更见繁盛。如制盐，有记载说，唐朝吴、越、扬、楚有数千的盐仓，积盐有二万余石。如铸钱，除去人量的私铸，隋朝在扬州设官炉，唐朝天宝后期，全国有官炉儿十九座，其中扬州有十座。此外，扬州的纺织业、金银器、青铜器等制造业也都达到相当的水平。

　　相比较，扬州的商业更为繁荣。早在唐朝初年，唐太宗贞观年间，李袭誉为扬州大都督府长史，扬州留给他的印象就是"俗好商贾，不事农桑"（《旧唐书·李袭誉传》）。武则天长安年间，苏瑰为扬州大都督府长史，当时"扬州地当要冲，多富商大贾、珠翠珍怪之产。前长史张潜、于辩机皆致之数万，唯瑰挺身而去"（《旧唐书·苏瑰传》）。"安史之乱"发生以后，中原地区陷入战争的旋涡，大批流民避乱南下，涌到了扬州，人口骤增，市场内需扩大，商业更加繁荣。如晚唐罗隐《广陵妖乱志》中所说："富商巨贾，动逾百数"，而富商周师儒"其居处，花木楼榭之奇，为广陵甲第"（北宋李昉《太平广记》）。

　　在扬州的商业领域，最活跃的首先要数盐商。扬州既是当时非常重要的产盐区，也是盐的集散地。唐肃宗年间，任命第五琦为度支使，定榷盐法，

扬州盐商门楼

盐产地设立盐院，统一收购，统一税收。肃宗乾元三年（760年），刘晏为盐铁使，在产盐地设盐官，统一收购成盐，转由商人远销全国各地。因海盐产量大，销售广，利润高，盐业税收逐渐便成为国家的重要财政收入。而作为海盐集散地的扬州，自然成为当时国内极富饶的城市。

其次是茶商。作为茶叶主产区江、淮产茶区的产品集散地，其茶叶多经由扬州，销往北方。根据封演《封氏闻见记》中记载："自邹、鲁、沧、棣，渐至京邑，城市多开店铺，煎茶卖之，不问道俗，投钱取饮。其茶自江、淮而来，舟车相继，所在山积，色额甚多。"

再次是珠宝等商人。有大批外国商人居住或活动在扬州，如波斯、大食商人，在当时的扬州，开店经营着珍宝、贵重药材、象牙、犀角等。唐朝政府对外资贸易经营，也给予了种种保护与照顾，如唐文宗太和八年（834年）的上谕中说："南海蕃舶，本以慕化而来，固在接以仁恩，使其感悦……深虑远人未安，率税犹重，思有衿恤，以示绥怀。其岭南、福建及扬州蕃客，宜委节度观察使常加存问，除舶脚、收市、进奉外，任其往来通流，自为交易，不得重加税率。"（《全唐文》卷76）其时的扬州，已经具备了国际化都市的规模。

与发达的经济相匹配，唐朝扬州的
文化，显得如日中天，十分辉煌。史学
家李廷先先生撰有《唐代扬州史考》，
其中《唐代扬州籍的学者、作家和艺术
家》，考列有来济、上官仪、上官婉儿、
李善、李邕、张若虚、邢巨、王绍宗、
李含光、灵一、朱昼、王播、王起、陈庶，
介绍了这些唐代扬州籍的学者、作家及
艺术家的文化贡献。另有《唐代诗人和
扬州》，列出骆宾王、孙逖、李颀、王
昌龄、孟浩然、崔颢、祖咏、李白、高适、

扬州出土的汉代
精美漆器

刘长卿、韦应物等五十七位唐代诗人在扬州的活动及其歌
咏扬州的诗篇。"故人西辞黄鹤楼，烟花三月下扬州"（李
白），"十里长街市井连，月明桥上看神仙。人生只合扬
州死，禅智山光好墓田"（张祜），"春风十里扬州路，
卷上珠帘总不如"（杜牧），"二十四桥明月夜，玉人何
处教吹箫"（杜牧）……这些脍炙人口的名句，早已化成
扬州文化肌体的有机血肉。

三 淮左名都，竹西佳处

"运河"的名称，始于宋代。当时，淮河到长江一段，
被称为扬楚运河。其线路北起楚州末口，经宝应、高邮军、
扬州，由扬子分别到瓜洲和真州（今仪征）两处入长江，
与唐代一致。因为真州为运河的入江口之一，所以扬楚运
河在南北宋时，又有"真楚运河"的称法。作为江淮之间
唯一的通道，宋朝政府对运河也曾给予了大力治理。

宋真宗景德年间，时任制置江淮等路发运使的李溥，
令运粮船空返之时，从泗洲运来石头，投放到高邮军的新

扬州名胜"竹西芳径"

开湖（今高邮湖）里，构筑长堤，将湖与运河分开，漕船的运行更加平稳。北宋末年，扬楚运河上已经遍筑了大堤，运河也与诸湖剥离。

南宋绍熙五年（1194年），黄河阳武段决堤，夺淮入海，形成洪泽湖与高宝湖。时任淮东提举使的陈损之，为了使里运河"水不至于泛滥，旱不至于干涸"，修筑江都县至楚州淮阴堤堰360里，是为"湖东有堤之始"。

元朝一统山河，元世祖忽必烈时期，听取丞相伯颜的建议："今南北混一，宜穿凿河渠，令四海之水相通，远方朝贡京师者，由此致达，诚国家永久之利。"于是陆续开凿了北起大清河的安山（今山东平湖南岸），南至泗水北岸任城（今山东济宁）的济州河；北起临清，南至安山的会通河；以及北京附近的通惠河，裁弯取直，新的京杭大运河线路正式形成，从杭州一路北上，可直抵元大都（今北京）旁的通州，从而将海河、黄河、淮河、长江、太湖、钱塘江六大水系沟通，此即后人通称的"京杭大运河"，由此也揭开了大运河历史上新的篇章。

明朝总称大运河为漕河，大运河在当时漕运中的重要地位不难看出。永乐十三年（1415年），陈瑄奉命为漕运总督，负责治理淮扬区间的运河，开凿清江浦河道20里，淮安与淮河之间漕船必须陆运过坝的痛苦成为历史。

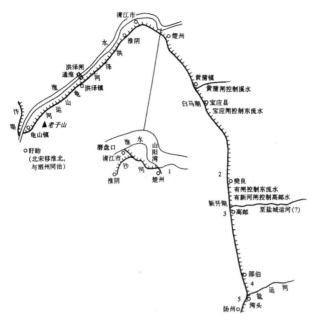

宋代维扬运河示意图（自姚汉源主编《京杭运河史》）

1—满浦闸、北神闸、两河闸；2—增筑长堤；3—新开湖；4—邵伯堰；5—斗门、水闸 79 处，堤长 360 里

他还沿着白马、宝应、范光、高邮等湖的东岸筑堤，将河湖分开，西为湖，东则运河，行船也更加安全稳便。明万历二十五年(1597年)，扬州城南一段运河，因为河道顺直，水势直泻，难以蓄水，常常导致漕船、盐船搁浅。知府郭光开挖了城南的宝带河，城南门二里桥河口，转弯向西，再折向东，于是有了六七里长的"运河三湾"——宝塔湾、新河湾及三湾子。

　　所谓成亦萧何，败亦萧何，水利枢纽的重要地位，给扬州带来了繁盛，因其地位的重要，也成为兵家必争之地。唐末战乱，扬州自然成了重灾区。长达六七年的战祸蹂躏之下，昔日繁华的扬州，早已是千疮百孔，面目全非，"扬州富庶甲天下，时人称'扬一益二'，及经秦、毕、孙、杨兵火之余，江、淮之间，东西千里，扫地尽矣"，正是战后扬州情况的真实写照。

北宋太宗时期，扬州先属淮南道，再属淮南路；仁宗时期，再改扬州属淮南东路。太平时期，水利枢纽的地位，使其经济得以迅速恢复，商业再度复兴。曾任扬州太守的韩琦有《望江南·维扬好》，其中有"二十四桥千步柳，春风十里上珠帘"；词人姜夔有《扬州慢》追忆扬州往昔，称"淮左名都，竹西佳处"，都反映了北宋时期扬州的繁荣。南宋偏安时期，江淮之间成了宋、金交战的战场，扬州也再度成为战争的灾区。

两宋时期，扬州也仍然是文学家歌咏乐道的所在。宋太宗至道元年（995年）五月，王禹偁贬官出知滁州，次年十二月移知扬州，在扬州，写下了他的政论名篇《应诏言事疏》，并作有《芍药诗》《海仙花诗》。词人晏殊《浣溪沙》中的名句"无可奈何花落去，似曾相识燕归来"，据说其下句为他途径扬州，在大明寺小憩时，江都尉王琪替他想出的对句。欧阳修在宋仁宗庆历八年（1048年）由滁州知府转知扬州，任职期间，诗人梅尧臣曾来扬州。欧阳修离开扬州后，梅尧臣又数度来游。宋哲宗元祐七年（1092年），苏轼为扬州知府。秦观为高邮人，多次来到扬州。南宋词人辛弃疾、诗人文天祥，也都到过扬州，并留下了作品。

元朝诗人中，萨都剌与扬州有比较深的情缘。泰定帝泰定四年（1327年），萨都剌进士及第，被任命为镇江录事司达鲁花赤，上任途中，经过扬州，拜会了当地一位名叫成居竹的隐士，诗酒流连，至镇江，有《过江后书寄成居竹》，云："扬州酒力四十里，睡到瓜洲始渡江。忽被江风吹酒醒，海门飞雁不成行。"另有《赠弹筝者》："银甲弹筝五十弦，海门风急雁行偏。故人情怨知多少，扬子江头月满船。"这应当是萨都剌在扬州与友人盘桓江上，听扬州艺人弹筝，喜其伎艺，感于人生，而题赠之作。顺帝元统二年（1334年），萨都剌再过扬州，作有《同御史王伯循时除广东金事济扬子江余除燕南照磨》《题扬子驿》。顺帝至正六年（1346年），萨都剌又过扬州，作《过广陵驿》，云："秋风江上芙蓉老，阶下数珠黄菊鲜。落叶正飞扬子渡，行人又上广陵船。寒砧万户月如水，老雁一声霜漫天。自笑栖迟淮海客，十年心事一灯前。"世事沧桑、身世之感，洋溢于字里行间。

还须一提的是元代散曲作家睢景臣和他的套曲《高祖还乡》。钟嗣成《录鬼簿》记载："维扬诸公俱作《高祖还乡》套数，惟公（睢景臣）哨遍制作新奇，诸公皆出其下。"睢景臣的套曲《高祖还乡》写乡下人眼里的汉高祖，刻画其趾高气扬的暴发户嘴脸，揭其无赖之往事，俱惟妙惟肖，令人拍案叫绝，叹为观止。

明代的扬州经济，也有了较大的发展，其中以手工业发展最快。人口进一步增加，商业十分繁荣，市场与作坊已经拓展到原来旧城的东郭外。到了嘉靖末年，倭寇猖獗，富庶又交通便利的扬州，也成了饱受倭患的重灾区。为了防倭，在扬州知府吴桂芳及其继任石茂华手上，由原旧城东南角，沿着运河，东折往北，一直到旧城的东北角，修造了长约十里的新城，对防范倭寇侵袭，起到了重要的作用。明清之际，史可法在扬州领导了抗清斗争，终于因为晚明小朝廷的腐败，外无援兵，弹尽粮绝，城破就义。清兵在扬州制造了骇人听闻的十日屠杀。

在明代，扬州仍然是文学家们神往的地方。著名戏剧家、《牡丹亭》的作者汤显祖，于万历二十六年（1598年），辞去浙江遂昌知县，返回老家临川的时候，经过扬州，作有《戊戌上巳扬州钞关别遂昌吏民》《广陵夜》。后诗云："金灯飒飒夜潮寒，楼观春阴海气残。莫露乡心与离思，美人容易曲中弹。"他的《牡丹亭》里，扬州也成为其故事发生的场景之一。

"公安三袁"中的袁宏道，其诗集中有《广陵集》一卷，其中不少作品就写于仪征和扬州。如《扬州晓泊》："薄

汤显祖像

雾随风尽，寒霜对酒销。芋魁腾晓市，蟹子出归潮。往事琼花观，新沟扬子桥。虽然富罗绮，未必似前朝。"又有《赋得迷楼》诗："古寺行宫是，荒台迹近真。枫树能作语，钗老化为人。夜蜡烧天泪，秋蛾幻月新。当年倘不乐，难道不成尘。"《广陵别景升小修》写其在扬州与弟中道、友人潘之恒作别。其他如《广陵曲戏赠黄昭质时昭质校士归》《花烛诗为顾小侯所建作时所建娶妇已五年》等，也都记载了他在扬州的生活。

晚明史学家、散文家张岱，在他的名著《陶庵梦忆》中，有专门的作品描写扬州的地理风俗。卷五《扬州清明》写道："扬州清明日，城中男女毕出，家家展墓。虽家有数墓，日必展之。故轻车骏马，箫鼓画船，转折再三，不辞往复。"又同卷《扬州瘦马》及上卷《二十四桥风月》，反映了扬州的风月社会生活，是认识那个时代的一面镜子。

四 扬州繁华以盐盛

清朝，运河多次疏浚。到了乾隆后期，特别是嘉庆、道光以后，因为朝廷的日趋黑暗腐败，大运河疏于治理，走向凋敝。咸丰三年（1853年），部分漕粮改由海运至天津。同治年间，已经以海运为主。而当轮船、铁路运输兴起以后，运河漕运遭到了致命的打击。光绪二十七年（1901年），运河漕运终于停歇。民国年间，运河仅仅是分段可以通航，黄河以北从张秋到临清间的河段，已淤为平陆，京杭大运河名存实亡。

扬州在清朝的前中期，却出现了空前繁荣的局面，成为当时全国极其著名的商业城市。个中原因，主要还是因为它的水运枢纽地位，南北漕运的咽喉，中部省区食盐供应的重要基地。明清时期，在全国盐业中，两淮盐业占有举足轻重的地位。据明人宋应星估计，明朝万历时，扬州的盐业资本，约为三千万两。清朝，据汪喜孙的估计，则为七八千万两。根据有关记载，乾隆三十七年（1772年），中央户部库存银为七千八百余万两，如此，扬州盐商手中的商业资本，几与之相等。

关于清朝盐商的豪富，有很多资料可以说明。比如，有盐商喜马，便在家中蓄养良马数百匹，每匹马日耗费数十金；有盐商爱兰，从门口至内室，每一块空地，均摆上兰花；又有一位盐商，心血来潮，花三千金，将苏州的不倒翁全部买来，放到河里，河水为之堵塞。根据记载，乾隆十八年（1753年）南巡，扬州盐商捐银二十万两，为他修造行宫；传说，乾隆帝游大虹园，来到一个所在，对侍从说："这儿真像是北京的琼岛春阴。只可惜少了座白塔。"此消息为大盐商江春得知，竟以万两银子的代价，从近侍那里得到了白塔图样，连夜鸠工庀材，耗费巨资，修成了一座白塔。乾隆五次南巡，由盐商出资，沿途修造园林，所谓"一路楼台直到山"，以致乾隆皇帝都大发感慨："扬州盐商……拥有厚资，其居室园囿，无不华丽崇焕。"

记载扬州盐商活动的重要书籍《光绪重修两淮盐法志》书影

　　盐商生活的豪华奢侈，也多有记载提到。如乾隆时期，位居八大盐商之首的黄均泰，每日早起，总要先"饵燕窝，进参汤"，之后吃两颗"特制"的鸡蛋——"家中畜母鸡百余头，所饵之食，皆参、术等物，矸末掺入"，由这等母鸡所生的蛋，自然就非同一般。还有这样一则故事，一个穷书生娶了位盐商的婢女，书生想要妻炒一盘韭黄肉丝，妻子笑说，你穷书生一个，哪吃得起？原来，按她在盐商家的做法，是要用十只猪的面肉，切成丝，才够做一盘韭黄肉丝的。吴敬梓的《儒林外史》里，则用形象之笔，描写了盐商的豪奢。第二十二回、二十三回写扬州盐商万雪斋，豪华的府上布置、冬虫夏草当寻常饭菜，为了给第七个小妾治病而花重金四处寻找雪虾蟆；第四十回，写扬州盐商宋为富，一年至少也娶七八个妾。这些描写，

扬州著名盐商园林"休园"图（局部）

《扬州画舫录》书影

也都印证了盐商是何等的奢靡豪富。

盐商的豪富无人不知，朝廷乐得他们的孝顺，各级官员也竞相从盐商这里得利。吃垄断饭的盐商，靠着盐业的暴利致富，他们自然深知主子对他们的重要性，于是官商勾结，十分普遍。史载，康熙年间，刑部尚书徐乾学交给盐商项景元十万两银子，作为股份投资；扬州大盐商安麓寸，为大学士明珠家仆人之子。朝廷的事情，盐商更"自觉"效力，如乾隆五十一年（1786年），为平定台湾林爽文起义，扬州盐商江广达即捐银二百万两。

漕运的发展，盐业的兴盛，对于扬州的商业、手工业起到了促进带动的作用。四处可见的绸缎铺、茶馆、酒楼，工艺漆器、玉器、镂金器、镶嵌器、刺绣、檀类器物、香粉，以及铜器、木器、竹器等日用品生产业的发达，足见出扬州城市的消费能力与整体消费水平。

商业经济的发达，还促进了扬州文化在清代的繁荣。《桃花扇》的作者孔尚任曾说："广陵为天下文士之大逆旅。"（清孔尚任《与李畹佩》，见《孔尚任诗文集》卷7）此言不虚。据清人李斗《扬州画舫录》卷8记载：

　　扬州诗文之会，以马氏小玲珑山馆、程氏筱园及郑氏休园为最盛。至会期，于园中各设一案，上置笔二，墨一，端研一，水注一，笺纸四，诗韵一，茶壶一，碗一，果盒茶食盒各一。诗成即发刻，三日内尚可改易重刻，出日遍送城中矣。每会酒肴俱极珍美，一日共诗成矣。请听曲，邀至一厅甚旧，有绿琉璃四，又选老乐工四人至，均没齿秃发，约八九十岁矣，各奏一曲而退。倏忽间命启屏门，门启则后二进皆楼，红灯千盏，男女乐各一部，俱十五六岁妙年也。吾闻诸员周南云，诗牌以象牙为之，方半寸，每人分得数十字或百余字，凑集成诗，最难工妙。休园、筱园最盛。

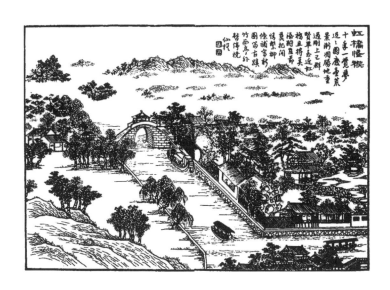

反映扬州诗文盛会的"虹桥修禊"图

此可见当时诗文会的一般情况。文士逆旅的主人，其一自然便是扬州的盐商，民国姜泣群所辑《虞初广志》卷3中所说："扬郡以清高宗巡游之后，繁富甲东南，鹾商拥巨金者，每好延接知名士，博爱才名。"清人沈起凤《谐铎》卷3中也说："适虹桥荷花盛开，鹾贾设宴园亭，招名士之客于扬者。"他们中一些人喜欢延接文士，主持文化沙龙，应该说，对于扬州文化的发展，是作出了一定的贡献的。具体地讲，如雍正、乾隆时期马曰琯、曰璐兄弟的小玲珑山馆，可以说便是当时的一个文学中心，集结了一群极具实力的文人。杭世骏在他的《马母陈氏墓志铭》里说："曰琯、曰璐不以俗学缮性，而志不求时名，清思窈渺，超绝尘埃。亲贤乐善，惟恐不及，方闻有道之士，过邗沟者，以不踏其户限为阙事""勾甬全吉士祖望、吴兴姚文学世钰、钱唐厉征君鹗、陈布衣章、仁和张孝廉增，皆天下士也，恒主其家"。其丛书楼藏书颇富，号江北第一，乾隆朝修《四库全书》时，他家的进书就有七百六十种；而厉鹗纂《宋诗纪事》，也就是利用了这里的藏书。18世纪画坛翘楚、"扬州八怪"之一的汪士慎，在他初来扬州时，落寞无奈、贫困潦倒，马氏兄弟奉其为上宾，给他特别安排了刚刚修葺一新的"七峰草堂"居住。汪士慎晚年编定了七卷诗集《巢林集》也得马氏兄弟资助出版。还有盐商江春，亦喜接纳文士，为人称道。其二则是达官显贵，如曾任扬州盐运使的卢见曾，他曾"筑苏亭于使署，日与诗人相酬咏，一时文宴盛于江南"，还曾主持修禊虹桥，"其时和修禊韵者七千余人，编次得三百余卷""公两经转运，座中皆天下士，而贫而工诗者，无不折节下交"，所谓"复以风雅之称，归诸卢抱孙转运"矣（《扬州画舫录》卷10）。

清代扬州的文化繁荣与盐商对文化的贡献，表现在多个方面。戏曲艺术演出极其兴盛，根据《扬州画舫录》卷5记载：

> 天宁寺本官商士民祝釐之地，殿上敬设经坛，殿前盖松棚为戏台，演仙佛麟凤、太平击壤之剧，谓之大戏，事竣拆卸。迨重宁寺构大戏台，遂移大戏于此。两淮盐务例蓄花、雅两部，以备大戏。雅部即昆山腔。花部为京腔、秦腔、梆子腔、罗罗腔、二黄调，统谓之乱弹。

又载：

> 郡城花部，皆系土人，谓之本地乱弹，此土班也。至城外邵伯、宜陵、马家桥、僧道桥、月来集、陈家集人，自集成班，戏文亦间用元人百种，而音节服饰极俚，谓之草台班，此又土班之甚者也。若郡城演唱，皆重昆腔，谓之堂戏。本地乱弹只行之祷祀，谓之台戏。迨五月，昆腔散班，乱弹不散，谓之火班。

清钱泳《履园丛话·丛话十二·艺能》说：

> 梨园演戏，高宗南巡时为最盛，而两淮盐务中尤为绝出。例蓄花、雅两部，以备演唱。雅部即昆腔，花部为京腔、秦腔、弋阳腔、梆子腔、罗罗腔、二簧调，统谓之乱弹班。

盐商对扬州戏曲的发展所做的贡献，主要体现在：①蓄养家庭戏班。据《扬州画舫录》记载，如徐尚志的老徐班，洪充实的大洪班，江春的德音班（后归洪箴远）、春台班（后归罗荣泰），此外，黄元德、张大安、洪启源、程谦德等，也各有其家庭戏班。②聘请名流演员。扬州盐商不惜用重金聘请名角加盟，如江春在组建春台班后，为自立门户，延聘四方名角，苏州杨八官、安庆郝天秀均被招至其春台班里。③聘请制曲名家。如蒋上铨常住在江春康山草堂的秋声馆，"朝拈斑管，夕登氍毹"，其九种曲中《空谷香》《四弦秋》两种皆成于此。又如金兆燕，曾为两淮盐运使卢见曾延之使署十年，这里演出的大戏词曲皆出其手。④招集各地戏曲班社汇演。扬州作为清代全国戏曲中心之一，各地戏曲班社纷纷来这里演出，南北曲剧名流也多聚于此。而扬州盐商为了迎接乾隆南巡，也从各地征集诸腔名班来到扬州，遴选剧目。应该说，没有盐商的推动，也就不会有清代扬州戏剧的特殊繁荣，盐商对于清代扬州戏剧事业功不可没。

此外，清代扬州的曲艺艺术，也极发达，评话、弹词、清曲等百花齐放、争奇斗妍。尤以说书业，"各街巷皆有之"，且代不乏大家名家。明清之际有柳敬亭，清代有邹必显说《飞砣传》、浦琳说《清风闸》、叶霜林说《靖康南渡录》、徐广如说《东汉》、吴天绪说《三国》，以及多面手龚午亭等。近世以来，李国辉、蓝玉春、王少堂、康又华、马凤章等，更将扬州的说书艺术发扬光大。

清代扬州文化是值得骄傲的，这同样与盐商对文化的扶持直接相关。修建和资助书院是扬州盐商的一大贡献。如乾隆初汪应庚捐资五万金，重修扬州府学；马氏出重金，修建著名的梅花书院。此外，如当时广储门外的梅花书院、三元坊的安定书院、府东的资政书院、府西的维扬书院和仪征的乐仪书院，也均靠盐商的财力支撑。书院的发达，学术空气的浓厚，为产生学术史上彪炳千秋、被后世学人赞叹不置的扬州学派提供了肥沃的土壤。高邮王念孙、王引之父子声名卓著；扬州本地的汪中、焦循、阮元也都建树卓绝。汪中（1744～1794年），字容甫，于先秦古籍及三代两汉学制，以及文字训诂、度数名物等均有极深造诣，著作《述学》六卷，代表了他的学术成就。焦循（1763～1820年），字理堂，精于训诂，对《论语》《周易》《尚书》《毛诗》《左传》《礼记》均有注疏，于《周易》倾力最多，成就也最大，有《雕菰楼易学三书》，为易学研究史上的扛鼎之作。戏曲著作《剧说》与《花部农谈》也皆为戏曲研究史上的名著。阮元（1764～1849年），字伯元，号芸台，于经史、小学、天算、舆地、金石、校勘均有建树，编刻《经籍纂

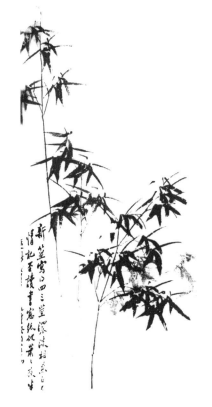

清郑板桥的画竹

诂》《十三经注疏》《皇清经解》等，最为人称道。

横空出世的"扬州八怪"，金农、黄慎、郑燮、李鱓、李方膺、汪士慎、高翔、罗聘等一批高标个性的画家诞生在扬州地区，成为清代中国画史上最大的收获，也构成当时画坛一道最为亮丽耀眼的风景线。

新中国成立后，苏北运河进行了较彻底的治理，清淤障，建船闸。1958 年，京杭运河扩建工程拉开序幕，1961 年底完工。而运河改道以后，从茱萸湾到瓜洲的运河河段，则成了完全意义上的古运河。

漫步在扬州古运河沿岸，春秋时期吴王夫差开凿的邗沟故道，后世祭祀夫差而建造的吴王庙，隋炀帝陵寝，隋炀帝宫殿迷楼故址，由隋至清北来进入扬州的第一个码头、中外友好往来的重要港口茱萸湾古镇，唐代最繁华的商业街东关街以及渡口东关古渡，鉴真东渡的出发地古运河码头，宋大城东门双瓮城遗址，南宋阿拉伯式建筑普哈丁墓，伊斯兰教名寺仙鹤寺，浙派建筑吴道台宅第，天主教耶稣

新修葺的隋炀帝陵（自清汪中等《广陵通典三种》）

圣心堂，佛教长生寺，个园、何园以及康山街、南河下盐商们曾经居住过的豪宅与会馆群，还有反映扬州古港、水利和城池建筑的古湾头闸、水斗门、龙首关（钞关）遗址，明代古塔文峰塔及附近的宝轮寺，清代的龙衣庵，驰名古今中外的瓜洲古渡、瓜洲城，可谓林林总总，琳琅满目，观之如行山阴道上，目不暇接，美不胜收。

历史的脚步，已经迈进了 21 世纪的门槛；大唐王朝、康乾盛世，也早已成为历史的陈迹。东南第一都市的扬州，是特定时期、特定历史条件下的产物。俱往矣，作为今天的扬州，可以以昨日的辉煌感到自豪，但这毕竟是前人的创造，没有任何理由成为今人骄傲的资本。而重新寻找自己的定位，脚踏实地地开创未来，扬州终会有一个适合自己的灿烂的明天。

镇江：地雄吴楚东南会，水接荆扬上下游

人类文明古国无不起源于水域的富集之地，城市文明也无不与水有着不解之缘。正如大运河的沿岸城市因为有了运河水的流动和贯通才灵动丰饶起来，镇江的千载繁华正源于此。

用"三面翠环起伏，一面大江横陈"来描述镇江，再贴切不过。镇江位于江苏省中部，它东近上海，西邻南京，北望扬州，地处东西向的长江与南北向的京杭大运河的交汇处，如同一颗明珠，镶嵌在闻名遐迩的十字黄金水道上。京杭大运河镇江段全长42.6公里，是运河历史上最早开凿的地段之一。

"地雄吴楚东南会，水接荆扬上下游。"（元杨维桢《多景楼》）可以说，镇江的兴起、发展和繁荣与长江密不可分，更与运河休戚相关。滔滔不息的长江与绵绵不绝的运河在这里交汇，孕育着这座古城3000多年的悠久文明。

一 流贯江南古运河，西津渡口舟车忙

人工河道的开凿在镇江的发展史上具有划时代的意义。著名的丹徒水道开凿于春秋战国时代，南起云阳（今丹阳），北由丹徒入江，是其后江南运河最北段的通江河道。丹徒水道的开凿可以说是古代镇江人的伟大创举，它将太湖水域与万里长江沟通起来，加强了中原华夏地区与东南蛮夷的联系，

清 代 运 河 全
图——镇江扬州
运河段

成为先秦南北交往的重要纽带之一。

秦代丹徒水道入江口再度西移。秦始皇三十七年（前
210年）第五次东巡到镇江一带，派3000名赭衣囚徒凿
断京砚山，开水渠以破"王者之气"。赭，红也，这便是
镇江别名"丹徒"的由来。这一负气之举造就了镇江运河
的雏形"曲阿"。从此滚滚长江之水得以沿此124公里长
的人工河道折射东南，与春秋时期的夫差、范蠡所开渠道
相连，逶迤东去常州、无锡，直达苏州、杭州。

孙吴在建业（今南京）定都之初，吴会漕输主要是丹
徒水道，由京口或丹徒口出江，达于建业。为了避免江南
漕赋经由京口到建业时遭遇长江的风涛之险，就另行开辟
了一条由句容直接通向金陵的人工渠道。孙权派遣校尉陈
勋凿"破冈渎"。破冈渎位于句容县南部，东西走向，西
通秦淮水系，东入延陵、云阳，与丹徒水道相通。由于系
凿山辟岭而成，故称"破冈渎"。梁武帝时又废"破冈渎"
而立"上容渎"，两渎路径略有不同，但都是由句容经丹
徒、丹阳交界处的宝堰，过赤山湖而至建业的。六朝时期，
两渎避开长江，经由内地沟通了秦淮河——太湖水系，加

强了政治中心建业和经济
中心吴会及军事重镇京口
间的交通联系，促进了沿
线地区的经济开发。这时，
渡口航线已固定在京口与
广陵（今扬州）之间。西
晋末年，"永嘉南渡"中，
从扬州至京口的南渡人口
最多，几乎占半数以上。

　　隋统一中国后，建都长
安，南京不再是政治中心
而为普通郡邑，才又恢复
了由京口入江的水道交通。
炀帝大业六年"敕穿江南
河，自京口至余杭，八百
余里，广十余丈，使可通
龙舟，并置驿宫、草顿，
欲东巡会稽"（宋司马光

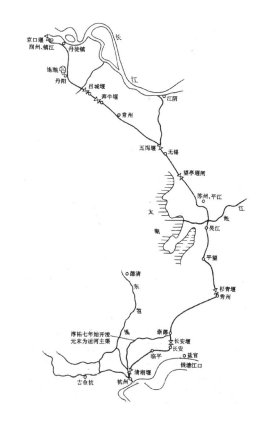

元代以前的江南
运河示意图（自
姚汉源主编《京
杭运河史》）

等编《资治通鉴》卷181《隋
纪五》）。因此乾隆《镇江府志》说："京口有渠，肇自
始皇，非始于隋也。……炀帝除非创置，不过使宽广耳。"
江南地区经过六朝经营生产力有了很大的发展。《隋书·地
理志下》说三吴地区："京口东通吴会，南接江、湖，西
连都邑……亦一都之会也……数郡，川泽沃衍，有海陆之
饶，珍异所聚，故商贾并凑。"三吴的丰饶使这一地区成
为一个新的经济中心，对隋政权有极大的吸引力。政治需
要促使隋政权把调整和改善交通条件作为经营三吴、加强
控制的手段。

　　江南运河镇江段"夹冈如连山，盖当时所积之土"，

凝聚了千万劳动人民的智慧和汗水。运河的贯通使得天下利于转输,更"为后世开万世之利"。不过由于隋朝比较短暂,杨广又是个有名的昏君,因此客观上有利于国计民生的开河事业反倒成了他劳民伤财的一大罪状。大运河的功用到以后各代才充分显示出来,唐宪宗宰相李吉甫说过:"隋氏作之虽劳,后代实受其利。"(唐李吉甫《元和郡县志》卷5)唐代诗人白居易的诗句"平湖七百里,沃壤二三州",描绘了江南运河流域的壮丽景象。

江南运河的形成与发展,不仅便利了水上交通,而且配合着太湖平原水利的发展,直接促进了沿线各城市的发展,镇江也深受其利。作为江南运河的入江口,镇江具有得天独厚的江运、水运优势。江浙太湖流域的物资经江南运河到镇江港中转输往各地,北方的物资也经江北运河过镇江港转输东南江浙一带,港口的地位和作用有了很大的提高。因而镇江得以在古代迅速成为东南的重要政治、经

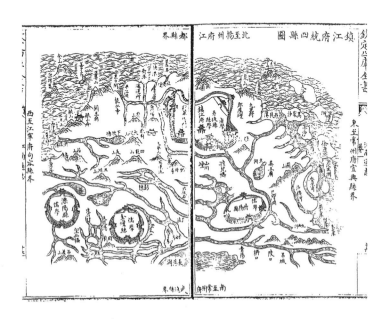

镇江府统四县图
(自清黄隽等修
《江南通志》卷3)

济区域和军事重镇，以后则进一步发展成为一个以工商业和交通运输业著称的城市。

镇江成为南北交通水运的枢纽，舟船过往频繁，于是自然而然形成了众多的渡口和码头，其中以西津渡最负盛名，被今人"加冕"为"天下第一渡"。"蒜山无峰岭，北悬临江中"。"蒜山渡"也就是"西津渡"，是当时镇江通往江北的唯一渡口。这里东面有象山为屏障，挡住汹涌的海潮，北面又与古邗沟相对应，临江断矶绝壁，是岸线稳定的天然海港。

从西津渡登船可达对岸的瓜洲。相传在秦汉时期，这里的江面有 40 里宽。到了唐代，江面仍有 20 里宽。由于江阔浪险，唐诗人孟浩然在《扬子津望京口》诗里感慨道："江风白浪起，愁煞渡头人。"唐天宝年间，这里有上百艘民船被大风刮得沉江。明万历年间，有上千艘漕船被大风吹坏。尽管如此，由于此渡口系大江南北往来的要冲，在此渡江者依然络绎不绝。所以从宋代开始，在此设立了义渡和救生会。清代以后，由于江滩淤涨，江岸逐渐北移，渡口遂下移到玉山脚下的超岸寺旁。当年的西津古渡现在距长江江岸已有 300 多米。

西津古渡是 1600 年来镇江港口型经济发展的见证。八朝时期，在京口市场转运的物资有米谷、布帛、丝绢、海货、青瓷、金银玉器等。隋唐以后直至明清，江南漕粮、贡赋、丝绸等物资也由此转道北运京师。

东晋后期政局混乱，屯田制一度遭到破坏，于是州郡官吏、百姓和屯田军士利用优越的交通条件，大搞商货转运，纷纷下海经商，聚敛财富，一时"皆浮船长江，贾作上下"。侨居京口的刁氏尤善于经商，刁协在"永嘉之乱"率家族南渡时，就在建业、京口一带"取将吏客使转运"，他的兄弟子侄个个"以货殖为伍"，很快暴富，拥有田地万顷，奴婢数千，其孙刁逵仗着权势、财势封山占泽，成为"京口之蠹"。后来刘裕将其剪除，刁氏家资财产俱散给老百姓，据说众人尽力而取，竟日不完。"京口职吏数千人，前后居者皆致巨富"。在京口做官，不搞运输经商者，屈指可数。当地百姓也多以商贩为业。刘宋的开国皇帝刘裕，少时居京口，就有卖履的经历。

京口的这种经商之风促进了当地商贸业的发展，各种经营商行如粮行、布行、酒行、鸡鸭行、地货行等充斥城内外。伴随着商业的活跃，服务行业

清周镐绘《西津晓古渡》

也发展起来，旅店、酒楼、茶馆、戏院、书场、浴室等遍布城内外大街小巷。镇江的"银码头"吸引了大江南北各地商贾，外地客商云集镇江者无以数计，由此又推动了餐饮业的发展。

二 舳舻转粟三千里，灯火沿流一万家

隋唐时期，随着大运河的全线贯通，长江和运河在这里构成了国内最大的黄金十字水道，进一步确立了镇江作为江南入江通道主口门的地位，镇江水运的畅滞，在统一的封建国家中开始具有全国性的意义。而镇江的城市地位也进一步随之攀升，已跻身当时东南名都大邑之列。

唐宋时期镇江的水运以运河运输最为重要。随着江南经济的不断发展，南粮北运渐成定制。大规模的漕运成为镇江水运的主体。一般情况下，太湖和钱塘江地区的漕粮、贡赋，都是由江南运河运至镇江，再转运到北方的；甚至

两广的许多物资也从镇江中转，镇江因而被称为漕运咽喉。宋《嘉定镇江志》云："京口当南北要冲，控长江之下流……国赋所贡，军需所供……与夫蛮商蜀贾，荆湖闽广，江淮之舟，凑江津，入漕渠而泾至行在，所甚便利也。"北宋在镇江设立转船舱，南宋设立大军仓，镇江成为粮食仓储中心。

宋卢宪纂修《嘉定镇江志》书影

唐朝每年从东南漕运到京师的粮食自数十万至一二百万石不等，北宋时两浙路（浙东、浙西）岁供漕粮 150 万石，明清时常年南粮入漕数有二三百万石。漕运规模的不断扩大，使得镇江对维系封建王朝统治有着举足轻重的作用。镇江港畅通，则政治稳定；镇江港阻滞，则政治将陷入困境。所以在唐宋以后，镇江一直是江南政治、经济、行政中心。清代康熙、乾隆南巡，每次都到镇江，可见镇江在统治者心目中的分量。清道光年间江苏巡抚林则徐几次来镇江整顿漕政，改革弊端，以确保漕道畅通无阻。他还曾亲自督运漕米过江，体现出镇江作为东南漕运咽喉在清代政治生活中的地位。

每年冬春时节，大帮漕船蜂拥而至，争嚷喧闹，港口异常繁忙。西津渡，当时侧右是大弯形的江湾，湾内泊有大量出入江口的待渡船只。清代诗人于树滋的《瓜洲伊娄河棹歌》描述了当时舟来人往的漕运盛景："粮艘次第出西津，一片旗帆照水滨。稳渡中流入瓜口，飞章驰驿奏枫宸。"清代著名诗人查慎行经过大运河时，也感叹道："舳舻传粟三千里，灯火沿流一万家。"

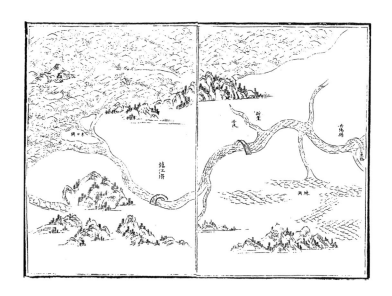

镇江漕运图（自清黄隽等修《江南通志》卷3）

　　自漕运兴起后，镇江也成为商货中转港口。唐宋时东南茶叶、江西景德镇青瓷器经运河北上泛销中原地区，并有相当数量在镇江出售。南宋时江西的粱米，淮南的茶盐丝帛，荆湖的金铁羽毛经镇江进入运河大量运往临安，供应京师。在镇江常州河段上，百舟千帆往来不绝，大小码头熙熙攘攘，热闹非常。

　　宋代市镇兴起，江南运河镇江段就有吕城、陵口、新丰、丹徒等镇。南宋时丹阳吕城镇成为旺镇。宋代镇江全府的商税额占全国第十一位。商税的增多反映了其商业的发达。到元代镇江商贸税额总计通钞19万贯，在江浙行省中排第一位。马可·波罗在他的游记中提到"镇江居民靠经营工商业谋生，广有财富"。清代镇江工商业发展到极盛。康熙《江南通志》称："京口为舟车络绎之冲，四方商贾群萃而错处，转移百物，以通有无"。

　　镇江是港口、河口城市，为适应江运、河运之需，造船业、修船业自古发达，成为手工业的支柱产业。南宋嘉定十五年（1222年），镇江知府赵善汀教浮水军五百人，又制多桨船五百艘，无论风势逆顺，"捷疾如飞"，其中赤乌、白鹅两大舟可载2000余人。明清时，镇江造船业有了新的发展，可以制造战船、驿船、粮船和商船等各类船只。郑和下西洋所用的船，大多于此地制造。同时，造船业又带动了相关产业，如缆索、桐油、铁钉、木材加工等行业的兴盛，城外运河沿边的打索街即源于宋代，至明清时成为临江口的繁闹地段之一。

随着社会经济发展和居民人口的增多，镇江形成和发展了许多街市。众多街市星罗棋布、交错纷纭，或坐落于通衢大道，或分布于运河沿线。这些街巷名称各异，五花八门。"斜阳草树，寻常巷陌，人道寄奴曾住"，许多不起眼的巷名，却有一段不寻常的佳话。

就说尤唐巷，据《丹徒县志》记载：原为油炭巷，后称尤唐巷。相传这里原住尤、唐两家，尤家要大兴土木，建造房屋，唐家提出要让三尺滴水地，因此两家起了争端。当时，尤家为京官，唐家为地方官。尤家的子弟即给在京做官的老子写信，想借势压一压唐家，不料尤家的老人家复信只写了四句话："千里家书只为墙，让他三尺又何妨。长城万里今犹在，不见当年秦始皇。"尤家接信后，遵照上人的意思，主动让地三尺。唐家深为感动，在建房时，也同样效仿尤家让地三尺。这个故事一下子让镇江地名多出些许的人情味儿。镇江是

清代镇江江防图
（自清黄鹝等修
《江南通志》卷3）

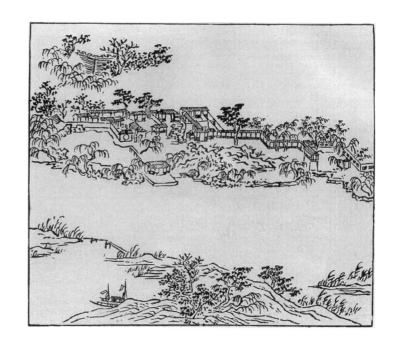

镇江名园锦春园
图（自《瓜洲续
志》）

手工业者的聚集地，所以就有了剪子巷、簸箕巷、篾篮巷、盆汤巷、磨刀巷、胭脂巷、梳儿巷等；镇江又是港口城市，所以就有了丹阳码头、小码头、东码头、溧阳码头、御码头、东坞街、西坞街；镇江的经商者众多，所以集市地段也是包罗万千，有鱼巷、砖瓦巷、石灰巷、白莲巷、粱米仓巷、染坊巷、牛皮巷、柴炭巷等。而市民活动娱乐的场所就更多了，什么花巷、果子巷、跑马巷、狮子巷、蛤蟆院、琴园巷、书场巷、荷花塘巷、桃花坞……镇江的地名还可以说出个一二三四的，有一泉路、二道巷、三官塘、四牌楼、五条街、六摆渡、七里甸、八角亭、九里街、十八进、五十三坡、千秋桥、万古一人巷。仅一条西津渡街就能浓缩一段中国的历史，有所谓"唐宋元明清，从古看到今"，华夏还有哪个城市的街道能与之媲美的呢？

镇江城内，街市店铺临河而立，茶肆酒楼众多，著名的万岁楼、芙蓉楼等一批名楼都创立于这一时期。镇江出产的北府酒更是名闻天下，当时流行一条谚语说"京口酒可饮，箕可用，兵可使"。梁武帝萧衍在此举办国宴，一次就招待数千人。当时的诗人胡世隆忆此繁华场面感慨道："万岁楼边谁唱月，千秋桥上自吹箫。"

运河上建有八座桥，其中尤以绿水桥最为有名。运河两岸，杨柳依依，风景如画。唐刘禹锡的《重送李相公颀廉》诗描绘了城内的盛况："江北万人看玉节，江南千骑引金铙。凤从池上游沧海，鹤到辽东识旧巢。城下清波含百谷，窗中远岫列三茅。碧鸡白马回翔久，却忆朱方是乐郊。" 晚唐大诗人杜牧漫步在绿水桥边，也不由得吟道："清苔寺里无马迹，绿水桥边多酒楼。"北宋诗僧仲殊也填有《绿水桥》一词："南徐好，桥下绿波平，画柱千年尝有鹤，垂杨三月未闻莺，行乐过清明。　　南北岸，花市管弦声，邀客上楼双楹酒，舣舟清夜两岸灯，直上月亭亭。"

三　豪情霸气雄镇江，江南锁钥战事频

镇江虽地处江南，却没有江南城市的温婉细致，而是具有一股"豪情霸气"。与它隔江相望的扬州，轻歌曼舞，小桥流水，宛若一首婉约的唐诗。而镇江呢，单听名字就给人一种豪迈的气势，再加上它的"城中山，城外水"，城中之山虽不够高大险峻，却是"三山六岭七十二冈"，城外之水则是大江、大河、大海，于是就具有了一种与江南城市迥异的风格，即"雄"势。就连镇江人的性格因了山水的关系也如北方大汉般豪爽。

"京口连冈三面而大江横陈，江旁极目千里，其势大略如虎之出穴。"（宋陈亮撰《龙川集》卷1）寥寥数语便形象地道出了镇江雄峻险要的军事地位。陆游在《水调歌头》词中也写道："江左占形胜，最数古徐州（镇江古称）。"其实在三国以前，镇江在全国并没有特殊地位，直到东汉末年，孙权占据江东，建立吴国，在此地筑铁瓮城，镇江的军事地位才日益显著起来。唐杜佑《通典》曰："京口因山为垒，缘江为境，建业之有京口，犹洛阳之有孟津。自孙吴以来，东南有事，必以京口为襟要。京口之防或疏，建业之危立致！六朝时期以京口为台城门户，锁钥不可不重也。"后来的历史证明了镇江与南京之

间唇齿相依的关系。

清人顾祖禹著《读史方舆纪要》，引《江防考》云："京口西接石头（南京），东至大海，北距广陵，而金、焦障其流，实天设之险。"镇江在全国的地位可谓举足轻重。国家统一时期，这里是南北交通的咽喉；南北分裂时期，这里是战斗前沿。这里最早的驻军可以追溯到东晋的北府兵。唐代中叶以后，这里是统帅浙西润州、苏州、常州、杭州、湖州、睦州诸镇将军的镇海军节度使驻地，东南安危系于一地。宋代将镇海军改为镇江军，后来又将润州升为镇江府。从此镇江就成了这里的地名。

元、明、清三代均建都北京，首都军民和皇宫的粮食都要从南方运去。镇江是漕运咽喉，自然有着举足轻重的地位。清初郑成功打着恢复明室的旗号，曾由海上发兵进入长江，首先夺取了瓜洲和镇江。郑军大将甘辉、潘庚钟等议论形势道："瓜、镇为南北咽喉，断瓜洲则山东之师不下，据北固则两浙之路不通。"他们认为长期据守镇江，

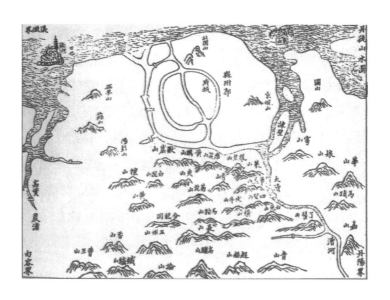

京口山水图

不仅"南都（即南京）可不劳而定"，并且可以"观衅北都"，也就是说等候和利用清政府在粮食来源断绝后可能发生的一系列内变。这时期的镇江不只是关系到东南地区，而是与全国的形势息息相关了。

孙中山先生早就见出镇江的重要性，他在《建国方略》中专列一节论述镇江，其中一段这样写道："（镇江）为运河中心重要之地，而若将旧日内地运河浚复，且增浚新运河，则此地必能恢复其昔日之伟观，且更加重要。因镇江为契合黄河流域与长江流域中间之锁联，而又以运河之南端直通中国最富饶之钱塘江流域。"

第一次鸦片战争期间，英军攻陷上海，清王朝急忙派人求和，而英军则认为在沿海地区的胜利，不足以震撼清廷，惟有溯江而上攻占镇江控制运河，再封锁吴淞口阻断海运，扼漕粮运输枢纽，才能迫使清廷全盘接受侵略条件。于是英军发动了扬子江战役，于是便有了可歌可泣的镇江

金山操江

保卫战。此次战役惊动了远在欧洲的恩格斯，他在《英对华的新侵略》一文中深刻揭露英国侵略军的用意是为了"夺取这条重要水道，置北京于死地，逼迫清帝立即讲和"，并高度评价镇江军民的英勇抗敌，"如果这些侵略者到处都遭到同样的抵抗，他们绝对到不了南京"。果然，当镇江一失陷，清王朝便如同被扼住了咽喉一般，整个地瘫软下来。

战争结束后，侵略者欲壑难填，英国驻上海领事阿礼国上书香港总督文翰，建议再次挑起新的战争来占领镇江，进一步扩大在华权益。终于，在第二次鸦片战争后，1861年，镇江成为长江沿岸第一个开放的通商口岸。

四 满眼风光是北固，金焦二山一肩挑

镇江扼南北要冲，得山水之胜，钟灵毓秀，江畔重峦叠嶂，江水碧波荡漾，有着古香古色的庙宇楼阁和美妙的传说故事，是一个绝妙的旅游胜地。但是在运河开凿之前，镇江却是"养在深闺人未识"。苏杭天下闻名，扬州的烟花三月，世人也都心向往之，而镇江呢，尽管有一定的声名，却由于交通不便，来访者并不多。幸亏有了运河的贯通，大大便利了镇江与大江南北的往来，于是文人才子，帝王将相泛舟运河，顺流而下，一路游山玩水，寻访到了镇江。他们为镇江的山水风光赞叹不已，在此吟诗作赋，给镇江带来了人文意蕴的渗透和积淀，使自然山水成为一种人文景观，也在另一层面上表现出与自然山水特征紧密联系的文明精神，同时也提高了镇江的知名度。

镇江山多，但以"京口三山"——北固山、

李德裕像

古代北固山，甘露凌云

金山和焦山最为有名。其中地势最为雄险的乃是北固山，关乎中国历代南北战争之局。1500 年前，六朝梁武帝萧衍登基不久巡视北固山，脱口赞道："此乃天下第一江山也。"京口地方官欣喜若狂，随即将这六个字勒石立碑，置于山门供人瞻仰。北固山上著名的甘露寺、多景楼、北固亭都是唐京口太守李德裕的"政绩"。著名的甘露寺铁塔则是后人纪念李德裕而建，铸造于北宋时期。

今日游人来到北固山感受更多的是明代罗贯中在《三国演义》中演绎的文化内涵。《三国演义》第五十四回"吴国太佛寺看新郎，刘皇叔洞房续佳偶"的故事在民间流传甚广，镇江人都能说得绘声绘色、活灵活现的。据说在赤壁之战后，为讨回被刘备占领的荆州，孙权采用周瑜之计，佯言把妹妹嫁与刘备。但诸葛亮早已识破这一计谋，嘱咐刘备登岸后设法通过孙策的丈人乔国老告知孙权的姨母吴国太。吴国太约刘备亲来北固山上的甘露寺相见，对刘备极为满意。后来得知这是一出假戏，大发雷霆，怒责孙权，孙权不敢违连，招亲一事便弄假成真。刘备娶了孙权的妹妹，带着她逃出了东吴，孙权和周瑜带兵追赶，又被诸葛亮的伏兵打败，结果是"赔了夫人又折兵"。而刘备呢，用镇江话来说，是既吃粽子又划龙船，一举两得。

北固山上的多景楼俗称相婿楼或梳妆楼，凌云亭俗称祭江亭，相传刘备死于白帝城内，夫人孙尚香在亭内往江遥祭，投江自尽。故事虽然曲折有趣，却并不尽符合史实。刘备来京城前一年，孙权已经"进妹固好"，是送亲并非招亲，而孙权姨母亦未曾见于史书。甘露寺是唐敬宗时李德裕所建，三国时代山上并没有寺庙。刘备来京口并非"招亲"，而是和孙权共商抗曹大计。因此北固山留下了两位英雄的许多足迹。山上的溜马涧相传是两人比试骑术的地方。甘露寺后的石羊，二人都曾蹲坐过远眺江北。

镇江有俚谚道："焦山山裹寺，金山寺裹山。"金山原是长江中的一座岛屿，被誉为"江心一朵美芙蓉"。唐杜光庭云："万川东注，一岛中立。"张祜诗云："树影中流见，钟声两岸闻。"北宋沈括亦有诗："楼台两岸水相连，江北江南镜里天。"后来由于长江主泓北移，金山逐渐与南岸相连，最后全部上岸。据传"骑驴上金山"曾风行一时，特别是在清末民初成为朝山观光者的一种奇妙享受。

金山的来历有两种说法。一种起源于佛教经典《华严经》。经文云："此阎浮堤外，香水海中，有七金山，绕须弥卢，因海水萦回播溢无定，以金山镇之。"香水海指长江，七金山就是金山。还有一种是根据宋代王存《九城志》记载，唐代高僧裴头陀（即法海）在金山重建寺庙，无意中掘得黄金一坛，上报后被皇帝赐作金山整修之用。"金山和金山寺"皆由此得名。

金山在南朝时期就是江南佛教圣地，梁武帝曾在金山设立了极其隆重的水陆道场，超度天下亡灵。唐朝以来，金山寺高僧辈出，"上有文殊、宝光，下有金山、高旻"，金山寺成为天下僧人参禅悟道的地方。到了宋代，由于有佛印、道月等大师的经营，金山成为达官贵人、文人墨客的必到之处。

苏东坡金山留玉带的故事即为千古传颂的佳话。

可以说金山每一座古迹，甚至一泓清泉，一方碑碣都有一个神话传说，

以金山寺为故事地点和背景的清代扬州戏曲版画《金山寺》

一段历史掌故。岳飞金山访道月，梁红玉亲擂战鼓大破金兵，白娘子水漫金山寺等，就连乾隆皇帝六次下江南都曾造访金山，并且留下了7块御碑和一个"雍正调包得太子，乾隆金山寻生父"的趣闻，这些不仅为镇江人津津乐道，还使金山名闻天下，给金山增添了更多的文化底蕴。

再说焦山，焦山为万里长江中唯一四面环水的岛屿，由于它宛若碧玉浮江，又称作"浮玉山"。相传东汉末年，陕中高士焦光就隐居在此。他学术高深，精通医学，终年为周围的渔民诊治，以樵柴为生，生活十分贫苦。汉献帝刘协曾三下诏书都没能请动他。

苏东坡画像

273

焦光弃官隐居的地方被称为"三诏洞"。后来宋徽宗为纪念焦光，赐名此山为焦山。焦山一向以古树名碑闻名遐迩，碑林宝墨轩，被誉为书法之山，数量之多仅次于西安碑林，为江南第一大碑林。

据志书记载，焦山是镇江城水上之咽喉，属历代兵家争雄之地。唐代润州刺史和镇海节度使韩滉，曾造楼船战舰30余艘，配备海军5000人在大江上操练。古人一直视焦山为"海门"，焦山以东就是大海。唐代诗人刘禹锡站在焦山上吟道："烟散隋宫出，涛来海门吼。"直到清代，仍有许多人称焦山为海门。徐京怀古诗云："海门风静暮潮收。"由此可见，古京口是大海、大江、大河的交汇口，老百姓称交汇处为"三江口"。

京口三山屹立在镇江北面的江中和江边，如同雄狮一样扼守着江防，清末民初一位诗人以浪漫的笔法写出了京口三山与长江的关系："长江好似砚池波，提起金焦当墨磨，铁塔一支堪作笔，青天够写几行多。"清江南河道总督麟庆在图绘镇江三山时曾大加赞叹："昔世说记荀中郎羡在京口望海，云虽未见三山，便使人有凌云之意。余则以为海上三山，亦未必胜此京口三山也。"

焦山（《浮玉观涛图》）

五　文人荟萃古镇江，运河文化千古传

镇江控江临海，交通便捷，已不仅仅是东吴兴起时的军事堡垒，而成为江南著名的大都会，吸引了许许多多的文人墨客前来探访游览，再加上南下移民一直连续不断，于是就形成了多样的文化氛围。大陆文化与海洋文化的碰撞，北方文化与南方文化的互补，楚汉文化与吴越文化的融合，使得镇江形成了自己特有的运河文化，雅俗兼备，异彩纷呈，几乎涵盖了中国文化的所有领域。

昭明太子像

南朝文化可以说是镇江最大的文化品牌。因为在南朝的 170 年间，镇江文人巨擘云集，成为汉文化的研究中心，诞生了一批影响深远的著作。梁太子萧统隐居京口编选出中国第一部诗文总集《文选》；徐陵编成中国第一部艳歌总集《玉台新咏》；出生于京口的刘勰创作了中国第一部文艺理论专著《文心雕龙》。科技方面，祖冲之的圆周率领先世界 1000 多年，葛洪的炼丹术配方是现代火药的原始配方。

到了宋代，政府尤为重视江南运河的疏浚管理和京江港口的浚治，镇江的山水名胜得到很好的整治建设，镇江更成了仕宦达官、文坛巨匠的宴集行吟之所。

苏轼曾先后 11 次来到镇江，留下了许多逸闻趣事。有一次，苏轼途经镇江，郡守许仲远设宴款待老友。酒酣耳热之际，许仲远命歌伎郑容、高莹来席前侑酒助兴。谁知郑、李两人趁机拿出她们的官妓文书，请求郡守除去她们的教坊乐籍。许仲远将文书交与苏轼定夺，苏轼即刻在文书上题《减字木兰花》一首："郑庄好客，容我樽前先堕帻。落笔生风，籍籍声名不负公。高山白早，莹骨冰肌

陆游画像

那解老？从此南徐，良夜清风月满湖。"此词表面上是说苏轼感谢许仲远的款待之情，妙在以"郑、容、落、籍、高、莹、从、良"八个字作句首，委婉地写出了批准两女从良的意见。可见苏轼对流落风尘的下层妇女的同情。

就连陆游这样的正派官员，乾道六年（1170年）任职四川路过镇江时，也盘桓了整整十天，喝了好多场酒，又把当地的著名风景点都玩了个够，才发船过江，后来又多次到镇江，他还担任过镇江通判之职。稍晚范成大《吴船录》记自己当年解职还乡，路线与陆游虽说正好相反——从四川回苏州，且为宦多年，归心似箭，过江后在这里逗留了三天才肯走。

爱国词人辛弃疾与镇江也可以说是别有一番渊源。他曾被任命为镇江知府，为人熟知的《南乡子·登京口北固亭有怀》读来回肠荡气："何处望神州？满眼风光北固楼。千古兴亡多少事，悠悠。不尽长江滚滚流。年少万兜鍪，坐断东南战未休。天下英雄谁敌手？曹刘。生子当如孙仲谋！"辛弃疾是镇江的女婿，因为他的岳父母在他婚后举家迁往镇江，后来又将自己的女儿嫁给了妻兄的儿子，升格为京口人的岳父。

沈括晚年移居镇江，将自己的居所命名为"梦溪园"。相传他三十余岁时"尝梦至一处，登一小山，花如覆锦，而乔木蔽其上，山之下有水澄澈，梦中乐之，将谋居焉"。此后又常常梦至其处。熙宁十年（1077年），沈括赴宣州（今安徽宣城）任职，有道人对沈括说润州为山川之胜，并且说郡人有地求售，沈括遂以钱三万缗购入。十余年后，他奉诏北行途经润州，"至所买之地，恍然乃梦中所游，因号梦溪"（宋佚名《京口耆旧传》卷1）。沈括一生坎坷，政治上屡遭打击，晚年生活也比较凄惨，原配夫人不幸早逝，继妻是个悍妇，又和前妻子女矛盾重重。在这样的境况下，他只能埋头著述，以获得心灵的安宁。于是就有了我国第一部百科全书——《梦溪笔谈》。

绘画方面在镇江出现了"京江画派"。京江画派推崇米芾为其鼻祖。米芾晚年因钟情于镇江山水而定居于此。他为人癫狂放达，冠服效唐人，喜奇石，世有"米癫"之称。米芾好洁成癖，每天都要洗涤身手若干遍。洗手时，据说要用银方斛舀水浇在手上，然后两手相拍，直至手干，不用布巾揩拭，因此人们又议论他是"水淫"。在镇江时，他有一块及其珍爱的砚石，郡守官知道他性喜洁，在借看时故意用唾液在上面磨墨，他认为砚已受污，就把砚白白送给了郡守。建康人段拂，字去尘，米芾就因为这个年轻人的名和字都合他爱洁的脾胃而将女儿许配给他。米芾所作山水，不求工细，多用水墨点染，自谓："信笔作之，多以烟云掩映树石，意似而已。"米画成功的渊源之一就是师法自然，得趣于京口的山水。其子米友仁得其家传，与父齐名，世称米芾为"大米"，友仁为"小米"。苏轼评论米氏父子的画都带有润州

梦溪园

宋米芾绘《鹤林烟云》图，米家山水代表作

山水之特色，所谓"极江南烟云变灭之趣"。

　　镇江确有它独特的魅力，吸引了大批文人，留下了许多堪称"天下第一"的惊世之作。明代园艺大师计成在镇江完成了世界上第一部造园学专著《园冶》；清镇江籍宰相张玉书主编了大型汉字工具书《康熙字典》；近代镇江籍教育家马建忠撰写的《马氏文通》是我国历史上第一部语法专著；还有丹徒籍文人刘鹗不仅创作了著名小说《老残游记》，还撰写了我国第一部甲骨文研究专著《铁云藏龟》。

六　江南城市江北人，京口盛况看今朝

"一方水土育一方物种，一方物种养一方人群。"镇江虽然名为江南历史名城，但无论在物质生活、风俗习惯、语言还是在文化特征上都明显带有北方的特征，如方言上属北方语系的江淮次方言，俗称"下江官话"；饮食习惯上不像南方完全以米饭为主，面食也占有很大的比例，"镇江三怪"之一的"锅盖面"就是很好的例证；性格上除有南方人的精明，更带有北方人的爽直；农田耕作，不仅有种植水稻，也大量地种植粟麦，因而在很多人的眼里，镇江是座位于江南的苏北城市。之所以有这样明显的北方特征，是因为从先秦至近代，大量的北方移民不断地南下，对镇江经济施展着连续不断的影响，使得这座城市明显地带有移民城市的特征。

北方劳动力的大量涌入及北方先进生产工具和生产技术的带入，有力地推动了本地区的全面开发，镇江在政治、经济、文化及城市建设方面，得到全方位的发展。自此以后，镇江地区在人口结构、生活习俗和语言使用方面发生全面北化现象，这种影响一直到持续到了今天。因此镇江虽属江南，却是一座"北化"城市。

镇江因水而起，因水而兴。随着历史的前移，世事的变迁，大运河逐渐失去了它往昔的功用。从清末到民国，直至抗战以前，镇江至常州间的运河节节淤塞，久已失去了灌溉、航行的功能，丹徒运河只能通航木帆船。大京口入江水道淤积成陆后被填筑成了中华路。小京口、丹徒口虽然通航，但航道狭窄、水浅，只能通航民间小木船。昔日五口入江的港口、河

清郑燮书《瓜洲夜泊》诗

道中，只有东郊的谏壁口还可以通航船队。随着沪宁铁路和津浦铁路的开通，南北交通格局发生重大变化，传统的水路运输一落千丈，加上大运河水域淤浅，作为运河沿岸物资集散中心的镇江港地位逐渐下降，商业腹地局限到了苏北一隅。现在由于长江河势变化，镇江老港已基本淤废。

为了发挥镇江传统的交通枢纽地位，1974年，国家决定在镇江大港建设新港，到90年代初，已建成万吨级泊位11个，是长江中下游唯一有铁路与港口相连的港口，与世界上50多个国家和地区通航。如今的镇江港是江苏省及长江下游一处具有中转、联运、外贸等多种功能的重要港口，成为长江第三大港和全国十大港口之一。为了加快镇江与太湖流域水运联系，扩大港口腹地，国家又对苏南运河进行了全面整治，建设了谏壁复线船闸，镇江段可常年通航500吨级大型驳船。经过不断建设，镇江港口形成了江、海、河联运的交通网络，发展了一批大进大出、大耗水量的现代工业，新型的港口型经济正在镇江兴起。

大运河上的风帆终在渐渐远去，取而代之的是巨轮的航行。江河的交汇成就了镇江的"雄"势，也成就了其二千载的繁荣。港口是镇江这方水上的

镇江港全景（1937年）（自赵大川编著《京杭大运河图说》）

福祉所在。如今，从钟山到京口，数重山已成坦途；从京口到瓜洲，千年古渡却已荒废。镇江作为一个整体，成为上海经济圈、南京都市圈的核心城市，随着长三角城市群的加快发展，镇江区位优势将更加彰显。加上润扬长江公路大桥像彩虹般飞越长江，把镇江与扬州，江南与江北联系在一起，相信不久的将来，古城镇江将重新展现它的"京口盛况"。

第十三城

常州：龙城岁月悠悠过，撒满一河星辉

这是哪里来的大和谐——星海里的光彩，大千世界的音籁，
真生命的洪流：止息了一切的动，一切的扰攘；

在天地的尽头，在金漆的殿桷间，在佛像的眉宇间，
在我的衣袖里，在耳鬓边，在官感里，在心灵里，在梦里……

在梦里，这一瞥间的显示，青天，白水，绿草，慈母温软的胸怀，
是故乡吗？是故乡吗？

一 绝代红颜比诗篇，天下名士有部落

几十年前，一位风流倜傥、才华横溢的诗人驾一叶扁舟，溯江南运河，缓缓而行，来到了常州，似乎带着朝圣的心来到了常州，踏进了号称"东南第一丛林"（明徐问《重修天宁寺记》）、"一郡梵刹之冠"的天宁寺，它雄踞于京杭大运河畔、庇佑了常州数千年。诗人仿佛是感应了那鼓一声，钟一声，磬一声，木鱼一声，佛号一声的礼忏，心中一片澄明，仿佛在这里寻找到了精神家园。这人便是著名现代诗人徐志摩，这吟唱便是他著名的散文

诗《常州天宁寺闻礼忏声》。

徐志摩与常州的缘份，或许是因受了那运河水的滋润陶冶，纯净得如出水芙蓉。但他来到常州，真是为了朝圣吗？真是为了寻找梦中的故乡吗？或许是为了寻找陆小曼，他的恋人，那道美丽的被胡适先生赞誉为"不可不看的风景"。

多年后，他与这个风情万种的女子结成了恋人。但似乎生活得并不开心，他看不懂这个运河边上长大的女子怎么就这么势利？这样一个有着美丽外表的女子怎么就这么爱装饰打扮，爱慕虚荣？怎么就这么会花钱，喜欢物质享受？怎么就人生欲望这么大，变得越来越市侩庸俗？这是他的白朗宁夫人吗？

徐志摩与陆小曼

一天——1931 年 11 月 13 日，两个终究不能志同道合的人终于为了生活琐事，大吵了一架。徐志摩带着苦闷的心情，离开了陆小曼，住到了朋友家。与朋友一起探讨"人生与恋爱"的问题时，他似乎对爱情依然那么期待，依然相信它是那么美好。19 日，为了赶着出席生活好友、另一个美丽女子林徽茵——曾经追求过的恋人的演讲，一个在北平协和小礼堂为外国使节所作的"中国建筑艺术"演讲，他选择乘坐飞机前往。

第二天，当林徽茵朗读到《常州天宁寺闻礼忏声》这首诗歌开篇，当她向外国人宣讲古老中国宗教建筑与宗教情感浑然天成的美的时候，徐志摩搭乘的飞机失事了。这个现代工业文明的产物最终把他带去了天国，令他从此跳出了恼人的滚滚红尘。诗人匆匆地走了，再也无缘泛舟运河，去江南水乡追求他梦寐以求的清丽的南国女子，采撷岁月的朵朵浪花了。他再也无暇欣赏运河畔的亮丽风景，再去天宁寺听一回佛钟法号，抒写人生静穆的诗篇。他的那些富有灵性的文字，曾给这个躁动不安时代的人们带来心灵的净化与澄明，但我说他不适合于这个物欲横流、喧嚣尘上的社会。

伫思古运河畔，看着轰鸣而过的驳船、忙碌的众生过客，忽然想起那年乾隆皇帝沿京杭大运河下江南时的一段故事。当他行走到镇江时，慕名金山寺已久的他，兴致勃勃地登上了最高处，高僧法磬住持相陪左右。乾隆皇帝见山前运河上来来往往的船只很多，一派热闹繁华的景象，就夸耀着问大师说："请问长老，你每天生活在长江边，知道每天有多少条船来往吗？"高僧回答："只有两条船。"皇帝感觉奇怪，说："太湖船只这么多，为何说只有两条？"高僧解释说："皇上，船只虽很多，归纳起来只有两条，一条为名，一条为利，官船为名，商船为利。"乾隆愕然，为之折服。其实太史公司马迁早已有言，《史记·货殖列传》说："天下熙熙，皆为利来！天下攘攘，皆为利往！"（中华书局，2006年）但世人又有几个能参得透呢？物性的张扬，遮蔽了人的审美性，又有几人能淡泊静守，闲下心来聆听自然天籁，看花开花落、云卷云舒呢？

还有谁能体味曹公"酾酒临江，横槊赋诗"的豪迈；李白诗仙那"两岸猿声啼不住，轻舟已过万重山"的飘逸；杜甫"窗含西岭千秋雪，门泊东吴万里船"的清旷；韦应物"春潮带雨晚来急，野渡无人舟自横"的野趣；东坡居士那"夜阑风静縠纹平。小舟从此逝，江海寄余生"的悲慨；乾隆帝"小艇沿流画桨轻，鹿园钟磬有余清。门前一带邗沟水，脉脉常含万古情"的豪情……

常州历史上，还有几位风华绝代的女子，她们也与运河结下了美丽而又哀怨的缘份，她们还一定程度上影响和改变了中国的历史进程。历史上风流一时、迷君倾国的红颜不少，像萧皇后（南朝兰陵人），改朝换代，总伴君王之侧却不多见。炀帝不幸，因为她短暂而亡，在中国历史上留下了千古骂名；炀帝有幸，为满足他和她一起下江南看琼花而开凿了"南北大运河"，为后世的发展做出了不容忽视的贡献。皮日休有诗为证："尽道隋亡为此河，至今千里赖通波。若无水殿龙舟事，共禹论功不较多。"（《汴河怀古》）

陈圆圆，这个生养于常州运河边上的女子，清冽的运河水孕育了她的灵性和美丽。后来她却流落风尘，吹拉弹唱于运河之上，并因诗词歌赋出众而结识了许多名人文士，获誉为"秦淮八艳"之一，给运河留下了多少传奇故事，为运河增添了多少烟花色彩。"妻子岂应关大计，英雄无奈是多情。全家白骨成灰土，一代红妆照汗青。君不见馆娃初起鸳鸯宿，越女如花看不足。香径尘生鸟自啼，屧廊人去苔空绿。换羽移宫万里愁，珠歌翠舞古梁州。为君别唱吴宫曲，汉水东南日夜流！"梅村才子的一首《圆圆曲》，至今飘荡颂唱在古运河上，让人唏嘘，令人心碎，惹人神往。

当然，在这片小桥流水、枕河人家的江南水乡中，古运河也孕育了层出不穷的常州历代才人。南北朝时，萧道成、萧衍、萧统、萧纲、萧绎等一大批成就卓著的政治家、学者、诗人、文学家、书画家、音乐家。唐时，常州出的第一位状元——获"萧夫子"之称的萧颖士，山水田园诗人"储王"储光羲，"诗伯"戴叔伦。两宋时，常州考科兴盛，中第人数之多，令朝野震惊，赢得了"儒风蔚然，为东南冠"（陆游《修后河碑记》）的美誉。有宋319年中，常州考取的进士多达674人。如今

早科坊及清代赵鸿熙等编《毗陵科第考》书影

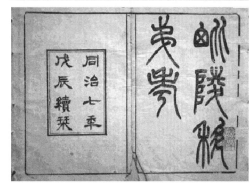

常州还留有多处宋代官府为褒扬常州科考功绩而设的旌表牌坊，如"早科坊"，即为宋理宗为霍端友（崇宁二年状元）六世孙霍超龙18岁荣登进士第而设的。明清两代，常州文风尤劲，清代文学家龚自珍写过一首《常州高才篇》，称"天下名士有部落，东南无与常匹俦"，如陈济、孙慎行、唐顺之等。特别是清代，常州产生过5个重要的学术团体——阳湖文派、常州词派、常州学派、常州画派、孟河医派。如"孟河医派"，据府县志载："小小孟河镇江船如织，求医者络绎不绝""摇橹之声连绵数十里"（《常州方志》）。而"常州学派"则极大地影响了中国近代思想史、政治史、学术史的发展走向，钱穆在其《中国近三百年学术史》中指出："常州之学，乃足以掩胁晚清百年来之风气，而震荡摇撼之。"（中华书局，1986年）

还有不少文士名流亦与常州运河结下了不解之缘。唐代著名诗人陆龟蒙、皮日休、杜牧、李绅等均曾泛舟河上，载酒载诗，记录下了当年"满船明月满船烟"的水光山色和"碧叶田田拥钓蓬"的水乡图景。亦有不少学者名流去官归里后，沿着运河，驶入了常州，在此办学开坛，如曾在元朝任江浙三衢清献书院院长的谢应芳，丁运河边白鹤溪上筑室名"龟巢"，引得许多上人名流慕名前来求学。明万历年创办的"龙城书院"，常有邻郡学者沿运河而来，相聚论学讲学，酬答唱和，商榷辩论。常州名人黄景仁、洪亮吉等就是从"龙城书院"走出来的硕学巨儒。

二 龙城岁月悠悠过，八邑名都雄一方

论今说古，说古论今／说古这里时古／说今这里时今／它像一棵常青的大树／逢春便有绿荫／这片绿荫／奉养过我们祖先的祖先／这片绿荫／保佑着我们子孙的子孙／祖祖辈辈，子子孙孙／古往今来无穷无尽／文明世代传承，历史万古长青。（歌曲《淹城之歌》，乔羽词，徐沛东曲，宋祖英唱）

一曲清新畅美而又荡气回肠的《淹城之歌》，唱出了常州的历史神韵，唱出了淹城的古老文明，勾连起你我思古之幽情。

史学界有言："明清看北京，南宋看杭州，隋唐看西安，春秋看淹城。"淹城遗址，是当年淹王德宫廷所在，现伫立于常州市南，距市区大约七公里，

被公认为是我国目前西周到春秋时期保存下来的最古老、最完整的三城三河形制的古城。3000 年的风风雨雨，留下来的都是造化的杰作。这里出土了考古学界所赞誉的"天下第一舟"。从那岁月长河浸泡的斑驳印痕中，我们仿佛可以驾驶着这艘方舟，在这碧光清澈的江南水乡，寻找出更古老的文明遗留。

在京杭大运河的南侧，常州东郊距运河河岸四五十米的戚墅堰圩墩村，考古人员发现了面积约 20 万平方米，堆积厚度为 1.8 米左右的一处新石器时代古村落遗址，为崧泽文化与马家浜文化叠压地层。其中崧泽文化层已遭破坏，但马家浜文化层堆积保存较好，出土有各种生产工具、生活用具及装饰品近 700 件，陶片 5 万多件。

常州正式建邑立邦始于春秋时期。周灵王二十五年（前 547 年），因吴王寿梦之子季札视权力如粪土，不愿在刀光剑影、鼓角争鸣中继承王位而"三次让国"，甘心情愿躬耕于舜过山（今江阴申港西）。吴王馀祭遂就地册封季札，称其为延陵季子。尤其可贵的是，在那尔虞我诈、朝秦暮楚的鏖战时代，季札能坚守信义，"冢树挂剑"。如此高尚品行让孔子、司马迁深为折服，据说孔子曾为之手书"呜呼有吴延陵君子之墓"十字碑。延陵，因为

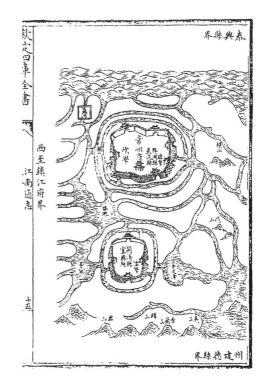

清代常州府图，与远古淹城遗址外形上仍然保持着高度的一致（自清黄隽等修《江南通志》）

延陵季子亭

季札成为常州历史上见诸文字最早的名称。不过作为季札的采邑，当时延陵范围很大，大约包括今常州、武进、江阴、丹阳一带。

常州又名"龙城"。明代邹忠颖《高山志序》曰："六龙阴聚于毗陵。右以铁翁诸山，若东西户屏。"常州孟河西北的九龙山上有一古庙，一天，庙里的当家和尚弘智梦见一位山神对他说："我是九龙山的山神，是东海龙王的九太子，与八位兄长镇守这一带群山。最近，由于秦始皇赶山，八位兄长趁机要来侵占我的山头，不久必将会有一场恶战，请你率全庙僧众，鸣金击鼓，助我取胜。"过了两天正是五月初五，天空乌云骤起，狂风大作，似有龙形翻滚。弘智率僧众击鼓撞钟，念佛诵经。约半个时辰，风停云散，恢复了往日的宁静。当晚，和尚又梦见山神对他说："多亏你金鼓相助，今已得胜。现在两条为首的恶龙已逃亡到宜兴山里，其他六条龙已去郡城，请你前往郡城安抚，希望他们安居乐业，为民造福。每年五月初五，可在云溪相聚。"清洪亮吉《云溪竞渡词》中有"自古兰陵号六龙"之句。清光绪《武阳志余》载："吾郡古号龙城。"另据史料记载，明隆庆六年（1572年），常州知府施观民曾于此建"龙城书院"。而清乾隆皇帝下江南时，路经此地，曾亲笔为此书院题名。直到现在，龙城人民每年在运河上竞赛龙舟，亦有两重含义：一是纪念屈原；二为续写龙城的骄傲。

公元前 495 年，吴王夫差开凿"邗沟"，自望亭经无锡达常州迄奔牛，常州人开始沿着运河筑城生活。俞伯牙也正是沿此河流，泛舟而上，找到了钟子期。"善哉，峨峨兮若泰山。……善哉，洋洋兮若江河"（《列子·汤问》）。高山流水话知音，成就了一段千古佳话。

物换星移，时光流转，几百年之后，中华北方大地，硝烟再起，有一群豪门士族为衣食生计也顺着这条河流来到了常州，并在这里驻扎下来，生育繁衍，发奋图强，后来还建立了齐梁政权，出了中国历史上的几任皇帝。这次大迁徙，史称"衣冠南渡"。

隋文帝开皇三年（583 年），皇朝管理体制发生变化，废郡治，以州统县。开皇九年（589 年）设置常州府于常熟县，管理周围县域。后割常熟县入苏州府，常州府遂移于晋陵，辖晋陵、无锡、义兴（宜兴）、江阴县 4 县，"常州"之名由此而始，至今近 1400 年。隋炀帝大业年间开始凿修"江南运河"，据《资治通鉴》卷 181 记载："大业六年冬十二月，敕穿江南河，自京口至余杭，八百余里，广丨余丈，使可通龙舟，并置驿宫、草顿，欲东巡会稽。"其中常州段是在旧运河基础上重新疏理，全长 44.7 公里。另外，隋炀帝还曾调集郡兵 10 万、工匠数万人，在常州大兴土木，建造规模恢宏的离宫——毗陵宫。由于炀帝大兴土木，荒淫奢侈，致使生民涂炭，哀鸿遍野。宇文化及乘乱起事，吴兴太守沈法兴借讨伐宇文化及之名，进据毗陵宫，建都毗陵，白立为梁王，年号延康，首开"毗陵"建都的历史。

明朝正德十四年 (1519 年)，常州设毗陵驿，是当时仅次于金陵驿的江南大驿。现在常州城西的篦箕巷，是古毗陵驿所在地，当初它叫花市街，后来才改称篦箕巷。毗陵驿一带商业兴隆，连夜晚也人流不息、买卖不断。当时古巷的店面都是骑楼式建筑，挑梁伸出巷道，梁下挂着一盏宫灯。落日西斜时，家家户户灯光闪耀，灯火常常彻夜不灭。当晶莹闪闪的灯影倒映在运河水里，与岸边船上的灯火相映交辉，宛如金色游龙，形成一幅迷人的景象。常州西郊十景之一"文亨穿月，篦梁灯火"，就出典于此。篦箕巷口有一个高大牌坊，上书三个红色大字"大码头"，顾名思义，这里就是大码头所在地。据史料

毗陵驿遗址碑（朱苏兰摄）

记载，乾隆南巡途经常州时，有三次就是从这个大码头登岸进城的。著名古典小说《红楼梦》第120回也有一段故事发生在这里，书中写道："一日，行到毗陵驿地方，那天乍寒下雪，泊在一个清静去处。贾政打发众人……便停笔，抬头忽见船头上微微的雪影里面一个人，光着头，赤着脚，着一领大红猩猩毡的斗篷，向贾政倒身下拜……一僧一道，三个人飘然登岸而去。"续作者把这个"不灭的游魂"离去前的场景安排在文亨桥边，常州老西门古运河北岸毗陵驿处，为常州文化添上了几许悲情离幻之色，让古往今来多少人为之唏嘘不已，也见出常州的毗陵驿自古知名度就很高。

江南盛有物产，毗陵驿、毗陵巷所产是篦梳。"扬州胭脂苏州花，常州梳篦第一家"，慕名前来常州城购买梳篦的人络绎不绝，如著名昆剧《十五贯》就是以熊友兰从苏州携带十五贯钱走运河来常州买梳篦为主线索来展开的。乾隆年间《常州赋》有"削竹成篦，朝京门内比户皆为"的记载。清代常州每年都要选制一批高级梳篦，进贡朝廷，李莲英为西太后梳头用的常州产象牙梳，至今仍留存在北京故宫博物院。

因为运河的便利，常州历代均成了政治、军事要地。从晋起，1600多年间，它都是郡、州、府治的所在地。唐大历年间，独孤及任常州刺史，到任谢恩表中说："江东之州，常州为大。"清顾祖禹《读史方舆纪要》中也说：

"常州地居数郡之中，翼带金陵，为转输重地，脱有不虞，则京口之肘腋疏，而吴郡之咽喉绝。若其北守靖江，则内可以固江海之锁钥，外足以摧淮南之藩蔽；南扼宜兴，则近足以消滨湖之窥伺，远可以清浙江之烽烟。"常州故经常走进文学家视野，如《水浒传》第112回："卢俊义分兵宣州道，宋公明大战毗陵郡。"写"百胜将"韩滔领宋江命令，沿运河而下，率水路大军进攻常州，不料却被方腊部将金节射落下马，然后被张近仁一枪刺死；"天目将"彭玘，为替韩滔报仇，也被张近仁偷袭所杀。气得宋江大哭道："谁想渡江已来，损折我五个兄弟。莫非皇天有怒，不容宋江收捕方腊，以致损兵折将？"（吉林文史出版社，2003年）后在吴用、李逵等劝说帮助下，才收服了金节。常州城在朝代更迭中，经历了一次又一次的风雨洗刷。兴盛衰亡之变故，使之富积了厚重的历史文化内涵。它曾受过农民起义的冲击，也遭过倭寇的侵略，盛时"雄伟壮丽""雄踞一方""为东南一巨镇"；败时则"残垣断壁""颓瓦破檐""飘零于秋风"。最兴旺之际，清雍正二年（1724年）常州府还曾统辖武进、阳湖、无锡、金匮、宜兴、荆溪、江阴、靖江八县，留下了"八邑名都"的美称。

还需指出的是，常州城址的选择与稳定与运河水系有密切关系。由于运河城区段向南改道3次，常州城区也逐步向南扩展。据载，大运河通过市区的最早位置是双桂坊，第二次是东西下塘河（今南市河），第三是现在的位置。有学者指出，决定和影响古代常州城市发展的最主要因素是，它有着军事要地和漕运通道的地位，而漕运通道这个因素又与常州商业的发展形成相互促进的正比关系，常州城之所以一再由北向东南扩展，就是为了方便利用运河水道。宋代常州的贸易中心在局前街、马山埠一带，到明清时渐渐转向南大街和西门运河沿岸了。

三　千帆竞发为漕粮，新生百业随运起

常州的河流，以沿江的孟渎、德胜、澡港三河通江孔道为重要，西由丹阳入境，东南流入无锡。运河的形成和演变，改变和影响着常州的水利交通面貌。自江南运河形成后，常州河道就"以运河为经，左右诸水为纬""以

运河为脊而中分之"。一支即旧日的漕河（又名旧城西北濠），向北由大西水门贯城东行，出东门；另一支向南入旧城东南濠，过怀德桥、广化桥、德安桥向东北行，与旧城东北濠在东水门会合并入运河。

由于运河的开凿，纵贯常州全境东西，又是长江水域和太湖水域的分界、众河之宗。如此将常州与其他地区完好联结，构成了北由长江以达运河，南由南运河以达宜兴、溧阳、金坛，东南顺运河通无锡、苏州、杭州、上海的水上交通网。

运河凸显了常州的"水域"优势，带动了常州的经济发展。作为常州经济支柱的传统米业、豆业、盐业、丝绸业、木业等抓住机遇有了复兴发展；从事水陆衔接的各种挑挽、挑箩行业应运而生，扩大了经济门类，而银业、典当业、保险业及治病救人的医药业也越做越大，为传统行业的发展作了保障。常州虽然辖地不广，但却因地理优势而盛产大米，气味清香、细软可口的常州米博得了南来北往的人们的交口称赞，盛名由是远扬。米业也随之勃兴，商人们奔流不息地赶来常州做米生意。一定意义上可说，勤劳的常州人民为历史上经济、文化中心的南移作出了突出的贡献。

隋炀帝大业年间，贯通运河后，常州上通京口，下行姑苏，河川纵横，湖泊密布，成了"三吴襟带之邦，百越舟车之会"，"自苏松至两浙七闽数十州往来南北两京，无不由此途出"（《太平寰宇记》）。常州还是向朝廷交纳"贡赋必由之路"，太湖流域和长江中下游出产的大米多运到常州来出售，南方缺粮的福建、浙江等省则都来常州采购大米，"产者输之，购者集之"，使常州逐步形成米市。

唐元和八年（813年），常州刺史孟简为加强江南漕运，疏浚了孟渎（今孟河）于常州西北引长江水南接运河，以利漕运。有了运河的交通便利，常州米业进一步获得发展。特别是宋代在常州设江浙、荆湖、广西、福建路都转运使司，专门承办漕运事务，漕米由最初的几十万石增加到300万石、500万石，最高达700万石。明弘武二十六年（1393年），常州府单"粮米"就实征533 515石，占全国实征总数的2.16%，接近广西、云南两省征粮数的总和。运河上一派繁忙景象，白天千帆竞发，晚上停泊在岸边的漕运船挂起一盏盏桅灯，绵延数华里，宛如一条火龙。经这里转运的漕粮，不时出现

"粢米交赋"和"枲米交银"之事，为应对蓬勃发展的粮食贸易，众多的粮行、米号、堆栈等则应运而生，连粮食集散地石皮场也因此易名为米市河。孟河的畅通，让常州非常繁华，"孟河放花灯"成为常州闻名遐迩的一景，古龙在其小说《陆小凤传奇》中亦不忘提及，写了陆小凤和花满楼破铁鞋大盗后，相邀至孟河看花灯，为小说增色不少。

运河成就了常州米业，也衰变了常州米业。由于运河水源变化，漕舟运道也就随之变动。原来运河京口段的水源取之于长江江潮，由于江岸北移，江面促狭，潮水减弱，水源缺乏，至宋朝以后，竟至河口淤塞，虽然屡次疏浚，漕运仍很困难。于是明永乐以后，漕舟往往取道孟河、德胜两河，东浮大江。对于常州段运河，主要是治西北以保证其畅通长江，同时兼治东南各段河身，做到蓄泄相济。明中叶以后，由于南高北低的黄河经常冲决运河，朝廷没法，只好"改运避黄"。然而运输不畅，严重影响了"南粮北运"，也使常州米业受到很大冲击。特别是太平天国时，清政府在上海雇沙船（私商船）从海上运粮到北京，闽、浙等省的漕粮不必再由内河途经常州中转，运河漕运从此衰落，常州米市也从此一蹶不振。

常州豆业的发展也得益于运河许多。常州起初并不盛产豆子，农户多种水稻，豆子少有人种植。后来，运河由于受到黄河水的冲决，经常淤结堵塞，河床越来越浅。为了解决泛滥四溢的河水。明代中叶开始，常州政府不借鉴前人治水的经验，却花大量时间在常州以东大搞围湖造田，堵江水以防涝。20年造出3.7万亩，使芙蓉湖、阳湖大为缩小，到清道光五年（1825年），芙蓉湖、阳湖已变成狭窄的河道，失去了江水、湖水、河水相互平衡和相互调节的常州，呈现出城乡水源不丰、水位失调的局面。旱田逐年增多，四乡农民只能种植以黄豆为主的耐旱作物，黄豆上市量逐年增加，加上苏北泰州、东台及丹阳等地所产大豆大量流入常州，一些官僚、地主、豪绅眼见经营豆业有利，纷纷开设油坊等，而专业性豆行也从粮行中分离出来。

清光绪二十七年（1901年）后，常州府疏浚孟渎、德胜和澡港三河，更加便利外地黄豆运进常州西市河，形成以常州为中心的大豆市场。民国8年（1919年），机械榨炼代替手工操作，全市油饼加工业年耗大豆100万石，市场流动量最高达600万石，成为常州"豆、木、钱（庄）、典（当）"四大行业之首。豆行集中的运河北岸（东起怀德桥，西至锁桥），也因此段河流易名为豆市河。直到日军侵占常州，豆市遭毁灭性打击，又加之运河河道日趋狭窄，交通时常受阻，常州解放前夕，豆市已经衰落。

常州木业，早在嘉庆年间已初具规模。据碑刻记载，常州最早的木行是屠家开的屠源丰木行。屠家原是婺帮山客，早年为政府采办木材有功，朝廷赏给补贴，遂在北门外天祥桥堍开源丰木行，日进斗金，成为巨富。清咸丰年间，由于太平天国和清廷交兵，运河受制于战争，木业慢慢萧条。光绪二十八年（1902年），运河疏浚后，江西木客入驻常州，推动了木业的发展。宣统末年，赣州、龙南、洪都等帮的江西人木号在常州有120多家，全年运进木材在十四五万两（二十二三万立方米），畅销苏南城乡。民国5年（1916年），全市木材营业额为300万银元，成为西木、广木在苏南的集散中心，可以这样说，常州木业独步江南。

常州木业如此兴旺，得益于它与运河的相互支持。京杭运河常州段水源来自长江，水质含沙混黄，木材停泊其

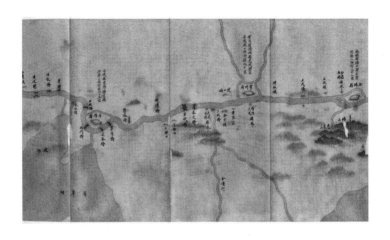

清代京杭运河全图——常州段

中，能保持皮色黄亮，有利于木材养护。清光绪年间三河疏浚就大大增加了木材进口渠道，使常州木业为更加兴旺。而木业的发展又需要运河的畅通保障，为此常州木商不惜捐垫巨资进行运河的修复，将重点河道一一拓宽浚深。这样运河因木业而重新获得了生命力，继续发挥它的巨大功能。不仅如此，运河开通后，北方的土木业、砖瓦业也随之传入南方。

运河的便利，南北交流频仍，也带动了常州丝绸业的发展。常州丝绸业曾经极为繁荣，生产出来的丝绸通过运河远销全国。据《唐六典》载，当时全国各地织物质量约分九等，常州之绫位列第二，而作为贡品的"透额罗"，名躁一时，元稹曾有《赠刘采春》诗为赞："新妆巧样画双蛾，谩裹常州透额罗。"到宋代，常州与苏州、杭州、湖州、松江并称五大丝织中心。明成化年间《重修毗陵志》记载："宋有机户善织，号晋陵绢。"民国时期的常州生产的丝绸"孟河绸"还曾获巴拿马赛会金牌奖。明清时期，常州丝绸生产更受到"江南三织造"之一的苏州织造府的监督管辖，新创了一些高质量的产品，如"罗筛绢"，不仅花色新颖，而且轻盈凉快，"载于邑志，由来已远。清光宣年间，制为夏衣，风行一时，于是始有贡绢之称"（《武进方志》）。曹雪芹的祖父曹寅曾供职苏州织造府，每年都要精选一批优质丝绸溯运河上运京城敬献给皇宫。电视剧《红楼梦》拍摄时，为达到逼真效果，还专门从常州选取了一些丝绸用来做演员衣服的材料。常州纱罗因其工艺、质地超群，故也频频亮相于各时装展。

敦煌壁画中髻发覆戴常州透额罗的唐代乐伎女子

运河经济的发展，也促进了常州钱业、典当业、保险业的兴起。这些行业的中兴一定程度上为米业、豆业、木业、丝绸业的进一步扩展提供了支持和帮助。常州最早的钱庄为清乾隆五十九年（1794年）开设在西瀛里的"豫通钱庄"。光绪年间，常州城乡已有大生、宝康、泰生、乾益、义泰、德生等12家钱庄开设，并成立公所，每日同业间与各行铺商号都以汇划银票进行款项收付结算，金额有时达千两以上。直到辛亥革命爆发，钱庄放款收不回来，才纷纷停业。常州虽没有独立设置的保险企业，基本上是为上海、南京等地的保险公司作代理。民国2年（1913年）上海合众水火保险公司和外商永年人寿保险公司是最早在常州设立代理机构的。后来，英、美、德、荷等外商保险公司纷纷进驻常州，喧闹一时。一直持续到常州解放这些代理处才停业。在常州从事典当生意的大都是朝廷退职还乡的官僚及当地的殷实富绅，据史料记载早在清乾隆三十

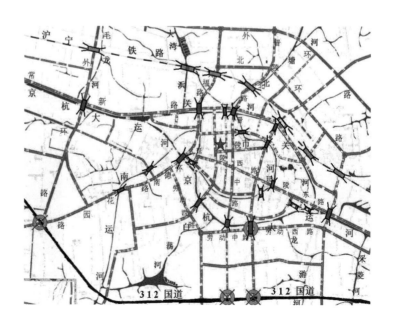

常州横跨京杭运河上的各桥地图

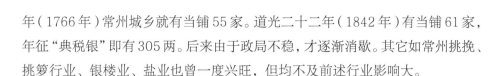

年（1766年）常州城乡就有当铺55家。道光二十二年（1842年）有当铺61家，年征"典税银"即有305两。后来由于政局不稳，才逐渐消歇。其它如常州挑挽、挑箩行业、银楼业、盐业也曾一度兴旺，但均不及前述行业影响大。

四　文亨穿月有桥乡，层园叠翠是诗渊

当铁路、高速等现代交通网遍布全城、联通全国的时候，运河的政治经济功能已经大大衰退减弱。正如我们曾谈过的"实用退潮，审美登场"，由于它直接的功利性与实用性功能退居二线，才使它固有的思想、情感、记忆等文化审美功能获得了表现的可能。诉说常州与运河，不能不说说那散落于常州大地，横跨运河的道道彩虹——桥，也不能不说说那运河边上，扮靓了运河美貌的园亭、寺庙……一座小桥背后有一个故事，一座园亭包含着一段佳话，一座寺、庙、塔、观亦留下一些美丽的传说，它们是一个个文化的符号，流淌在文人墨士的笔下，荡漾在迁客骚人的眼中，摇曳在游子思妇的梦里，作为历史文化的见证，至今仍活跃在人们的口头上和记忆中。

常州为江南水乡，小桥多，运河两畔，小桥弯弯，桥连接着生活的这一边与那一边，也连接着历史的昨天与今天。桥积淀了复杂而又深重的文化蕴涵，在阳光的映照下，被历史风化而斑驳的桥梁阑干、因岁月流逝而沧桑的奠基条石，反射出常州古今城乡文化交汇融合之霞辉，它们的美丽让你踏上了寻找文化的历程，寻觅古代文人那褪色的青衫，感悟他们那颇不宁静的心境。拿新坊桥来说吧，它位于青果巷尾、观子巷头，是常州最古老的单孔石拱桥，它始建于南朝梁大同元年。明弘治十一年（1498年）知府曾望宏重修时在桥上树有朱昱撰文的《重修新坊桥记》石刻。著有《信陵君救赵论》的唐顺之是否曾与戚继光激扬文字，击水桥头？史良和李公朴一定曾慷慨激昂从此桥跨过，融进革命洪流，为民主振臂高呼；远处依稀徘徊的身影，或是赵元任端着方言课本，诵读在青石桥边。

常州有些桥因具有神奇的英雄故事和美丽的民间传说，发人遐想，惹人追忆。毗陵驿旁之弋桥，褐石古朴典雅，两岸垂柳依依，桥东西分列星亭和白云亭，成为颇擅江南烟月的风景区。1275年，元军兵临城下，常州军民拼

死抵抗，失陷后惨遭屠城，仅七人伏桥坎下，方幸免于难。次年，文天祥在杭州被元军俘获，用船沿运河押解北京，途径此，眼见两岸断壁残垣，荒芜冷落，唯有石桥巍然屹立，脱口而吟《过常州》诗："山河千里在，烟火一家无，壮甚睢阳守，冤哉马邑屠；苍天如可问，赤子果何辜，唇齿提封旧，抚膺三叹吁！"为常州段运河备添几分悲壮愤激。如今弋桥只剩下残缺破乱的一块石碑，被败草遮掩，需花很长时间才能找到。

横跨大运河的文亨桥大概是最惹游人撩拨思古之情的。它位于西运河上，系三孔石拱桥，全用青石构筑。文亨之名，由来已久。钟灵毓秀的常州，文儒辈出，桥名"文亨"，优雅地书写下常州人的自豪，表现了龙城"向学"的美好风俗。据《武阳志余》载："邑人吴龙见记曰：毗陵郡西，朝京门外有桥曰'文亨'，跨东西运河，在古驿东南隅。"桥北堍还建有一座临水的文亨阁。这个阁似乎是一个标志，客船一过此桥就进入"文人之邦"了。常州府历来是苏州府、松江府到南京必经之地，进城赶考的文人，升谪往返的

文亨桥雪影

官员不绝于道。船只到此，文人大抵要上阁朝拜阁内的魁星像。每当秋夜时分，明月倒映，三个洞环中均能看到，景色迷人，是为闻名遐迩的"文亨穿月"之景。

朝阳桥，以前名通济桥，明正统十二年（1447 年），巡抚周忱建于常州罗城城濠与古运河会合处，因宋代桥址旁有通济亭而得名。北宋年间，从海南儋州北归的苏东坡，半袒上身，缓缓地摇着一叶扁舟，由后河入运河，驶向东水关，投入了梦寐以求的水乡怀抱，当时，万人空巷，以一睹东坡为幸。他手执蒲扇，对同船的朋友说："莫看煞轼否！"是夜苏夫子泊舟于此，就着朦胧的月色，抱病而书"……快风活水，一洗病滞……"

这位才华横溢但又命运多舛的文坛巨擘，因运河之故而在常州留下了多少美丽的文字和传说。早在宋仁宗嘉祐二年（1057 年）那一科进士的琼林宴上。他和常州府所属宜兴的蒋颖叔、单锡，武进的胡完夫等一见倾心，成为莫逆。在觥筹交错之中，谈起芙蓉山秀、罨画溪明、古洞奇穴、玉潭凝碧等胜景，以及延陵季子让国躬耕、唐宰相陆希声退隐颐山等故事，使东坡对常州、宜兴确已心往神驰了。他在席上写下了《次韵蒋颖叔》·诗："月明惊鹊未安枝，一棹飘然影自随。江上秋风无限浪，枕中春梦不多时。琼林花草闻前语，罨画溪山指后期。岂敢便为鸡黍约，玉堂金殿要论思。"相约归老常州，这也是后来东坡在《楚颂帖》中所说："逝将归老，殆是前缘。"

元丰二年（1079 年）苏轼因"乌台诗案"下狱，次年贬居黄州。1084年，苏轼被令移居河南汝州，他却有

苏轼画像

意绕至江南，在神往已久的常州宜兴县买下田庄。随即两次上表皇帝，言有田在常州，乞在常州居住，最终获准。后又在新旧党争中被贬惠州、儋州，直到1100年，宋徽宗即位后大赦天下才返归常州，在好友钱济明帮助下租孙氏馆为家，并仙逝于此。纵观他极为坎坷的一生，曾浪迹十多个省份数十地，但几乎都是做官的差遣或贬谪的无奈，唯有定居常州，是他唯一自愿选择。尤其在临终前一个多月，他书吐肺腑之言："今且速归毗陵，聊自憩，此我里！"（《苏东坡全集（中）》，黄山书社，1997）足见其对这方土地挥之不去的挚爱浓情，不是故乡，胜若故乡。据统计，他曾14次来常州，宋代费衮在《梁溪漫志》卷4中亦说："东坡缘在东南（常州）""出处穷达三十年，未尝一日忘吾州。"

据宋《咸淳毗陵志》记载，南宋乾道八年（1172年）太守晁疆伯为怀念东坡，在孙氏馆遗址建东坡祠，塑东坡像，后于南宋末年常州抗元保卫战遭战火，荡然无遗。元至大年间重建改名东坡书院。明初经战乱后又毁，仅存东坡洗砚池及其手植的朱藤、香海棠等遗迹。明代中期邑人在北依白云溪，南临顾塘河旁的东坡终老地遗址，那片环境幽静，朱藤盛开的地方重建，取名"藤花旧馆"，以纪念苏东坡。据《武阳志余》记载，"孙氏馆在顾塘桥北岸，宋苏轼属纩所""香海棠在顾塘桥北岸方氏宅，相传东坡手植。国朝康熙间枯萎""朱藤在孙氏馆，亦东坡手植，今在汤氏宅中，藤枝尚存""东坡洗砚池旧在顾塘桥方宅，乾隆二十二年移置舣舟亭"。如今，运河流水依然，"舣舟"古亭早已翻新，有一联悬挂其上，说："舣舟亭畔喜留东坡居士；洗砚池边曾驻西蜀诗人"，诉说着曾经在此发生的历历事迹，惹人遥想当年东坡居士的忧郁神态。而乾隆七下江南，三次驻跸于此的无限风光，也随着历史风云的变幻远去了，只能从他当年亲笔题写的"玉局风流"匾额中可以寻找和感受得到。

藤花馆因有了苏轼而引来了缅怀酬唱，邑人进士徐永宣曾写有《惮香海棠》诗："坡翁骑箕六百载，三十年前树犹在。青城白云御翁扫，遗下香魂断垣内。"洪亮吉的《古藤歌》："葛仙桥边路四通，香气已过桥拱东，半空紫伞盖奇绝，千朵万朵飞玲珑。"赵翼《汤公子邀饮藤花下》诗："入门未久即上仙，那得复有种花暇？"对东坡手植紫藤香海棠提出了质疑。如今，紫藤枯枝犹在，

恽南田所绘山茶
花画

海棠依然飘香，而千古文人骚客俱往，只留下几许诗话，在萧瑟的西风中悠悠传唱。

"城中半园亭"，苏州因园而名扬天下，常州园亭虽有所逊色，但亦自有内涵、格调、风度、韵味，记载和诠释着常州人的哲理观念、文化意识、审美情趣、艺术品格。李兆洛在《复园记》中说："吾乡自明中叶以后，颇有园林之盛。"园林不只是作为游憩之用，助人消除生活的紧张和疲乏；它更是骚客文人交游聚会，喝酒品茗，写诗作赋，吟风颂月之所，唐有"茶山境会"、宋有"春游诗酒会"、明有"诗酒艺会"，在这里创作的一篇篇酬唱赠答之文，记录了常州城发展流变的历史，结晶为一个又一个时代的文明。

具有江南古典园林特色之"近园"在常州市长生巷内，原系明布政使恽厥初别业，初名"东园"，清康熙十一年（1672 年）典于里人杨兆鲁，经营 5 年，"近乎似园，故名近园"。杨曾邀请著名画家恽南田、王石谷、笪重光等雅集园内，杨作《近园记》，王作《近园图》，恽

近园

书石，笪为之题跋。现题记与跋残碑仍留园中。至今，园内廊壁还能见到明清名人书条石 30 余块。同治初园易主，光绪初复归恽氏，改名"复园""静园"，俗称恽家花园。瓯香馆是恽南田的寓居和终老处，以南田"诗书画三绝"之名和《瓯香馆集》而蜚声艺坛。据洪亮吉《外家纪闻》载，瓯香馆是乃舅蒋颖若（字启宸）白云溪畔宅中的临溪小筑，恽南田贫困时租赁居住。南田在《白云古渡图自题》诗中曾描述："暮色苍苍落日斜，孤舟深处两三家。苍波渺渺无人渡，撑个扁舟看晚霞。"依然如当年瓯香馆所在地垂柳碧波，烟水空阁，渔舟晚歌的清幽环境。"杨状元第"、赵瓯北的"探花第"、管干贞的"读雪山房"、吕氏"赐锦堂"等亦相毗邻，与之一道无声地言诉着昔日此巷的繁荣。

意园绿树成阴，清幽雅静。或许你能想象此中留有许多历史名人的沉重履痕，却不一定能想到此中亦联系有多重历史烟云。此园主人赵申乔正是清初"戴名世案"的始作俑者，致使百人被斩，拉开了清代"文字狱"的序幕。

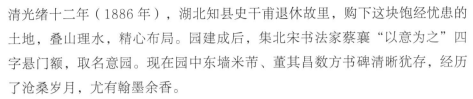

清光绪十二年（1886年），湖北知县史干甫退休故里，购下这块饱经忧患的土地，叠山理水，精心布局。园建成后，集北宋书法家蔡襄"以意为之"四字悬门额，取名意园。现在园中东墙米芾、董其昌数方书碑清晰犹存，经历了沧桑岁月，尤有翰墨余香。

常州多寺庙，古已如此，此风源发于梁武帝，他晚年耽迷佛教，大量建造寺塔佛像，是以杜牧《江南春》说："千里莺啼绿映红，水村山郭酒旗风。南朝四百八十寺，多少楼台烟雨中。"杜牧笔下的烟雨楼台，常州居多。前面提到的天宁寺，徐志摩的表弟金庸先生与之亦颇有机缘。金庸小说《天龙八部》第十八回"胡汉恩仇须倾英雄泪"，说到丐帮一众被西夏一品堂所囚之所，便是在这天宁寺。天宁寺的开山祖师，法号法融，开创了牛头宗，后世称之为南宗第一祖师。乾隆帝下江南，曾三次进香礼佛，亲题"龙城象教"匾额以赞常州人杰地灵，才人辈出。

常州有一座文笔古塔，"相传塔为郡文笔峰，每祥花腾现，开甲之先兆云"（《武进县志》）。塔因此而得名。此塔是太平寺的附属建筑，太平寺在齐建元年间由齐高帝萧道成所建，当时名建元寺。历代文人登塔咏诗者较多，苏东坡居常州时也经常到该寺游玩，留有《常州太平寺观牡丹》《太平寺法华院醉题》等诗。杨万里驾船而下，经过此塔，《题太平寺》言："太平古寺劫灰馀，夕阳惟照一塔孤。"洪亮吉亦有《登太平寺浮图》诗："花光裹塔红三面，燕剪穿帘紫一双。十字港中容小刹，七层楼外见空江。"不少应试学者和商人来此总不忘记登塔。

清初，常州人在东门外运河支流筑起了一座文成坝，传言是为了挡住常州的文风，不让它东流到无锡去。当然，也有不信此塔有如此神奇者，据说常州清代史学家赵翼的父亲就对"登塔有灵感"产生了怀疑，结果赵翼本该是一甲一名的状元，可是乾隆皇帝提起朱砂笔，不知怎么搞的，说了声："朕登基以来陕西还未出过状元。"就将赵翼和王杰的名次作了对调，于是，当地民众对登塔有祥光先兆就更加坚信不疑了。

昔日香火旺盛，"文笔夕照"为常州胜景之一，据《武阳志余》记载，"每至夕阳迫照，金碧灿然，檐隙塔影不过寸许，七级倒垂，晦明不灭"。如今太平寺早已烟消云散，七层孤塔，亦是光绪三十四年（1908年）所重

皇朝武功紀盛 詩鈔 詩話 甌北集

廿二史劄記 陔餘叢考 簷曝雜記

甌北全集

壽考堂藏板

清赵翼撰《瓯北全集》书影，其中收录了赵翼著名的史学著作《廿二史札记》

造。1992年在太平寺故址兴建状元楼时，曾挖出由唐荆川先生撰写的一块石碑，上书："惟塔则萧齐旧物也。"在文笔塔的东面，与之交相辉映的是文笔楼。楼为两层古典建筑，相传是常州文人墨客雅聚和吟诗作画的场所。

最后不得不说说运河边上的红梅阁，许多文人雅士慕名而至，在此游戏逗留，乐而忘返。此阁古朴厚重，上下两层，豪放雄伟，坊额上刻有"天衢要道"，意指天庭，背面又书"青云直上"，为明崇祯年题款。据方志记载，红梅阁始建于唐昭宗年间，原为荐福寺的一部分，距今有一千多年的历史，屡经毁建，我们现在看到的是建于光绪二十六年（1900年）的建筑。宋代这里曾作为贡士试院，后成为重要的道教建筑。相传，道教南派祖师张伯端在此聚徒修炼，并著有《悟真篇》一卷流传后世。清代著名史学家、诗人赵翼过红梅阁有诗云："出郭寻春羽客家，红梅一树灿如霞。樵阳未即游仙去，先向瑶台扫落花。"光绪二十六年《重建红梅阁记》碑文上说："阁高六丈有奇，其上金碧交辉，巍然对峙者，天宁者之九连阁也。北窗洞启，碧后翠竹间红梅在焉。花如降雪，香沁心脾，耆奇者遐想仙踪，往往低回之不欲去。"春意枝头闹，雪花满树开，迷人景色，深深打动了瞿秋白和张太雷，他们常于假日课余到红梅阁玩耍嬉戏。秋白从小喜爱红梅，曾用"铁梅""梅影山人"作为笔名。袈裟塔、烈帝庙、龙山塔、南城寺、青城寺、塘桥白塔、文明寺等，慰藉了人们的心灵，续写着常州文化。

无锡：两水回环抱一洲，不通车马只通舟

> 崇楼叠阁，杰构重新，宛在水中央，
> 看一片秋光，能招来惠麓烟霞，梁溪风月；
>
> 画栋珠帘，游踬庋止，莫作濠上想，
> 即万间宏愿，尽堪与美门比寿，王乔争年。

这副楹联赞誉的是无锡城北门外古芙蓉湖中的一个小岛——黄埠墩。公元前248年，为了奖励春申君黄歇护驾之功，楚考烈王将江东吴地赐封予他，以古吴墟为都邑。东汉人袁康、吴平辑录的《越绝书》云："春申君时，立无锡塘，治无锡湖。"无锡湖即芙蓉湖，黄歇曾扎营在湖中一墩上，这就是"黄埠墩"。黄埠墩地处古运河河心，北为双河口、南为江尖渚，两岸多条河流交汇于芙蓉湖，河面开阔，水势宏大，令人有"洪水不可没、水枯不见底"之感，以至于当地人称此小墩永不会沉没，正如一则民歌所唱：

> 龙山脚下浪滚滚，古流环抱黄埠墩。
> 任你水涨浪头高，墩墩永远不会沉。

清秦仪绘《芙蓉湖图》（局部），"丹橘村边烟火微，碧波深处雁纷飞"

正是从这里，春秋吴王夫差满怀称霸中原的雄心，带领二千盔甲一路浩浩荡荡踏上北伐征途；正是从这里，南宋抗元英雄文天祥洒下一腔赤诚，留下对风雨飘零中的故国的遗恨和"金山冉冉波涛雨，锡水茫茫草木春。二十年前曾去路，三千里外作行人"的慨叹；也正是从这里，"毗陵下注"之水与"双河之水"相融于一体后又分派为两水，一水从无锡古城北门直入城内，一水从城北向西南环绕行去。就是这样，在山水的怀抱中，孕育成了今天的无锡。

一　芙蓉湖上黄埠墩，古今运河由此分

从北门入城的河因其直贯整个无锡城达于南门而被称为"直河"。元王仁辅《无锡县志》卷2云："城中直河，自北水关入，直行出南水关，亦名弦河，以有弓河、箭河而名之，故运道也。"弓河"本旧县之罗城濠也。岁久无可验，

但称东河。" 明张维国编的《吴中水利全书》卷1亦云，古无锡城"旧有横河九道，插弓背，曰箭河""九箭河在弓河上，有河九道，皆通运河，若弓之有箭然"。如果从高空俯瞰整个无锡旧城，城中水道有直有弯有插，犹如两柄弩弓镶嵌在这块肥沃的土地上，弓背上还横插着箭镞，蓄势待发着。无锡城中流传有这样的一句谚语："九箭通，出三公"。出于好奇，数了数《无锡县志·津梁》篇中所载桥的数目，发现竟然有207座之多，足以证明以前无锡境内的河网水脉有多么发达。只可惜旧有的九道河流，后来"仅存其四，而通舟者止二焉，余皆不可问矣"（《吴中水利全书》卷1）；到了今天，剩下的几条河也早已于20世纪50年代的推城填河运动中变成了公路，河名也改成了路名。

从吴桥穿桥而过止于南门外清名桥的直河就是今天人们所说的无锡古运河，也是江南运河的一段。这6.6公里的距离虽不长，却是明朝以前京杭大运河无锡段最繁华的水道，在漕运史上写下了光辉的篇章。如今的古运河褪却了昔日的盛丽，渐渐消沉了声音，潺潺的水流平静而安宁，仿佛一位垂垂老者对着将沉的夕阳眯缝着眼，偶尔沉浸在对往日绝代风华的追思和怀念之中。

到了明嘉靖末年，漕运路线一改过往直接从城中穿过取道直河，绕行城东大运河。为什么将运河改道，不取直河了呢？康熙《无锡县志》所载唐鹤征《河渠书》云："锡城（土城）久圮，漕艘贯县而行。后因倭警筑城（砖石城），运道乃绕城而东出，是改从东路在嘉靖甲寅（1554年）后也。"具体说来，运河走向应为"自晋陵南下至五牧入无锡界，至北门塘始分东岸，属金匮。自此抵城东北分支为转水河，曲折东行，入南兴塘为梅里界。南行过亭子桥抵羊腰湾，分支为冷渎。东行入梅里界，又南行至南门塘出清宁桥（清名桥）。"（清吴熙编《泰伯梅里志》卷2》）

明嘉靖三十二年（1553年），湖北松滋王其勤得中进士，时任无锡县令。当时，以四大王为首的倭寇在东南部沿海一带烧杀抢掠，无恶不作，眼看就要进犯无锡了。在这危急关头，王其勤下令修建城墙，以抵御倭寇侵犯，保证全城百姓的生命财产安全。传说王其勤执法如山，在修城期间，其侄王克宝（有人说是其义子）因督工不利被王其勤下令当众斩首，以儆效尤。无锡人民为了纪念这位铁面无私的抗倭名臣，于清康熙二十年（1681年）在市南门塘泾桥古运河旁修建了松滋王侯庙，又名南水仙庙。庙内有楹联曰：

无锡古运河水弄堂

（自许卫国主编《南长古韵》）

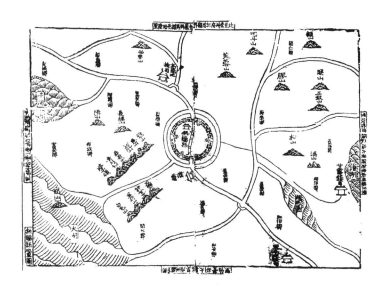

宋代常州府无锡
县地理图（自宋
史能之纂修《咸
淳重修毗陵志》）

亿万姓蹈德咏仁，凿斯池也，筑斯城也；

三百年畏神服教，尸而祝之，社而祭之。

后来，为了适应繁忙的水运，自吴桥绕黄埠墩至江尖
分流的两条古运河实行了单向行驶，上行之船走城东大运
河——经江尖北侧入，过工运桥、亭子桥、南长桥；下行
之船走城中直河——经江尖南侧入，过人民桥、西水墩、
文化宫桥、南长桥，两河在南长桥汇合后均达于清名桥。

清名桥是无锡城中现存唯一的单孔石拱桥，横跨在古
运河的南头。站在桥上向南眺望，倒映在水波上两岸的民
居大部分都还保留着清末民初的建筑风格。此起彼伏的黛
瓦粉墙，错落有致的窗棂门楣，间或夹杂着一株不经意间
生长出来的小树，都在波光水影中缓缓流淌，不禁让人产
生时空倒回了几百年的错觉。

此桥原叫清宁桥，始建于16世纪明万历年间。它是
由无锡寄畅园的主人秦耀的两个儿子太清和太宁捐资建

造，因此得名"清宁桥"。这座石桥在清康熙八年（1669年）由无锡县令吴兴祚重建，到了道光年间，因为道光皇帝的名字有"宁"字，为了避讳，所以将"清宁"改为"清名"，也有人称它为"清明桥"。

　　桥之所在，也是古运河与泰伯渎的交汇之处。《锡山志》云："泰伯渎，运河之支也，于清宁桥南入口。"（清吴存礼编《梅里志》）泰伯渎得名于吴太伯（泰伯）。商朝末年，周族部落首领古公亶父想把王位传给第三个儿子季历，长子泰伯和次子仲雍出于对父王的忠孝，为了避开王位，借口为父亲采集药草，"乃奔荆蛮"，并"文身断发"，栖身于今无锡梅村，"自号句（勾）吴"，建立吴城。泰伯被尊称为"吴太伯"。为了田地灌溉的需要，泰伯带领当地人民从梅里（今无锡市东约15里）开凿了一条横贯无锡县东乡的人工河道，河道"长八十七里，广十有二丈"。（元王仁辅《无锡县志》卷2）这条人工河道有效地解决了农业灌溉问题，"当年开之以备旱涝，一方居民始得粒食"（清吴存礼编《梅里志》卷4）。当地百姓为了纪念泰伯的恩德，把它命名为"泰伯渎"。"泰伯渎"是中国

清代运河全图苏州、无锡段

历史上最早的一条人工运河，至今已有三千余年的历史。泰伯的高风亮节为后世所景仰，孔子曾高度赞扬说："泰伯，其可谓至德也已矣。三以天下让，民无得而称焉。"（《论语·泰伯篇第八》）因此后世人们尊其为"让王"。自汉代起，人们为他修墓筑庙，"岁时致祭奉祀，历代不废"。泰伯墓的大门旁石柱上还刻有金匮知县齐彦槐撰写的一副楹联："志异征诛，三让二家天下；功同开辟，一抔万古江南。"泰伯受到历代儒生的膜拜和文人墨客的歌颂，诗人陆龟蒙曾来太伯庙瞻仰时和皮日休诗《泰伯庙》云：

无锡运河地理示意图（自许卫国主编《南长古韵》）

故国城荒德未荒，年年椒奠湿中堂。

逐来父子争天下，不信人间有让王。

　　无锡解放以后，为了改善京杭大运河无锡段的通航条件，开凿了长达 11.24 公里，始自黄埠墩，绕锡山，穿梁溪，至下甸桥与古运河汇合的新运河。由此，无锡形成了京杭大运河上独具特色的三水环城的局面。

二　西溪几曲环西城，城头斜月澹朝晴

　　黄埠墩是一个仅 220 平方米的圆形小岛，它是这么小，却又是一个让所有人都无法忽视的存在。它是无锡人文精神凝聚的象征，也是展现无锡无限美好风情的一扇窗口。

　　清两朝皇帝康熙、乾隆多次巡行江南，每过无锡，都会驻跸黄埠墩，由这里换乘小船前往有"江南第一山"之称的惠山。

　　惠山属天目山脉向东延伸的余脉，山有九峰，形同九龙首，又名九龙山。云梦泽龙宫里的锡珠在一天夜里掉在了太湖边上，引出了龙宫里的九条龙，它们最喜欢抢夺锡珠来玩耍，却搅得太湖翻江倒海一般，使得岸上的百姓夜夜不得安宁，苦不堪言。于是，一位白发老人出了个主意，将如山般大小的锡珠那银亮的外壳给铲掉，想以此骗过那九龙。果然，九龙不见了那亮闪闪的锡珠，互相埋怨打斗了起来，浑然忘了天色已经泛白，太阳慢慢升了起来，云梦宫早已不见了踪影。九条神龙变成了困龙，化作石龙卧在了运河边上，垂首叹息着。而那被铲掉了锡壳的珠就是今天的"锡山"。此情此景在杨万里的诗《回望惠山》中表现得恰如其分：

惠山分明龙样活，玉脊琼腰百千折。

锡泉泉上吐一珠，簸弄太湖波底月。

苍石为角松为须，须里黄金古佛庐。

请君更向潘葑看，龙尾缴到珠南畔。

黄埠墩（自许卫
国主编《南长古
韵》）

虽然这只是传说，但无锡的得名却与此有几分相似之
处。周秦之时，随着生产力的发展，各国人力开采锡矿。
"惠山东峰，当周秦间大产铅锡，所以谓之锡山"（唐陆
羽《惠山寺记》）。到了汉初，这里的锡矿已告衰竭，因
此将该地命名为无锡。据《大清一统志》载："后汉有樵
客于山下得铭云：有锡兵，天下争，无锡宁，天下清；有
锡沴，天下弊，无锡乂，天下济。"而明代冯梦龙所撰的
《东周列国志》中说发现此铭的人是秦王嬴政（后来的秦
始皇）的大将王翦。当时王翦奉命率领60万大军攻打楚国，
行至惠山脚下，下令扎营做饭，就在掘地埋锅时发现了上
述铭文。种种说法给无锡这座古城更增添了几分传奇色彩。

惠山被喻为"江南第一山"，无独有偶，位于惠山白
石坞下惠山寺旁的惠山泉，原名漪澜泉，经唐朝陆羽一番
品尝，认为此水可堪为天下第二适宜煮茗，并在其《惠山
寺记》中称此泉为天下第二泉，由于陆羽的赞誉此泉又称
陆子泉。它是唐代宗大历末年（779年）由无锡县令敬澄

元赵原绘《陆羽烹茶图》，"山中茅屋是谁家，兀坐闲吟到日斜"

派人开凿的。惠山泉有三处泉池，入门处为泉的下池，开凿于宋代，池壁有一雕工精细的龙头，泉水从龙口中注入下池。另外两个泉池分别位于漪澜堂后闻名遐迩的二泉亭内外。上池呈八角形，水质最佳；中池呈不规则方形，相传是唐代高僧若冰发现的，故也称冰泉。在二泉亭和漪澜堂的影壁上，分别嵌有元代大书法家赵孟頫和清代书法家王澍题写的"天下第二泉"石刻。

唐朝悯农诗人李绅之于二泉水，如伯乐之于千里马。泉再好，没有李绅这个伯乐，也枉然是"养在深闺人未识"，二泉之名也无缘得见于天下。

李绅15岁时寄居在惠山寺中读书，从那时起，他就与惠山、与二泉结下了一生都解不开、化不掉的深情。李绅自唐元和中得中进士后，开始了他长达41年的政治生涯，经过了多次的贬谪、调任，甚至放逐，始终磨灭不了他那颗热爱故土的赤子之心。任京官后，李绅常托人把惠山泉水带往住所，分赠给自己的好友。他于会昌二年（842年）离无锡去长安任尚书左仆射时作《别泉石》一诗云：

> 素沙见底空无色，青石潜流暗有声。
>
> 微渡竹风涵淅沥，细浮松月透轻明。
>
> 桂凝秋露添灵液，茗折春芽泛玉英。
>
> 应是梵宫连洞府，浴池今化醴泉清。

李绅画像

也正是通过李绅，宰相李德裕得幸品尝到惠山泉水，并爱之成癖，专门在长安至无锡段上设有传运二泉水的递铺，这才有了唐末诗人皮日休的讥讽诗："丞相常思煮茗时，郡侯催发只嫌迟。吴关去国三千里，莫笑杨妃爱荔枝。"不过也正是这样，二泉水得以名满天下。

宋神宗熙宁六年（1073年），苏轼由密州（今山东诸城）出发，前往杭州。途中经过无锡时稍事停留，登上了惠山绝顶，远眺太湖，不禁为这湖光山色所吸引，诗情大发，作七律《惠山谒钱道人烹小龙团登绝顶望太湖》云：

踏遍江南南岸山，逢山未免更留连。
独携天上小团月，来试人间第二泉。
石路萦回九龙脊，水光翻动五湖天。
孙登无语空归去，半岭松声万壑传。

苏轼到了杭州之后，仍然对二泉水念念不忘，却苦于无泉水再试"小团月"，便写信给曾经陪同他一起登惠山的好友焦千之索取泉水，"愿子致一斛"，足可见"天下第二泉"的盛名。

王绂画像

说起二泉水，不能不提及惠山寺中一绝——竹茶炉。传说用惠山竹炉煮出的二泉水泡茶，水能凸出茶盏口五分，晶莹剔透，宛若茶盅上顶着个烁亮的水晶球。传说是否可信，得要试过才知真伪了。惠山竹炉山房内壁上所刻明代王绂的《题真上人竹茶炉》

却是有迹可循了："僧馆高闲事事幽，竹编茶灶瀹清流。气蒸阳羡三春雨，声带湘江两岸秋。玉臼夜敲苍雪冷，翠瓯晴引碧云稠。禅翁托此重开社，若个知心是赵州。"

惠山泉水几经折合，到了山下向上注入惠山浜，向下则注入梁溪。梁溪又名梁清溪，"源发于惠山之泉，入溪为南北流"（元王仁辅《无锡县志》卷2）。

相传梁溪河为东汉名士梁鸿开凿，是沟通大运河与太湖的重要水系。梁鸿原本与妻子孟光隐居于陕西坝陵山中，以耕织为生，咏诗弹琴以自娱。后来梁鸿在去京都洛阳游玩时，看到皇宫修造得富丽堂皇、豪华气派，而洛阳街上的百姓却衣衫褴褛、食不果腹，一气之下写了首《五噫歌》来讽喻表现皇室奢华和百姓疾苦：

　　陟彼北芒兮，噫！

　　顾瞻帝京兮，噫！

　　宫室崔嵬兮，噫！

　　民之劬劳兮，噫！

　　辽辽未央兮，噫！

歌成而去。东汉皇帝闻说此事，怒火中烧，旋命京都贴出告示缉拿狂生梁鸿。后人为了纪念这位高贤，将他所开的河称作梁溪。

关于梁溪一名的来历，今人还存有争议。据《吴地志》云："古溪极狭，梁大同中重浚，故号曰梁溪，南北长三十里。"不管是因人而名，还是因时而名，梁溪作为无锡的主要河道之一，对无锡经济文化的发展都发挥了莫大的作用，"凡岁涝，则是邑之水，由溪泄入太湖。旱则湖水复自此溪回，居民藉以溉田"（元王仁辅《无锡县志》卷2）。

关于梁溪，更神奇的是，"俗云：州人不能远出，出辄怀归，以此溪水有回性所致"（元王仁辅《无锡县志》卷2）。梁溪就是有种神秘的魅力，能够让从这里出发的乡人始终对它魂牵梦萦，忍不住思念而回归故里！宋朝尤袤晚年退归故里后，在无锡梁溪河畔建造了一座园林，沿溪左植梅，右种

清《御制耕织
图·插种》

海棠，题名"乐溪居"。"乐溪居"建成之后，尤袤为之赋《瑞鹧鸪·落梅》云：

> 梁溪西畔小桥东，落叶纷纷水映红。
> 五夜客愁花片里，一年春事角声中。
> 歌残玉树人何在？舞破山香曲未终。
> 却忆孤山醉归路，马蹄香雪衬东风。

由此可见，哪里是梁溪水有回人之性，而是梁溪水所滋养的美景、良人使远游的人梦回故里啊！

梁溪和大运河同为无锡的重要河道，两者都具有水上运输、农田灌溉、洪涝排泄以及孕育文化的功能，但两者显示的物质文明又各有千秋：梁溪早在四五千年前的新石器时代中晚期就出现了"稻作文化"，展示出江南"鱼米之乡"的丰腴；而无锡段的大运河反映的是自唐宋开始一直发展到今天的商业经济文化。

三　北塘直接到南塘，百货齐来贸易场

无锡市境内以平原为主，星散分布着低矮的山丘。南部为水网平原；北部为高沙平原；中部为低地辟成的水网圩田；西南部地势较高，为低山和丘陵地区。宋朝诗人陆游在乾道六年（1170 年）被任为夔州通判，在从山阴出发走水路前往夔州的途中道经无锡，就曾这样在其游记中记载："十一日五更发枫桥，晓过许市，居人极多。至望亭小憩，自是夹河皆长冈高垄，多陆种菽粟，或灌木丛筱，气象窘隘，非枫桥以东比也。近无锡县，始稍平旷。"（宋陆游《入蜀记》卷 1）

是大运河的贯通，改变了无锡传统的自给自足的小农经济。靠着"左姑苏而右南徐，引蠡湖而控申江"（元王仁辅《无锡县志》卷 4）的地理优势，无锡渐渐由传统的农业生产模式向农业与手工业相结合、内供与外销兼备的生产方式转变，成为重要的粮食生产基地，以及粮食集聚和转运中心，各类手工业也因市场的需求蓬勃发展起来。

元《无锡县志》云："总以一县之土，计之得一万五千八百六十顷三十八亩有奇，而田居十分之九，山水共得其一。故贡赋之出，莫不尚于勤农，以为邦本，虽易世不能变。""惟粳秫菽麦，土地所宜"。可见粮食生产一直都是无锡农业生存的基本，其米质量上乘，历来为中央集权政府征赋的主要对象之一。元代的无锡就成为官粮集中地，元朝中央政府为了通过运河向大都输送粮食，在常州管辖的无锡设立亿丰仓，"合是州及义兴、溧阳之粮，凡为石四十七万八百五十有奇，悉于此输纳焉"。（元王仁辅《无锡县志》卷 4）明代北京光禄寺内专设有贮存无锡米的仓库，万历年间无锡供给官府漕粮以外的白米有 4085 石，白糯米 2230 石，同一时间的《广志绎》记载："天下码头，物所出所聚处。苏杭之币，淮阴之粮，维扬之盐，临清、济宁之货，徐州之车骡，京师城隍灯市骨董，无锡之米，建阳之书，浮梁之瓷……"可

见无锡米受欢迎的程度。清代诗人杨抡有《棹歌》诗云："万斛龙骧衔尾开，樯乌樯燕喜徘徊。蜀山窑器名泉酒，个个船来买一回。"后附注："粮船北上，必集湖尖，置买义兴窑器及惠泉酒。"由此可以想象无锡运河边上的米市是何等的繁荣。

清人黄昂的《锡金识小录》卷1云："每岁乡民棉布易粟以食。大抵多籍客米而非邑米也。雍正以前，邑米未尝不出境，而湖广、江西诸处米艘麇至，下流之去者少，上流之来者多。虽当歉岁而米不甚贵也。"由于无锡粮食大量外流，导致无锡本地食用不足。从明代中后期以来，无锡、江阴等地农民在交纳地租后，在春秋两季，依靠家庭手工纺织，以布换米，维持生计。"乡村也解浣溪纱，尽把生涯托纺车。织得飞花白如雪，机声寒夜隔篱笆。"（清秦琦的《十一月寒夜纺纱》）描写的就是这种情况。无锡人钱泳在乾隆年间写的《履园丛话》记道："余族人有名焜者，住居无锡城北门外，以数百金开棉花庄，换布为生理。"随着家庭棉纺织业的发展，各地来无锡贩运布匹的商人日渐增多。清代中期大批锡、澄商人来到无锡做布生意，聚集在无锡北门外的莲蓉桥，这里水陆交通十分便利，一方面把从外地采购来的大量棉花运往各乡市镇，另一方面又把各乡市镇布店送来的布匹汇集后运往外地，正是："冷冷白露洗清秋，八月吴棉冒雨收。愿得海天晴十日，贾船齐约到通州。"（清秦琦《八月贩棉花》）同时，沿运河两岸也形成了相当规模的商市，商铺林立，客商往来，舟楫不绝。乾隆年间无锡诗人杨伦的《竹枝词》写道："花布开庄遍市廛，抱来贸去各争前。要知纺织吾乡好，请看江淮买卖船。"

明清两代，无锡的砖瓦生产负盛名于大江南北。明初，在无锡南门外运河的伯渎河东南侧，即南下塘，那里有着兴盛的砖瓦业，有砖窑三十余座，称洪武窑。这里面对运河，交通便利，加上附近劳动力充足，农民取土改良农田，同时制作砖坯。《锡金识小录》卷1云："东南景云乡之近城者多窑户，居民亦多团土为砖瓦坯。"明代嘉靖年间，无锡整个城墙的修筑所用砖瓦，全部来自南门砖窑。无锡砖瓦不仅为本地提供建筑材料，更是无锡兴盛一时的外销产品。清康熙《无锡县志》记载："砖瓦自吴门而外，唯锡有砖窑。故大江南北，不远数百里，取给于此。"清朝诗人杜汉阶在其《竹枝词》

清《御制耕织图·纺织》

中也曾描绘无锡砖窑业的盛况："城南一望满窑烟，砖瓦烧来几百年。摄取高乡土来卖，荒田多变作良田。"

　　明清时期无锡城中商铺种类繁多，商品极大丰富。杜汉阶另有一首《竹枝词》描写了无锡城中商店："北塘直接到南塘，百货齐来贸易场。第一布行生意大，各乡村镇有银庄。"不仅是城中，就连城外也都设有常年的店铺："无锡去县北五里为铭山（即惠山）。进桥，店在左岸，店精雅，卖泉酒水坛、花缸、宜兴罐、风炉、盆盎、泥人等货。"（明张岱《陶庵梦忆》）离江南运河不远的惠山街酒楼茶馆，店铺商家，紧挨着次第开设，正如《锡金识小录》所云："绮塍街（惠山街）元明之间最繁盛，夹路乔木古藤，飞楼连阁。"

米市码头

四 麦畦松迳清溪曲，尽是乡城看会人

位于无锡南门古运河转弯处的南禅寺位居无锡十大名刹第二，杨钟钰曾为南禅寺题楹联云：

为江南第一丛林，溯唐宋元明以来，历朝崇拜馨香，永保二千年胜迹；

在锡地首推名刹，值兵燹沧桑之后，一旦庄严宏伟，严肃亿万众观瞻。

南禅寺始建于南朝梁武帝太清元年（547年），初名护国寺，北宋仁宗天圣年间被赐名福圣禅院，又称南禅寺。只可惜经过无数次战火硝烟之后，南禅寺如今已名存实亡，寺体早已不复存在，只落得个"此地空余妙光塔"了。

妙光塔始建于北宋雍熙年间，塔名为后来宋徽宗赵佶所赐。此塔为楼阁式，葫芦顶，七级八面，翘角飞甍，每角悬挂风铃一个，共五十六个，享有"十里传闻金铎响，半天飞下玉龙来"的美誉。明代诗人李湛这样赞誉妙光塔：

> 梵宫突兀南城隅，浮屠屹立凌清虚。
>
> 碧瓦飞甍振鸣铎，金盘结顶擎明珠。

登塔鸟瞰，运河之上穿梭的船只帆影，锡、惠两山浓郁的烟柳翠屏，尽收眼底。

"梁溪十大刹，首惠山，次南禅"，不仅说明南禅寺历史悠久名声煊赫，也说明无锡之地佛教盛行。除了惠山寺、南禅寺、崇安寺三大寺院外，还有南门外的保安寺、祇陀寺；城东的兴教禅院、胶山寺；城北的顾山香山寺、马镇慈云寺等四十来座佛寺。

由于佛教在吴地的盛行，与佛教有关的一些活动逐渐渗透进人们的日常

南禅寺（自许卫国主编《南长古韵》）

南禅古韵

生活中。

千百年来，无锡的宗教文化已深深扎根于其社会经济和文化关系之中，在无锡各地形成了独具江南水乡文化特色的民俗风情。

每年的五月五端午节，无锡都会举行盛大的"龙舟竞渡"活动来纪念战国时期的爱国诗人屈原。而主办这一活动的多为寺庙。赛龙船那天，从三里桥到黄埠墩一带运河两岸人山人海，搭满了一层层看台，岸边还停满了一艘艘灯船，箫声鼓鸣，停桡中流。龙舟赛后，有的看客还将活鸭抛入水中，任凭龙舟往来抢夺，以祝节兴，作为竞渡的插曲。从民国三年（1914年）六月再版的《酌泉录》中记载的无锡为乾隆皇帝第一次南巡所做的准备中可见当时赛龙舟的规模与形式："费出诸典当，分三等，上者三十两，中二十两，下十两，纳银于官办之，造龙舟有九而成者六。其制与平时端午少异，首尾以纸为之，加彩绘，中为木架，多缀五色绸为小球，悬水晶灯、纱灯，结彩如窗棂，缀以

黄埠墩龙舟竞渡

小镜，或为亭式，花草人物，点缀其中。以笙簧鼓乐吹易
锣鼓，执楫者笼纱以蔽之。"

　　如果碰巧于七月三十这天打无锡经过抑或驻足散心，
那你可一定要稍作停留。等到夜里，江尖渚上环岛的缸塔
塔顶，全都烧起油脚、木屑，谓之"点塔灯"。这一江尖
塔灯习俗，不仅寄托了无锡人民向往美好生活的愿望，更
是为了纪念一位正义的英雄——张士诚。张士诚是元末起
义领袖之一，于1363年自称吴王，治吴时采取过一些于
民有利的措施，深得民心。由于吴王生日是七月二十五，
无锡人选定七月三十，在运河上点燃塔灯，以仿效当年张
士诚为招贤纳士曾在河边举火点灯的事迹。年年这一夜，
成串连片的火光，照亮夜空，倒映水中，宛如河中游龙翻
滚。渚上和两岸人声鼎沸，拥挤的人群爆满河畔，来往船
只停靠观光，堪称古运河上最壮丽的一道风景。

　　旧俗中的农历七月流传着两个节日，一是七月十五日
的中元节，这一天正是道教中三神之一的地官生日。旧时

目连救母劝善戏
文（古版画）

在无锡，这天各家人都要祭祀祖先，祭品以西瓜和茄饼为主。这天晚上还有"放河灯"之俗，入夜，古运河河面上一盏盏莲花灯顺风漂浮，人们以此来寄托对先祖亡灵的怀念之情。另一个是七月三十日的佛教法日，为地藏王生辰。据佛教传说，目连神按佛陀的谕示，在七月三十日设盂兰盆供，无锡各寺庙在这天亦设"盂兰盆会"。

旧时无锡民俗中有十庙庙会和八庙迎神赛会。说到庙会，这里不能不提及的就是江苏主要剧种之——"锡剧"。逢年过节的庙会活动里，必不可少的就是请锡剧艺人"荡湖船"。人们用竹子扎成湖船一艘，糊上纸，装饰得如花似锦，中间一位农家姑娘，双手拎着船身，在各种彩灯间边唱边跳，别具生趣。锡剧兴起于清代乾隆年间，发源于山清水秀、风光明媚的无锡羊尖、严家桥一带。这一带沃野千里，溪浜纵横，山清水秀，碧波荡漾，来自其间的山歌有委婉幽雅之感。在这基础上形成的滩簧曲调，显得绮

丽优美，悦耳动听，富有浓郁的江南民间情味。

虽然没有脚本，却已形成了一些固定的唱段，如唱景物、唱贫困的境遇等。有的形成了特定的"赋子"。如在花园中，可插唱描绘亭台楼阁、树木花鱼的《花园赋》；在厅堂中，可插唱描绘门窗雕刻、字画对联的《厅堂赋》；在皇宫里，可插唱《金殿赋》……代表剧目有《珍珠塔》《孟丽君》《红花曲》等。

依河而生，因河而荣的无锡城曾上演过无数精彩的故事，还将在运河无声陪伴下，迎来更美好的明天。

苏州：君到姑苏见，人家尽枕河

苏州城历史悠久，相传为公元前 514 年吴王阖闾命楚国叛将伍子胥所筑，距今已有 2500 多年的历史。城为吴国都城，俗呼阖闾城，但正式名称为"吴"。后来至隋开皇九年（589 年），隋灭陈，废吴州，以姑苏山名之，始称苏州。苏州建城早，规模大，变迁小，水陆并行，河街相邻，古城区至今仍坐落在原址上，为国内外所罕见。

苏州与大运河结缘甚早，在春秋时期已有运道通广陵（东汉袁康、吴平辑录《越绝书》卷 1《吴地传》）。公元前 495 年，吴王夫差大兴水工，在苏州西北部向西开掘了一条全长 170 余里连通长江的运河。汉武帝时，由于要征调闽越贡赋，又从吴江开凿了接通嘉兴至苏州的运道。如果说到此时开凿的工程还只是些零星河道，那么三国时期，孙权在赤乌八年（245 年）开凿的破岗渎就是一条系统的运河了，它沟通了长江与钱塘江两大水系，并成为后来江南运河的前身。由此苏州城在运河上的地位越来越特殊起来。至隋唐大运河疏浚后，此时苏州不仅毗邻太湖，更处于江南运河与娄江（今浏河）的交汇处，拥有内河航运与海上交通的便利条件，完全是江南运河的中心。千百年来，苏州城像一颗明珠借着运河的粼粼波光在历史的长河中闪耀着……

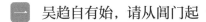

一　吴趋自有始，请从阊门起

姑苏城"大城周回四十二里三十步，小城周十里，城门名皆伍子胥制，每方二门，凡八门：东娄、匠，西阊、胥，南盘、蛇，北齐、平。"（明杨循吉《吴邑志》）这些城门在历代都有淤塞与重启的历史。其中，阊门、盘门、胥门对苏州城市环境的变迁尤为重要。

"苏郡多水道，盘门南通震泽，阊门西绕运河。故环城夹濠，而水之由盘阊入城者，分流交贯，形如洴澼，要以四直为经，三横为纬，演迤东注于娄、葑二门，为出水处。"（明嘉庆元年八月《重濬苏州府城河碑记》）这一记载说明了苏州城内诸河的入水汇在盘门、阊门，出水聚在娄门、葑门。这一入一出本不打紧，但苏州城内的诸河却因此有了生命力。有关史料记载，宋时苏州城内河道总长达 82 公里，河道与街道平行，商号店铺，密集两岸，造就了"家家门外泊舟行"的水乡格局。而且这"三横四直"之说，唐代就有记载，除《吴地记》外，《史记正义》也称苏州"大内北渎，四从五横，至今犹存"，可见其由来已久。不仅苏州城内如此，苏州城外亦相仿佛，有由"太湖三江"（史称"三大水"）以及京杭运河构成的主要水系脉络。清代东山人吴庄《太湖源委考》云："太湖……独东一面泄水入海，吴江居其下流，吴淞江、黄浦为湖水入海之要道，而胥口、五龙桥两处，乃苏郡之门户也。"此处提到的胥口正是"在吴县西南木渎西十里，出太湖之口，因胥山得名"的胥口。"自胥口桥东行十里，转入东西醋坊桥，曰木渎。又东入跨塘桥与越来溪会，曰横塘。""越来溪与木渎水合北流出横塘桥，入胥门运河，曰胥塘。北流阊门运河，曰彩云港。自横塘北流直入运河，曰洞泾。自彩云港北折出洞泾之西，曰白莲泾。又西出江村桥，曰枫桥湾。"（清习隽等《乾隆苏州府志》卷 5）这一段描述了太湖水是怎样经由阊门、胥门与运河水相汇之后流进苏州城的。因此，可以说，运河苏州段的开凿正是巧妙地利用了原有的湖泊与河道，才与苏州城如此浑然天成。

早在春秋时期，吴国的"吴市"就闻名遐迩。汉代之后，苏州据三江五湖之利，富甲一方，成为一座东南大都会。隋唐大运河的拓浚，更促进了苏州的商业繁荣和市场发展。到明清时期，苏州商业达到了鼎盛，并在全国处

苏州运河（鲍昆等摄）

于领先地位。当时阊门、胥门、山塘街一带，商贾云集，是全国最繁华的地方之一。阊门被喻为"天下第一码头"。"江南四大才子"之首的唐伯虎有首《阊门即事》诗，其中写道："世间乐土是吴中，中有阊门又擅雄，翠袖三千楼上下，黄金百万水西东！五更市贾何曾绝，四远方言总不同，若使画师描作画，画师应道画难工。"古典名著《红楼梦》一开头也这样写道："当日地陷东南，这东南一隅有处曰姑苏，有城曰阊门

清徐扬绘《姑苏繁华图》之"阊门部分"

者，最是红尘中一二等富贵风流之地。"苏州人把阊门看成是苏州繁华之最，称之为"金阊门"，如吴谚云"金阊银胥冷水盘门"即是。"金阊自古说繁华""阊门内外人如蚁，一日姑苏损万金"的说法更是例证。清人刘大观曾比较评论运河南端三座名城的风貌时说："杭州以湖山胜，苏州以市肆胜，扬州以园亭胜。三者鼎峙，不可轩轾。"（清李斗《扬州画舫录》卷6）当时的苏州，在画家、文学家的笔下是"翠袖三千""黄金百万""富贵风流""商贾鳞集""货见辐辏""五更市贾不绝""四远方言不同"的"江左一大都会"。在这样的城市中，其居民以工商业者居多是必然的。莫说苏州城内，连太湖里的村民都纷纷弃农从商了。"莫嫌村坞行人少，夫婿经商不在家。"（明

苏州阖闾城水门
盘门（鲍昆等摄
影）

王世贞《两山竹枝词》）阊门的繁盛正是出于枕着运河的缘故，便利的水上交通，给商业的大规模发展提供了可能，同时，也让更多农民选择城市生活。因此，运河也促进了苏州城市化水平的进一步发展。

盘门，另一座古老的水陆城门，坐落于苏州西南隅，它曾是这座古城的一个交通要道和重要屏障。当年，吴王阖闾命伍子胥筑城，动工之初相土尝水，象天法地，建"陆门八，以象天之八风；水门八，以法地之八聪"（东汉赵晔《吴越春秋》卷4《阖闾内传》），盘门为八门之一。虽经历代多次改筑，但位置基本未变。由于吴国在辰位，越国在巳位，因此刻林木作蟠龙镇北，面向越国，以示吴国征服越国之意，故名"蟠门"。后因水萦回交错，改称"盘门"。历史上盘门一带的繁华仅次于阊、胥二门。古盘门由水陆两门、瓮城、城楼和两侧城垣组成。水城门由两重拱式城门和水瓮城贯穿而成，水门可以通行船只，运河就从盘门城门口经过，与水门相通。水闸用绞关可随时开闭。盘门四周城墙陡峭，口小腹大，水陆两门非轴线同朝向，中间为边长约20米的方形空地，形如大瓮，故又称瓮城。一旦诱敌深入，闸断退路，如同瓮中捉鳖，可获全歼之胜。今天所存之瓮城，乃元末张士诚重建，明清两代续修，仍具原有形制。瓮城内设有藏兵洞，可藏四五百精兵。水瓮城东南隅内侧修建的洞穴式通道，高1.80米，宽0.9米，仄而陡直，为守军上下秘密观察和启闭闸门之用。这种周到的战备与防洪设计，是古代筑城史上因地制宜的创举。盘门是国内外唯一保存完整的水陆并列古城门，也是苏州现存最古的一座城门，具有极高的历史文化价值。

位于盘门之北、阊门之南的胥门，因姑胥山而名，也是运河流经的地方。胥门外的河流称为胥江，胥江至太湖的入口处名为胥口。千百年来，胥门、胥江总是与伍子胥的名字连在一起。胥江由太湖西北通往长江，相传是吴王伐楚时伍子胥所开，且在邗沟之前，被认为是我国最早的运河。这条河道在胥门与大运河相汇。旧时胥门外有座两端建有桥楼的万年桥，桥下为水运码头，因交通发达，商贾云集，人潮熙攘，集市颇为兴旺。过去苏州人出行以水上交通为主，前往木渎、洞庭东、西山乃至于上海、杭州等地一般都在万年桥下的水码头乘船。胥江是太湖东部的重要出水口，因此它与苏州段运河水位的变化有密切的关系。

正是由于苏州段运河早有河道和水运，天然湖泊、溪流、渠、塘也很多，所以隋炀帝开凿大运河的故事中关于此段运河的历史记载比较少。但自运河开通以后，历史上几次大规模的北人南下，给苏州带来了先进的生产技术和丰富的文化元素。到了唐朝，苏州已有江南粮仓之称，成为东南地区的中心城市之一。白居易任苏州刺史时说："浙右列郡，吴郡最广，地广人庶。"又说："……今国用，多出自江南，江南诸州苏为最大，户数不少，税额至多。"（唐白居易《白居易集》卷55《张正甫苏州刺史制》）此时苏州已是"东南各郡，咽喉吴越，势雄江南，骈樯二十里，开肆三万宝"（清董诰等《全唐文》卷316）。内外贸易的日益发达，不仅大力发展了苏州的经济，也令苏州成为江南的旅游胜地。许多今日的名胜，皆因运河而驰名，也因"八门"而繁盛。

二　绿浪东西南北水，红栏三百九十桥

"吴地古称泽国""历来言吴地者称其水胜"，苏州真是一座水上城市。

苏州现存的绍定二年《平江图》碑，是我国最早的城市地图，它相当准确地表现了南宋时苏州城的平面布置：城内有主要河道组成通向城门的干河，由此分出许多支河，通向各居住巷，傍河两岸是街道市肆与住房，环绕城墙

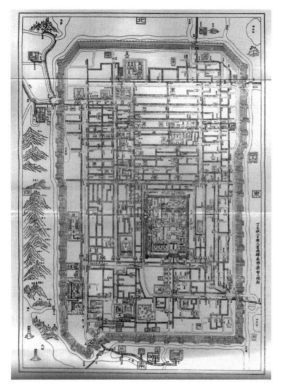

南宋平江府图

内外各有一道城壕，既是交通环道，又是双层护城河。然而，苏州不仅是典型的大运河水网城，也是"千桥之城"，城内桥梁遍布，有名可考者285座，加上城外的桥梁，共计314座。唐时，苏州的桥梁均为木质，故白居易诗中有"红栏三百九十桥"之说，因为木质易于腐烂，入宋以后，都改成了"工奇致密"的石桥。在苏州，古桥仿佛就是这座城市的街头雕塑，在这里水有多少，桥也有多少。"春城三百七十桥，夹岸朱楼隔柳条"（唐刘禹锡《乐天寄忆旧游，因作报白君以答》），苏州简直是百步一横桥，五十步一竖桥。苏州古城现有河道35公里，在城区内有桥1153座，是我国河、桥最多的城市，有东方"威尼斯"之美誉。

我们真的不能想象，没有了这些桥，苏州还会是个什么样子。就是这些古桥，给苏州增添了无限生动和绵延的韵味。比如其中有一座闻名中外的宝带桥，是江南运河上的第一桥。宝带桥是一座石拱桥，建于唐元和年间。相传当时的苏州刺史王仲舒为了适应漕运的发展，想在古运河之侧，造一座长桥。但是费用甚为浩大，难以筹措。这时王仲舒毅然变卖自己的宝带，这一举动感动了一些士绅，他们也纷纷捐赠，终于筹足了资金，兴工建桥，历时三年始告成功。人们为了纪念王仲舒捐带建桥的义举，就把这座桥命名为"宝带桥"。桥建在大运河与澹台湖交接处，起到分水缓冲作用。靠紧盘门有另一座著名的吴门桥，于北宋元丰七年（1084 年）由石姓富翁出资兴建。今桥为清同治十一年（1872 年）重建，因此处水陆要冲，有吴中门户之意，而为桥名。桥横亘于波涛滚滚的大运河上，桥洞高大，木船可扬帆而过，是一座典型的具有江南水乡特色的大型单拱石桥，也是苏州市区现存最古、最高的一座石拱桥。

但知名度最高的无疑是枫桥了。"月落乌啼霜满天，江枫渔火对愁眠。姑苏城外寒山寺，夜半钟声到客船。"由于《枫桥夜泊》这一首诗的缘故，枫桥成了中国著名的一座文化桥。吟咏枫桥的诗篇，不知其数，于是"诗里枫桥独有名"，千百年来，凡来苏州游览的人，都要到枫桥来实地领略一下它的诗情画意。宋范成大的《吴郡志》亦云："枫桥自古有名，南北往来之客经由，未有不憩此桥

宝带桥（自鞠继武、潘凤英编著《京杭运河巡礼》）

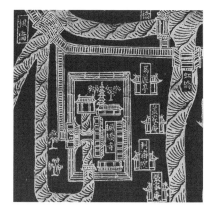

宋平江图上的枫桥寺图（自民国叶昌炽著，张维明校
补《寒山寺志》）

　　而题咏者。"

　　其实，当年张继夜泊时所见的唐代古桥早已不存。现在的这座半圆形单孔石桥是清同治六年（1867年）重建的。桥长39.6米，宽5.27米，跨度10米，东堍与铁铃关相连。乍听桥名，以为这里一定枫树很多，其实不然。清人王端履《重论文斋笔录》针对张继《枫桥夜泊》诗说："江南临水多植乌桕，秋叶饱霜，鲜红可爱，诗人类指为枫，不知枫生山中，性最恶湿，不能种之江畔也。"宋周遵道《豹隐记谈》云：枫桥"旧作封桥，后因唐张继诗相承作枫桥。今天平寺多藏唐人书，背有'封桥常住'字。""枫桥即枫关，旧本名封桥，因张继诗，相承作枫。"（清赵宏恩等《江南通志》卷25）相传因这里是水陆交通要道，当时每到夜里就要封锁起来，故名封桥。桥名因张继诗而易字，可见这首诗的艺术魅力了。明代诗人高启曾写道："画桥三百映江城，诗里枫桥独有名。几度经过忆张继，乌啼月落又钟声。"历代诗人题咏苏州名胜古迹的，多不胜数，然而唐以来的诗人都喜欢把枫桥作为歌咏的题材。杜牧有诗云："长洲苑外草萧萧，却忆重游岁月遥。唯有别时今不忘，暮烟疏雨过枫桥。"（《怀吴中冯秀才》）枫桥为什么能给这些文人墨客留下如此深刻的印象呢？在隋、唐以前枫桥并不出名，也没有人题咏过，只是隋炀帝大业六年开江南运河，与北段大运河相连，枫桥才被人注意。江南河道

自京口（今镇江）至余杭（今浙江），长八百余里，广十余丈，隋炀帝准备从运河乘舟游会稽（今浙江绍兴），运河两岸从此热闹起来。白居易说："平河（指运河）七百里，沃壤两三州。"（《想东游五十韵并序》）运河对沿途灌溉和开发无疑是一大促进。而苏州又是大运河的重要枢纽，枫桥地处苏州西南端，离城仅五六里，"枕潜河，俯官道，南北舟车所从出"（宋范成大《吴郡志》），因此它也便成了最理想的停息之地了。由于官商船舶停泊，商店林立，枫桥成为米豆、丝绸、布匹、茶、竹、木等商品的集散地，吸引着南北客商。官府还派人在这里检查南来北往的船只，并设有标准粮斗，俗称"枫斛"。直到明末清初，苏州还流传一首俗谚："探听枫桥价，买物不上当。"可见唐代以后枫桥市面的繁荣与运河关系之密切。

清俞樾书唐张继《枫桥夜泊》诗（自民国叶昌炽著，张维明校补《寒山寺志》）

三　云埋古寺山藏色，月耀娃宫水放光

一般说来，寺院总比桥的名气要大，但寒山寺却因枫桥而名声大振，成为苏州的城市形象代表之一。寒山寺在苏州阊门西七里之枫桥镇，建于六朝时期的梁代天监年间，距今已有一千四百多年的历史了，原名妙利普明塔院。到了唐代贞观年间，传说当时的名僧寒山和拾得曾由天台山来此住持，塔院因此改名为寒山寺。

寒山、拾得为唐代异僧。寒山原称寒山子，住在浙江天台始丰县的寒岩幽窟中，姓氏不详，故以"寒山"称之，又称寒山子或贫子。《宋高僧传》云："寒山子，世谓为贫子，风狂士也。"（宋释赞

清罗聘绘《寒山、拾得像》

宁等《宋高僧传》)他善于作诗，人称"诗僧"，他有诗三百余首，后人辑为《寒山集》三卷。其诗释、道思想相杂，偏于说理，但浅近自然。他又善于把深奥的佛学玄理，用浅显的文字表达出来。拾得原是个孤儿，为天台山国清寺名僧丰干收养为僧，故名拾得。寒山常往还于天台山国清寺，与担任食堂司务的寺僧拾得为友。拾得每次收拾大众的残食菜滓，收藏於巨大的竹筒中，若寒山子来，二人即一起抬出去分食。传说寒山为文殊菩萨的化身，与丰干（弥陀化身）、拾得（普贤化身）号称"三圣"或称"三隐"。

又以三者旨隐栖天台山国清寺，故亦称"国清三隐"。清雍正十一年（1733 年），封寒山为"和圣"、拾得为"合圣"，并称"和合二圣"或"和合二仙"。

寒山行为极为怪异，几乎近颠狂，到国清寺中，或在走廊下慢行，或大叫吵人，或望空漫骂，寺中僧人不能忍耐，以木仗驱赶他，他就翻身拍手，呵呵大笑而退。所着衣衫破烂，形容枯瘦，以桦皮为帽子，穿大木屐。好吟诗偈，辞句常契於佛理。台州刺史闾丘胤曾慕名来拜访，寒山见刺史来，与拾得携手笑傲出寺而回避之。闾丘胤再到寒岩谒问，送衣裳、药物等。寒山高喊："贼！我贼退！"收身入於岩穴中，岩穴自行封合，杳无踪迹。

寒山、拾得有段对话很有意思：

寒山寺图

　　寒山问拾得：世间有人谤我、欺我、辱我、笑我、轻我、贱我，如何处之乎？

　　拾得笑曰：只要忍他、让他、避他、由他、耐他、敬他、不要理他，再过几年，你且看他！

　　如此超然的态度，也未尝不是姑苏城在千百年际遇变迁中所表现出的气定神闲的姿态。

　　寒山寺的布局与众不同，一反寺庙普遍朝南的惯例，它的庙门是朝西的。这只是为了"因地制宜"。苏州是水乡，隋代开的大运河正位于寒山寺的西边。唐宋之际，水上交通日益发展和繁忙，为便于路过的商人、船民、农民、信徒乘船来此朝拜进香，庙门便朝西靠河边开了。

　　寒山寺的夜半钟声也是颇受人关注的。清代诗人王渔洋有一次经大运河乘舟到苏，泊船枫桥时，夜已漆黑，而且风雨杂沓，路滑难行，随从者都劝他不要上岸，就待在船内饮酒赋诗。但他兴致勃发，执意撩起衣袍，脚穿草屦，让从人前后打着灯笼，冒雨登岸，直趋寒山寺门前吟诗二首方去，一时传为佳话。他的《夜雨题寒山寺寄西樵礼吉

寒山寺钟楼（自民国叶昌炽著，张维明校补《寒山寺志》）

二首》其一写道："枫叶萧条水驿空，离居千里怅难同；十年旧约江南梦，独听寒山半夜钟。"寒山寺的钟，历来诗人的题咏何止万千，这在文学史上也是罕见的。据清徐崧、张大纯所纂辑的《百城烟水》记载，在寒山寺隔岸旧有听钟桥，于此听钟声更是清越悠远。现如今，苏州人每年除夕夜都有盛大的除夕听钟习俗。自1979年12月31日除夕夜起，除夕寒山寺听钟声活动以来已在苏州连续举办多年。每次都有无数的海内外游人来寒山寺聆听夜半钟声。所谓"闻钟声，烦恼清，智慧长，菩提生"，佛教说人生有108个烦恼，于除夕闻此一百零八响钟声，这些烦恼便都可随着滔滔的大运河远去了。

四 虎丘待月中秋节，玉管冰弦薄暮过

苏州人的另一骄傲，是被誉为"吴中第一名胜"的虎丘。

虎丘古称海涌山，据考证生成于白垩纪时代，据今有一亿五千万年了。一场天崩地裂，岩浆喷涌而出，随即被困为汪洋孤岛。终于，沧海退去，海底涸为沃野，孤岛兀自作小山。小，名副其实，海拔仅34米，可以拢而袖之。

苏州本无山，这弹丸之丘已属难得。清人对此有精辟的描述："山林而在尘世，非有穹谷高岩、深林幽涧而名遍寰区者，吴郡虎丘而已。"（清顾禄《桐桥倚棹录》）

虎丘与苏州城的交通联系，在古代以水上交通为主，苏州城内以城河为条件沟通虎丘与运河。明代王鏊《姑苏志》记载："自胥塘北流，经南濠至阊门外，与北濠山塘水会，曰沙盆潭。自潭西流出渡僧桥，会枫桥诸水，与虎丘山塘水合，曰射渎。……其西一水曰白马涧。其东绕出虎丘之北曰长荡。射渎之水横出运河，为浒墅。"上面叙述运河时已提到运河与长荡通流，而此处记载，长荡一流又绕虎丘而北，而且枫桥诸水与虎丘山塘水合，枫桥水又与运河通流；另外，射渎之水又"横出运河"。由此可知，明清时期运河即与苏州城濠、城内河相通，又与绕虎丘而北的长荡相通，又与虎丘山塘水相通，所以在虎丘与城内相通的诸渠道中，运河占有重要地位。

虎丘风景秀美，历史久远，有许多名胜古迹。相传此处是吴王阖闾的墓地，《越绝书》卷2云："阖庐冢，在阊门外，名虎丘。下池，广六十步，水深丈五尺。铜椁三重，澒池六尺。玉凫之流，扁诸之剑三千，方圆之口三千。时耗、

虎丘塔（自民国《虎邱小志》）

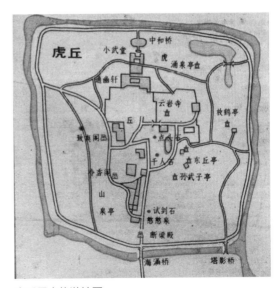

虎丘景点旅游地图

鱼肠之剑在焉。十万人筑治之，取土临湖口，葬三日而白虎居上，故号虎丘。"另外，秦始皇曾在此登山览胜，楚霸王于此伏兵，晋代的司徒王珣和他的弟弟司空王珉在此营造馆舍，虎丘塔所在地还是王珣的琴台遗址……苏东坡说："到苏州而不游虎丘，乃憾事也。"诚哉斯言！

"二月梅花烂漫开，游人多自虎山来。"清人顾禄所著《桐桥倚棹录》叙虎丘嬉游之盛云："山近西郭，距阊门不数里，为商贾交集之地。列肆鳞比，青翰往来，殆无虚日。往时游迹盛于中秋，今则端午先后数日，画舫珠帘，人云汗雨，填流塞渠，纨绔子又复征歌选伎于其间，郡中士女倾城而往。长年操楫者，值增累倍，一日之费，至罄人数家之产，可为靡然。"虎丘的盛名也吸引着众多远方的客人。清代白云道人的《赛花铃》小说中给虎丘安排了一段爱情故事："且说当日，随着母氏急忙忙收拾起身，在路晓行夜宿。不一日，舟次苏州。琼英对着老夫人说道：'孩儿一路，因思念爹爹，心烦意乱，今日舟抵姑苏，闻得虎丘山寺，风景秀丽，意欲上崖去，散闷片时，不知母亲允否？'老夫人道：'果然闻得，虎丘为苏州第一胜景，汝若要去，可令乳娘相伴，随喜一会，我自坐在船中罢。'琼英听说，心下大喜。次日清早，催唤早膳吃过，即带了乳妪，并丫鬟仆从，前往虎丘游赏。只因此一去，有分教：画船唤起相思恨，佳句消磨锦绣肠。"

噫兮！多少锦衣长袖在此飘过，多少相思情怀在此倾诉，多少美词佳

昆曲的水磨云袖

明清时期的昆班
后台

句在此吟唱……

　　"一赞一回好，一字一声血，几令善歌人，唱杀虎丘月。"这是李渔的《虎丘千人石上听曲》。时人所听的正是"中国戏曲之母"——昆曲。2001 年昆曲被联合国教科文组织列入"人类口头遗产和非物质遗产代表作"，使其截然从苏州文化"三朵花"——评弹、昆曲、苏剧中脱颖而出，为世界所瞩目。

　　昆曲发源于苏州昆山一带，流传至今已有 600 多年的历史，明朝嘉靖年间，魏良辅集南北曲之长，对昆山腔进行革新，创造了"昆曲"（"昆腔新声""水磨调"）。因其"婉丽妩媚，一唱三叹"而风靡神州，独领风骚，被称为"立昆之宗"。昆曲在明清时代，代表了中国戏曲的最高水平。它那曲折婉转的唱腔，笛琴和鸣的伴奏，严丝合缝的表演，典型地体现了江南人的审美观。也只有昆曲，在中国历史上掀动了民族集体审美的一个波澜，每年中秋月下，成千上万的痴迷者在苏州名胜虎丘，彻夜高唱昆曲。其盛况在数百年前已有记载，"每至是日，倾城阖户，连臂而至。布席之初，唱者千百"（明袁宏道《虎丘记》）。这天晚上，月亮刚升起，就有几百处鼓吹在虎丘山头同时响起，一时间，吹、敲、拉、弹，海啸山呼。更定之后，丝竹声起，生、旦、净、末、丑都登台咿咿呀呀地唱起来。万历年间昆曲的影响已通过水路从吴中扩展到江浙各地，再以后，这一原先只是"止于吴中"的地方曲种，很快沿运河走向北京，沿长江走向全国其他地方，成为当时影响最大的剧种，并形成了地域性的风格，如川昆、浙昆、苏昆、北昆和沪昆等。当时的昆曲清唱是个全民运动，上至王卿贵族，下至市井小民，对昆曲的热爱，由南到北，举国若狂。譬如由明入清的戏曲家李渔，就曾带着自己的家庭戏班，"浪游天下几二十年"（清李渔《笠翁文集》），除了演出他自己创作的"十种曲"外，还演出了很多当时流行的昆山腔剧目，如《浣纱记》等。因戏班人员衣箱众多，基本上靠的是水路运输，其中往来大江南北，就由大运河出入。

五　七里山塘一水通，画船罗绮妒秋风

天下最美苏州街，雨后着花鞋。

姑苏繁华，萃于金阊；吴中胜景，虎丘称最，两者一线相连，是即山塘。

苏州城内水港交错，街衢纵横。晚唐诗人杜荀鹤有诗云："君到姑苏见，人家尽枕河。古宫闲地少，水港小桥多。"在苏州众多的街巷之中，有着1100多年历史的山塘街被誉为"姑苏第一名街"。它的格局具有最能代表苏州街巷的特点。

山塘的开街人当属白居易。825年白居易到苏州任刺史，此后的17个月里，他的身影飘忽在苏州的大街小巷，终日呼朋唤友，揽奇观胜，把酒吟风，醉花邀月。一日，他坐了轿子到虎丘去，看到附近的河道淤塞，水路不通，回衙后，立即找来有关官吏商量，决定在虎丘山环山开河筑路，并着手开凿了山塘河。山塘河东起阊门渡僧桥附近，西至虎丘望山桥，长约7里，有"七里山塘到虎丘"之说。山塘河在阊门与运河相接，大大便利了灌溉和交通。南北商人汇集于此，使这一带成了热闹繁华的市井。"流连虎阜游，宛转山塘路"。当年此地曾有"居货山积，行云流水，列肆招牌，灿若云锦"（清孙嘉淦《南游记》）的盛况。白居易又令人在河岸两边栽藕植荷，并在河旁

苏州山塘街

筑就绵亘七里的山塘街（人称"七里山塘"），在街道两旁夹桃种李，让去虎丘游览的人们，沿途领略江南的四季风光。正如白居易诗《武丘寺路》云："白开山寺路，水陆往来频。银勒牵骄马，画船载丽人。菱荷生欲遍，桃李种乃新。好住河堤上，常留一道春。"苏州百姓非常感激白居易，他离任后，百姓即把山塘街称为白公堤，还修建了白公祠，以作纪念。

山塘街堪称江南水乡街巷的典范，它紧傍山塘河的北侧，通过一座座石桥与另一侧的街道连接。街上房屋多为前门沿街，后门临河，有的还建成特殊的过街楼。河上时有装载各色货物的船只来来往往，游船画舫款款而过。清乾隆年间的画家徐扬的《姑苏繁华图卷》，绘有当时苏州的一村、一镇、一城、一街，其中一街就是山塘街。乾隆皇帝曾六下江南，每次都是出阊门经七里山塘到虎丘，其中一次带上了孝圣宪皇太后。山塘河两岸绮丽的风光令太后时常想念不已，也许是山塘街喧嚣的集市声让深居宫中

清徐扬绘《姑苏
繁华图》"山塘"
（局部）

的太后更觉孤独，她竟然从此闷闷不乐起来。于是在她七十大寿时，乾隆特意在颐和园仿建了一条苏州街以表孝心，其格局与姑苏山塘如出一辙：一面连着喧嚣，一面连着静谧；有小桥流水，更有田园风光。

在山塘街可以看到丰富多彩的民俗活动，诸如庙会、花会以及龙舟赛会往往都在此间进行。"这日正是清明佳节，日丽风和，姑苏城外，年年例有三节胜会，倾城士女如痴如狂，一条七里山塘，停满了画船歌舫，真个靓妆藻野，炫服缛川，好不热闹！雯青那日独自在书房里，闷闷不乐，却来了谢山芝，雯青连忙接入。正谈间，效亭、胜芝陆续都来了。效亭道：'今天阊门外好热闹呀！雯青兄怎样不想去看看，消遣些儿？'雯青道：'从小玩惯了，如今想来也乏味得很。'胜芝道：'雯青，你十多年没有闹这个玩意儿了，如今莫说别的，就是上下塘的风景，也越发繁华，人也出色，几家有灯船的，装饰得格外新奇，烹炮亦好。'山芝不待说完，就接口道：'今日兄弟叫了大陈家的船，要想请雯青兄同诸位去热闹一天，不知肯赏光吗？'"（清曾朴《孽海花》）

山塘也曾见证过许多人生的悲欢离合。

王安石有一个上联，让世人吟哦至今仍难以成对。"七里山塘，行到半塘，三里半。"山塘为街名，而半塘正在山塘街的正中路段，也为地名。半塘，原是"山塘河上最佳胜处"，清朱宗淑有诗云："山塘七里旧繁华，园客家家尽种花。一种清香远近闻，半塘桥外月初斜。"明末秦淮名妓董小宛曾卜居于此，崇祯十四年（1641年），前往湖广探亲归来的冒襄在半塘巧遇了濒危的董小宛，从而使一对才子佳人结成连理。身经鼎革之变的诗人吴伟业《烛影摇红》一词云："踏翠寻芳，柳条二月春风半。泰娘家在画桥西，有客金钱宴。道是留侬可使，细沉吟、回眸顾盼。绣帘深处，茗碗炉烟，一床管弦。 惜别匆匆，明朝约会新亭馆。扁舟载酒问婵娟。蓦地风吹散。此夜相思岂惯。孤枕宿，黄芦断岸。严城钟鼓，冻雨残灯，披

王锡麒绘《董小宛像》

衣长叹。"这首题为《山塘纪事》的词，虽然没有说明何事，但从词中表露出的情思来看，很可能吟咏的是他与红颜知己卞玉京的一次相见。苏州评弹《三笑》中秋香"三笑留情"在虎丘，而秋香下山归舟，唐寅雇船追至无锡，那"追舟"正是在山塘河中……

优游于苏州总能给现在的都市人带来一份远离都市喧嚣的内心宁静。这里的古戏台依旧在日日上演着祖辈们曾经聆听过的戏曲，老茶馆中祖辈曾饮用过的茶壶依然在飘散着醇郁的清香，黄酒馆里依稀可以见到祖辈酒意微醺的

泛红脸庞。山塘河中微微摇曳的画舫里，伴随着吴侬软语的乐曲依然可以见到红袖添香划过的痕迹。枫桥上的故事顺着运河的水，潺潺地流向了大江南北，才子佳人在虎丘的恩恩怨怨也被善歌的人到处传唱着……

上有天堂，下有苏杭，大运河绕着古老的苏州城转了一圈后，又日夜不息地朝杭州奔去，通向另一个人间天堂……

第十六城

嘉兴：曲水流觞，运河临镜

公元 13 世纪，一位名叫马可·波罗的西方旅行家来到中国，他曾经面对一条人工开凿而成的河流发出了这样的感慨："这条交通线，是由许多河流、湖泊，以及一条又宽又深的运河组成的。这条运河，是根据大汗的旨意挖掘的，其目的，在于使船只能够从一条大河转入另一条大河，以便从蛮子省直达汗八里，不必取道海上。这样宏伟的工程，是十分值得赞美的。然而，值得赞美的，不完全在于这条运河把南北国土贯通起来，或者它的长度那么惊人，而在于它，为沿岸许多城市的人民，造福无穷。沿着运河两岸，也同样筑有坚固、宽阔的河堤，使陆上交通变得十分方便。"（《马可·波罗游记》，福建科学技术出版社 1981 年版）

这条令旅行家马可·波罗如此惊叹的河流就是闻名于世的京杭大运河。这条人工开凿的运河千百年来一直哺育着我们这个民族，并且不断改变着它所流经地区的面貌，位于杭嘉湖平原上的古城嘉兴就是其中之一。早在运河开凿之前，嘉兴古城就已在这片平原上生根，而运河的到来，则使嘉兴焕发出新的活力。

一　烟雨嘉禾话沧桑

人们常说："上有天堂，下有苏杭。"以此来赞美江南的胜景。而嘉兴的地理位置正在苏州与杭州的中间，浙北杭嘉湖平原的沃土之上。提到美丽的嘉兴，就不能不提富饶的杭嘉湖平原，这里如今是江南经济文化的核心地区，京杭大运河的南端。杭嘉湖平原是由长江和钱塘江夹带的泥沙，经历了漫长岁月冲积而成的。由于地势平坦，土壤肥沃，气候温润，因此这块平原成了浙江省北部乃至江南地区最为富庶之地，同时它也是全国闻名的谷仓和蚕丝产区。如果说江南富甲于天下的话，那么杭嘉湖平原就是富甲于江南了。

生活在杭嘉湖平原上的人们，依托这块土地，曾创造出"桑基鱼塘"的耕作方式。也就是将种桑、育蚕、养鱼三者结合起来，以桑叶育蚕，将蚕沙喂鱼，用塘泥种桑。我们的先民正是用这种循环生产的方式孕育出了独具江南特色的农耕文明。也正是在这一背景下，大运河的缔造者在规划运河路线的时候，将他的眼光投向了嘉兴。于是，大运河流经嘉兴，使这座古城获得了新的活力。

住在嘉兴的人是惬意的，因为这里的一切都让人感到是那么容易满足。古城嘉兴，在运河沿岸的众多大城市之中，面积不算很大，人口也不很多，却显得分外娇俏而可爱，灵秀而端庄。殊不知，它的历史一直可以追溯至六七千年前的"马家浜"文化时期。在江南很多地区尚处在蛮荒状态的时候，嘉兴地区就已经迎来了文明的晨曦。"马家浜"文化在嘉兴城的岁月中不仅有着历史学和考古学的意义，还代表着一种传统的继承。在"马家浜"文化具有代表性的器物中，有一种上釉的黑陶至今仍为此地的人们制作和使用。当漫步于水乡古城，看着手工艺人沿用古老的技法制作黑陶的时候，我们不禁会联想到：千百年来虽然沧海桑田，物换星移，但在精神和文化的深处，始终有一种思想不曾随时光而远去，它仿佛就在我们身边，始终和我们相伴相依。

翻开嘉兴历史，这座古城的童年记忆之中充满了刀光剑影。先秦时代，这里被称作槜李。槜李本是一种水果，但槜李之地却记载着吴、越两个民族解不开的恩怨情仇。

周敬王元年（公元前496年），这个年份对于越国和嘉兴来说，意味着战争、胜利，可也意味着流血和耻辱。

越王允常刚刚去世，新的国君名叫勾践。他的名字注定要使嘉兴这片土地以及越国拥有一段不平凡的历史。这一天，在越王宫中，有人送来前线军情：吴王阖闾兴兵来伐，大军已至槜李。"春秋无义战"。对于大丧的越国来说，这时已没有任何道理同吴国可讲了，他们只有面对战争。

槜李——树上的果实已经成熟——却没有人前来采摘，因为这里即将成为厮杀的战场。两军阵前，一阵风轻轻拂过吴王阖闾的面庞。他微笑着，心里充满了对霸业的渴望和对胜利的信心。眼前是猎猎军旗，鲜明的甲胄望之如火。士兵和将军们斗志昂扬，正期待着全歼越军，他的麾下是一支南部中国最强大的军团，似乎胜利已经唾手可得。这时，让吴军终身难忘的一幕出现了：越军的阵前走来了几百名奇特的士兵，他们上身赤裸，手执短剑，就在众目睽睽之下突然刎颈自杀。鲜血立刻喷射出来，把大地染成了红色。随着一排排的死囚不断自杀，吴军被惊呆了，他们甚至忘记了战争，忘了自己还要冲锋，忘了手中所持的长戈。就在这时，越军的战鼓猝然响起，敢死队员们像疯了一样冲向吴军。吴王阖闾万万没有料到勾践和他的臣下会用如此诡异的战法，一时间阵脚大乱，他不停挥动长剑，但再也没法喝止住士兵的后退。乱军之中，阖闾身中流矢，全军大败……

临终前，对此事尢法释怀的阖闾眼望槜李的方向，把复仇的重任交给了跪在床头的儿子夫差。夫差流着泪接过了父亲的心愿，他上任后厉兵秣马、枕戈待旦，带领吴国卷土重来，大败越军，勾践被迫投降，开始了他囚徒的生涯。槜李之战既是奇袭的胜利，也是勾践走向失败的起点，他忽视了夫差的雄心壮志和吴军的战斗力。接下来将要上演的就是著名的"卧薪尝胆"故事了。从此，吴、越两国每一次碰面都带着凶狠的目光，直到双双消失在历史的烟尘中（参见《吴越春秋》，江苏古籍出版社 1999 年版）。

槜李的故事中也离不开古代江南女子的传奇。据说，"槜李"之名便和绝世美女西施有关。吴王夫差击败越国后，得到了美女西施。曾有一次，越国进贡了一些李子。怜香惜玉的夫差让西施先尝，可是西施一看到李子，便思念起故乡来，难以下咽。夫差觉得奇怪，当他问起其中缘由，西施回答道："这李子采下时日已久，味道不鲜！"夫差一听："来呀！命越人再进贡一些新鲜李子。"西施连忙说："大王！此地离越国十分遥远，途中恐怕难以保鲜，臣妾想亲往采摘！"夫差立即应允。他派出宫女随西施前往槜李城。待来到李园之中，西施看到满树的李子，青里透红，香气扑鼻，禁不住上前摘了一颗放入嘴中。顿时，觉得齿颊流香，李汁犹如佳酿一般。西施连食数颗，竟然醉倒在李树下。因"橘"与"醉"同音，从此人们把这里的李子称作"橘李"。据说，自从西施来过李园，这里长出的李子，在果实的顶部生有一条形似爪痕的纹样。当地人说，这是西施吃李子时留下的指甲印，人们称它为"西施爪痕"，犹如牡丹有贵妃指痕一样。清朝有位诗人曾写道："闻说西施曾一掐，至今颗颗爪痕添。"如今千载已逝，物是人非，橘李被今人称作柴辟镇，我觉得这个名字虽然简单易写，但终究失却了英雄美人的那份浪漫柔情，殊为可惜。

那摇曳枝头、鲜嫩多汁的橘李，不仅给嘉兴带来了一段千古传奇，也是这座江南小城迈上历史文化舞台的起点。吴越争霸的过程中，已经有君王认识到需要一条人工河流将原本东西走向的大运河连接到一起，把自己的武功和威仪延伸到更远的地方，这也就是开凿江南运河的初衷。

孙权像（自光绪户百宋斋刻印《图像三国志》）

斗转星移，不知不觉已到了三国时期，这里已是吴国孙权的领地。公元231年的一天，天气晴朗，吴大帝孙权正在宫中理事，忽然有黄门官来报："由拳县西北发生了一件怪事：双穗野稻自生。"田野中忽然生长出双穗稻，这在古代被看作是吉祥的预兆！孙权闻听大喜：这是天降祥瑞于我东吴啊！他立即下旨：由拳县改为禾兴县。公元242年，吴国为避讳又改禾兴为嘉兴。自此之后，这片土地终于得到了一个琅琅上口、寓意美好的称谓。孙权是三国时期著名的政治家，治理江南卓有成效。在他的治下，江南吴越之地人们的生活也由原先的"饭稻羹鱼"变成了鱼米飘香、"郁郁乎文哉"的锦绣之乡。六朝歌诗和杏花春雨滋润下的嘉兴，已经摆脱了古拙蛮荒之气，正在期待一个新的机遇把它的胸怀向中华民族展开，这一契机就是大运河的到来。

二　翘首北望运河来

美国国家地理学会有一本闻名世界的刊物《国家地理杂志》，它在 1926 年曾经以"嘉兴三塔"作为封面向全世界介绍京杭大运河。嘉兴三塔是嘉兴著名的景观，它静静地矗立在那里，为往来的船只指明航向，目送它们进入杭州水域。

我们向北遥望，京杭大运河一路绵延而至，从南到北纵贯嘉兴城区。由于嘉兴境内水系复杂，究竟哪一段运河才能称之为真正的京杭大运河，一直以来不十分明确。经专家考证，江苏平望—嘉兴王江泾—嘉兴市区—桐乡石门—余杭塘栖的运河才是真正的"京杭古运河"（2007 年 3 月 18 日《南湖晚报》）。嘉兴运河有广义和狭义之分。狭义的嘉兴运河即为京杭大运河嘉兴段，京杭大运河从江苏平望陆家荡口入浙江境后，自王江泾，经嘉兴市区、石门、崇福、大麻至杭州市余杭区博陆交界，即为嘉兴段，长 81.22 公里，由东北至西南依次为苏州塘、嘉兴环城河、杭州塘。广义的嘉兴运河包括以运河为干流的河网体系，流域范围西以东苕溪导流港东大堤——长兜港右岸为界，北以太湖——太浦河南岸为界，东以黄埔江支流斜塘、张泾港为界，南以钱塘江海塘为界，全长约 110 公里，除大运河嘉兴段外还包括崇长港、上塘河、澜溪塘等河段。

作为大运河的一部分，江南运河的历史可追溯至秦代。一个大一统的帝国，必然会重视对南方的开发。秦代在古吴国江南运河和百尺渎的基础上，进一步疏浚江南运河，"先由镇江开运河，东经丹阳与原来的吴国故水道沟通，直到苏州。又将从苏州到钱塘江的百尺渎改在杭州附近入江，使江南运河初步形成"（傅崇兰《运河史话》，中国大百科全书出版社 2000 年版）。秦代的江南运河，从规模和功能上看尚显粗简。对于江南特别是浙北的嘉兴而言，此时的运河还没有真正在城市经济文化的发展中发挥重要作用，但不可

嘉兴三塔

否认的是，秦代的江南运河，实际上已经奠定了嘉兴之地日后在运河城市发展史上的地位。秦始皇的目的很明确也很简单，据说是为了断所谓"王气"。这位始皇帝看来颇为重视这股"气"，只要听说哪儿有"王气"，立刻派人去挖，丹徒有，就去丹徒挖，嘉兴有，就去嘉兴挖。结果呢，"王气"没找着，秦朝也没能延续千载万世，倒是留下了江南运河。这则传说是否属实并不重要，关键是为今后大运河的南线埋下了伏笔。可以想见，当年始皇帝出巡的时候，浩浩荡荡的船队"过丹阳，至钱塘，临浙江"，直抵海边。从此以后，浙江的这片地区留下了"秦山"的名字。这时的嘉兴，仍然是中国版图上一个默默无闻的地方。

改变这一状况的时机出现在隋大业年间。隋大业六年（公元610年），隋炀帝杨广下旨开凿江南运河。这时运河的开凿已经有了一个很好的条件，隋朝政府在历代运河的基础上，重新疏浚，加深拓宽。待完工的时候再看江南运河已是蔚为壮观：自镇江直达杭州，全长800里，宽有十余丈，来往

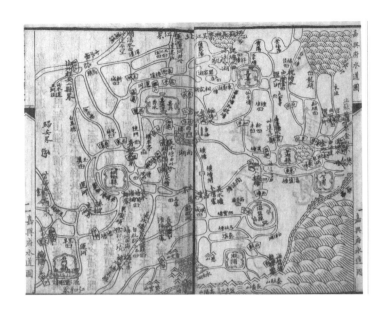

嘉兴府水道图
（1878 年）

舟船络绎不绝。隋炀帝对国力的滥用已经刻在历史的耻辱柱上，但他对中国经济义化的贡献，特别是在运河史上却也留下了浓重的一笔。据史料记载："隋大业中开运河至嘉兴府城，分支夹城左右。"自此以后，这段运河成了京杭大运河中不可或缺的组成部分，承担起沟通南北、维系漕运的使命。更为重要的是，江南的城市从此获得了地位上的抬升，融入了运河城市文化带之中。嘉兴也由原先一座默默无闻的小城变成了运河南端的枢纽。元朝定鼎北方，但是粮食资源却要依靠马可·波罗笔下的"蛮子省"来供给，因此沟通南北的京杭运河显得尤为重要。"嘉禾穰，江淮为之康；嘉禾歉，江淮为之俭"（李瀚《嘉兴屯田纪绩颂》）一语道出了嘉兴在江南地区以及运河沿线城市中的地位。明朝初期定都北京，可是此时全国的经济已经牢固地扎根在江南，为了保障京畿，还得依靠运河漕运。于是，紫禁城中那位面南背北的皇帝又一次将目光锁定在了嘉兴一带，不需要太多的理由，这里就

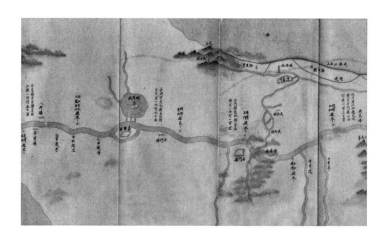

清运河全图嘉兴
段

是"天下粮仓"！

运河来到嘉兴，为元明清各朝解决了经济命脉和中央政权关系的问题。从此，江南这个粮仓才真正发挥了它作为帝王手中缰绳的作用，通过控制它，就可以掌握全国的资源分配权力。实际上，嘉兴本身的经济产业特征是渔稻并重，副业的收益甚至更大。因此从这个角度来看，嘉兴作为运河上航运中转站的地位可能更加重要。来自浙江当地的专家已经纷纷指出，嘉兴当地运河的历史比京杭大运河更为遥远（2007年3月18日《南湖晚报》）。那么，我们是不是也可以这样说，不仅是运河泽被了嘉兴，嘉兴也改变了大运河。没有杭嘉湖平原的滋润，大运河充其量不过是一条航运通道和漕运工具而已；但自从流进这块沃土并和江南运河聚首以后，京杭大运河才名副其实地激活了古老的中国南北文化，令北方政治伦理传统和南方的审美诗意和谐地交融在一起。从这个意义上说，秦始皇、隋炀帝，还有元明清各代饱受鞭挞的当权者应该感到欣慰了，历史记下了他们的功绩。

自隋唐以后，嘉兴的很多市镇如王江泾、崇福等，皆因运河而兴盛，当地的居民开始越来越多地见到南来北往

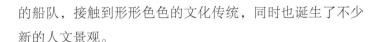

的船队，接触到形形色色的文化传统，同时也诞生了不少新的人文景观。

三　吴姬荡桨过嘉兴

元代有位诗人萨都剌，曾经写过这样的诗句："三山云海几千里，十幅蒲帆挂烟水。吴中过客莫思家，江南画船如屋里。芦芽短短穿碧沙，船头鲤鱼吹浪花。吴姬荡桨入城去，细雨小寒生绿纱。我歌水调无人续，江上月凉吹紫竹。春风一曲鹧鸪吟，花落莺啼满城绿。"读过之后，很多人不仅会问："这样如诗如画的美景在哪里？人间果真有这样的仙境吗？"答案是肯定的，这里就是嘉兴。

嘉兴的千里沃野，不仅滋润了这里的风土人物，而且逐渐使其成为江南运河航道上的著名水城。运河之于嘉兴，是一种北方文化的南渐；而嘉兴之于运河，则是江南文化出地方一隅走向更广阔领域的过程。

嘉兴城市处处离不开水，也离不开运河。

先来看这座城市的面貌。嘉兴城依水而生，城市格局

苏州塘，也叫"苏嘉运河"

主要就是由河流而展开。在嘉兴的地名中，我们可以见到一个颇有意思的现象：杭州塘、苏州塘、新塍塘、长水塘、平湖塘、海盐塘、嘉善塘。这些名字向我们传达了什么样的信息呢？据嘉兴当地的专家说，这就说明嘉兴是当地这片水域的中心（2006年5月28日《南湖晚报》）。由于嘉兴原本就是河道纵横，因此智慧的嘉兴人在张开双臂迎接大运河的时候，顺势把大运河融进了自己城市的水网之中。大运河就不再是一条过往之河，而变成了嘉兴城的一个组成部分。这一点很有意思，在如今的嘉兴，人们似乎很难分清，哪里是古运河，哪里是京杭大运河。可能正是因为这个原因，长久以来，人们在谈论京杭大运河的时候，几乎快忘却了嘉兴是运河古道上浓墨重彩的一笔。可是转念一想：这又有什么关系呢？嘉兴和大运河的情谊深着呢！大运河就在人们的生活中，早已不必单独提起了。

　　船到嘉兴，首先映入眼帘的是落帆亭，这表明我们已经远离苏州，进入嘉兴境内了。落帆亭的名字不但很形象也很有诗意，它仿佛告诉远道而来的客人：这就是秀丽的嘉兴，该落帆靠岸了，"吴中过客莫思家"，人间天堂就在眼前，还不赶紧上岸一览么？

月河

走在嘉兴城中，你会在运河与秀水交汇处发现一处地名：芦席汇。按照中国城市地名的规则推想，千百年前这里或许是一个交易芦席的市场，嘉兴城内还有很多类似的地名环水而列：狮子汇、洗帚汇、缸甏汇、风箱汇……有点像今天的超级市场。我们可以想象，当时运河两岸的商贸活动是多么频繁，几乎每一个集市里都是人头攒动，百姓们在专注地挑选着自己需要的商品。不时地还有船只在吆喝着靠岸，又有最新的货物被卸下。

当时嘉兴的主要生活和商业区集中于河道两侧，有的大户人家干脆自己设立码头，接收往来货物，寻常百姓利用河道舟桥走街串巷，洗菜洗衣那就更是司空见惯了。嘉兴城由此逐渐形成了一河一街的城市格局，可见水对于嘉兴这座古城来说是何等重要。在水上，嘉兴人有许多习俗和故事，十分有趣。比如渔家清晨驾船出发，此时便不能掉转船头，如需返回，则必绕路而返，这里寓意"好人不走回头路"。渔家头网捕鱼，如捕到的是鲤鱼，那便是"鲤鱼跳龙门"，大吉大利，预示一年丰收前景；若捕到白鳖便是凶兆，需立即割掉鳖头，即可逢凶化吉。捕到的鱼身长斑点，这也有说法：鱼头有斑，则生意旺于近日；鱼身有斑，则生意旺于年中；鱼尾有斑，则生意旺于日后。这或许有点迷信，但其中也蕴含了古朴的人们对未来的美好希望，用一个时下很流

山塘街（周文基摄）

行的词儿说就是美好的"愿景"。既然无伤大雅，我们何不也在心里默默地
祝福他们呢？祝愿这些善良的嘉兴人年年丰收。

嘉兴的河道上还有一景，书在船上买。对于喜欢逛书店的人来说，这可
是不能错过的去处，恐怕也只有河上的城市有此奇特的书船了。这种书船据
说出自湖州，船上有书架、书桌、木椅，俨然就是书房一般。若有顾客登船，
店家必然从袖中取出书籍目录，恭恭敬敬地递上，客人看过目录，然后便可
选书，倒也方便。这个交易过程各地并不常见，颇有些文绉绉的味道，不愧
是江南文枢，连做买卖也如此儒雅风流。嘉兴一带不仅有书船，还有船只贩
卖文房四宝、笔墨纸砚。看来，连原本粗犷、浑身上下夹带着功利色彩的京
杭大运河到了江南，也变得分外诗意盎然，平添几分书卷气了。而孔孟之道，
礼乐文化也伴随着轻摇的船桨走进了江南人家。

要说起来，江南通过大运河给北方贡献了粮米，传播了文化。北方的文
明也通过这条河融进了南方人的生活中。嘉兴盐官的海神庙就散发出浓浓的
京味，这座庙宇的建造有赖于千里之外的北京城。且不说建庙的银两是官府
拨付，就是这庙中 20 根汉白玉擎天大柱、汉白玉神像底座、汉白玉牌坊等

乌镇

必不可少的建材，也都是取自北京房山县，经由京杭大运河运至嘉兴的。北京、嘉兴这两座相隔遥远的城市，通过大运河连接在了一起，这不能不说是中国文化历史上的天作之合。

嘉兴也在向人们微笑着走来。它不仅奉献了千年的檇李、无数的人杰，还用双手捧出古朴典雅的乌镇和西塘。它们就像精致的窗棂，装点着嘉兴、运河、江南以及中国大地。如果说如今的嘉兴因乌镇和西塘更为著名的话，那么乌镇和西塘的水乡美景实际上也是因运河而生，因嘉兴而成。实际上运河不仅沟通了南与北，同时也盘活了嘉兴一带的水系，使得乌镇和西塘，这两颗原本不在运河主航道上的明珠能够放出光彩。

乌镇，号称"江南的封面"，她的周身上下透出地道的江南水乡气息。历经两千多年的沧桑，乌镇依然未曾失去当年的神韵。在闻名于世的"小桥、流水、人家"之间，乌镇的传统商铺区、传统民居区、水乡风貌区、传统餐饮区、传统文化区、传统作坊区渐渐映入眼帘，聪明的乌镇人用他们祖传的竹艺、扇艺、陶艺、壶艺、文房四宝、木雕、纺纱织布迎接着八方来客。在现代都市文明包围之中，久为案牍之劳形的人们，忽然在这里看到传统文化的精致与诗意，能不感到由衷的欣喜吗？当然，现代化的开发是不可避免的，只是希望不要破坏了乌镇的传统才好。

西塘，淳朴的人们正在吟唱着古老的歌谣："罗汉塘起水白遥遥，陈家浜十三只窑墩才拉烧，男男女女，上坯搬货、搬货上坯能闹猛……"这是嘉善（嘉善县属嘉兴市）当地的田歌《五姑娘》。所谓田歌也就是吴地歌曲、子夜歌。其歌声自由而清亮，真实地书写着太湖流域江南的农家生活。生产优质黄酒的西塘，不知醉倒了多少慕名而来的人呵！西塘人不仅有黄酒，还有越剧、庙会、画展和剪纸，这些都足以使他们的生活悠闲而丰富。西塘著名的长廊也是一道不可或缺的风景，和许多中国的景物相同，关于它的来历少不了一段传奇。相传古时候，有一个老板开了一家烟纸店，他心地善良但生意却很清淡。有一天镇上来了一个乞丐，在其店前避雨，好心的老板不仅给了他食物还要请他进屋休息，可是乞丐执意不肯。老板看他实在可怜，就拿了一卷竹帘在屋檐上临时搭建了一个小棚供他休息。次日，老板出门一看，乞丐不见了，只留下了一行诗在他的竹帘上："廊棚一夜遮风雨，积善人家

西塘（王安琪摄）

好运来。"老板忽然明白了其中道理（大约是好人有好报的意思），就把廊棚永久搭建起来，供人们遮风挡雨，说也奇怪，他的生意也因此越来越红火。很多店主看了纷纷效仿，于是，西塘那长长的廊棚慢慢形成了，廊棚也成了这座河边小镇的标志。这个故事的真实性当然无从考证，但它反映了西塘人乃至嘉兴人的淳朴和善良，这一点已经融入了嘉兴的文化性格之中。现在人们去西塘的时候，雨天漫步于长廊之中，欣赏着江南的诗意，本来浮躁的内心会渐趋平静。这大概就是西塘的别致吧。

嘉兴粽子可谓天下闻名，尤以五芳斋的鲜肉粽子为佳，这鲜肉粽子虽裹夹肉块，但吃起来肥而不腻，而且外观精致，如此色香味俱佳的食物，竟然以这样平民化的面貌走近我们，这不能不说是嘉兴对中国食谱的一大贡献。如果面前一盘香气扑鼻的嘉兴粽子让人垂涎欲滴的话，那么我想，再加上一盘清香四溢的菱角，是否会让人垂涎三尺呢？答案是肯定的。因为嘉兴的菱角是与粽子同样名扬四方，并且是一种有着奇特香味的美味。清代有位诗人李符在《咏菱》中曾经这样描述："镜花昼合丝蔓秋，肥角尖凉触波底。"嘉兴菱角散发的香味已流传了5900余年，它带着江南独有的芬芳，沁人心脾。这样的食物实在是上天赐予嘉兴的珍品，它早已随着大运河上的船只远播四方。试想，倘若只有美景人物，独独缺少了美食，那么嘉兴这颗运河上的明珠怎么会有今天这样的璀璨夺目呢?

四　人文渊薮，江南重镇

　　宋代词人朱敦儒，早些时候曾在朝中做官，积极主张抗击外敌，收复河山，无奈当时的南宋小朝廷，主和派一度占据上风。起起落落的朱敦儒，晚年曾寓居嘉禾，过了一段闲适的生活。在此期间，他留下了描绘嘉兴水乡河曲的佳作："摇首出红尘，醒醉更无时节。活计绿蓑青笠，惯披霜冲雪。晚来风定钓丝闲，上下是新月。千里水天一色，看孤鸿明灭。"（朱敦儒《好事近·摇首出红尘》）这是他的渔父词之一，政治上不得志的他，却在嘉兴找到了作为词家的位置。此中所写的湖就是嘉兴南湖。

　　如今来嘉兴的人都知道南湖是必去的景点，殊不知，朱敦儒等词人笔下的南湖美景，正是大运河流经此地的产物。南湖由运河的各渠汇聚而形成，它的周围有长水塘和海盐塘，平湖塘和长纤塘。在湖心岛上还有著名的烟雨楼

南湖

以及园林建筑群，令人赏心悦目。夕阳晚照的时候，在湖面上还可听到悠扬的嘉兴船歌：月儿弯弯照嘉禾，扁舟湖上荡清波。有心开口唱一曲，不知哪条船上和。

南湖尤其受到文人的青睐，一篇篇诗词令其声名远播。"蟹舍渔村两岸平，菱花十里棹歌声。依家放鹤洲前水，夜半真如塔火明"（朱彝尊《鸳鸯湖棹歌》之一）。这位诗人许是太喜欢南湖了，竟一口气写下了一百多首诗来赞美它，而且首首都是佳品。也正是有这样的前辈，当20世纪中国最杰出的诗人之一的徐志摩走出嘉兴的时候，人们才会叹服：天下才子半出浙江，浙江才子半出嘉兴。1975年，当文学艺术大家丰子恺先生回到故乡的时候，这位在中国现代文化史上超凡脱俗的嘉兴名士，晚年也是在家乡的运河边，南湖畔找到了自己的归宿。

如果是第一次来嘉兴的游客，我想人们一定会推荐南湖风光，因为它是运河文化与江南文化的最佳结合。

滚滚流淌的运河水，冲刷不走的永远是那些留藏在人们记忆中的如歌往事。可能很多人难以想象，面积不大的水乡嘉兴，竟然有如此多的名人，他们几乎个个都在自己的领域独树一帜，为中国的文明史写下了辉煌的"嘉兴乐章"。生长着檇李的土地上，不仅有奋发有为的政坛领袖，绝世独立的画坛巨匠，还走来了名震两朝的铮铮义士。

古代的嘉兴人才辈出，陆贽、吴镇、吕留良……一位位都在中国历史上赫赫扬名。运河联通了南北，也联起了两头的齐鲁文化与江南文化。由于受到北方儒家思想的熏陶，一向温婉的嘉兴竟也站出来许多铮铮义士，吕留良就是其中之一。当时清朝统治者严令各地"剃发易衣冠"，并出现了"留发不留头，留头不留发"的局面。在文风习习、深受传统思想浸染的江南，反抗最为激烈。面对着"扬州十日、嘉定三屠"的残暴，吕留良丝毫没有犹豫，他毅然拿出家财，结交宾客，兴义师以抗击清兵。历史永远会记住吕留良、黄宗羲们的名字，因为他们不是在死守华夷之防，而是用血肉之躯捍卫着汉文化的最后尊严。文化可以融合，但不可以用刀剑去消灭。这是从勾践、陆贽等先辈传下来的刚性和浩然，千百年来一直弥漫在檇李大地上，让信奉铁血的统治者也不由得胆寒。兄长兵败后，吕留良成了"逆犯"亲属，处境更为艰难。清康熙年间，国内渐趋安定，清朝的统治基础已经稳固。但吕留良依然不愿做"顺民"，他做出了一个惊人的决定：出家为僧。取法名耐可，字不昧，号何求老人。以这种特殊的方式保持自己的气节，吕留良大概不是唯一的，但在"康乾盛世"的光环下，能清醒地与名利的诱惑划清界限，坚守自己的信仰，始终不向文化上的敌人妥协，吕留良这样的文士确实不多见。

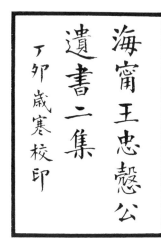

王国维《海宁王忠慤公遗书》（二集）书影

尽管如此，清廷仍然把他视为大敌。在吕留良去世后，受"曾静案"的牵连，清朝竟把吕留良开馆戮尸。家属、亲人、门人皆遭处死，他的孙辈也未能幸免，大多流放东北宁古塔（今黑龙江宁安县）。以这样一种疯狂野蛮的方式对待一位已经作古的思想家，其实正透露出当权者内心对吕先生的极度恐惧。大约吕留良泉下有知，也会投之以鄙夷的目光吧。

历史老人是公正的，吕留良生前未能实现的夙愿，在20世纪的初叶姗姗到来了。在辛亥革命后，他的冤案得以昭雪，浙江的父母官没有忘记这位思想界的巨人，西湖彭公祠改崇奉"三贤"，吕留良被列为三贤之一。当地的人们没有忘记他，为建新墓，蔡元培书写了额及联，并立碑以垂不朽。如今当地有留良、晚村两乡，皆用其名号命名，人们还于崇福镇筑吕园以为纪念。吕留良，这位一生坎坷的思想家，终于被给予了公正的评价。在他的身上，有对儒家伦理和江南气度一种特殊的诠释。

弘一法师

近代的嘉兴依旧地灵人杰，从这里又相继走出了国学大师王国维、教育家李叔同、著名诗人

徐志摩、文学家和画家丰子恺、数学家陈省身、小说家金庸……他们同样在嘉兴的历史上熠熠闪光。但沉稳的古城嘉兴，却从来不张扬，就如同枝头的檇李果实以及它的菱角和粽子一样，香远益清。在它的魅力波及之下，无论是皇帝达官，还是诗人词人，都愿意在此驻足流连。

五 红船引路，全面复兴

大运河畔的古城嘉兴，在 20 世纪甚至成为了影响中国历史进程的地方。嘉兴南湖上的一艘"红船"，为中华民族带来了新希望，指出了新方向。1921 年，随着马克思主义在中国的传播，以及工人运动的蓬勃开展，中国共产党的成立条件已经成熟。

整整一百年前，一群中国的有识之士，汇聚到马克思主义的旗帜下，开始为建立一个新政党而努力。他们组成了这个新兴政党的第一批代表，这些名字也将永远写进中国历史：上海的李达、李汉俊，北京的张国焘、刘仁静，长沙的毛泽东、何叔衡，武汉的董必武、陈潭秋，济南的王尽美、邓恩铭，广州的陈公博，旅日的周佛海，以及受陈独秀派遣的包惠僧。他们代表着全国 50 多名党员参加中国共产党第一次全国代表大会（以下简称"一大"）。一大于 1921 年 7 月在上海法租界望志路 106 号（现兴业路 76 号）开幕，之后在浙江嘉兴继续召开。

为什么一大在上海和嘉兴两处进行呢？这是因为，一大召开的环境非常复杂险恶，当时中国是北洋政府统治，内有军阀，外有强权，上海有各国租界。一大召开过程中受到了法租界巡捕房的干扰。为了保证会议的进行，代表们决定转移至嘉兴南湖的一艘游船上继续进行。这是具有划时代意义的一次会议，从此，一个新政党出现在中国的政治舞台上。和其他政党不同，这个政党，真正为苦难深重的中国和中国人民带来了希望，指明了方向。一大的召开，不仅正式确定了党的名称，还通过了中国共产党第一个纲领，明确"革命军队必须与无产阶级一起推翻资本家阶级的政权""承认无产阶级专政，直到阶级斗争结束""消灭资本家私有制"，以及联合第三国际。（《中国共产党简史》，人民出版社，中共党史出版社 2021 年版）

也许是历史的巧合，这艘看上去极为普通的游船，成为了承载中国变革航程的"红船"。从这一刻开始，中国的历史翻开了崭新的一页。从 1921 年开始，中国人民有了共产党领导，中国革命和建设的理论与实践均面貌一新。在"红船"建党精神的指引下，无数中国共产党人为之前仆后继，从北伐战争、南昌起义、井冈山斗争，到红军长征、抗日战争、解放战争，终于，在 1949 年迎来了中华人民共和国的建立，人民终于有了自己当家作主的新国家。随后，团结在中国共产党周围的中国人民自力更生、艰苦奋斗，经过数十年的建设，又使这个当初积贫积弱的国家改头换面，开始走上富强之路。

2021 年，中国共产党诞生一百周年，"红船"静静停靠在游人如织的嘉兴南湖岸边，它就像一位饱经沧桑的老者，注视着这个古老而又年轻的国家，在新的历史时期不断焕发出生命活力。毛泽东同志指出："中国产生了共产党，这是开天辟地的大事变。"习近平总书记在庆祝中国共产党成立 95 周年大

红船

会上指出："这一开天辟地的大事变，深刻改变了近代以后中华民族发展的方向和进程，深刻改变了中国人民和中华民族的前途和命运，深刻改变了世界发展的趋势和格局。"有了中国共产党的正确领导，21世纪的中国正阔步走在民族复兴、实现伟大"中国梦"的道路上。可以说，嘉兴"红船"在百年党史中留下了重要的一笔。

1949年以后，嘉兴段的运河也迎来了新生。在中国共产党领导下，政府投入了大量的人力、物力、精力，从整治入手，通过延伸航道和全线改造，不断完善，从而使嘉兴运河焕发出崭新的生命力。1997年，嘉兴运河航道开始了全线改造，至1999年9月全面完成，主航道从江浙两省交界的鸭子坝入境，至桐乡乌镇通河桥后，经练市、含山通往航走，长17.353公里。改造后的主航道为四级航道，河面宽62~120米，河底宽40米以上，河底高程−0.84米，可通500吨级船舶。2000年，北郊河拓浚，嘉兴运河市区段不再作为货运通航，但在市政开发、文旅融合、历史传承等多方面得到新的拓展，赋添了新的使命。现代的嘉兴曾为中国水利界贡献过一位大师：汪胡桢。他曾在新中国成立前主持并参与制定了《导淮工程计划》《整理南北大运河工程计划》。如今，大运河已经成为世界文化遗产，国家文化公园呼之欲出，汪老当年的设想终于要成为现实了。

千年的大运河，在新的时代即将焕发出它的青春与活力。古老而年轻、美丽而动人的嘉兴，她正用秀丽的身姿、娇俏的面庞站在运河岸边，迎候北来的船只，再目送它们一路向南，直到杭州。

在船家悠悠的橹声中，丝丝春雨拂面而来，远道而来的人们仿佛可以跨越时间感受江南的静谧与安详、运河流域的古朴与现代，这也许就是大运河与嘉兴的独特魅力。它宛如流觞的曲水，一直流淌进中华民族的灵魂深处。

第十七城

杭州：运河不老，锦帆无恙

杭州是今天的浙江省省会，历史上曾两度为都（吴越、南宋），它以西湖而名，因运河而兴。

江水波扬间，钱塘寻迷踪

远古时代，西湖只是个小小的海湾，南北各由吴山和宝石山所在的两个半岛所环抱，只在东部留下了一个不到三公里的湾口。海湾以西即今西湖群山，称为武林山。从武林山发源的人小溪流，统称武林水，东流注入湾内，这个海湾便叫武林湾。

武林湾以东，是一片面向长江口的浅海。大量泥沙从长江口堆积浅海，钱塘江口的涌潮，也加快着堆积的速度，终于堵塞了湾口。武林水所夹带的泥沙，使武林湾逐渐变浅。久而久之，武林湾终于演变成一个滨海泻湖，和海洋隔绝。随着武林水的不断灌注，湖水的含盐量日渐降低，最后成为一个淡水湖。苏东坡在杭州任地方官时曾说："杭之为州，本江海故地。"住在杭州的宋末元初词人周密，当年到城南吴山青衣泉游玩，看见山腰石壁上有水波的细痕，感叹道："今之城市，皆当深在水底数十丈。"

多少世纪过去了，到了距今四五千年的新石器时代，今杭州城西北一带

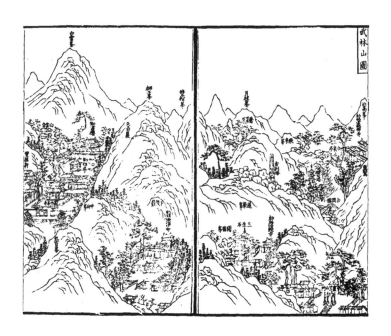

杭州武林山图
（自清郑沄修乾隆《杭州府志》）

杭州反山12号墓出土的良渚文化"神徽"图

已有原始人类活动。从今天西湖北首的老和山麓，经古荡、勾庄、水田畈，向西北延伸，直至余杭的良渚、瓶窑、安溪等处，都发现了玉器、石器、陶器的残片，还有斧、犁等石器农具，大量水稻、芝麻的种子，甚至还有长约两米的木桨，说明那时已有舟使用。这些发现，考古学上称为"良渚文化"时期。

大禹治水时，全国分为九州，杭州属于古扬州之地。古扬州泛指长江以南"江水波扬"的广大水乡。夏代到春秋期间，杭州属越国。

古越国时，国境内湖泊棋布，江河纵横，越人"水行而山处，以船为车，以楫为马，往若飘风，去则难从"（《越绝书》）。

春秋时，史书记载有"百尺渎"。"百

尺渎"入钱塘江处称"百尺浦"，又称"越王浦"，在今萧山河庄侧。"百尺渎"北连吴国都城姑苏（今苏州），到达今天的扬州，为吴王阖闾、夫差所开凿，是江南运河的前身。

战国时，越国为楚所灭，杭州又纳入楚国的版图。

杭州的前身是钱塘。秦时，秦始皇统一中国后，在吴、越故地设置了会稽郡，其辖境相当于今江苏省长江以南，浙江省仙霞岭、牛头山、天台山以北，还有安徽省的水阳江流域以东及新安江、率水流域。会稽郡下设二十六个县，地处武林山麓的钱塘是其中的一个县。

公元前 210 年，秦始皇巡视东南，登上今会稽山（在今浙江绍兴），并树碑颂扬自己的功绩，史称"会稽刻石"。东巡路线大体是从国都咸阳出发，出武关，沿丹水、汉水至云梦，浮江东下，直至牛渚。命囚徒"凿丹徒曲阿（今丹阳）"，开凿运河，经溧阳、宜兴等地，东入太湖。"至钱塘，临浙江，水波恶，乃西百二十里，从狭中渡"（《史记·秦始皇本纪》）。他因水波凶猛，只好沿浙江北岸上

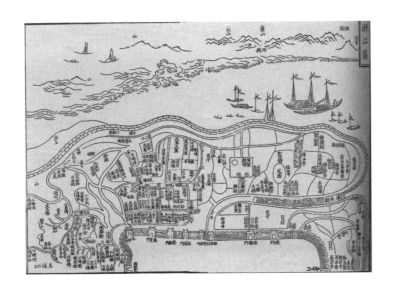

浙江图

溯而行，到了富阳一带渡江，过诸暨，再至会稽祭大禹，刻石而返。

这也是"钱塘"之名第一次见于史书。后来，唐代陆羽在《武林山记》中说：在宝石山下还有一块缆过秦始皇航船的巨石，被人们称为"缆船石"（引自陶宗仪《辍耕录》卷23《大佛头》）。宋朝时，有个叫思净的和尚，将这块巨石雕成一座半身佛像，又修了庙宇，即葛岭的大石佛院。钱塘江北岸的秦望山，相传是秦始皇登临眺望的地方。

东汉顺帝时，由于南方经济发展与钱塘江航运的兴起，开始以钱塘江为界，把会稽一分为二，江以北增设吴郡（治所在今苏州），江以南仍为会稽郡，钱唐县从此划归吴郡。

秦汉时期的钱唐县址究竟在何处呢？清人倪璠在《神州古史考》中认为，故县址大致范围南至五云山麓的江边徐村、范村（梵村），西北至粟山石人岭和西溪，东至宝石山麓的大佛头附近。这一带环绕着灵隐、天竺等南北诸峰（汉时通称为武林山），数千户人家散居其间，是个山中小县。

六朝以建业/建邺/建康（今南京）为都，开凿了茅山山麓的坡冈渎和上容渎，西连秦淮河，东连古运河，以达吴、会漕运。东晋吴兴太守殷康又开凿了荻塘，引余不溪、苕溪之水，自乌程县（今属浙江）东"合流而东过旧馆，至南浔镇，入江南界。又东经震泽、平望二镇，与嘉兴之运河合"（《大清统一志·湖州府·山川》），直接沟通了运河与湖州地区的水上交通。

南朝萧梁政权将钱唐县升为临江郡。到陈代，改临江郡为钱唐郡，下辖钱唐、富阳、于潜、新城四县。

二　水殿龙舟说是非，而今只爱西湖水

杭州之名开始于隋代。

开皇九年（589年），隋文帝杨坚灭陈，结束了魏晋以来长期分裂的局面。隋朝废钱唐郡，建置杭州，杭州之名从此出现于史书。

开皇十一年（591年），隋大臣杨素调民夫依州治柳浦以西的凤凰山，建起州城，周围达"三十六里余"，现在的杭州市，就是在这个基础上发展起来的。

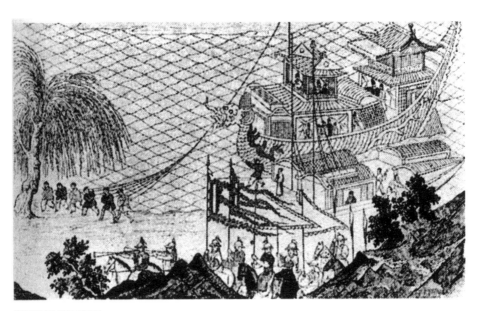

隋炀帝游幸江都图

大业元年（605年），隋炀帝杨广开凿了通济渠，与淮水相沟通，又经淮水加宽邗沟（春秋时期，吴王夫差已开凿了连结长江与淮河的邗沟）。为了掠夺江南财富，还在原有的运河基础上，疏浚、拓宽了江南运河，从京口（今江苏镇江）经苏州、嘉兴，绕太湖以东直达杭州。江南运河长八百里，宽十余丈，夹岸遍栽杨柳，可通大舟，沿岸还设置驿馆，专供皇帝巡幸时憩息。只是隋炀帝未及实现南巡杭州的愿望。但正如万里长城离不开秦始皇一样，大运河也避不开杨广。

隋炀帝下扬州，和乾隆下江南一样，正史避谈，播于人口，已成为野史谈论不尽的话题，据《开河记》载："龙舟既成，泛江沿淮而下，至大梁（河南开封），又别加修饰，砌以七宝金玉之类。于是吴越民间女十五六岁者五百人，谓之殿脚女。至于龙舟御楫，即每船用采缆十条，每条用殿脚女十人、嫩羊十口，令殿脚女与嫩羊相间而牵之。……时舳舻相继，连接千里，联绵不绝。锦帆过处，香闻百里。"真是千古难得一见的奇观，但仔细想来又不由得人毛骨悚然，不敢相信人间竟有此等丧尽天良之事！

大业六年（610年），以杭州为南端终点的大运河竣工通航，运河全长四千多里，以洛阳为中心，北起涿郡（今北京），沟通了海河、黄河、淮河、长江和钱塘江五大水系，为沿岸城市的发展与繁荣奠定了基础。《隋书·地理志》记载当时的杭州"川泽沃衍，有海陆之饶，珍异所聚，故商贾并辏。"

因为通济渠以汴水为主干，唐人诗文往往称运河为"汴河"。皮日休有《汴河怀古》："尽道隋亡为此河，至今千里赖通波。若无水殿龙舟事，共禹论功不较多？""水殿"指龙舟犹如水上宫殿。晚唐李敬方在《汴河直进船》中却说："汴河通淮利最多，生人（生民，避唐太宗讳，故改）为害亦相和。东南四十三州地，取尽膏脂是此河。"宋人卢襄的《西征记》（《说郛》卷24引）偏向于皮日休："遂念隋大业间所以浚辟使达于江者，不过事游幸耳。……今则每岁漕上给于京师者数千百艘，舳舻相衔，朝暮不绝，盖有害于一时，而利于千百载之下哉！"历史真是说不清，为害亦为福，谁能说得清？

唐初，杭州人口已超过十万，江干一带土地狭窄，势必要向州城西北发展。但这里土地斥卤，井渠皆咸。唐代宗时，李泌任刺史，就发动居民开凿了相国井等六口大井。这种井与今天的井不同，它采用"开阴窦"的办法，即在地下挖渠道，再安水管，引湖水入方池。正如苏东坡所言："自李泌始引湖水作六井，然后民足于水，井邑日富。"（《宋史·河渠志·东南诸水》）唐代李华所写的《杭州刺史厅壁记》形容说"骈樯二十里，开肆三万室"，描述了运河和钱塘江上的交通之盛，市内的商铺之多，俨然大都会的气派了。如今，杭州闹市区浣纱路、井亭桥西侧原相国井故址，还留井立碑，供人凭吊。

大诗人白居易主政杭州后，写有《西湖晚归回望孤山寺赠诸客》一诗，才第一次提到"西湖"这个称呼。此时，州城已移至钱塘（唐代避讳，改"钱唐"为"钱塘"）门内，湖的位置处于城西，"西湖"变得名副其实，很快便被人们认可了。此前，西湖有"武林水""钱唐湖""金牛湖""明圣湖"等多种名称。白居易可以说是"西湖"这一名称专利的拥有者。

"惟留一湖水，与汝救凶年。"（白居易《别州民》）白居易于长庆二年（822年），在钱塘门外石函桥附近，即今少年宫一带，修筑了一条湖堤，比原来的湖岸增高一些，借此提高西湖水位，扩大蓄水量。从此，西湖就从一个天然的淡水湖，转变为一个人工湖泊，而枯涩的六井经过疏治，又重新充盈。

白居易不仅是西湖名称的发明者，而且可说是西湖美景的主要发现者，第一个写下了大量诗词，集中向世人展示西湖不可抗拒的魅力。如："绕郭荷花三十里，拂城松树一千株。""乱花渐欲迷人眼，浅草才能没马蹄。最爱湖东行不足，绿杨阴里白沙堤。"如此等等，今天读来美不胜收的好诗，其实是得自西湖之赐。

作为一代文豪，白居易并不像某些文人一样，只爱一鹤一梅、一山一石，自命高雅。他的卓见在于不避尘俗，敏锐地感受

白居易画像

到因城市经济发达、市民趣味高涨而显现的世俗风情之美，并以浓酣的笔墨，描绘这世俗化的画面："红袖织绫夸柿蒂，青旗沽酒趁梨花。"（《杭州春望》）"红袖"指红绫女子，绫是起暗花的单层织物，"柿蒂"指绫的花纹。蒂原指瓜果和枝茎相接的部分。作者自注："杭州出柿蒂者尤佳也。"在封建社会，纺织业的发展往往是经济发达的重要标志。白居易拈出新式花纹的绫罗，不可不谓别具只眼，高人一等。后人写杭州"市列珠玑，户盈罗绮""纨绮风来扑面香"，当由此而来。青旗指酒旗，原注："其俗，酿酒趁梨花时熟，号'梨花春'。"此句写梨花开时饮梨花酒，一语双关，花光酒气，春色鬓影，游人焉得不醉！

岁月流逝，沧桑变易。白居易所筑的"白堤"，后来变成市区的一部分，再也难觅踪迹了。为了纪念白居易，人们又把今天从断桥至西泠桥的这条"白沙堤"改名为"白

公堤”，简称“白堤”。

三　不以民生换千年，钱王万岁真天子

唐天祐四年（907年），朱温废帝，自立国号为梁，统治了黄河流域，史称“后梁”。此后，北方军阀混战，五十多年间先后又出现过后唐、后晋、后汉、后周几个短暂的王朝，而在南方及山西等地，也相继成立了七个割据小国，钱镠建立的吴越国，便是其中之一。

钱镠（852~932年），杭州临安县人，盐贩出身，后以军功高升为杭州都指挥使，并进一步扩大地盘，被北方统治者册封为吴越国主。

从马背上打来的江山不能在马背上治理，钱镠的角色转换是成功的，他坚持保境安民的基本国策，修理海塘，发展经济，网罗人才，使吴越国成为当时中国最富庶的地区。

杭州成为国都后，钱镠在凤凰山下修建子城。更早一些，他已修筑了周围“凡七十里”的罗城。罗城西起今闸口以北的秦望山，到今江干一带，又沿西湖到宝石山，其东北至今艮山门，与运河相连。因城区形似腰鼓，又称“腰鼓城”。

钱镠像

当时西湖葑草充塞，曾有方士劝钱镠把西湖填平，在上面建造王府，可有一千年天下。钱镠回答说：“百姓借湖水以灌田，无水即无民，岂有千年而天下无真主者乎？”并派

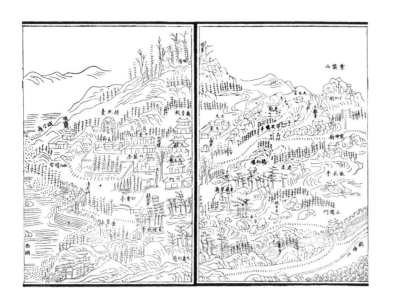

杭州云居圣水寺
图（自清释明伦
《云居圣水寺志》）

一千士兵作"撩湖兵"，专司疏浚西湖事宜。

今天西湖大量的佛教艺术遗产，多是吴越国时代遗留下来的，除了扩建东晋已有的灵隐寺外，还新建寺院三百多个，又建造了四塔：西关外的雷峰塔、月轮山的六和塔、闸口的白塔和宝石山的保俶塔，为湖山增添了无限风光。后人因此把杭州称为"江南佛国"。

北宋欧阳修在《有美堂记》中言："独钱塘自五代时尊中国（指中原朝廷），效臣顺，及其亡之也，顿首请命，不烦干戈，今其民幸富足安乐。"

以前，杭州僻处浙西边隅，北比不上苏州，南又在绍兴之下。自从定为吴越国都后，地位骤升。王明清在《玉照新志》中评说："杭州在唐，繁雄不及姑苏、会稽二郡，因钱氏建国始盛。"欧阳修进一步提到吴越国时的杭州"邑屋华丽，盖十余万家，环以湖山，左右映带，而闽商海贾，风帆浪泊，出入于江涛浩渺、烟云杳霭之间，可谓盛矣"（《有美堂记》）。

四 苏堤对白堤，从来英才难埋没

钱镠曾言"岂有千年而天下无真主者乎"，可谓一语成谶。至宋太宗太平兴国二年（977年），钱镠的后代钱俶纳土降宋，吴越国只有七十一年的气数。

北宋时的杭州，可用柳永那首著名的《望海潮》词来形容：

东南形胜，三吴都会，钱塘自古繁华。烟柳画桥，风帘翠幕，参差十万人家。云树绕堤沙，怒涛卷霜雪，天堑无涯。市列珠玑，户盈罗绮，竞豪奢

重湖叠巘清嘉，有三秋桂子，十里荷花。羌管弄晴，菱歌泛夜，嬉嬉钓叟莲娃。千骑拥高牙，乘醉听箫鼓，吟赏烟霞。异日图将好景，归去凤池夸。

此词是献给两浙转运使孙何的。所谓"三吴"，是吴兴、吴郡、会稽的合称，包括今苏州、吴兴、杭州、绍兴一带，而所谓"重湖"，则是指西湖的里外湖。"叠巘"：重叠错出的山峰。"高牙"：军中大旗，这里代指大官（孙何）出行的仪仗。"凤池"：凤凰池，当时中书省（宰相办公机关）所在地。

吴声绘《苏公堤》

"造物知吾久念归，似怜衰病不相违。风来震泽帆初饱，雨入松江水渐肥。"北宋熙宁五年（1072年），大运河为杭州送来了一代文宗苏轼。

苏轼当时因为反对新法而遭到外放，是政治上的失意者（白居易也是目睹朝政倾轧，难以忍受"笑面哭心"的生活，才离京来杭），正是杭州的山水，抚慰了苏轼受伤

的心灵。"黑云翻墨未遮山，白雨跳珠乱入船。卷地风来忽吹散，望湖楼下水如天。"这首七绝，绝妙地显示了苏轼的心路历程。在怨愤不满喷发以后，又经常保持平静、乐观的心绪。"我本无家更安往？故乡无此好湖山"。这种正视现实，珍惜现在，且把所到之处，权当故乡的达观思想，首先便是在秀丽的杭州山水间萌生的。最脍炙人口的当然是七绝："水光潋滟晴方好，山色空蒙雨亦奇。欲把西湖比西子，淡妆浓抹总相宜。"无论西施在溪头浣纱，或在宫中歌舞，无论淡妆还是浓抹，都无法掩盖她的天生丽质。于是，西湖又多了一个名称：西子湖。这首绝唱也是诗人的夫子自道：无论是轻装简从，还是峨冠博带，无论处于逆境，还是顺境，诗人都一样随遇而安，不改本色。这是真正的宋诗，将理趣寓于生动优美的形象之中，让人们多方面去品味。我们甚至可以想象，西子湖像一位大家闺秀，即便有些不遂心，也不过眉黛轻颦而已。而这种轻颦，却别有一番风韵。

苏轼不仅在杭州唤起了诗情画意，而且还以实政造福于民。

盐桥运河可能是隋代开凿的，为京杭大运河的最南端。唐宋间划进城内，成为内河。苏轼通判杭州时，看到"运河干浅，使客出入艰苦万状，谷米薪刍亦缘此暴贵"，于是主持了茅山、盐桥两河的疏浚，"各十余里，皆有水八尺以上，见今公私舟船通利"（乾隆《杭州府志》）。

苏轼还协助太守陈襄修复李泌开凿的六井。次年适逢大旱，"自江淮至浙，古井皆竭，民至以罂缶（酒器）贮水相饷如酒醴"，而钱塘居民未受其害。

元祐四年（1089年），苏轼出知杭州，这是他第二次来杭，可谓"江山故国，所至如归"了。"还来一醉西湖雨，不见跳珠十五年"。对于西湖如此思恋，真不知道仕途不得意的苏轼来到杭州后是怎样的一种心情。

西湖当时的葑田"如云翳空，倏忽便满"，湖面湮废已达十之六七。按照当时的淤积速度，不出二十年，西湖将全部湮塞，六井也将废置。苏轼上疏，乞开西湖，认为："杭州之有西湖，如人之有眉目。……使杭州而无西湖，如人去其眉目，岂复为人乎？"

这次疏浚，聪明的太守把挖掘出来的巨量淤泥，在湖中堆筑成一条长堤，长五里，堤上又修建了六座石桥以流通湖水。全堤遍植桃花、杨柳，六桥烟柳为全湖平添了无限娇媚。后人把这条长堤称为苏堤，与白堤相对互衬，"苏堤春晓"也成为湖中胜境。

此外，苏轼又重修了六井，新开了二井，用瓦管代替竹管，使"西湖甘水，殆遍一城"。

五 偏安江南一朝事，千古繁华永铸就

王安石变法失败后，北宋王朝日趋腐败。靖康二年（1127年）金兵攻入汴京（今开封），掳走徽、钦二帝。北撤途中，纵兵四掠，"杀人如割麻，臭闻数百里。淮、泗之间，亦荡然矣"（《建炎以来系年要录》）。

其时徽宗第九子、康王赵构正在河北招兵买马，从而逃避了当俘虏的命运。几经辗转，三次驻跸临安（即杭州），终于在绍兴八年（1138年）定临安为南宋的行都。所谓行都，行在之都也，以示不忘汴京。这是杭州第二次成为国都，持续达一百五十年之久。

清杭州光绪刊本《都城纪胜》书影，此书与《梦粱录》都详细记录了宋代杭州的城市许多生活细节

南宋朝廷把大内建在凤凰山。王城北起凤山门，西到万松岭，东至候潮门，南及江干。

皇城内有一条长达一万三千五百余尺的御街（今中山路旧址），由数万块巨幅石板铺成，宽敞通达。还有南北流向的河道。前面提到的盐桥运河，长达十四五里，是杭城最长的人工河，宋时因河道中有一桥是盐船靠岸的码头，人们便把此桥称作盐桥，把这条河称为盐桥运河，沿呼至今。宋人称为大河。

市河位于盐桥运河之西，又名小河。市河与盐桥运河在清河坊南沟通，向北直接与江南运河及整个太湖的河湖网相连，向南可达江干的钱塘江。市河北段又通过众安桥与浣纱河相通，浣纱河直通西湖，引西湖作为这些河渠的水源。

杭州的东郊，由于海塘的完成，已经垦殖成一片菜园，供应城市的四时蔬菜；粮食靠富庶的太湖平原解决；城市所需的巨量薪炭，则通过钱塘江，从森林资源丰富的婺、衢、严各州运来，形成了"西门水、东门菜、北门米、南门柴"的城市格局。

从镇江到杭州八百里长的江南运河成为南宋政权的生命线，樯桅如林，舟行如梭，不分昼夜。武林门外，即今大关桥、江涨桥一带，成为运河的码头区，人来人往，熙熙攘攘。

随着城市基本供应的解决，服务城市其他需要的手工业也十分发达。造船、陶瓷、纺织、造纸、印刷、酿酒、食品等，都建立了大规模的作坊，这就吸引了大批商贾往

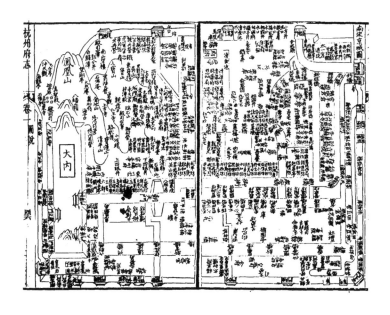

杭州南宋旧城图
（自清郑沄修乾
隆《杭州府志》）

杭州宋代的北关
夜市

来，舟车贩运，从而促进了城市的商业繁荣。除御街、荐桥街、后市街等商业区外，还有许多专业性集市，如生药市、象牙市、金银市、珍珠市、丝锦市、生帛市、衣绢市、肉市、米市等。还有专业性商行，如麻布行、海鲜行、纸扇行、鱼行、木行、竹行、果行等。吴自牧在《梦粱录》中记载："杭城大街，买卖昼夜不绝，夜交三四鼓，游人渐稀，五鼓钟鸣，卖早市者又开店矣。"

今棚桥附近是临安最大的书市，店铺毗连，经、史、子、集齐备。棚北有陈氏父子（陈思、陈起）开的两家大书铺。他们刻印了唐宋以来的名人诗词文集和笔记小说一百多种，雕版工致、纸墨精细，有些宋刻本至今还有一股清香味儿。当时最大的民间游艺场北瓦子也在这一带，内设勾栏十三座，日夜演出杂剧、讲经、说书、杂技、影戏、傀儡等戏艺，是市民集中的娱乐场所。

唐以前，市内店铺的营业时间大都在上午，过午则散，至夕而罢，不少地方实行"日中为市"的旧制。唐后期以来，宵禁渐次松弛，夜市开始出现。到南宋定都，皇室、贵族、豪门富商经常于夜间到酒楼茶肆寻欢作乐。加上瓦子、勾栏等百戏汇集，戏散以后，观众多需充饥，故夜市十分热闹。御街两边的夜市集中在清河坊、三桥址、官巷口、众安桥、观桥等处，"与日间无异"。

当时著名的茶肆有八仙、清乐、珠子、泮家、连二、连三等二十余家，随季节变换品种。如有的茶肆"冬月添卖七宝擂茶、馓子、葱茶，或卖盐豉汤；暑天添卖雪泡梅花酒，或缩脾饮暑药之属"（《梦粱录·茶肆》）。又据周密《武林旧事·凉水》载，当时的夏令冷饮品，有甘豆汤、椰子酒、豆儿水、鹿梨浆、卤梅水、姜蜜儿、木瓜汁、沉香木、荔枝膏儿、金桔团等。

著名的酒楼有和乐楼、和丰楼、中和楼、春风楼、太和楼、西楼、太平楼、丰乐楼、西溪楼、熙春楼等。无论公私酒楼，均备乐队，为顾客奏乐助兴。店伙计精通业务，百来样菜名背得滚瓜烂熟，一经顾客点定，传喝如流，并且很快烹制端上，不劳顾客久等。

余杭门外北新桥北的新开运河，又称城外运河，是孝宗淳熙十四年（1187年）开凿的，长达三十六里，西流至奉口。据《淳祐临安志》载，淳祐七年（1247年）大旱，新开运河干涸，米船不通，城内米价骤增。临安知府组织民工分两段疏浚，从北新桥至狗葬（今勾庄）为一段，开阔三丈，深四尺；从狗葬至奉口，开阔一丈。新开运河遂成为江南运河的重要支线。

大诗人陆游在《入蜀记》中写道："朝廷所以能驻跸钱塘，以有此渠（指江南运河——引者）尔！"另一位大诗人范成人在《吴郡志》里使用了"天上天堂，地下苏杭"的赞语，成为民谚"上有天堂，下有苏杭"的滥觞。

至南宋中期，杭州人口已增至一百多万。《梦粱录》描绘说，从西湖东望，但见"居民屋宇高森，接栋连檐，寸尺无空，巷陌壅塞"，西子湖畔更是"一色楼台三十里，不知何处觅孤山"。

六　杭为大藩，财赋所聚。国计之重，倚于东南

"暖风熏得游人醉，直把杭州作汴州。"南宋终于无可挽回地覆亡了。由于元兵在攻城掠地时所遭遇的抵抗，忽必烈下令"堕天下城郭"，杭州也拆除了城墙，西湖湮塞，城市萧条。

元代政治中心虽然北移，但"元都于燕，去江南极远，而百司庶府之繁，卫士编民之众，无不仰给于江南"（危素《元海运志》）。至元十八年（1281年）开始，朝廷在隋代运河基础上，又开凿了济州、会通、通惠等人工河，

西湖修禊诗图（自
清鄂敏《西湖修
禊诗》）

接通了北至大都（今北京）、南及杭州的大运河，全长
三千多里。

元代南北交通主要靠海运，正如明人丘浚所言："河
漕视陆运之费，省计三四；海运视陆运之费，省计七八"
（《大学衍义补》）河运虽不及海运划算，但海上"风
水险恶"，常有"人船俱溺者"，而"漕船泛河则失少，
泛海则损多"（《元史·河渠志》），所以运河上的运输
也极为可观，千百条漕船往往由江南直接驶达积水潭（今
北京什刹海）。

天历二年（1329年），元文宗遣使至运河沿岸主要
城市祭祀妈祖庙，其中《祭杭州庙文》提到："杭为大藩，
财赋所聚。国计之重，倚于东南。今兹两运，咸利攸往。
长江怠浪，万樯云集。"

其实，忽必烈在位期间，杭州已渐渐恢复生机。一位
碧眼金发的意大利人，曾在他的《马可·波罗游记》中，

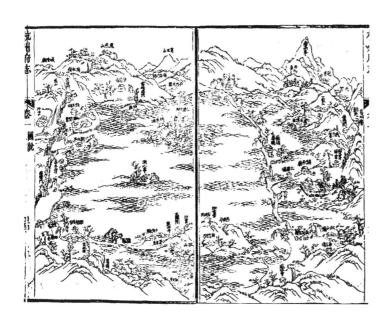

西湖图，西湖美景成为历代江南文人雅士们吟咏讽唱的对象（自清郑沄修乾隆《杭州府志》）

新奇地打量杭州，向世界介绍神秘的东方："这座城市方圆约有一百英里，它的街道和运河都十分宽阔，还有许多广场或集市。……一年四季，市场上总有各种各样的香料和果子。特别是梨，硕大出奇，约重十磅，肉呈白色，和浆糊一样，浓味芳香。还有桃子，分黄白二种，味道十分可口。这里不产葡萄，不过，其他地方有葡萄干贩来，味道甘美。……当你看到运来的鱼，数量如此多，可能会不信它们都能卖出去，但在几小时之内，就已销售一空。因为居民的人数实在太多，而那些习惯美食、餐餐鱼肉并食的人也是不可胜数的。"

他也写到了西湖："湖中还有大量的供浏览的游船或画舫，……这样在水上的乐趣，的确胜过陆地上任何游乐。因为，一方面，整个湖面宽广明秀，站在离岸不远的船上，不仅可以观赏全城的宏伟壮丽，还可以看到各自的宫殿、庙宇、寺观、花园，以及长在水边的参天大树；另一方面，又可以欣赏到各种画舫，它们载着行乐的爱侣，往来不绝，风光旖旎。"

在作者笔下，杭人仿佛生活在历史的回忆之中："京师本地的居民性情宁和。由于从前的君主都不好战，风气所致，于是就养成了他们的怡静闲适的民风。……他们不愿意看见任何士兵，即使是大汗的卫兵也不例外。因为，一看见他们，居民就会想起死去的君主和亡国之恨。"

七　天下莫非为王土，万里之外犹拱宸

明代朱棣定都北京后，依然改变不了"南粮北调"的状况，官员们认为："漕为国家命脉攸关，三月不至则君相忧，六月不至则都市人啼，一岁不至国有不可言者"，可谓"倚漕为命矣"（《明史·河漕志》）。永乐九年（1411年），重修山东境内的会通河。永乐十三年（1415年），罢海运和陆运，专营河运。

《仁和县志》记载："杭民多半商贾耳。"比较真实地反映了明清时期杭州城市人口的结构。浙江"杭州其都会也，……虽秦、晋、燕、周大贾，不远数千里而求罗绮者，必走浙之东也"（张瀚《松窗梦语》）。广州及东南沿海各省的货物，也多由商贾运到杭州，又从杭州装船沿大运河至北京。

当时，东南和南方沿海地区，商品经济比较发达，已经产生了资本主义的萌芽。一方面，出现了大量"恒产绝少""计工受值"的工资劳动者，另一方面，也有家产"殷富""千金""数千金"乃至"百万金"的"新业主"。但皇宫和官府无孔不入的控制与攫夺，又将这种萌芽扼杀于摇篮之中。正如清人屈大均所言："……贾与官亦复无别，无官不贾，且又无贾不官。民畏官，亦复畏贾；畏官者，以其官而贾也；畏贾者，以其贾而官。"（《广东新语》）

拱宸桥位于杭城北部、运河南端，始建于明代，重建于清初。运河水就是从这座桥流入市内。"宸"字为北斗，象征帝王，"拱"自然有恭迎的意思。相传桥的得名，与康熙、乾隆南巡有关。康熙到杭五次，乾隆到杭六次。从运河穿过市区流入涌金门的城河，就是康熙第一次来杭时，为便利御舟由运河直达西湖而开辟的。

李商隐《隋宫》诗有"锦帆应是到天涯"之句，意为如果不是李渊起兵

灭隋，隋炀帝恐怕要乘龙舟游遍天涯海角了。炀帝终未能南游杭州。现在，康熙、乾隆不仅游了，而且一游再游，大游特游，客观上促进了运河的建设与繁荣。

"西湖十景"之称，始于南宋，当时画院的马远等，曾画过"西湖十景图"。康熙来杭，给予"御题"，作御制诗，建御碑亭。"十景"经钦定，就更有名了，即"苏堤春晓""柳浪闻莺""花港观鱼""双峰插云""三潭印月""曲院风荷""平湖秋月""南屏晚钟""雷锋夕照""断桥残雪"。其中"雷锋夕照"，他改"夕"为"西"，"南屏晚钟"，他改"晚"为"晓"，皆因"夕""晚"不吉利也。但人们还是沿用了旧名。

杭州夜山图局部
（自元吴福生著
《夜山图题咏》）

康熙也想过过炀帝的老瘾，巡游西湖时，"陆地则地尽铺红毡，精致一如禁宫；水游则驾龙舟，装潢动以万金。地方官竭意供奉，征之于民。龙舟之缆，均以五色锦丝为之。选杭垣小家碧玉，以任背纤之役。"

乾隆来杭时，由于康熙已题过"西湖十景"，于是尽量多走一些地方。如在比较偏僻的龙井，乾隆题了"过溪亭""涤心沼""一片云""风篁岭""方圆庵""龙泓涧""神运石""翠峰阁"（"龙井八景"）。还攀上风篁岭，亲题"湖山第一佳"五个大字，至今还清晰可辨。

作为对"西湖十景"的补充或延伸，乾隆还题了"西湖十八景":"吴山大观""湖心平眺""湖山春社""浙江秋涛""梅林归鹤""玉泉观鱼""玉带晴虹""宝石凤亭""天竺香市""云栖梵径""蕉石鸣琴""冷泉猿啸""凤岭松涛""灵石樵歌""葛岭朝暾""九里云松""韬光观海""西溪探梅"(《西湖志纂》)。

当然,乾隆也做了一些调运赈米、修筑海塘之事。他曾罗致大批文人,编纂了规模巨大的《四库全书》,并将西湖孤山行宫的玉兰堂改建为文澜阁,藏放《四库全书》。

八 运河不老,锦河无恙

1895 年,中日《马关条约》签订,杭州辟为商埠,日本在拱宸桥设立了租界,运河被烙上耻辱的印记。

突然想起"雨巷诗人"戴望舒。他于 1905 年生于杭州大塔儿巷,据说《雨巷》的灵感便产生于此。南宋陆游旅居临安孩儿巷时,也写下过"小楼一夜听春雨,深巷明朝卖杏花"的名句,绘出了杏花春雨的江南美景。杭州的雨啊,总是这般缠绵多情。养育了近两千年中国古典诗词之静美的,也主要是这种雨的气质。

1936 年,由于不愿在日寇铁蹄下苟活,戴望舒挈妇将雏前往香港,开始了流亡生涯。1942 年,又被占领香港的日军逮捕入狱一年多。正如陆游又是"上马击狂胡,下马草军书"的壮士一样,戴望舒也是手无寸铁、以心为盾的志士,他留下了感人至深的《狱中题壁》:

《马关条约》(节选)

如果我死在这里，
朋友啊，不要悲伤，
我会永远地生存
在你们的心上。

你们之中的一个死了，
在日本占领的牢里，
他怀着的深深的仇恨，
你们应该永远地记忆。

当你们回来，
从泥土掘起他伤损的肢体，
用你们胜利的欢呼
把他的灵魂高高扬起。

然后把他的白骨放在山峰，
曝着太阳，沐着飘风：
在那暗黑潮湿的土牢，
这也曾是他唯一的美梦。

戴望舒像

　　大江东去，运河南下。新中国成立后，特别是改革开放以来，杭州重新焕发了无限生机，江南运河也成为大运河上最为繁忙的黄金水道。当然，由于现代交通的高度发展，运河的功能比起古代来，逊色多了。

　　但正如刘士林所说，"功能运河"消退意味着"文化运河"的出场。据新华网浙江频道 2002 年 11 月 22 日报道，杭州市规划局已经编制完成《京杭运河杭州段整治与保护开发战略规划》，并提上了市委、市政府的议事日程。这个规划的最大特点，就是以运河沟通钱塘江的三堡船闸

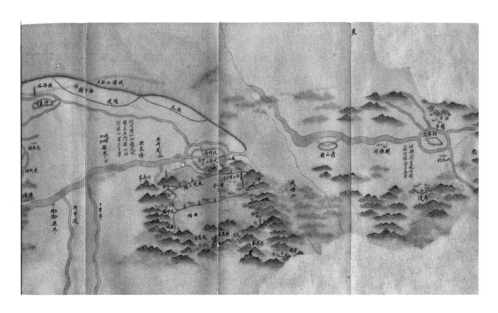

清代京杭运河全图——杭州段

为起点，到余杭塘栖运河杭州段的最北段，建立十个各具特色的运河新景观："江河流霞""艮新秋韵""武林新姿""古桥双曲""水北渔歌"。

即如"艮新秋韵"而言，艮山门是杭城古代的东北门，"艮山"意为城北的小山，汴京有"艮岳"，南宋取名"艮山"，寓意不忘故国。宋元以来，这一带纺织作坊遍布，机杼之声，比户相闻，为驰名中外的"杭纺"主产地。

又如"武林新姿"。建于隋代的武林门为杭城北大门，有一千三百多年历史，自古为运河南端的码头，樯帆御泊，百货登市，以"北关夜市"闻名。看过电视剧《天下粮仓》的人，应该对富义仓并不陌生。现在已成为硕果仅存的一处仓库，只留下几排普通的砖木老屋和楼下青石叠砌的码头水埠。

再如"拱宸怀古"，拱宸桥西面的街区之所以能保存旧观，完全是当时的拱墅区拿不出足够的资金进行改造。这里提出了一个严峻的课题，整旧如新对古建筑而言，也是一种破坏。有识之士已提出呼吁，妥善解决经济发展

京杭大运河南端终点——拱宸桥
（自《中华古文明大图集·铸造》）

与遗产保护之间的矛盾，千万不能让传承了几千年的运河历史文化气脉在我
们这一代人的手中毁断。

　　愿运河不老，锦帆无恙。

第十八城

商丘：襟喉关隘起繁华　八水过宋是商丘

"出东苑而遂行，沿浊河而兹始。感隋皇之败德，划平原而为此。西驰洛汭，东并淮涘。"此节选自唐代诗人高适《东征赋》。唐玄宗天宝三年（744年），高适与李白、杜甫携手共游开封、商丘等处，乘船顺汴水而下至楚地访游，有感而发，遂作此赋。赋中提及的"东苑"即西汉梁孝王刘武建造的梁苑。"浊河"指隋代开凿的通济渠宋州（今河南商丘）境内河段。此赋经常被学者引用以论证通济渠流经商丘的走向。无论通济渠是循汴水故道，还是自谷熟（今河南商丘县东南四十里）以下分南、北两道，商丘为隋唐大运河沿线重要城市都是确凿无疑的史实。

▶ 居水路要冲，扼南北咽喉

依城而过的河流就像城市流淌的血脉，记录着一座城市的孕育、生长、兴盛、传承。先民逐水而居，正因耕种、渔牧、饮用、交通或调节气候等都离不开水。一座城市有了水就仿佛有了灵魂，格外灵动。因此，古代都城多建在水系发达、交通便利处。商丘自古水系发达，睢水、汳水、涣水等天然河道穿境而过，给这座城市带来了更多活力。数千年来，商丘的城市角色几经变换，曾先后作为国都、郡、州、府，得名亳、睢阳、宋州、应天、南京、归德等。

　　商丘与运河的联系最早可追溯至战国时期的鸿沟。大约在公元前 364 年，魏惠王迁都大梁，为沟通南北、畅达东西，决定开凿鸿沟。鸿沟自荥泽引黄河水入莆田泽，再引水东至大梁城北，自此分流后，最北面沟通古汳水，中间沟通古睢水，南面经陈国都城（今河南淮阳）汇入颍水再入淮河。庞大的鸿沟水道系统沟通了济、汝、淮、泗流域，使宋（今河南商丘）与陈、蔡、曹、卫等国紧密联系起来，成为中原各国通往东南吴越等地的航运要道。

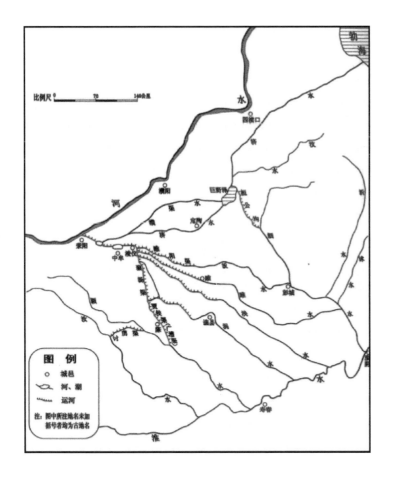

汉魏两晋南北朝时期鸿沟水系图（自鲍君惠《世界文化遗产——中国大运河通济渠郑州段历史考述》）

公元前221年，秦王嬴政统一六国，定都咸阳。其时政治中心在西，但经济中心却在东方的定陶，为加强对函谷关以东地区的控制，"竭天下之资财以奉其政"（班固：《汉书》卷24《食货志第四上》），亟须提升交通运输的效能。加之秦都位处关中平原，粮食产量不能满足京师消耗，漕运粮食关乎朝廷命脉。都促使秦统治者不遗余力地疏浚和开凿运河。公元前215年，为打通全国交通干线，秦始皇下令"堕坏城郭，决通川防，夷去险阻。"（司马迁：《史记·秦始皇本纪》）同时在荥阳鸿沟和济水由黄河分流出来的水口上设置积谷仓——敖仓。将粮仓设在此，一方面是因鸿沟流域、江淮二水的下游地区粮食丰富，另一方面是方便由济水和鸿沟运来的粮食物资经黄河、渭河转运京都。由此可见，这一时期的鸿沟水系仍为水路中心。商丘也因其地理位置，成为运粮入京的襟喉要津。

千年运河几度兴废，运河商丘段也随之兴亡。汉朝实行分封制，各诸侯国各自为政，自给自足，其山川、园池、市肆租税之入，"皆各为私奉养"（班固：《汉书》卷24《食货志第四上》）。占据鸿沟流域的梁（今河南商丘）等国虽经济繁荣，食粮富足，却不向京师缴纳赋税，一定程度影响了鸿沟水系运河作用的发挥。加之汉初统治者实行休养生息政策，减免田租赋税，漕运更加冷清。史料记载，从山东运送至京都的粮食当时每年只有数十万石。更为雪上加霜的是，汉武帝元光三年（公元前132年），黄河决口，鸿沟部分河道被黄河淤堵，航运价值严重下降。

东汉时期，鸿沟水系只剩商丘范围内的汳水（下流为获水）一支畅通，因"汳"有"反"字为统治者避讳，改称"汴渠"。水系虽不通畅，但统治者十分注重汴渠的维护。明帝派王景治理黄河，实现了河、汴分流。顺帝时沿汴河向东修筑"金堤"，以作防护。灵帝时又增修石门，以遏渠口。东汉末年，群雄割据，社会动荡，汉朝统治者多次迁都，无暇管理运河，河道逐渐淤堵荒废。建安七年（202年），为运兵运粮，曹操对汴渠浚仪（今河南开封）至睢阳（今河南商丘市南）段进行了整修，实现了睢阳渠的通航。

在古代，黄河以善淤、善决、善徙著称，黄河泛滥给沿线城市带来了极大影响。商丘因位处黄河中下游，不断遭受黄河水灾困扰，加上鸿沟水系以含沙量特别大的黄河水为主要水源，更容易引起水道淤塞。西晋时，黄河多次决口，使汴渠运道淤堵，近荒废。东晋时，除经刘裕疏浚后有短暂的畅通外，汴渠多数时段完全淤塞，丧失漕运功能。因长期的南北对峙，时局动荡不安，经济往来、人员交流更加受阻。商丘运河要道的优势不再显著。

隋朝建立，大一统格局重新确立。为加强政治、军事、经济等控制，更好地供给中央，隋统治者在旧有渠道和天然河流的基础上开凿大运河。大运河全长 2700 多公里，以洛阳为中心，北至涿郡（今北京），南至余杭（今浙江杭州），由永济渠、通济渠、邗沟和江南运河四段组成，沟通海河、黄河、淮河、长江、钱塘江五大水系。大运河商丘段作为通济渠重要组成部分，流经襄邑（今河南睢县）、宁陵、宋城（今河南商丘梁园区和睢阳区）、谷熟（今河南虞城）、下邑（今河南夏邑）、永城市，总长约 200 公里。隋代大运河择道商丘，是由多种原因决定的。一是可尽量利用古鸿沟、汴渠水道，沿线为黄淮冲积平原，一马平川，易于开挖。如唐代诗人皮日休所言，"应是天教开汴水，一千余里地无山"。二是经裁弯取直不仅缩短了航运距离，更强化了京师与东南地区的联系。清康熙四十四年（1705 年）《商丘县志》卷 1《形势》曾这样描述商丘的战略地位："南控江淮，北临河济，彭城居其左，汴京建于右，形胜联络足以保障东南！襟喉关陕为大河南北之要道焉。"

还有一种说法，即通济渠取道商丘境内，不仅是为了直通江都，还因占天时显示宋城当时有王气出，隋炀帝为挖断龙脉才在此开河。隋炀帝有心让运河横穿宋城，但为何通济渠最终却没有横穿？还得从炀帝派去的开河都护麻叔谋说起。麻叔谋其人十分腐败，他收受了宋城人的贿赂，默许了保宋城的请求，在开凿运河时私自改道，致使运河最终未横穿宋城。在监工时，麻叔谋生病了，医生告诉他治愈此病的秘方是每餐必吃胎羊羔。当时，宁陵下马村的陶氏兄弟，不想让开河破坏其祖坟风水，便偷杀幼儿蒸熟献给麻叔谋，希望其能改动河道。谁料麻叔谋爱上了这个味道，不仅改动河道，绕过其祖坟，而且给了他们很多赏钱。受到激励的陶氏兄弟继续偷杀幼儿，并带动着更多的人加入这个队伍。麻叔谋吃幼儿的行为使周边百姓十分恐惧，因"叔"与"虎"同韵，他的大名慢慢就传成了"麻虎子""老麻虎"。至今商丘还有"藏麻虎""变麻虎"的游戏。另外，民间流传的一首催眠曲更加形象生动："噢噢，睡觉吧，老麻虎子来到了。红眼绿鼻子，四个毛蹄子，走着趴趴响，要吃活孩子。"

关于隋代运河的开凿，世人褒贬不一，但其对沟通中央政权与经济中心的影响确是极为重要的。唐同前代一样，面临政治军事与经济中心南北分隔且粮食产量不足以供给京师的问题，畅通运河，确保江南物资及时供应关中，关系着唐王朝的兴盛和衰替。因此唐统治者经常疏浚、整理运河。比如为解决黄河泥沙沉积，汴河下游淤堵的危机，曾尝试新开河渠，利用睢水，过宋州（今河南商丘）东，经蕲水，过虹县（今安徽泗县），至淮阴北入淮。但因水流峻急，行船艰难，不久便废弃。北宋时期，为漕运粮食，沟通南北，统治者开凿了四条人工运河，即汴河、广济河、金水河、惠民河，构建起以开封为中心的水路交通网。其中，汴河基本承袭了隋唐通济渠故道，漕运任务很重，地位十分重要。《宋史》记载："岁漕江、淮、湖、浙米数百万，及至东南之产，百物众宝，不可胜计。又下西山之薪炭，以输京师之粟，以振河北之急，内外仰给焉。故于诸水，莫以此为重。"（脱脱等：《宋史》卷93《河渠三》）商丘因紧邻京师，又位处汴河之上，成为漕运的咽喉要地。

但这种情况在南宋时发生了变化。因金兵南下，北方陷落，统治者循运河一路南逃，并在沿线毁坏运河上的各种设施，以防被

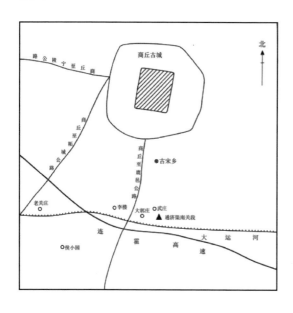

商丘通济渠南关段位置示意图（自河南省文物考古研究院《河南商丘通济渠第二发掘区考古发掘简报》）

金兵利用。南宋定都临安后，黄河流域被金占据。南宋与金长期对峙，因南宋主要利用邗沟、江南运河，金主要利用运河永济渠段，汴河遂荒废。加之河土废弛，黄河水放任自流，频繁的改道、决口使沿线城市深受其害，隋唐大运河商丘段逐渐淤塞被埋于地下。

元朝，忽必烈改金中都为大都，政治中心北移。为便利运输，统治者于元十二年（1275年）对运河改弯取直，开济州河及会通河，连接大都到通州，山东卫河到汶水、泗河，实现了航运由大都直达杭州。自此大运河由东西走向变为南北走向，又因为海运的崛起，通济渠不再具有运河要道的地位，商丘的水运优势地位彻底丧失。现通济渠在商丘境内的地上已无遗迹可寻，只剩地下遗迹遗存还作为大运河文化遗产的证据。

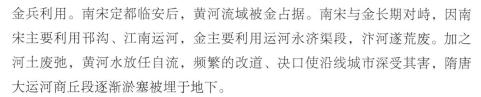
二　运河始为媒，舟车半天下

古时，统治者开凿运河的原因有多种，主要有二：一是战争和军事防御需要，二是兵力及物资运输需要。但无论何种，其根本目的就是维护现实统治的需要。甚至连以奢靡享乐著称的隋炀帝，开凿大运河的动机怕也绕不过此。总体上，虽然历朝历代开凿与整修运河的目的并不唯一，但其确实为商品流通提供了更为便捷的渠道，为商贾阶层提供了更为广阔的舞台，为文化交流融合提供了更为重要的走廊。借运河之势，一些城市因转运贸易而兴起繁荣，商丘正是其中之一。

鸿沟水系形成后，大大便利了南北交通运输。今商丘境内因位处运河沿线，诸侯国四通辐辏，涌现出一批大型商业城市。东周时宋国（今河南商丘）都城睢阳居住着金、革、木、漆、车、玉等各种工匠，被称为"百工居肆"的城市，是有名的商业中心。城内设有专门的商业区，旅馆、鞋铺等各类业态充斥街面，出现了专门从事"市"治的市司官"褚师"。当时，宋国的农业和手工业也十分发达，冶铸、纺织、制玉、制陶、酿酒等行业生产出种类多样的商品，其中"宋之斤"（斧）因锋利耐用，是与"郑之刀""鲁之削""吴越之剑"并称于天下的高档金属制品。

秦汉时期，因受黄河决口的影响，运河时通时塞，阻碍了沿线城市经济发展。但因位处"天下之中"，每年仍有诸多商人前往商丘，候时转物，往来贸易，维持了市井繁华不坠。

隋代，大运河的开凿便利了漕粮运输，刺激了运河沿线商品交换，带动沿线城市达到空前繁荣。运河两侧商业繁荣，店铺林立，这些店铺被运河周边支流包围，远运望去，就像坐落在水池之中，又被称为"水池铺"。

因气候湿润，河流纵横，商丘一带植桑养蚕风气浓厚，丝织业十分发达。汉代曾在襄邑（今河南睢县）设置服官，专造滚龙文绣等礼服。公元59年，东汉明帝率公卿大臣祭祀天地，所着服饰即为襄邑贡品。到了唐代，城乡出现不少缫织、纺纱的私人作坊，绢的质量超越了江南，居全国之首。因质量上乘，宋州绢曾作为贡品呈送朝廷。宋州成为著名的丝织业交易中心。杜甫在《遣怀》中写道："邑中九万家，高栋照通衢。舟车半天下，主客多欢娱。"生动刻画出当时商丘拥有四达之冲、舟车之会的交通优势。

唐末至五代十国时，藩镇割据，连年混战，商丘经济受到很大影响，乡村稀落，城镇萧条。宋统一南北后，商丘经济又重新繁荣起来，主要表现在以下几个方面：第一，人工放淤、开挖沟渠等水利设施改造，便利了灌溉，促进了农业发展。据载，宋真宗下令在运河商丘段开设水门，利用河水进行淤田，有效改善了土质，亩产由五七斗增至两三石。第二，部分手工业开始脱离农业，专业从事纺织、酿酒、制笔等行业的家庭手工作坊大量出现。襄邑（今河南睢县）作为纺织大县，织锦就像穿衣吃饭一样融入生活。据载，当地出产的"睢阳元道宁"笔天下闻名，桂花酒、北库酒被各地客商争相追捧。第三，整修运河，畅通漕运，便利南北交流。宋时，南粮北运关系着王朝的命脉，因此极其仰仗漕运。而汴河作为漕运的主航道，地位更加重要。据载，淳化二年（991年）六月，汴水决浚仪县，宋太宗对大臣说："东京养甲兵数十万，居人百万家，天下转漕，仰给此一渠水，朕安得不顾。"（脱脱等：《宋史》卷93《河渠三》）说罢，即驱车进入泥泞中，吓坏了随行大臣。汴河的主要水源是黄河水，河水所含泥沙量较大，极易沉积淤塞。这种情况下，宋统治者不惜工本，勤加疏浚。北宋时期，商丘城市经济发展达到顶峰，不断涌入城市的人口改变了城市的面貌，瓦解了坊市分离的格局，"城""市"逐步融合。据载，当时沿汴河发展的河市十分繁华，宋州城内也不能与之相比。

为减轻财政负担，朝廷默许官船搭载私货的行为，甚至出台限额免征其税等激励措施。商人以货物搭载，漕船从中收取运费成为公开的秘密。因有利可图，押解使臣、纲卒也私下携带私货贸易。面对这种情况，宋统治者认为"篙工楫师苟有少贩鬻，但无妨公，不必究问。冀官物之入，无至损折可矣。"（李攸：《宋朝事实》卷16）这种睁只眼闭只眼的态度，导致漕运贩私成为可以摆上台面的"灰色地带"。一时间，公家运漕，私行商旅，运河上舳舻相继，往来不绝。

"人无千日好，花无百日红"。靖康二年（1127年），宋徽宗、宋钦宗被金兵掳去。金兵南下时，宋统治区的主要城市受到严重破坏。商丘位处中原要冲，为宋、金争夺要地，受战火毁坏更甚，不仅水利工程全部毁坏，农业、手工业也遭受极大摧残。

蒙古灭金后，元朝建立，在今商丘市境内设置归德府，农业、手工业生产逐步恢复。家庭手工业持续发展。归德府地区居民多从事丝织业，生产锦、丝、绢。尤其是生产的丝织品，品种多样，花色精美。京杭大运河贯通后，因运河裁弯取直，商丘不再具有沿线城市的独特优势，加上黄河连年决口，城乡饱受摧残，地位已大不如前。

 繁华南都城，渌水扬洪波

如今的商丘古城南有大片水面，风景秀美，当地人称之为"南湖"。湖上绿波荡漾，湖中亭台楼榭，湖边古迹连连。若是赶上好天气，好友结伴泛舟湖上，观景赏玩，十分惬意。此湖并非今时独有，《读史方舆纪要》卷50《河南五》载："《志》云：（归德）府城南六里有南湖，梁孝王园池故址也。"可见，"南湖"之称早已存在。但因年代更迭，沧海桑田的变化，今日南湖已不是当时的"南湖"了。

南湖的历史可上溯至商丘五大泽之一"逢泽"。《水经注》云："睢水于城之阳，积而为逢洪陂。"（郦道元：《水经注》卷24《睢水 瓠子河 汶水》）睢水是古代商丘主要河流，也是古鸿沟运河的主要通道。逢泽位于周代宋国

大运河商丘风景
（商丘市旅游局
网站）

故城与汉唐睢阳古城南侧，由古睢水所积而成。因水草丰茂，极宜人居，深受梁孝王喜爱。梁孝王筑造梁苑时，特引城北的汴水入城南的睢水，以扩大逢泽水域。隋代大运河部分河段循睢水古河道为前行，途经逢泽。流动的运河水给逢泽带来了新的生机与活力。唐时期，因逢泽与隋唐大运河相连，且有两座桥以通陆地，得天独厚的条件使此处成为码头停靠区。南来北往的船只在这里停靠，上下客人，装卸货物。人员的集聚还带动了商业发展。河岸两侧成为河市，四方商贾往来贸易，十分热闹。每当夜幕降临，灯光水影，河畔歌声，通宵达旦。宋神宗熙宁五年（1072年），日本僧人成寻前往五台山参佛，路宿南京应天府（今商丘）并记录下这一繁华景象。他在《参天台五台山记》中写到："大桥上并店家灯火，大千万也，伎乐之声，遥闻之。……六日天晴，辰时，曳船，从桥下过。店家买卖，不可记之。……艄公屑福最可云富人。"（成寻著，王丽萍校点：《新校参天台五台山记》卷3）

逢泽水草丰茂，是天然生态宝地，自古就有许多王公贵族、文人雅士在此流连忘返。宋景公时，曾在逢泽发现麋鹿。此后王公大臣更喜欢到逢泽游玩打猎了。一天，宋景公邀请左师向巢一同去逢泽打猎。看似单纯的游猎，却是景公的特意安排。到达逢泽不久，景公就告诉向巢，其弟向魋要发动政变。听闻此事，向巢冷汗淋漓。为表明立场，向巢即刻下拜，并向景公盟誓效忠，拿出兵符命令他的部下攻打向魋。向魋最终政变失败，向巢因担心被清算也逃亡至鲁。汉代，贾谊、司马相如、邹阳、枚乘、严忌等人曾聚会梁国，在逢泽游览创作文赋。北宋时，任应天知府的晏殊曾荡舟放鹭于此。除此，还有宋国故城、睢阳城、梁园、照碧堂等千年遗迹，也印映出逢泽的秀美壮丽。

今日，我们再无法目睹昔日的逢泽到底是怎样的风景迤逦，又是怎样的熙攘热闹。历史留给我们的只剩下古城外的一池碧水，以及被厚重黄土掩盖的文明遗迹，在无涯的时间荒野里默默地向世人诉说着这里曾经的喧闹与繁华。

四　两宋龙潜地，用彰神武功

运河水日夜奔流过商丘形成"云水绕睢阳"的胜景，为商丘古城增添了几分生动、丰饶与贵气。宋朝是商丘城市发展史上的顶峰时期。之所以这样说，是因当时商丘位处北宋都城汴京（今河南开封）东南，南临睢水，西牵京师，东蔽江淮，有着汴京"门户"的重要地位；也是因其位处南北交通大动脉，南来北往，舟车涌会城市经济繁荣发展；还有便是其为宋朝南京与北宋崛起于乱世和南宋存亡续绝有深刻的历史渊源。

商丘与宋王朝的"亲密关系"要从太祖赵匡胤发迹之前讲起。唐开平元年（907年），朱温灭唐，建立梁国。此后社会动荡，藩镇割据，连年混战。许多军队将领拥兵自重，自立为王。乾祐四年（951年），郭威在澶州（今河南濮阳）发动政变，代汉建周。其时离家出走又处处碰壁的赵匡胤经人指点，投奔郭威。路过宋州帝喾祠时，他抽了个签，有"天子命"，大喜。后来，赵匡胤跟着郭威南征北战，慢慢受到重用。郭威死后，其养子柴荣即周世宗，提拔他担任归德军节度使，仕途越来越顺畅。

周世宗骁勇善战，南征北伐，魄力十足。一次，其率军北伐时，得了重病，只得班师回朝。回朝后，他的病不但没有转好的迹象，反而越发严重。因怕死后其七岁幼子柴宗训皇位不稳，特意在死前作了一番安排。其中一项就是将跟随自己南征北战的归德军节度使赵匡胤，安插为统帅禁军的殿前都检点，确保禁军管理权掌握在"自己人"手中。可他万万没有想到，正是这安排，让赵匡胤占了先机，致使其子丢掉了后周江山。

显德七年(960年)元旦，赵匡胤以镇（今河北正定）、定（今河北宋县）二州的名义，谎报契丹勾结北汉大举南侵，并建议派兵抵御。内廷听闻，慌作一团，不辨事实真伪，即刻应允他统兵出征。初三，赵匡胤率军离京，傍晚驻扎在开封东北陈桥驿。次日其弟赵光义联合赵普等将士，发动兵变，以黄袍披于赵匡胤身，推举为天子。而后，赵匡胤回师开封，宣布周恭帝退位，宋朝由此建立。因自归德军节度使发迹，加之宋州占卜之事，赵匡胤对宋州怀有一种特殊的情愫，故定国号为"宋"。

因为赵匡胤坚称自己成就霸业是天意所为，宋州更是其福地，因此即位后不久，便重修了帝喾陵寝。这种思想

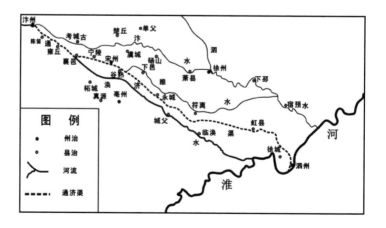

隋唐大运河通济渠段流经宋州境内图（自付先召《隋唐大运河与唐代宋州》）

影响了其后人。宋真宗认为宋州历代兴盛发达，"乃帝业肇基之地"，（徐松辑著，刘琳等校点：《宋会要辑稿·方域2》）景德三年（1006年）二月，真宗下诏曰：宋州"用彰神武之功，且表兴王之胜。宜升为应天府"。（徐松辑著，刘琳等校点：《宋会要辑稿·方域2》）大中祥符七年（1014年），又升应天府为南京，作为宋的陪都，与东京开封、西京洛阳、北京大名合称为四京。商丘之所以享有这样的殊荣，从表面看是因其为太祖发迹处，往深处看则会发现与其运河咽喉的战略地位脱不了关系。

建筑是文明的凝聚。北宋商丘地位仅次于开封，其城市建设标准也很高。据载，宋时南京城（今河南商丘睢阳区）城周十五里四十步，内宫城周二里三百六十步，东边的关城周二十五里八十三步，且均设有城门。不仅城池大，城内建筑更是繁多。比如城北的鸿庆宫，俗称北宫，殿内供奉有圣祖赵弘殿、太祖赵匡胤、太宗赵光义塑像，因此又被称为"三圣殿"。城内建有南都行宫——归德殿，城上建有照碧堂。照碧堂坐北朝南，临湖而建，从中观湖，景色一览无余。妙峰、观光和望云等亭台楼榭散落其间，极为华丽。

不仅北宋，南宋也将商丘作为肇始之地。金攻下宋都开封后，为维持日常运转，立张邦昌为傀儡皇帝。因难以服众，张邦昌找到被发配至瑶华宫的哲宗废后孟婵，册封其为"宋太后"，让她垂帘听政。随后又找到因在外而未被掳走的康王赵构，劝其即皇帝位。

赵构其人，用今天的话来讲，有点"不靠谱"。宋金战争爆发后，他一直在逃亡的路上。先在相州（今河南安阳县）建立大元帅府，命令部队将士做好工事，坚持抵抗，自己却一路北逃。开封被围城后，身边将士都劝他南下解开封之围，他非但不听，反而继续逃往东平，逃往济州。张邦昌被任命为"伪楚"皇帝后，他仍想继续南逃，最后还是身边将士看不下去了，齐力反对，才万般不愿地放弃逃亡想法。可就这么一个人，在当时也得被赶鸭子上架，委以重任。靖康二年（1127年）五月一日，赵构在南京应天府（今河南商丘县）即皇帝位，重建宋王朝，史称"南宋"。

江山易改，本性难移。当了皇帝的赵构依然奉行"绥靖政策"。先是对大批投降派将领委以重任，又主张议和，并想继续南逃。因李纲、宗泽等人严厉反对，只得暂时留守京都。后来，金以张邦昌被废为借口再次南侵，赵构得知消息后，不管真假，立即从南京（今河南商丘）逃往扬州，一直逃到临安才作罢。

五 要道通南北，兵家必争地

福兮，祸所依。发达的水系给商丘带来了繁荣的经济、鼎沸的人声，也带来了无边的战火威胁。正如清顾祖禹在《读史方舆纪要》卷50《河南五》中写的那样："府据江淮之上游，为汴洛之后劲。""盖睢阳襟带河济，屏蔽淮徐，舟车之所会。自古争在中原，未有不以睢阳为腰膂之地者。"商丘自古以来就是兵家必争之地。

春秋时期，商丘多次遭受战争的蹂躏。西汉时期，彭越在梁国进击楚军。汉景帝时，七国之变爆发，梁国为必经之地，首当其冲。东汉初年，占据睢阳的刘永举兵起事称天子，并与刘秀在商丘地带展开了一系列争夺战。晋永嘉以后，中原动乱不堪，商丘因位处要津，屡受战火烦扰。唐"安史之乱"时，叛军之所以重兵围攻睢阳，也是看中了其江淮通道的重要地位。蒙古南侵金时，金哀宗辗转南逃至归德（今河南商丘），正因其四面皆水可自保的有利地势。在这一系列战役中，西汉梁王坚守睢阳平定七国之乱的故事十分有名。

梁王刘武为汉景帝的亲弟弟，深得窦太后和景弟喜爱。梁国据40余城，皆大县，可谓"居天下膏腴之地"。（班固撰：《汉书》卷47《文三王传第十七》）备受母亲和哥哥爱护，本该安逸享乐的王侯怎会扛起平定叛乱的重担？这得从汉朝初建时讲起。

汉初，为嘉奖立下汗马功劳的将士，高祖刘邦分封了一批异姓王。后异姓王势力不断扩大，为皇帝所惧。为巩固根基，朝廷不断削弱异姓王，大肆分封同姓王，结果各同姓诸侯国势力膨胀，各自为政，又不得不将削藩提上日程。削藩事关重大，无论何人继位皇帝，都必须慎重考虑，因此当贾谊上书汉文帝，建议削藩时，文帝只是想了想，没敢做。可汉文帝没做的事，却被其子景帝大张旗鼓的做了。

景帝即位不久，便采纳了御使大夫晁错建议，启动削藩。削藩的确壮大了中央统治力量，但也激化了中央和地方矛盾。景帝三年（公元前159年），吴王刘濞纠集楚、赵、济南、淄川、胶西、胶东六王以"清君侧、诛晁错"名义合举叛乱，史称"七国之乱"。吴王刘濞从广陵起，西渡淮海，集合楚兵，向西力攻，追随者众多，一时难以控制。景帝见状，只得将晁错处死，以求叛乱平息。但叛军并不买账，不仅不退兵反而一路西进。眼看叛军直逼京师，景帝十分恐慌。正当其手足无措之时，情况出现了转机。叛军西攻京师必过梁国地界，而梁王必定力挺哥哥，在叛军进击时，率领兵民奋力抵抗。无奈实力悬殊，梁国屡次战败，在棘壁（今河南永城西北）与叛军交战时，死伤数万人。梁国告急，求救于朝廷。景帝派猛将周亚夫出兵镇压叛乱。可周亚夫非但不出兵救援，也不与叛军正面交锋，而是重兵布于淮、泗要道。梁王一看周亚夫并不救他于水火，只得主动求救甚至求至景帝，可就算景帝施令，周亚夫仍不发一兵。孤立无援的梁王只得咬紧牙关与叛军死磕。一方面梁国拼死抵抗，一方面周亚夫守株待兔，从后方斩断叛军粮草。经三个月拉锯战，叛军元气大伤。终于被周亚夫战败溃散。

对于这场叛乱中，梁国的所起的作用，《汉书》这样记载："吴、楚以梁为限，不敢过而西，……吴、楚破，而梁所杀虏略与汉中分。"（班固《汉书》卷47《文三王传第十七》）正因为梁国的坚守给周亚夫争取了时间，才能使朝廷仅历时三个月就平息了这场声势浩大的叛乱。梁王也因此更得太后和景帝喜爱，贵盛之势胜于天子。

无独有偶。唐"安史之乱"时，睢阳再度成为兵火前线，演绎了一场惊天地泣鬼神的保卫战。

　　为子死孝，为臣死忠，死又何妨。自光岳气分，士无全节，君臣义缺，谁负刚肠。骂贼睢阳，爱君许远，留得声名万古香。后来者，无二公之操，百炼之钢。人生翕歘云亡。好烈烈轰轰做一场。使当时卖国，甘心降虏，受人唾骂，安得留芳。古庙幽沈，仪容俨雅，枯木寒鸦几夕阳。邮亭下，有奸雄过此，仔细思量。

这是南宋抗元名臣文天祥写的题为《沁园春·题潮阳张许二公庙》的诗文。诗中提到的"二公"就是唐代的张巡、许远。

"安史之乱"时，面对叛军13万兵马，张巡等人以6800兵士坚守睢阳城。城破时，对于叛军的劝降，不论是将刀架在脖子上，还是用刀撬掉其牙齿，甚至用刀搅烂其舌头，其不仅不屈服还骂不绝口，终被杀死。为纪念张巡及许远、南霁云等人，后人为之建祠。1990年4月又在张巡殉难处重建新祠，许多海内外人士前来凭吊。

睢阳保卫战为何打得如此惨烈？如此悲壮？恰恰是因为睢阳南控江淮、北临河济的地位。睢阳作为通向江淮的重要交通枢纽，控制着唐朝重要的经济命脉。顺利拿下睢阳，切断这条经济命脉，关系着叛军夺取天下的战略布局。

唐至德二年（757年）正月，自立为帝的安庆绪命大将尹子奇率13万军围攻睢阳。尹子奇领命直扑睢阳，睢阳告急。这时，驻守宁陵的张巡与睢阳县令许远本为旧相识，见其落难，便率军支援。情况危急，许远虽官职更高，但知张巡善于用兵，便将军事大权全权移交给张巡。临危受命，张巡慷慨即任。他先是激励将士鼓舞士气，后在尹子奇猛烈攻城之时，巧用计谋，大败尹子奇。这时，张巡想要乘胜追击，结果尹子奇知道后，反而集结兵力再次进攻。其间，张巡再次展现了其惊人的军事才能，与叛军斗智斗勇。古语云：擒贼先擒王。

张巡祠（商丘市政府网）

张巡想要射击尹子奇，但苦于不认识他。为解决这一难题，他命将士削蒿为箭，连番射入敌营。尹子奇接到兵士报告后，以为睢阳城弓箭用完，便亲自出帐查看，结果被南霁云以箭偷袭，左眼中箭，叛军大败。

因屡建奇功，张巡受到皇帝嘉奖，也因此受到河南节度使虢王李巨嫉妒，派人运走睢阳三万石粮食。同年七月，叛军再次围城，睢阳呈现内外交困局面。张巡派人四处乞援，谁料他人看睢阳城已到末路，竟无一人施以援手。叛军得此时机，全力攻城，但无论其用何种器具攻城，均被一一击破。当其用云梯攻城时，张巡先是命将士用钩勾住云梯，又用木棍将其撑起并投火烧毁云梯；用鹅车攻城时，命将士以巨石砸破车盖，以箭射杀。叛军死伤惨重，不再进攻，只驻扎防守。

城外重兵进击，城中弹尽粮绝，睢阳俨然一座孤城。因连日水米不进，守城将士体力不支，无心作战。张巡等先杀马匹与战士分食，后抓麻雀、老鼠分食，最后杀爱妾、奴仆分食，即便如此也无法解睢阳之困。张巡只得派南霁云出城乞援。南霁云辗转多处，几无所得。后求救于代任河南节度使的贺兰进明，再次被拒。为招揽南霁云，贺兰进明设宴款待他。就食期间，南霁云触景生情，大哭说："昨出睢阳时，壮士不粒食已弥月。今大夫兵不出，而广设声乐，义不忍独享，虽食，弗下咽。今主将之命不达，南霁云请置一指以示信，归报中丞也。"（欧阳修、宋祁《新唐书》卷192列传第117《忠义中》）说着自断一根手指，震惊四座。可惜即使自断手指，也未能说服贺兰进明发兵。南霁云又乞师真源、宁陵，得到一些将士和马匹。但这寥寥可数将士也在杀回睢阳时，被叛军围追堵截，死伤大半。

此时，睢阳城中士兵死的死，伤的伤，能打仗起的仅剩几百人。眼看战事日益恶化，张巡与许远商议后，做出了一个重大决定：与睢阳共存亡。虽有壮士断腕的决心，却依然难挽颓势，城中将士因病、饿，已无力应战，这时尹子奇趁机破城，俘虏张巡、许远、南霁云等人，因拒不投敌，均被杀死。

睢阳城破三日后，张镐援军赶到，大败尹子奇。十天后，唐军光复长安。

睢阳之战，历时10个月，大小战斗400余次，杀敌12万之多。睢阳之战，是数千兵士的浴血之战，是挫败敌军锐气的重要之战，是保卫京师的忠勇之战，不仅破坏了叛军控制运河南下江淮的企图，也使叛军无暇回师救援长安城，对"安史之乱"的最终平定功不可没。

时至今日，张巡、许远等人守城之艰苦、壮烈，我们已无法再见，只能从后世众多传记、诗词中探究一二。其中张巡本人撰写的诗歌《睢阳城夜闻笛》《守睢阳作》更加直观、真切。

> 接战春来苦，孤城日渐危。
>
> 合围侔月晕，分守若鱼丽。
>
> 屡厌黄尘起，时将白羽挥。
>
> 裹疮犹出阵，饮血更登陴。
>
> 忠信应难敌，坚贞谅不移。
>
> 无心报天子，心计欲何施。

通过此诗，可看出张巡长期被叛军围困的无助和无奈，坚守城池的毅力和勇气，上阵杀敌的忠贞和豪迈，真令人动容！"苟利国家生死以，岂因祸福避趋之"讲的就是这样的大丈夫！

明清时期，各地农民起义运动如火如荼，商丘因其要津地位，战火频发。明崇祯八年（1635年）春，李自成农民军围攻商丘，死者近万人。因古城城河宽阔，易守难攻，未能攻下内城。

进入近现代，尤其是抗日战争全面爆发后，中国共产党先后在商丘开辟了睢杞太、豫皖苏等抗日根据地，深入开展抗战斗争。解放战争时期，刘伯承、邓小平、陈毅等曾进驻商丘指挥淮海大战。特别是在睢水故道打响的陈官庄战役，彻底消灭了国民党杜聿明集团。商丘作为淮海战役战场的西界，开始地，总前委司令部、后勤部及支前总兵站所在地，决胜阶段的发生地，渡江战役总前委的成立地，为新民主主义革命的胜利做出了巨大贡献。

六 莫道运河古，翰墨始今开

"沿运河水路网络在广阔空间上扩展开去的城市与乡村，他们在社会结构、生活习俗、道德信仰以及人的气质与性格上，无不打上了深深的'运河烙印'，是运河文明'基因'的再现与物化。"刘士林在《中国脐带：大运河城市群叙事》前言中曾这样写道。正如他所言，运河不仅给商丘带来了繁荣的经济，频发的战火，更渗透浸润着商丘的土地，形成了商丘悠久厚重的地域文化。

发达水系泽被下的商丘是中华文明的发祥地之一。造律台、黑堌堆、王油坊等遗址的发掘，龙山文化晚期石器、陶器、角器、骨蚌器等遗物的出土，"玄鸟生商""燧人造火""羿射九日"等传说的记载，均可以证实早在 4000 多年前，人类祖先就在这块丰饶的土地上劳作、生活。先商时期，商部落始祖阏伯之孙相土和六世孙王亥大量饲养猪、牛、马，发明了马车、牛车并将其用于耕种，劳动生产率得到提高，产品出现剩余。为调剂余缺，以王亥等为首的商族人将多余的产品与四周部落进行交换、交易，被其他部落人称为"商人"，交换交易的物品被称为"商品"，交易活动就是最早的商业活动。商丘也因此成为"商人""商品""商文化"的起源地。

悠久的历史造就出许多杰出人才，如商朝开国君主商汤、宋国开国始祖微子、西汉开国功臣灌婴等。在这块充满灵气的土地上，阏伯发明观星计时，仓颉创造了文字，杜康发明了酿酒术。孔丘、墨翟、庄周、惠施等思想巨子都与商丘有深厚渊源。枚乘、严忌、司马相如、邹阳等豪俊在此宴集作赋，李白、范仲淹、王安石、欧阳修等在此追古怀思，留下了《梁王菟园赋》《子虚赋》《酒赋》《梁园吟》《遣怀》等不朽名篇。

《太平御览》地部卷 24 载："《述异记》曰：濉涣二水，波文皆若五色，其人多文章，故名缋水。"在睢水流域这块富饶的土地上，诞生过许多著名的文学家、哲学家和诗人。盛唐时期，崔曙、刘宪等文学家，陈希烈、刘熙古等学者的出现，成为商丘文坛发展的高峰。宋元时期，商丘文人才士层出不穷。仅北宋年间就出了 7 位状元（包括宋庠、宋祁），1 名探花；涌现出戚纶、石延年、张方平等文学家，王尧臣、赵概等史学家，程迥这样"著书满家"的经学家。其中，"诗豪"石延年诗歌飘逸豪放，奇峭跌宕，撰写的《寄尹师鲁》《曹太尉西师》《筹笔驿》等诗歌脍炙人口；宋庠、宋祁兄弟并称"二宋"，因文学创作上各有风格，政治上赞成革新，闻名于政坛、文坛。明清时期，商丘文坛再达高峰，登进士科者达四百余人，近三百人有著作传世。

商丘古城陈家大院（商丘市政府网）

沈鲤、宋权、李天馥三人入阁为大学士，吕坤、侯恂、宋纁、宋荦等十余人属三品以上位列九卿。

《管子》这样写道，"具者，水是也。故曰：水者何也？万物之本原也，诸生之宗室也，美恶贤不肖愚俊之所产也。……宋之水轻劲而清，故其民闲易而好正。"（《管子》卷第14，《水地》第39）大意是，水为万物的本原，是一切生命的植根之处，美和丑、贤和不肖、愚蠢无知和才华出众都是由它产生的。宋国的水轻强而清明，所以宋国人就纯朴平易喜欢公正。此处提到的宋，即春秋时期的宋国，也就是今河南商丘一带。

历史上，商丘南北通达的地理环境和悠久厚重的历史文脉培育了淳朴的社会风气，造就了一批名垂青史的政治人物。比如清正刚直的沈鲤、为官清廉的宋纁、秉公善政的宋权、正真不阿的宋荦、直言面谏的魏元忠等。

宋纁，字伯敬，号栗庵，曾任山东道监察御史，陕西应天、山西巡按，户部尚书、吏部尚书等职务。其为官清正廉洁，巡按各地时，经常从国家、百姓角度考虑问题。巡按陕西时，发现太监吕用等人仰仗权势，横行乡里，胡作非为，立即上疏弹劾，使他们不敢再乱来。巡按应天时，肃清奸宄，并建议百姓修筑圩田，以防水患。其间，为徽州太守何东序辨明冤狱，平反昭雪，被百姓称道。巡按保定时，鹿诸县正值灾荒，他先斩后奏当即派人开仓赈饥。有人劝他等等时，他却说：假如等到上报，百姓可能就饿死了。如果圣上因此怪罪，那就怪罪我吧！后任户部尚书时，皇帝为庆祝生日想用 20 万两白银作筹备及赏赐，其以家国为重，上书直言不合理。任吏部尚书时，秉公执法，奖惩分明，惩处违法官员百余人。有人建议他将查处财物贴补朝廷，他却说："朝廷钱谷，宁蓄久不用，勿使搜括无余。主上知物力充羡，则侈心生矣。"（《明史》卷 224 列传第 112）听此言，石星顿生敬佩。

曾有官员向宋纁提议漕粮改折，即以其他物品或银两代替原定应交物品缴纳的办法，过期仍交纳"本色"时，宋纁大力反对说："太仓之储，宁红腐不可匱绌，一旦不继，何以措手？"（《明史》卷 224 列传第 122）我们大胆设想，如果此建议被朝廷采纳，没有漕运支撑的运河估计很快便衰落了吧。

与宋纁同朝为官的还有同乡沈鲤。沈鲤，字仲化，号龙江，曾任吏部左侍郎、礼部尚书、文渊阁大学士等职。其人方严刚介，不结党营私，不媚上。时任首辅的张居正久病不愈，满朝官员皆为其登坛祈祷，唯沈鲤不去。其刚正不阿，执法严谨，甚至连皇亲国戚也不放在眼里。郑贵妃为父请恤、秦王请封其弟为郡王、顺义王请封次妃等均受到他的抵制。其一身正气，纳忠论奏无所避。有人上奏光山产麒麟，万历皇帝知道后便想拿来看看。此事被沈鲤知道后，上奏劝说，此事虽小，但被有心之人知晓后，千奇百怪之物纷纷进献，岂不劳民伤财？万历皇帝无言以对，只得作罢。

沈鲤曾为万历皇帝老师，为人方鲠，为官清正，陈说"独契帝心"（《明史》卷 217 列传第 105）。在其返乡为父母守丧时候，万历皇帝经常问身边人他何日回朝。他的建言献策大多能被皇帝采纳。万历年间，黄河中下游多次决口，极大影响沿岸百姓生活。沈鲤为民请命，上书万历皇帝，要求治理黄河，并提出方案：一是修复古黄河大堤，二是为水决不断的古黄河修一道分水区，以便汛期来时，滔滔河水能分流出去。后来，他负责修建两道黄河大堤：一是西起荥城（今河南荥阳）东至洪子湖（今洪泽湖），长 800 余里的黄河南堤；

二是北至东西黄河大堤，南经商丘古城北城郭外向东南，经会亭驿（今河南夏邑会亭）至永城曹家洼，长约180里的"沈堤"。可惜清代黄河改道山东后，河南兰考县东坝头以下的旧黄河变成了黄河故道，黄河大堤也废弃不用，变成了黄河故堤。

宋荦，清大学士宋权之子。字牧仲，号漫堂，又号西陂，曾授黄州府通判、山东按察使、江苏布政使、江西巡抚等职。在巡抚江西时，恰逢湖广叛乱，数千船舶不敢西行，唯独宋荦乘坐官船破浪直达湖口，檄发湖口库银充当兵粮，镇压叛乱。他调任江苏巡抚离开湖口时，将俸金捐赠以置白鹿洞义田。到苏州后，宋荦整顿吏事，厘正东林祀典，恤徐高士枋丧，扬清激浊，除奸必公断。任职江苏巡抚的十余年间，宋荦赈济水灾、整治运河，政绩可圈可点。后人在沧浪亭南侧为其立像，铭文为："惠爱黎元，宏奖髦士。心迹双清，沧浪之水。"因清廉且能干，宋荦深受康熙的信任。在江苏期间，康熙三次南巡皆由其迎送，并多次得到御书诗词扇、御制堂联等恩赐，准许其密折直送康熙。

七 书院沉浮处，薪火有传承

醇厚的文风，运河的滋养共同推动了商丘文化事业的持续兴盛，突出表现在书院建设上。在商丘历史上留下印迹的众多学堂、书院中，最著名的是与岳麓、白鹿洞、嵩阳并称为"四大书院"的应天府书院。

应天府书院又称应天书院、睢阳书院、南京书院。其前身是后晋学者杨悫开办的"南都学舍"。唐末五代时期，官学遭到破坏，私人学院层出不穷。商丘人杨悫乐为教育，开办学堂，聚徒讲学。一日，一名学生前来听课，听完杨悫讲授的《礼记》后，随即成诵，杨悫大惊，认为此人天赋异禀，将其收留并将妹妹许配给他。这人就是北宋初年名噪一时的著名教育家戚同文。

时逢乱世，戚同文不愿出仕，在杨悫去世后继承师业，继续办学，教书育人。因精诗书，尚信义，许多人不远千里，拜其门下。又因执教有方，其收受学人登科及第者五六十人，名声大噪。戚同文不爱财，并坚持以德行化天下。对于家境贫寒的乡亲，必周济；对于不懂孝悌的，必劝说。因文、德并佳，张昉、宗翼、杨徽等名士均与其相交。

戚同文死后，书院无人成继。宋真宗大中祥符二年（1009 年），曹诚拿出"三百万金"重建书院。次年，曹诚又请戚同文的孙子戚舜宾主持书院，制定学规，严格教授。此事被宋真宗知晓后，大为嘉叹，下诏表彰，赐额"应天府书院"。从此，应天书院成为宋代的官学化书院。

本就发展良好的应天书院因一个人的出现变成了全国范本，此人就是北宋著名政治家、文学家晏殊。晏殊因得罪刘太后，枢密副使一职被免去，调任宣州知州后，又改调刑部侍郎，再改知应天府。到任后，他大力宣传儒家文化，创新办学模式。先是对应天书院进行改建，又聘请名士范仲淹主持书院，学者王洙在书院说书，并奏请皇帝升书院为府学。在这一系列举措下，应天书院的规模和影响不断扩大，盛况空前。

范仲淹与应天书院渊源甚深。范仲淹幼年丧父，母亲改嫁后，随继父一起生活。长大后知晓其家世，不愿寄人篱下，便辞别母亲，到应天府求学，就读于应天书院。在书院读书时，范仲淹的生活十分艰苦。《宋史》载：其"依戚同文学，昼夜不息，冬月惫甚，以水沃面；食不给，至以糜粥继之，人不能堪，仲淹不苦也。"（《宋史》卷

应天书院（商丘市政府网）

314列传第73）在这样的艰苦条件下，范仲淹争分夺秒，发奋读书，甚至五年不脱衣睡觉。功夫不负有心人。大中祥符八年（1015年），他以"礼部第一，遂中乙科九十七名"，荣登"蔡齐"榜，授广德军司理参军，才离开应天府。

当晏殊知道范仲淹因母亲去世回到应天府守孝后，便邀请他主持书院。因早年求学于此，范仲淹对母校感情很深，便欣然应允。在主持书院的三年时间里，他一方面担任主持，一方面任教《艺文》和《易经》。在教学方面，范仲淹非常注重方式，严格执教。"仲淹常宿学中，训督学者，皆有法度，勤学恭谨，以身先之。夜课诸生，读书寝食，皆立时刻。往往潜至斋舍诇之，见有先寝者诘之，其人给云：'适疲倦，暂就枕耳。'仲淹问：'未就寝之时，观何书？'其人亦妄对，仲淹即取书问之，其人不能对，乃罚之。出题使诸生作赋，必先自为之，欲知其难易及所当用意，亦使学者准以为法。"（《宋朝事实类苑》卷第9《名臣事迹·范文正》）因其学识渊博，讲授有度，许多学者名士慕名前来。北宋之后，应天书院屡有兴废，院址一再更改，但"明体达用"的传统却一直延续，流风所及，培养出大批的优秀人才。明末清初的诗文大家侯方域的父亲侯恂、叔叔侯恪都曾是书院的学生。

侯方域，字朝宗，别号雪苑。其成长于官宦之家、书香门第，祖父侯执蒲曾为太常侍卿，父亲侯恂曾为御使大夫，叔叔侯恪曾为翰林院编修。备受家庭熏陶的侯方域自幼天资聪慧，博学强记。六七岁读诗、书，8岁作策论，15岁应童子试，县、府、道皆第一，被誉为"小才子"。其才学非常出众，尤其是古文刚健苍劲、文辞精炼，人多惊异。后与徐作霖、贾开宗、刘伯愚、吴伯裔、吴伯胤、张渭等人创办雪苑社，雄踞中州文坛。

侯方域自小十分淘气，在侯府东园跟随祖父读书时，经常想法设法逃学去玩，制造了许多事端。

8岁时，其与五弟侯方策逃课外出，行至一庙前，遇到几个老和尚在葫芦架下纳凉。侯方域调皮，作了一首打油诗：

葫芦架上葫芦藤，

葫芦架下葫芦明。

葫芦碰着葫芦头，

葫芦不疼葫芦疼。

此诗一出，和尚捧腹大笑！待和尚回过神来，才晓得原来是在嘲笑他的光头呀！

9岁时，侯方域又闹出对对子难倒知府的趣闻。相传薛玉衡即将调任归德府知府，就任之前夸下海口，若其就任归德府，归德府除了他再无才子。此事被侯方域知道后，就想戏谑一下薛知府。一天，侯方域挑了一担泥挡住了薛玉衡去路。薛玉衡一看小娃娃拦路，很是生气，但因新官到任，不熟悉情况，只得忍下怒火，下轿问其缘由。这时，侯方域不急不缓地说："担重泥，拦子路。请老爷对来。"薛知府一听，原来是要考他，哈哈大笑说："老爷自幼善于对联，你一个娃娃还能难住老爷我不成！"可当其深思后，不由得冷汗淋漓。因"担"作"旦"意，"重泥"又作"仲尼"，"子路"为孔子弟子，这娃娃的对子显然是羞辱我呀！薛玉衡自忖这娃娃出了这样一个奇联，一定不是等闲之辈，便问其姓甚名谁。当侯方域报出姓名后，薛知府才知原来是侯府的公子，暗想归德府果真人才济济，自此不再夸口。

侯方域不仅是"小才了"，更是"小戏迷"，自幼"雅嗜声技，解音律"，经常选伎征歌。每件事情的发生虽似偶然却又自有因果。正是侯方域纵情声色、雅嗜声技的癖好为其与李香君的相识埋下了伏笔。

22岁时，侯方域到金陵（今江苏南京）应试，结识了一批江南名士，并参加了进步爱国的"复社"。他们一起饮酒赋诗，指点江山，影响很大。经人介绍，侯方域结识了"秦淮八艳"之一的李香君，一见钟情。因李香君擅长音律诗词又极为聪慧，深得侯方域爱怜。两人琴瑟和鸣，你侬我侬，十分快活。为表衷情，侯方域还在官扇上题诗，将其作为定情之物，赠予李香君。可惜好景不长。清军入关后，迫于南明势力，侯方域只得四处避难，两人再无联络。其间，巡抚田仰掷金百两，求见香君，香君拒不相见。恼羞成怒的田仰上门强抢，香君以死相拒，血溅情扇。恰逢画家杨龙友在场，就其鲜血花了几枝桃花，始称"桃花扇"。

恰若水中的浮萍无根可依、随波逐流，李香君的生活几多变动，命运多舛。传说两人分离后，香君被选入宫中作歌女，清军攻下南京后，其从宫中逃了出来，到了南京栖霞山葆真庵。侯方域出狱后，将其带回归德侯府，住在西园翡翠楼上。后香君身份败露，为侯府不容，被赶至城南侯氏庄园，郁郁而终。又有人说，香君因侯方域两朝应举，并未跟其回归德侯府，其死后葬于南京栖霞山，也非商丘。但不管史实如何，两人之间的美好爱情依然为世人传颂。著名传奇剧本《桃花扇》正是孔尚任以侯方域、李香君二人的故事为素材创作的。

2003 年，商丘市启动应天书院复建项目，崇圣殿、大成殿、前讲堂、书院大门、状元桥等建筑被重建开放。

八 千年有兴盛，故迹述繁华

沧海桑田，岁序更迭。历史上运河两岸的先民们在这里渔耕劳作，繁衍生息，创造和积累了丰厚的文化积淀。可惜黄河水的无情泛滥，将所有的繁华、落寞都深掩地下。据说，20 世纪 90 年代，美国的遥感卫星在商丘古城地下发现纵横交错的建筑，以为是新建的高科技地下工事，十

南关码头遗址
（自何艳华《隋唐大运河商丘南关码头遗址探析》）

分紧张，后来才搞清楚原来是淹没在地下的宋代应天府城，隋唐时宋州城等多座古城池。如今地面上留存的商丘古城为明弘治十六年（1503 年）所建，虽不是最早的古城，但其城池、城墙和建筑仍基本保存完好，也可以称为历史的见证者了。

与商丘古城同为古迹的南关码头遗址，于 2007 年在商丘古城南 2 公里睢阳区古宋办事处叶园村的大郭庄、武庄自然村被发现。遗址跨隋唐大运河南北两岸，北岸遗址面积约 24.5 万平方米，南岸面积约 16.8 万平方米，是目前通济渠沿线发现的规模较大的一处河道、驳岸遗址。有力证明了商丘曾是人口密集、遍布民居，繁华无比的运河大都市。

商丘的许多村镇、堤坝的名称也与运河有着直接的联系。如夏邑县济阳镇因运河通航形成集镇，又因位于运河北岸故名济阳；六里饭棚村据说是隋修运河时，修河劳工在此集聚吃饭休息，因为从一个驿站到设饭棚处约六里，故得其称。睢县孟桥村因南临古运粮河，河上架桥，故名孟桥；埠口村的村名也是因宋时村南运粮河上为一商埠渡口，所以才叫埠口。传说睢县蓼堤镇的名称与古睢水和梁孝王有关。西汉时，睢水经常决口，为防止其冲坏梁苑园亭，梁孝王刘武筑造了一个很长的大堤，即蓼堤。为什么取名蓼堤呢？说是筑堤不久，堤坝上花草盛开，煞是好看，刘武带着邹阳、枚乘等前去观赏。游玩期间，刘武让各文士以花为题作赋助兴。可花草无名如何作赋？刘武便掐了一朵花放手中把玩，把玩之时想到《诗经·小毖》中的两句："未堪家多难，予又集于蓼"，又联想其整日饮酒作乐，抱负不得施展的身世，便为花取名"蓼草"。此心事被邹阳看破，接口道：既然花为蓼草，那这堤坝就叫蓼堤吧。枚乘又随声附和说，梁苑虽有楼台歌榭，竹园亭阁，但无丘陵之名，此堤就称蓼堤岭吧！"蓼堤岭"之名就此而来。

作为隋唐大运河的咽喉之地，商丘航运曾西到京师，南达江淮。而随着大运河通济渠的淤塞废弃，商丘也逐步失去了水运要津的地位。目前通济渠商丘段虽已深埋地下，但与运河有关的经济、文化、风俗等信息，如同人的基因，融入了商丘城市的血脉。燧人氏及帝喾的陵墓、萧何制定律例的造律台、孔子讲学处的文雅台、颜真卿"八关斋"幢、梁孝王与门士游兴的清凉寺、纪念巾帼英雄花木兰的木兰祠、梁王汉墓所在的芒砀山、各地粮商合资兴建的"陆陈会馆"、睢县洗涤丝织品的濯锦池及纪念淮海战役陈官庄歼灭战中牺牲烈士的陈官庄烈士陵园等，一个个文化遗存遗迹如散落的明珠，让古老的商丘散放出人文历史的光辉。

千百年来，流动的运河水为沿线城市带来了无尽的繁华与厚重的积淀。今日古运河虽"死"，但精魄犹存，其带来的技术、思想及文化遗产依然在不断地启发引导着后人。近年来，围绕大运河文化的保护、传承、利用，商丘已做了许多工作。但要真正保护好、传承好、利用好大运河这一祖先留给我们的宝贵遗产，古为今用，依然有很长远的路要走。

第十九城

开封：夷门自古帝王州　汴京富丽天下无

开封是首批国家历史文化名城，战国时期的魏，五代时期的后梁、后晋、后汉、后周，北宋和金相继在此定都。开封自古水资源丰富，有"北方水城"之称，其兴衰成败与水有着千丝万缕的联系。从鸿沟到汴河，开封凭借运河这一水路交通优势，获得重要的发展机遇。在汴河的滋养下，开封在北宋成为当时世界上最为繁华的都市，其后又因汴河淤塞、中断而逐渐失去政治和经济中心的地位。

一　联翩漕舸入神州，梁主经营摇宋休

战国时期，魏惠王将国都由安邑（今山西夏县）迁至开封，在此兴筑大梁城。魏惠王之所以将都城迁到大梁，与其优越的水运条件有着不可分割的关系。受黄河冲积、淤积的影响，开封周围河湖密布，不仅有济水、颍水、丹水、睢水等自然河道，还分布着圃田泽、蓬田泽、牧泽等天然湖泽，形成天然的水网区。迁都后，魏惠王又在大梁附近开凿鸿沟，从荥阳北引黄河水入圃田泽，再引泽水经中牟到大梁北，最后汇入淮河，达到"通宋、郑、陈、蔡、曹、卫，与济、汝、淮、泗会"（班固《汉书》卷1上）的目的。鸿沟的修建，打通了黄河与淮河两大水系，带动了魏国与南方各国的贸易，带来了开封城

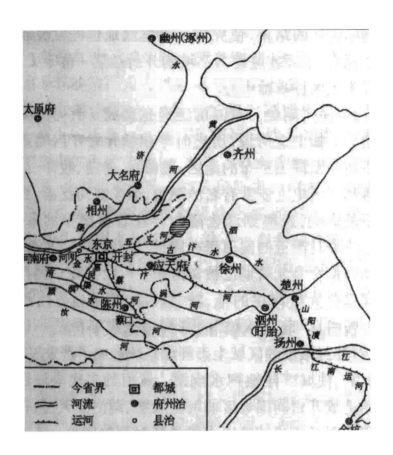

北宋汴河水系
（自国历君《成
也黄河，败也黄
河：开封为何在
北宋之后迅速衰
落？》）

第一次的繁荣与发展，使其由一座边陲小城一跃成为与赵
国邯郸、秦国咸阳、齐国淄博、楚国郢齐名的大都市。但
这种繁荣的景象在秦统一六国的进程中烟消云散。公元前
225年，秦国大将王贲"攻魏，引（黄）河（鸿）沟灌大梁，
大梁城坏"（司马迁《史记》卷6），大梁城遂在滔滔黄
水中化为废墟。

秦汉以来，开封及其周边地区长期是割据势力争夺和
混战的地方，水运条件遭到破坏，开封丧失了有利的交通
优势，政治地位、经济地位一落千丈，逐渐从昔日壮丽的
都城沦为默默无闻的小县。南北朝时期，北魏与南朝为争

夺江淮地区，展开长期的拉锯战。北魏为了解决军饷、军需供应等问题，在由首都洛阳通往前线的水路沿线设置 8 个仓库，开封因其优越的水运条件名列其中，这对开封城市地位的提高和城市的建设发展，发挥了积极的促进作用。公元 534 年，北魏分裂为东魏和西魏。开封先后归东魏和北齐管辖。北周灭北齐后，因开封濒临汴水，是黄河与淮河间的水运要地，故改其名为汴州。从此，开封的行政级别从县上升至州，成为开封城市发展史上是一个重大的突破。

隋代大运河的修建和开通，为开封的发展带来千载难逢的契机，是开封由沉寂走向复兴的重要转折。大业元年 (605 年) 三月，隋炀帝 "发河南诸郡男女百余万，开通济渠，自西苑引谷、洛水达于河，自板渚引河通于淮" (魏徵等《隋书》卷 3)。通济渠由三段组成，西段始于东都洛阳西苑，引谷水、洛水，东循阳渠故道由洛水注入黄河；中段利用黄河的自然河流，自洛口到板渚；东段自板渚引黄河水走汴渠故道，注入淮水。通济渠的黄河到淮河段称汴河 (也称汴渠)，它是大运河中最主要的河段，也是最繁忙的一段，西通河洛，南达江淮，南方的物资和商旅若由水路运到隋朝的京师长安和东都洛阳，皆需由此经过。由于开封城就座落在汴河边上，是沟通黄河、淮河，联系南北、控制齐鲁的咽喉要道，交通区位优势凸显，城市发展更为迅速。

唐朝对大运河更为倚重，素有 "江河帝国" 之称，位于运河要冲的开封在唐代则升级为水陆大都会。"自江、淮达于河洛，舟车辐辏，人庶浩繁" (刘昫《旧唐书》卷 190)。唐武德四年 (621 年)，中央政府重置汴州，隶属河南道。开封虽有交通的优势，但地势平坦，无高山险山等自然军事屏障，防御性先天不足。在唐朝前期的军事布局中，中原地区并不是军事防御的重点。同时，由于此时期政治相对稳定，未出现大的战争和动乱，汴州仍只是中原地区一个普通的州郡，军事地位并不突出。唐中后期，由于战乱的影响，北方经济遭受严重破坏，再加上强藩对地方财富的侵占，唐代政治中心长安对江淮财赋的依赖越来越突出。作为沟通南北的重要水上交通动脉，汴河成为江南物资输送至京师的重要通道，"东南四十三州地，取尽脂膏是此河" (黄彻《蛩溪诗话》卷 5)，对于维系唐帝国存续显得尤为重要。而位于汴河要道的汴州，"当天下之要，总舟车之繁，控河朔之咽喉，通淮湖之运漕"（祝穆《事文类聚外集》卷13），已是关系天下安危的河南重镇。恰又逢藩镇割据，开封东面、北面、西南一带的军事重镇都虎视眈眈欲拿下开封以做西侵长安的基地，导致汴州成为朝廷与藩镇叛军反复争夺的焦点。为应对藩镇割据所带来的政治危机，中央政府及时调整军事战略部署，将汴州作为中原地区军事布局体系的核心要点。

唐末的战乱，不仅制约了开封城市的发展，也使运河淤塞的问题一直未得到有效的解决。后梁、后汉、后晋虽然相继定都开封，但政局动荡不安，无暇顾及运河治理，运河沟通南北的作用并未能充分发挥。后周世宗时，在削平北方重要藩镇势力、荡平淮南的基础上，改变了运河被切为两端，分属两个政权的局面，为运河的有效治理提供政治基础。显德二年（955年），后周世宗平定淮南后不久，即命武宁节度使武德行主持运河疏导事务。此后又在显德四年、五年、六年多次征发丁夫疏通运河。经过疏浚，汴水河宽达5丈，从开封向东，渐渐折向东北，注入梁山泊，下接济水，使政治军事中心的北方与经济重心的南方再次以运河连接起来，为北宋东京的繁荣奠定了基础。

大运河为开封提供了作为全国政治经济和文化中心所需要的地理条件。"尽道隋亡为此河，至今千里赖通波。若无水殿龙舟事，共禹论功不较多"（李昉等《文苑英华》卷308）。中晚唐开封的兴盛是跟隋炀帝开挖的大运河紧紧联系在一起的。开封位于通济渠北口，西通东都洛阳，南达江淮富庶之地，南来北往的商旅皆须经此水路。中晚唐时，江南相对富庶，而都城长安和洛阳则常面临粮食不足的问题，不得不从江南调运粮米。由江南专程运来以供用度的稻米，须几经中转才能到达。后梁以开封为都城，不仅缩短了运输路程，而且减少了中途转运的次数。正是由于这个得天独厚的条件，朱温、石敬瑭才将国都从洛阳迁至开封，周世宗才不惜花费人力、财力扩建开封城，疏通汴河，使开封取代长安、洛阳，成为新的政治中心。正如冀朝鼎教授所指出的，开封的崛起并非缘于它的经济，而是出于它在南北方经济格局变化的过程中居于特别有利的位置。

经过后周世宗的苦心经营，汴州城的交通条件及城市建设均有显著发展，漕运四河和发达的水运系统已基本形成，呈现出一派欣欣向荣的景象。显德六年（959 年），正当周世宗意气风发率军亲征幽州的时候，因操劳过度英年早逝，"出师未捷身先死"。辛苦打拼的江山留给了年仅七岁的儿子。时任典掌禁军的殿前都点检赵匡胤，在周世宗病亡次年的正月，发动"陈桥兵变"，废掉恭帝，黄袍加身，建立大宋王朝，定都开封，仍沿后周东京之称。

北宋定都开封后，对开封城进行大规模的建设和改造。建隆三年（962）正月，调发开封、浚仪数千名县民改造皇城的外部环境。五月，命令营造部门按照西京(洛阳)宫室图修建宫城。次年五月，下诏重修大内。这次扩建前后历时 4 年之久，新建的宫城周回五里。北宋建国初期，大规模地疏通、开凿运河。在疏浚汴河、五丈河的基础上，又开凿了蔡河(惠民河)与金水河。蔡河主要漕运陈、颍、许、蔡、光等州，即淮河流域的财赋。建隆二年（961年），从荥阳引水经中牟到东京，称金水河。金水河水清而甘甜，成为东京居民用水的主要来源。乾德三年(965 年)，又把金水河引到皇城，为内庭及后苑池沼提供水源。至此，汴河、五丈河、蔡河、金水河四河皆入城，东京城内形成了以汴河为中心，北有五丈河、金水河，南有蔡河四水交流的格局。

经过晚唐五代及宋初的建设，开封转运南方物资供应的能力更为突出，远远胜于洛阳。但作为首都，它也存在致命的弱点，四野平畴万里，一马平川，无险可守，极易遭受攻击，成为兵家争夺之地。四战之地虽为兵家必争之地，但非帝王之胜居。在辽国占据燕云十六州的情况下，华北平原根本无险可守，军事上稍有挫折，首都开封就会迅速处于敌人的兵锋之下。宋太祖迫切想收回燕云十六州、在京师屯驻数十万精兵，其目的即是极力弥补开封在防御方面的缺陷。由于北伐屡屡失利，宋太祖萌发了迁都洛阳的念头。但由于财力和汴洛间运输条件的限制，以及晋王赵光义治国"在德不在险"的劝诫，而并未落实。

北宋中期，随着西夏的崛起与强势侵扰，西北边境国防安全受到有力的挑战。为增强西北地区防御力量，不断扩充军队数量，军费支出不断攀升，朝中再次出现迁都之议。范仲淹、富弼等名臣相继上书建言西迁都城至洛阳、长安，但宋仁宗赵祯倒不像宋太祖那样纠结，经过理性的权衡，还是将国都定于水陆都会之地的东京开封。开封尽管没有天然山川做屏障，但它有着四通发达的交通，尤其是汴河这一生命线穿城而过，转运江南物资的便利程度远远胜于西安、洛阳。事实上，无论是宋太祖，还是宋仁宗，在面对迁都之争时，对于洛阳的利与开封的弊都有清醒的认识，然而他们还是一致地选择了开封，关键原因正在于洛阳、长安等都不具备与开封同等便利的水陆运输条件。

对于北宋王朝来说，漕运是至急至重之事，因为京师"仰食于官廪者，不惟三军，至于京师士庶以亿万计"（脱脱等《宋史》卷93），极大依赖江南物资的输入。而穿城而过的汴河"漕引江湖，利尽南海，半天下之财赋，并山泽之百货，悉由此路而进"（脱脱等《宋史》卷93），可确保南方的经济供应顺利输送至京师。北宋前期，政府规定汴河每年漕运600万石粮食，后来经汴河运往东京的江淮漕米已多达700余万石，汴河成为东京的输血管，是建国之本，绝非一般沟渠所比。根本上，北宋定都开封并非皇帝个人意志的反映，而是中国经济中心东移所引发政治中心东移的必然结果，也是五代首都变迁的最终归宿，代表着都城迁移的历史趋势。

汴河滋养、成就了开封，使它从一个默默无闻的小城上升为中原重镇，最终升为国都。反过来，开封城市地位的变化，也影响着汴河的利用与治理。汴河与黄河相交接，而黄河又以暴涨暴落、含沙量特大著称，对于漕运形成直接的威胁。北宋定都开封后，更为倚重汴河航运，因此也更为重视汴河的防汛抗洪问题。淳化二年（991年）六月，汴河在开封附近决口，宋太宗亲临现场，督工堵塞，弄得泥泞沾衣。随从人员大惊失色，宋太宗却不胜感慨地说："东京养甲兵数十万，居人百万家，天下转遭，仰给在此一渠水，朕安得不顾"（脱脱等《宋史》卷93）。

汴河因引黄济运，带入大量泥沙，河道淤积问题非常突出。汴河疏浚工作，是维持汴河生命的一项关键性措施。北宋朝廷对此相当重视，专门设置河渠司，负责汴河的浚治，多次兴役清淤。据宋人王巩说："汴河旧底有石板石人，以记其地里，每岁兴夫开导至石板石人以为则，岁有常役"（周城《宋东京考》卷19），汴河的清淤已成常规工作，要求也是相当严格。在人工清淤的同时，宋朝还通过狭河来处理淤积问题。所谓狭河，就是采用一定的技术措施束狭河身，以加大水流速度，使运河的泥沙更多地被水流带走，减慢淤积速度。都大管勾汴河使符惟忠于嘉祐六年（1061年）明确地提到以狭河的方法攻沙，他说："渠有广狭，若水阔而行缓，则沙伏而不利于舟，请即其广处束以木岸。"（脱脱等《宋史》卷463）元符元年（1098年）曾布建议用狭河方法清浚汴口，建议在"水势散漫处须用梢桩狭河，即自通快"（李焘《续资治通鉴长编》卷499）。

无论是人工浚河，还是狭河清淤，都要耗费大量的人力物力。为降低汴河治理费用，宋人大胆提出"导洛通汴"的办法，以避开黄河对汴河的影响。导洛通汴，即将洛河的水引入汴水，切断黄河与汴水的联系，进而彻底解决淤积问题。宋仁宗皇祐年间，郭谘奏请"自巩西山七里店孤柏岭下凿七十里，导洛入汴，可以四时行运"。（脱脱等《宋史》卷326）但郭谘的过早逝世，使导洛入汴的工程被搁置起来。这一计划到宋神宗朝得以实施。元丰元年（1078年），都水监丞范子渊力陈导洛通汴十大利处。为慎重起见，宋神宗又派宋用臣复勘，宋用臣复勘后认为可行，并更具体周密地提出导洛通汴的工程计划。元丰二年（1079年）三月二十一日，导洛通汴工程开始动工，六月十七日完成。七月，汴口闭断黄河水，改由洛水入汴，前后维持共十一年。导洛工程完成后，汴水泥沙量大减，故该工程世称"清汴"。该工程的优越性十分显著，大大减少纲船所用船夫和力工的数量，汴河不再因冰封停运，实现常年通航，船毁人亡的事故也大为减少。

当然，导洛通汴难免存在缺陷，特别是未能妥善控制洛水暴涨暴落，有时仍需依赖引黄济运，这些问题成为宋哲宗朝反对清汴者的论据。反对者以御史中丞梁焘最为坚决，李仲等亦以清汴妨碍河防为由，力主废止。元祐五年（1090年）十月，宋廷竟然下令堵塞洛口，重新导黄河水入汴。

北宋后期，党争不断，每岁疏浚汴河的制度中断，以致淤淀日益加重，河床不断增高，汴河堤岸多处决坏。北宋末年，金与北宋建立"海上之盟"，联手灭辽。但在摆脱了辽的牵制之后，金掉头就把矛头指向了北宋。钦宗靖康元年（1126年），金国铁骑迅速南下，所向披靡，很快就兵临开封城下。战祸频繁，汴政废弛，水流干涸，纲运不通。自北宋灭亡，南宋与金划淮为界，本来汴河自汴京东至商丘复东南经宿县、灵璧、泗县而入淮河的那一段，不再为运道所经，很快即归湮废，如范成大《汴河》诗序所说："自泗州以北皆涸，草木生之"（《石湖诗集》卷12）。洪适《过谷熟》诗云："隋堤望远人烟少，汴水流干辙迹深。"（《盤洲集》卷5）这些都是当时汴河废弃淤堵的真实写照。数百年中原一巨川，至此煙为废迹，开封城从此失去了漕运的优越条件。宋金、金蒙连年战乱，再加上人为决河，水淹开封，汴京城内外发达的水系遭到严重破坏，四水绕城的局面不复存在，最终由都城沦为区域性的中心城市。

古代社会的城市，缺乏工业基础，其繁荣程度和政治经济地位，常由其是否为政治中心和哪一级政府所在地来决定；其水路交通运输条件也起相当重要的作用。元统一中国后，定都大都（今北京市），将隋唐大运河裁弯取直，新开会通河和通惠河，经山东直达北京，对开封城市发展至关重要的汴水置之不理。元统治者因其政治需要，将中央政府设在北京，使北京替代了原来开封的政治地位，成为全中国的政治经济中心，而将开封降为统治行省的省会。频发的黄河河患又使开封对外往来的河流水道淤塞，黄水入城直接冲毁了城里的各种作坊、官衙、民舍，淹没了千万顷良田，留下无数的沙丘和大片盐碱地，更加速了开封城地位的下降与衰落。

二　夜市直至二更尽，才五更又复开张

宋之前，历代帝王均实行宵禁制度，严格限制居民、商人的夜间活动。晚唐至五代时，随着坊市分离制度的破坏和衰落，宵禁制度逐渐松弛，对民众夜晚购物、娱乐的行为更为宽容。至宋代，为适应城市经济和居民城市生活的需要，朝廷逐渐开放了夜市。宋太祖乾德三年（965年），下诏开封府"京城夜市至三鼓已来不得禁止"（徐松辑《宋会要辑稿》食货67之1），夜市在三更以后也不再禁止，以法令的形式赋予夜市的合法性地位。宋真宗在位时，夜间营业不关坊门，警示坊门的街鼓之声已不再敲响，"不闻街鼓之声，金吾之职废矣"（宋敏求《春明退朝录》）。当时，开封的夜市蓬勃发展，繁荣的商业区完全取消了时间限制，出现了通宵达旦的盛况。"大底诸酒肆、瓦市，不以风雨寒暑，白昼通夜，骈阗如此"（孟元老《东京梦华录》卷2），可谓全天候开放。

州桥、马行街、龙津桥、相国寺、潘楼街，位于东京城市中心，成为夜

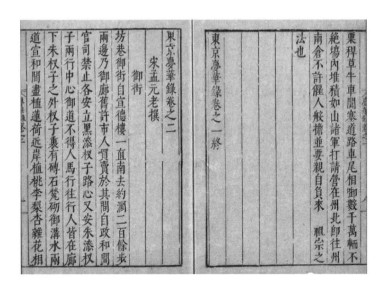

《东京梦华录》
节选（宋孟元老）

市的中心地带。州桥即天汉桥，临汴河，跨御路，位于东京水陆要冲，是四通八达的交通要道，也是东京城著名的夜市，"州桥夜市"成为"汴梁八景"之一。州桥夜市，以经营特色小吃为主，从州桥向南一直到龙津桥，琳琅满目的小吃令人惊羡不已。自州桥南去，有"当街水饭、燠肉、干脯。王楼前獾儿、野狐、肉脯、鸡。梅家、鹿家鹅鸭、鸡兔、肚肺、鳝鱼、包子、鸡皮、腰肾、鸡碎"。全朱雀门是"旋煎羊、白肠、鲊脯、炸冻鱼头、姜豉子、抹脏、红丝、批切羊头、辣脚子、姜辣萝卜"（孟元老《东京梦华录》卷2）。夏季到来的时候，州桥夜市的商家应时出售降暑甜品。据《东京梦华录》的记述，州桥夜市小吃中仅甜品一项就有17种，它们分别是：水饭、冰雪冷元子、水晶皂儿、生腌水木瓜、药木瓜、鸡头穰砂糖、绿豆甘草冰雪凉水、荔枝膏、杏片、梅子姜、香糖果子、间道糖荔枝、越梅、铔刀紫苏膏、金丝党梅、香枨元、滴酥。

　　州桥附近的酒楼，也是酒气四溢香飘，笙歌彻夜不绝。

梅尧臣的《十三日雪后晚过天汉桥堤上行》云："堤上残风雪，桥边盛酒楼。据鞍衰意尽，倚槛艳歌留"（《宛陵集》卷16）。即使在大雪纷飞的日子，州桥两边的酒楼依然灯火通明，人来人往。天汉桥下的王家酒楼，位置优越，地段繁华，成为州桥夜市一颗耀眼之星。刘攽赋诗曰："提钱买酒聊取醉，道傍高楼正嵯峨。白银角盆大如扁，曝鸡煮蟹随纷罗。黄花满把照眼丽，红裙女儿前艳歌。"

马行街夜市比州桥夜市"又盛百倍"，"夜市直至三更尽，才五更又复开张。如要闹去处，通晓不绝"（孟元老《东京梦华录》卷3），同样是车马拥挤，人流如梭。苏轼《二月三日点灯会客》写道："蚕市光阴非故国，马行灯火记当年。"（《苏轼文集》卷13）即便是城中的偏僻之地，夜市所卖的小吃也很齐全，胡饼、野狐肉、果木翘羹、灌肠、香糖果子，普通饭菜、野味、南食一应俱全。冬天，虽然大风阴雨天，夜市依旧营业。蔡絛《铁围山丛谈》云："天下苦蚊蚋，都城独马行街无蚊蚋。马行街者，都城之夜市酒楼极繁盛处也。蚊蚋恶油，而马行人物嘈杂，灯火照天，每至四鼓罢，故永绝蚊蚋"（《铁围山丛谈》卷4）。马行街夜市的热闹让蚊虫都无处藏身，其拥挤之状足可想象。

龙津桥是汴京惠民河上的一座著名桥梁，从州桥向南过龙津桥，至南熏门，是汴京城的商业中心，两旁商铺、饭馆、酒楼林立，入夜则有夜市，一派繁华气象。苏轼在《牛口见月》中追忆了龙津桥夜市的繁华："……龙津观夜市，灯火亦煌煌。新月皎如昼，疏星弄寒芒。不知京国喧，是谓江湖乡。今来牛口渚，见月重凄凉。却思旧游处，满陌沙尘黄。"当年，苏轼与父亲、弟弟一并来京师应试时，适逢天降大雨，导致河水决堤，整个开封城一片汪洋，车马不便。即便是水灾，也未能抵挡东京市民的热情。龙津桥一带的夜市依然灯火辉煌，行人依然不断。这样的盛况，让苏轼大为吃惊，更令他难以忘怀，足见北宋东京夜市的繁荣。

皇宫历来是帝王威严的象征，常与市井商贩保持着严格的界限，但宋朝的皇宫东华门外商铺林立，皇家日日夜夜浸润于熙熙攘攘的市井文明。北宋都城酒楼之首的矾楼（宋徽宗时改名为樊楼），就位于皇宫东华门外的景明坊。作为京师所有正店的魁首，矾楼规模最大也最为豪华，夜晚华灯初上时这里更是灯火辉煌、鼓乐喧天、笙歌不绝，达官贵人在此烹龙煮凤、一掷千

樊楼夜市图（张孝友）

金，丝毫没有因为紧邻皇宫有所冷清，以至人们发出"夜深灯火上樊楼"（刘子翚《屏山集》卷18）的感慨。宋仁宗在位时期，深夜在宫中听闻丝竹歌笑之声，就向宫人打听是哪里在作乐？宫人曰："此民间酒楼作乐"（施德操《北窗灸輠录》卷下）。可见京师的夜市分布之广之密。

由于宵禁制度的解除，北宋东京的节日习俗也被注入更多的夜间文化元素，形成了富有特色的节日夜市。上元节是春节过后的第一个重要节日，也是中国传统节日，早在两千多年前的西汉就有了。按照习俗，上元节这天要点燃彩灯，以示庆贺。宋代以前，虽然宵禁制度对居民的活动时间做出明确的限制，禁止夜间外出，但在上元节则会在全国范围解禁三天，允许民众观灯猜谜。北宋时期，上元节的假期从三天增加到五天，从正月十四一直延续到正月十八。北宋一代，除有重大自然灾害、皇室重要成员的丧葬、对外战争等状况外，每年上元节都要举行大型灯盏（会），同时演出百戏，成为东京元宵节的固定项目。

为庆祝上元节，东华门、左右掖门、东西角楼、大宫观寺院，都会架起山棚，张乐陈灯，便于士民观赏。皇宫门前的大型山棚彩灯，制作精巧，美轮美奂。彩山上"画神仙故事"，彩山左右，以彩结文殊、普贤跨狮子、白象，各于手指出水五道，手能动摇。又用轳辘将水绞到灯山顶端，贮存在木桶中，随时放下，制出瀑布下泻的景象。彩山前左右门上，巨型龙灯，也十分壮观。巨龙用草缚成，再在上面盖上青布，草上放置万盏灯烛，远望去蜿蜒如双龙飞走。自灯山到宣德门楼横街，约有三百余米，尽用棘刺围上，里面竖上两根长竿，用彩色缯帛联结。把纸糊的百戏人物，悬挂在长竿上，随风飘动，宛若飞仙。朝廷官办的灯盏区，是上元节观灯的最佳地点，游人如织，不可驻足。上元节假日期间，都城夜晚到处灯火通明、热闹非凡，士庶男女置身于火树银花中通宵不眠，尽情享受良辰美景。杨亿在《次韵和慎詹事述上元宵会之欢寄诸同舍之什》中写道："休沐欣逢上元节，华堂高宴且盘桓。峨冠屡舞人多醉，刻烛狂吟夜向阑。月上珠帘侵座白，霜飞碧瓦透衣寒。铜壶漏彻东方曙，归骑纷纷未尽欢"（《武夷新集》卷2），把京城歌舞升平、繁花似锦的上元夜景描绘得如身临其境。

农历七月七日的七夕节，是我国一个传统的节日，在北宋其受欢迎程度达到高峰，由单纯的乞巧新增了乞男童聪明，由女红扩展到读书，走出了闺房，蔓延至广大社会，参与者成倍增加。商家看准了时机，推出上百种七夕的节事商品北宋东京内甚至还出现了专门的七夕市场，前后持续可达七天。潘楼前的乞巧市是最著名的一个七夕节日市场，每年早在七月初一就已经开张。七夕前两三日，来此购物的人摩肩接踵，车马在拥挤的人流中寸步难行。除潘楼外、丽景、保康、阊阖门外及睦亲、广亲宅外，也有七夕市场，开放时间从白天一直到深夜，北宋著名的画家燕永贵，曾画《七夕夜市图》，"自安业界北头向东，至潘楼竹木市尽存。状其浩穰之所，至为精备"（刘道醇《宋朝名画评》卷1），展现的就是汴京七夕节所催生的夜市。七夕的京城热闹非凡，穿梭的马车络绎不绝，来往的行人如山如海，市场上的七夕物品琳琅满目，让人眼花缭乱。开封原本就有着兴盛的夜市，乞巧又是夜晚活动，二者结合，相得益彰，既丰富了节日活动，又繁荣了京师的夜间市场。

农历八月十五日，俗谓之中秋节，以其在秋天七、八、九三个月之中间而故名。月到中秋分外明，赏月之习，由来已久。到宋代与开封发达的夜市相融合，形成了别开生面的中秋夜市。每值中秋之夜，北宋都城的夜间庆祝活动更为丰富多彩。东京士庶不分贫富，"贵家结饰台榭"，民间则"争占酒楼玩月"（孟元老《东京梦华录》卷8）。观月、赏月的同时，自然少不了饮酒，有钱人家酌酒高歌，穷人虽然囊中羞涩，但不惜抵押衣服换取买酒之资。倾城人家子女，不管贫富，虽然只有十二三岁，但都穿上成人的服饰，"登楼或于中庭焚香拜月"，祈祷"早步蟾宫，高攀仙桂""貌似嫦娥，员如皓月"（金盈之《醉翁谈录》卷4）。东京城的勾栏、瓦肆，也让中秋夜市更为多彩。当时的东京，仅东角楼街的桑家瓦、中瓦、里瓦，就设有大小勾栏五十余座 。这些演艺人表演的娱乐场所不论寒暑，不论阴晴，不仅每日演出，而且"中作夜场"，成为东京市民庆祝中秋佳节的另一选择。闾里的儿童也加入中秋夜的狂欢，连宵嬉戏。中秋之夜，皇宫里也是琴瑟铿锵、轻歌曼舞、杯觥交错、酌酒赋诗，热闹非凡。深夜之时，居住在皇宫附近的民户还能清晰地听到宫里传出的美妙的"笙竽之声，宛若云外"（孟元老《东京梦华录》卷8）。

夜市的盛行，不但大大延长了商业活动时间，也开辟了丰富多彩的夜间生活。在满足开封市民休闲娱乐需求的同时，极大刺激了交易市场的发展，促进了这座城市的持续繁荣，使开封在一千年前就已成为一座充满活力与自信的不夜城。

三　三月金明柳絮飞，岸花堤草寻春时

北宋定都开封后，贵族官僚云集、经济文化发达，充分利用运河资源，建造起数量众多的园林，使开封成为一座皇家园林、私人园林、寺观园林星罗棋布的花园之城。北宋开封的皇家园林虽然在规模和气魄上远不如隋唐，但却精巧细致、景致迷人，追求"壶中天地"的意境。在众多的皇家园林中，以金明池、琼林苑、艮岳最为有名。

金明池位于开封城西顺开门外，故也称西池。它的开凿始于宋太宗太平兴国元年（976年），太平兴国三年（978年）二月凿成，并引金水河河水入内，宋太宗赐名"金明池"。宋太宗开凿金明池的目的是练习水战，神卫虎翼水

军每年春夏之交在此举行水战演习，所以金明池被人称为教池。真宗大中祥符六年（1013年），挑选在京师诸军中江淮习水之兵，别立水虎翼一军，置营于金明池侧，"按试战棹"（李焘《续资治通鉴长编》卷81）。但后来水战演习向游艺性表演发展，成为金明池一大特色奇观。

尽管金明池为水军演战而造，但建筑瑰丽，风景旖旎，有"人间春色多三月，池上风光直万金"（刘斧《青琐高议·别集》卷1）之誉，是当时东京城西部一处著名的游览胜地。金明池虽为皇家园林，但与此前和以后的历代皇家园林壁垒森严不同，并非为皇亲贵族所专享，而是每年定期都向民众开放。初春之际，万物复苏，春回大地，北宋东京城盛行寒食、清明节踏青出游的风俗。在这个"一日风光直万金"的季节里，普通民众也可以到景色旖旎的皇家园林中尽情游赏。宋初以来，金明池形成每年春季开池的传统，开放之日俗称"开池"。每年二月末，朝廷在宜秋门贴出黄榜："三月一日，三省同奉圣旨，开金明池，许士庶游行，御史台不得弹劾"（周煇《清波别志》）。开池时间从每年的三月初一到四月初八，长达四十九天。

除了定期向民众开放外，皇帝也在开放期间"车驾必临视之"（李焘《长编》卷71），走出深宫、走下神坛，与民同乐。每逢皇帝临视，既不清场，也不保密，"御马上池，击鞭如仪。每遇大龙船出，及御马上池，则游人倍增"（孟元老《东京梦华录》卷7）。九五至尊的御辇出现时，百姓们争先恐后，拥挤着观看皇帝的天颜，山呼万岁的声音震天动地，声势之浩大难以名状。郑獬有诗云："波底画桥天上动，岸边游客鉴中行。金舆时幸龙舟宴，花外风飘万岁声"（《郧溪集》卷27）。韩维也有诗描绘皇帝与民同乐的盛况："绣鞯金羁十里尘，共传恩诏乐芳辰。千重翠木开珍圃，百尺朱楼压宝津。御麦初长遮雉雏，宫花未识骇游人。自怜穷僻看山眼，来对天池禁御春"（《南阳集》卷7）。

开池期间的金明池还具有浓烈的商业气息和浪漫气息。位于池心岛主建筑水心五殿的上下回廊，左右遍布店铺，街东也是酒食店舍、博易场户林立，还有流动商贩沿街叫卖儿童玩具。如此万众欢聚嬉游，为青年男女的交往提供了最佳的场所。漫步在如诗如画的风景中，欣赏着惊心动魄的龙舟竞赛，痴儿骏女也期待在茫茫人群中寻觅到心中的另一半。正如王安石所云："却

金明池争标图

忆金明池上路，红裙争看绿衣郎"（王安石《王文公文集》
卷66）。话本当中也多有此故事，"春末夏初，金明池
游人赏坑作乐。那泡二郎因去游赏，见佳人才子如蚁。行
到了茶坊里来。看见一个女孩儿，年方二九，生得花容月
貌。……四目相视，俱各有情"（程毅中辑注《宋元小说
家话本集》下）。以池为媒，成就了众多佳偶，金明池成
为一个固定的男女社交与婚姻平台。

　　金明池的南面即是四大皇家园林之首的琼林苑，两园
仅一路之隔。琼林苑有宏伟的建筑、罕见的南花，也有众
多的亭台楼榭，最吸引人的则是每次殿试后皇帝会在此处
宴请新科进士，使琼林苑成为天下士子和普通民众神往的
禁地。它与金明池一样，都会在春季向大众开放，让民众

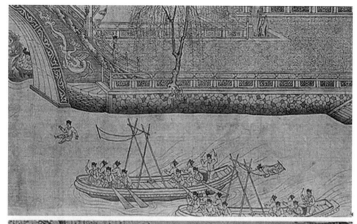

《龙池竞渡图》
中的"水秋千"
和"水傀儡"（元
王振鹏）

纵情游赏。开放期间，都人倾城出动，携老带幼，笑语喧
天，共同涌向琼林苑，观者如潮。漫步金明池、游赏琼林
苑是众多文人墨客心中挥之不去的记忆，驱动他们用诗文
表达自己的满足与愉悦。诗人王禹偁早年曾游金明池，一
别数年后再次重游，看到园里美景依旧，莺舌百转，蝴蝶
翩翩，诗兴大发，写下《初拜拾遗游琼林苑》："开宴曾
游此缀行，五年为吏别仙乡。杏园莺蝶如相识，应怪重来
蒨绶香"（《小畜集》卷7）。黄庭坚不顾体虚多病，在
春光明媚之时前往琼林苑游玩，看到朝气蓬勃的年轻人在

琼林苑尽情欢乐，也忍不住赋诗一首："莫怪东墙掷果频，沈郎眉宇正青春，自言多病腰围减，依旧琼林照映人"（《山谷外集》卷 14）。

皇帝本人也喜欢驾幸琼林苑，届时百官相从，皇帝和众臣在园中举行射宴游园活动，此时又别有一番热闹的景象。宋徽宗《宫词》中写道："游豫琼林与俗同，森严羽卫跃花骢。旌旗射日飘红浪，归处香尘拂晚风。"侍卫脚蹬骏马，头顶的旌旗遮天蔽日，皇帝和随从浩浩荡荡，和往年一样到琼林苑拉弓射剑，一直到夜晚才尽兴而归。

除金明池、琼林苑外，北宋东京城还有一座由书画皇帝宋徽宗亲自主持设计的皇家园林——艮岳。艮岳位于城内北隅，是一个在低洼地上兴建的大型假山园林，周围十余里，面积约七百五十亩。艮岳原名万岁山，是模仿杭州凤凰山修建连绵起伏的假山，用以弥补开封无山的遗憾，满足宋徽宗对山的渴望。艮岳主峰高九十步，约合一百四十三米。其南寿山巍然峨嵯，两峰并峙，列帐如屏；其北峰峦崛起，千叠万复；其东高峰林立，其西亦有高耸的假山，从山上的巢云亭俯视群岭，宛若在手掌之上。身处艮岳之中，如同置身于"重山大壑，幽谷深岩之底，而不知京邑空旷，坦荡而平夷"（王明清《挥麈后录》卷 2）。

艮岳的独特之处，不仅仅在于人造假山的规模之大，里面奇花异石、名贵植物、珍禽异兽的数量和品种，也让人大吃一惊。太湖、灵璧、武康、慈溪、衢州等地瑰奇特异之石，均以"花石纲"的形式由运河运至京城，用作建造艮岳。西部的最高山峰上，列放巨石，三丈余高，号为排衙。两浙的花竹，福建的荔枝、龙眼、橄榄，海南的椰实，湖湘的木竹、文竹，广东、广西、四川的奇花异果，也突破了水土、气候的限制，在艮岳里"悉生成长"（王明清《挥麈后录》卷 2）。华阳宫门内，夹道荔枝八十株，椰实一株，均来自福建、海南岛。此外，南方的名花金蛾、玉羞、虎耳、凤毛、素馨、梁那、茉莉、含笑，成为"艮岳八芳"（陈继儒《书焦》）。艮岳内设置有一个叫来仪局的机构，专门罗致全国的珍禽异兽。为取悦皇帝，投其所好，各地争先恐后上献四方珍禽，山禽水鸟不计其数，兽类的数量也非常可观，仅大鹿就有千头。文献记载，当时的艮岳，"秋风夜静，禽兽之声四彻，宛若郊野"（岳珂《桯史》卷 10）。

宋徽宗对艺术的追求近乎痴迷，所以周围的权臣、宦官在艮岳的建造上处心积虑地讨好他，运用特殊的手段造出不少奇景。艮岳中的十几个大洞里埋藏了大量炉甘石，雨后日出，水汽蒸腾，恰似云雾，营造出云雾缭绕的景象，被称为"艮岳晴云"。宦官们在艮岳的山峰上，挂上油绢带，收取天然云雾，名为"贡云"。每逢宋徽宗来游园时，就会解开袋子，放出云雾，使人"如在千岩万壑"之间。夏季，他们还会把藏冰务的冰搬入艮岳园内，降低园内的温度，使其成为皇帝身边的避暑胜地。有一次，画家苏叔党被召入艮岳作画，当时正是六月，外面正值酷暑，但艮岳里却是"积冰如山，喷香若烟雾，寒不可忍"（王明清《挥麈后录》卷2），归来时仍如做梦一般，不知经历了何地，如入人间仙境。

从园林建设艺术的成就看，艮岳堪称12世纪初期世界园林之冠，在造景技术上开了土山载石、石山载土、依景置石的先河，将中国特有的自然山水美与人工美巧合为一，实为园林史上的瑰宝。但宋徽宗不惜民力，大兴园林，沉溺于歌舞升平之中，不仅加重了国内百姓的负担，引发方腊起义于江南，也削弱了本就不坚强的国防体系，无力抵挡外敌的强势进攻。艮岳刚刚建成四年，金兵就攻入开封，艮岳从此和北宋王朝一起灰飞烟灭，令人痛惜。

四　佛宫金碧开朝霞，游人杂沓来正哗

坐落于开封城内汴河河畔的相国寺，前身为唐朝高僧慧云重建的建国寺，唐睿宗为纪念自己从相王之位当上皇帝，诏改寺名为大相国寺，沿用至今。由于大运河的开通，开封成为水陆交通之会，五代及北宋相继定都于此，相国寺也摇升级为天下佛子教友、达官贵人、文人学士共仰的宝刹圣地。北宋时期，处于闹市中的相国寺，在东京浓郁的商业气息的浸润下，逐步冲破宗教戒律的束缚，成为开封城繁华的商业中心，与城中的世俗生活融为一体。

唐宋之际，随着开封城市地位的不断提升，相国寺多次得到扩建。延平元年（712年），唐睿宗在下诏改寺名的同时，从内帑拨付经费，用于相国寺的扩建。扩建后的大相国寺气宇非凡，"棋布黄金，图拟碧络，云廊八景，雨散四花，国土盛神，塔庙崇丽，此其极也"（李邕《李北海集》卷

千年古刹大相国寺

858），然而令人惋惜的是，唐昭宗大顺年间的一场大火，使山门、排云阁、佛殿等400余间建筑付之一炬。此后大相国寺又屡经修葺，才逐步恢复旧观。北宋定都开封后，大相国寺进入空前的繁荣时期，获得了巨大发展，占地多达五百余亩，内分六十四院，其中慧林，智海二院号称"东西二巨禅刹"。慧林禅院在今相国寺东铁佛寺街一带，智海禅院在相国寺西院。北宋时期的相国寺规模宏阔、殿宇辉煌，美轮美奂，宛若天宫，翰林学士宋白奉敕做《新修大相国寺碑铭》，对相国寺赞叹不已："金碧辉煌，云霞夫容；千乘万骑，流水如龙；构此大壮，宜扬颂声。"

大相国寺寺藏之丰富，实为天下少有。其中的佛像、经籍、碑刻、书画、木器古玩、丝绣等，或为国手所造，或为帝王御书，无不是传世杰作，为方家乃至天下百姓视为极品，名震天下。宋人郭若虚在《图画见闻志》中所言"相蓝十绝"多为寺中所藏珍品，慧云所铸的弥勒圣像、唐睿宗御书的牌额、吴道子所画的文殊维摩像、车道政奉旨所画的天王像、智俨的《三乘因果入道位次图》、瑰师的《梵王帝释》图均在其中。吴道子在这里留下了壁画《文殊维摩像》，杨惠之则留下了栩栩如生的罗汉塑像。北宋诗人梅尧臣曾与学者刘敞等观赏过吴画杨塑，情不自禁，发出"金碧发光彩，物象生精神。岁月虽已深，奇妙不愧新"的惊叹。入宋以来，大相国寺大殿两廊"皆国朝名公笔迹"（孟元老《东京梦华录》卷3），高益、燕文贵、高文进、崔白都在这里作过壁画。其中高文进的《大降魔变相》被后人赞为"奇迹"，他曾受命修复旧壁画，以蜡纸摹写旧作笔法再移至壁上，不仅毫发不差，而且尽得气骨。

大相国寺与国家政治也有着千丝万缕的联系。唐睿宗即位后即诏改寺名，并御赐匾额，赋予了大相国寺皇家寺院的特殊地位。后梁、后晋、后汉、后周定都开封，大相国寺作为都城最大的佛寺，成为皇族百官举行礼仪的重要场所。

寺额是寺院合法的重要标志，北宋皇帝多次为相国寺御书寺额，以凸显其特殊地位。至道二年（995年）五月，新修的相国寺三门竣工，宋太宗"亲书额，金填其字以赐之"，"笔力精密，晓书法者皆歆服"（王应麟《玉海》卷10）。宋太宗亲赐御笔金字匾额，使大相国寺身价倍长。相国寺将其作为镇寺之宝，纳入了新组合的"十绝"之中。庆历二年（1042年）正月，大相国寺内储藏太宗御书摹石的宝奎殿建成。宋仁宗不仅为大相国寺飞白书额，同时还命令宰相吕夷简撰记、章得象篆额、枢密使晏殊撰御飞白书记。政和年间，宋徽宗重新为大相国寺御书寺额。

作为皇家寺院，大相国寺还频频得到朝廷的赏赐。元丰三年（1080年）四月，提点寺务司反映相国寺橹庑相接，存在火灾隐患，建议将禅僧主持由四院扩建至八院，宋神宗特赐度牒二百，充作给修缮费用。元丰八年（1085年）六月，宋哲宗即位后仿效其父，赏赐相国寺一百余道度牒，用于修建大相国寺塔。宋代的度牒是僧道合法化凭证，可以作为商品进行流通，且价值不菲，朝廷赏赐度牒实际上就是对其进行经济扶持。此外，皇帝还通过御赐佛牙、经书等来展示对大相国寺的优遇。

大相国寺积极为皇室提供各种宗教服务。君主的生日庆祝、忌日纪念等

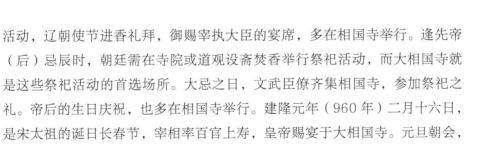

活动，辽朝使节进香礼拜，御赐宰执大臣的宴席，多在相国寺举行。逢先帝（后）忌辰时，朝廷需在寺院或道观设斋焚香举行祭祀活动，而大相国寺就是这些祭祀活动的首选场所。大忌之日，文武臣僚齐集相国寺，参加祭祀之礼。帝后的生日庆祝，也多在相国寺举行。建隆元年（960年）二月十六日，是宋太祖的诞日长春节，宰相率百官上寿，皇帝赐宴于大相国寺。元旦朝会，辽朝按惯例遣使庆贺，使节在朝见后次日也选择到大相国寺烧香。北宋时期，遇到水旱灾异，往往举行祈报之礼。凡帝王亲自执礼时，无论是祈雨谢雨，还是祈雪、祈晴，祈祷活动多在大相国寺举行。大相国寺东南隅的罗汉院专辟有桂籍堂，是宋代新科进士刻石题名的最佳去处，以新的方式延续了唐代雁塔题名的雅事。

　　值得关注的是，大相国寺虽然贵为皇家寺院，但并没有刻意与世俗生活保持距离，反而在运河两岸的熙熙攘攘中，在鳞次栉比的店铺的包围中，逐渐变身成东京城的商业文化娱乐中心。北宋的大相国寺，与近代北京的厂甸与上海的城隍庙有几分相似，每月初一、十五、逢三、逢八开放。开市期间，人山人海，摩肩接踵，仅中庭两庑就能容纳上万人。参与交易的人，除手工业者，还有罢任、离职到京的官员，落魄的文人，还有甚至是寺庙尼姑也挣脱宗教的束缚，在寺庙里大大方方地兜售自己的绣品。正所谓"伎巧百工列肆，罔有不集"（王明清《挥麈史》）。本为佛教圣地，在商品经济冲击下，却变成了规模巨大的商品交易中心。相国寺市场的货物琳琅满目，从鲜活禽兽、时果脯腊、日常百货、衣帽香奁到土产香药、文具书籍、玩好画帖，无所不包、应有尽有，"四方珍异之物，悉萃其间"（王明清《挥麈史》）。既有本地出产的货物，又有来自全国各地乃至域外的货物，吸引了四面八方的客人乐此不疲地来寻宝探奇。

　　对文人墨客来说，大相国寺还是重要的文化产品市场，成为其日常生活中不可或缺的部分。笔墨纸砚是文人须臾不可离开的四宝，宋人对于高品质墨的追求也是永无止境。有一个歙州人潘谷，善于制墨，有墨仙之称，所制之墨称"潘谷墨"，大受文人佳士的欢迎，大相国寺佛殿前就有专门售卖潘谷墨的商铺。苏轼对其情有独钟，盛赞潘谷墨"精妙轶伦，堪为世珍"，经常到大相国寺购买潘谷墨。文人雅士喜欢去大相国寺的另一个重要原因是在此往往能意外收获罕见的孤本、善本。唐末坊州营妓红儿善于作诗，但其诗集传世极少。连饱学诗书的文学领袖杨亿犹未见到，"每语子孙为恨"（邵伯温《邵氏闻见录》卷17）。但后来，其子孙竟然在大相国寺书市买得。王得臣在相国寺游玩时，也曾意外得到传世极少的唐朝漳州刺史张登的文集。

开市期间，大相国寺不仅为芸芸众生提供了一个货色齐备的购物空间，而且还举办各种游艺演出。大相国寺前，既有熊驴的杂技表演，又有"众书生倚殿柱观倡优"（吴曾《能改斋漫录》卷18）的传统节目。这些娱乐活动，与大相国寺融为一体，逐渐成为宋代东京市民生活中不可或缺的组成部分。因此，在谏官常安民主张"教坊不当于相国寺作乐"时，宋哲宗不以为然，未予理睬。当然，大相国寺的游乐活动还是以每年的上元灯节最为壮观，大殿前搭设乐棚，诸军作乐。两廊高挂诗牌灯："天碧银河欲下来，月华如水照楼台""火树银花合，星桥铁锁开"（孟元老《东京梦华录》卷6）。资圣阁前，安顿佛牙，设以水灯。东西塔院灯火通明，光彩争华，直至天亮。

北宋政治家、诗人韩维在与范镇唱和时，向世人展示了相国寺的繁华："佛宫金碧开朝霞，游人杂沓来正哗。危弦促管竞繁咽，罗袖对舞春风斜。"但随着北宋的灭亡，再加上频频水患，相国寺繁华消歇，昔日的辉煌成了一种遥远记忆。顺治年间，开封知府钱纶来到大相国寺，看到千年古刹荒芜不堪，顿生凄怆，写下《游相国寺有感》一首："古寺虽经废，残基历历明。沙痕侵梵座，苔色接荒城。衣狗浑成梦，沧桑类转萍。偶来凭吊者，惆怅不胜情。"繁华与荒芜，同一处，两重天，不能不让人感慨万千。

五　云收雾霁水风高，百丈虹桥气势豪

北宋时期的开封，水运发达，汴河、蔡河、五丈河、金水河四条河流穿城而过。如果说这四条河是东京城内的四条翠绿色的玉带的话，横跨于四河之上的30余座桥梁就是镶嵌在这四条玉带之上的一颗颗璀璨的明珠。作为京师的生命线，汴河上的桥梁最多，"自东水门外七里，至西水门外，河上有桥十三"（孟元老《东京梦华录》卷1）。其中，最为著名的是虹桥、州桥和大相国寺桥。

　　张择端的《清明上河图》，以长卷的形式，采用散点透视的构图法，生动再现了北宋汴京城内及近郊在清明时节的生活景象，具有极高的历史价值与艺术水准，是中国风俗画的巅峰之作。这幅传世名画最吸引人的地方莫过于东水门外的巨型木制拱桥——虹桥。画中的木拱桥，横跨汴河南北，非常壮观，且并无桥柱，"皆以巨木虚架，饰以丹雘，宛如飞虹"（孟元老《东京梦华录》卷1），故被称为"虹桥"。张亢的《长桥》有云："云收雾霁水风高，百丈虹桥气势豪。疑是玉龙藏爪距，潜来江上看波涛。万顷平湖水接天，湖光水色远相连。虹蜺截雨未扫得，横在波心几十年"（钱谷：《吴都文粹续集》卷36）。

《清明上河图》局部（宋张择端）

虹桥别称飞桥、无脚桥，架于汴河之上，桥的中间部分高高拱起，远远望去，如长虹卧波，古朴典雅，又有"汴水虹桥"的雅号。虹桥距离开封城东水门外七里远，桥拱由五排巨木组成拱骨，互相连结搭架，每根拱骨的两端置于另外二根横骨之上，拱骨与横骨之间用粗绳捆绑起来。这种单孔、无柱的构造样式，解决了多年以来"汴水悍激、多因桥柱坏舟"（李焘《续资治通鉴长编》卷89）的难题。根据张择端的《清明上河图》，有学者推算虹桥的跨径近25米，净跨20米，拱矢约5米，矢跨比约为1∶5，桥宽8米以上，离水面净高约5.5～6米，满足了大型漕船的航行要求，使汴河漕运在东京城内能够畅顺无阻。正如宋人韦骧在《无脚桥·汴上》诗中所说："激波无雁齿，垮岸只虹服。改制千年取，倾舟众患消。"北宋末年，金军南下，攻占开封，汴水虹桥与开封城一道毁于兵火。其后，南宋立都临安（今杭州），金立都于北方，汴河漕运随之剧减，河道亦渐淤塞不通，汴河虹桥昔日的繁华逐渐褪去。"繁华梦断两桥空，惟有悠悠汴水东"。盛极一时的虹桥成了人们的心中回忆，只留下汴水依旧奔流向前，日夜不息。

虹桥采用凌空飞架的形制，极大地方便了汴河船只的顺利通行。但对于车马来说，还是平桥最为方便。为了便于车马往来，人们步履行进，东京城内的桥梁更多还是选用平桥的形式。在城内众多的平桥中，最为著名的当数州桥和大相国寺桥。

州桥是唐代"汴州桥"的简称，为唐朝汴州节度使李勉所建，宋时改名为"州桥"。州桥正对大内御街，雄踞汴河两岸，宋人视汴河为天河，因此改桥名为天汉桥。因其正对御街，又名御桥，但百姓仍习惯称为州桥。州桥处于市中心最为热闹繁华的地方，从皇城到南城门、朱雀门，均要从州桥经过。州桥跨越汴河，连接御街，北通皇宫大内，南往朱雀门、南熏门，既是交通要道，也是汴梁城的重要景观。桥两岸店铺林立，笙歌连成一片，每当月明之夜，"两岸夹歌楼，明月光相射"。登桥观月的人纷至沓来，熙熙攘攘，好不热闹。人们俯瞰河面，银月映着泛泛水波，摇曳生姿，美景不可胜收，"州桥明月"成为东京城八景之一。靖康年间，金朝攻陷开封，北宋灭亡。南宋时期，田园诗人范成大奉命出使金国，经过陷落的故都时，在州桥上遇到苦等王军北上的遗老，写了一首以《州桥》为题的绝句："州桥南北是天街，父老年年等驾回。忍泪失声询使者，几时真有六军来？"（《石湖诗集》卷12）其中既有对遗民历久不衰的故国之思的同情，又暗含着对南宋朝廷的失望与诘问。

与州桥相邻的是大相国寺门前的延平桥，俗称大相国寺桥。考古发掘表明，该桥位于今天胭脂河生活小区与大相国寺之间。与州桥相同，大相国寺桥也是平桥，便于车马通行，但不利于大型船只的往来。从东南来的大型漕船，吃水深，无法通过平桥。这也就意味着东南运来的物资需要转运才能进入城内。为了解决转运的问题，北宋政府就以大相国寺桥为界，将汴河上的船只分作东河船和西河船两类。东河船主要是大型漕船，船身较大，吃水深，对桥的高度要求较高。而西河船则为平船，船身小巧，吃水浅，可通过平桥进入东河。东河船到达相国寺桥后就得停泊，将船上的货物卸载下来，再通过西河船运送至城内。由此以来，大相国寺桥就成为东京城内的一处大型货物中转站。也正是这一独特的优势，推动了大相国寺形成"万姓交易"的著名商业中心。

东京著名河道——蔡河（惠民河）上桥梁的数量仅次于汴河，包括著名的龙津桥、保康桥等。龙津桥，是御街横跨蔡河的通道，其知名度仅次于州桥。据史料记载：龙津雄壮特甚，中道及扶栏四行、华表柱皆以燕石为之。其色正白，而镌镂精巧，如图画然。桥下一水，清深东流，桥北二小亭，东亭有桥名"碑次"（楼钥《攻媿集》卷111）。李若水有诗云"龙津桥下路，灯火半斓斑"。保康桥也位于蔡河之上，大文豪苏轼有诗云："保康桥上夜观灯，喝石岩前夏饮冰"（《苏轼文集》续集卷2）。五丈河上自东向西则有小横桥、广备桥、蔡市桥、清晖桥、染院桥5座桥梁，金水河上的桥梁相对较少，有白虎桥、横桥、五王宫桥3座。

汴京城四大河流上星罗棋布的桥梁，使都城东西可以贯通，南北可以直达，构建了一个便捷通畅的交通网络。州桥连接了被汴河分为南北两段的御街，位于其东的大相国寺桥将相国寺东门大街与南岸的保康门街相沟通，位于其西的浚仪桥、兴国寺桥把北岸的浚仪桥街、西角楼大街与南岸的朱雀门外大街相连，再西的金梁桥、太师府桥则将南北岸的大街相连。而位于金水河上的白虎桥则把西大街与开封外城北城墙的卫州门相连。五丈河上青晖桥将旧封丘门与新封丘门相连接。四条运河的南北岸，皆可通过运河上所设桥梁连接，极大的便利了由水路至开封的大小宗货物自码头卸货后再由陆路转运至城内各处，促进了开封城内桥市的发展与繁荣。

大相国寺桥是连通水陆、沟通南北货物转运的枢纽，它带动了周围地区的商业发展，形成桥市。据《东京梦华录》记载"寺桥金家、九曲子周家"所卖的南方饮食，在京城首屈一指（孟元老《东京梦华录》卷3）。为适应舟船停泊，大相国寺桥附近还开设大量的旅馆、茶肆、酒肆等。州桥正对御街，是御街商业圈的中心，桥市贸易也享有盛名。作为皇宫附近的黄金地段，州桥附近分布有不少高端酒楼。王家酒楼是一座造酒兼卖酒的正店，规模大、名气响，宋人的诗歌多有提及。刘攽的《王家酒楼》云："君不见天汉桥下东流河，浑浑瀚瀚无停波……提钱买酒聊取醉，道傍高楼正嵯峨"（《彭城集》卷77）。桥南御街的炭家、张家酒楼的规格比王家酒楼更高，所卖之食物唯好酒和上等菜蔬。晚上的州桥更加热闹，游人如织。高大辉煌的酒楼笙歌彻夜不绝，经营小吃的流动商贩也是忙碌至三更。夜市犹未了，早市已开场。勤劳的商贩闻钟而起，四更天就起来张罗早餐，沿桥叫卖。汴河上的金梁桥附近同样分布着大量的酒楼、药铺、金银铺等商铺，还有一些卖日常生活用品和食物的流动摊贩，也是东京城商业较为发达的市场。蔡河附近商肆画舫云集，各种饮食小吃遍布桥头路口。

东京城的桥，不仅仅充满着人间烟火，还富有诗情画意。如州桥，构造坚固，镌刻精美，州桥之北岸御路，东西两阙，楼观对耸。桥下潺潺流水，沿河汴柳拂堤。徐铉的《柳枝词十首》其四云："绿水成文柳带摇，东风初到不鸣条。龙舟欲过偏留恋，万缕轻丝拂御桥。"桥下碧水似玉，桥上绿柳如丝，微风轻拂，一片春意（《徐公文集》卷5）。文同的《天汉桥》诗云："风吹两岸菰蒲干，日洒一汀凫鹭寒。夜深霜月照湖水，须上此桥凭画栏"（《丹渊集》卷17）。桥上的优美风景引来了雅致的文人，催生了一篇篇绝世佳作。在诗词的浸润下，河桥这一景观愈发光彩照人，吸引着四面八方的游客。在桥上的人来人往中，士庶之间的界限开始松动，自命清高的读书人看到了小商小贩们的挣扎与辛劳，忙于生计的劳作者则发现了生活中的光亮与希望。

作为北方水城，开封城的桥梁远不止四大河流上的三十余座桥梁。北宋定都开封之后，充分利用运河资源，建造数量众多的园林，仅皇家园林就有艮岳、玉津苑、琼林苑、金明池、宜春苑、瑞圣园等数十处。达官贵人在私家宅院建造园林，也是相继成风。王太尉园、王太宰园、蔡太师园、李驸马园等都是开封城富有名气的私家园林。有园林则有水，有水则有桥，桥不仅能够沟通园子里不同的景致，本身也是园林中的一大景观，与园中诸景互相映衬，相得益彰。如金明池中就有著名的仙桥，琼林苑中也有"柳锁虹桥，花萦凤炯"等。这些不同风格、别致精巧的桥梁，不仅构建出东京城发达的水上交通网络，保障了东京城市人口的物资供应，同时也为这座北方城市带来了几多生机，增添了几分神韵。

大运河的开通与利用，使开封城的地位不断提升，后梁、后晋、后汉、后周、北宋、金朝相继定都于此，造就了北宋东京城的绝世繁华。令人扼腕叹息的是，由于战乱、运河改道及黄河水患等多重因素的影响，曾经热闹非凡的运河早

开封府，北宋衙署"天下首府"

已沉寂无闻，面向平民开放的皇家园林淹没在泥土之中，灯火通明、商贩云集的州桥销声匿迹，横跨在汴河之上的虹桥也沉睡在泥沙之下，后人只能从张择端留下的千古名画《清明上河图》中寻找汴河昔日的盛景，只能跟随孟元老在他的《东京梦华录》里追忆东京城的繁华。

第二十城

郑州：自古中州胜迹多，管城风物喜重过

明朝诗人薛瑄路过郑州时曾写下一首诗歌："自古中州胜迹多，管城风物喜重过。西来驿路临京水，东去人烟接汴河。仆射旧坡今寂寞，世宗遗冢尚嵯峨。穹碑谁似唐裴度，千载勋名耿不磨。"这首诗中提及了众多的名胜古迹，足以窥见郑州绵延不绝的灿烂文明。

说起郑州，人们往往想到的是商朝古都，想到的是它"中华腹地，九州之中"的特殊位置，想到的是重要的铁路枢纽，想到的是河南省省会。昔日商都的繁华掩埋进历史的卷宗，流淌的运河成为其文明的最好见证。

中华腹地，九州之中

20 世纪 70 年代，郑州的一个环卫工人挖土的一镐，挖出了商代中期的青铜器——杜岭方鼎，就此揭开了郑州商朝古都的神秘面纱。在如今的郑州市，一只巨大的仿制商鼎坐落在人民路与太康路交叉点的三角公园，这里正是 3 600 年前商都城墙南端。商鼎作为古城郑州的标志，似乎盛满了城市古往今来的许多秘密。

郑州，在河南省中部偏北地区，位于黄河中下游的分界线，东边毗邻开封，西边与洛阳相连，南接许昌，北与新乡隔河相望。河南古称豫州，居于九州

杜岭方鼎（河南
博物院官网）

之中，又称中州，而郑州位于中州腹地，是人类最早开发的地区之一。

自有记载以来，中华民族的先民们就在这片丰茂的土地上生息繁衍。黄帝被视为中华民族的始祖，他的部落就在中原地区活动。经过部落战争，黄帝族与炎帝族、九黎族逐渐融合，形成了如今的华夏族。黄帝出生于"轩辕之丘"，也就是如今的郑州市新郑市。河南密县（今新密市）还存有黄帝战蚩尤的遗迹。他虚心探索统治之道，《庄子·徐无鬼》中记载他曾去具茨山拜会"至人"大隗，具茨山就是如今新密市的大隗山。荥阳织机洞遗址、新石器时代新郑裴李岗遗址、郑州大河村遗址等诸多考古发现，再次证明中华民族的文明起源于这里。

郑州是一座拥有着3 600多年历史的古都，"郑州"这个名字却非常年轻，史书中很难看到它的身影，这是由于随着朝代的更迭行政区划在不断变化。以政治经济中心的转移为标志，郑州的行政中心是荥阳，至隋唐之后为管城。归属的上级行政单位也有所变化，以金代为界，此前一直归属洛阳，此后划归开封管辖。

秦朝时，行政制度初步形成，秦始皇推行郡县制。《史记》中记载："分天下以为三十六郡"，但对于郡之下的县级行政规划都未明确。总体来说，郑州地区大体在荥阳的三川郡和阳翟的颍川郡境内。当时两郡内的巩、荥阳、京、新郑、苑陵、阳城，都属于今日郑州的辖区范围。两汉时期沿用秦朝"郡县制"，三川郡已改称河南郡，行政区划内的县市增加，包括密县、成皋（今荥阳）、故市、崇高、纶氏、中牟六县。东汉时期，"司隶所部河南、河东、河内、弘农并冀州之平阳，合五郡，置司州"《晋书·地理志》，今天的郑州就在司州管辖范围之内。

魏国设置荥阳郡，将它作为郑州的经济政治中心。除巩义、登封仍归洛阳所在河南郡管辖外，当时的荥阳郡包括了今日郑州的大部分地区。晋朝之后，除登封、巩义之外，荥阳成为郑州的行政中心。南北朝时期，因战乱不断而带来了行政区划大变动，郑州地区先后为后赵、冉魏、前燕、前秦、后秦、北魏、东魏、北齐、北周所统治。其间，北魏"太宗泰常八年（423年）置洛州。孝文太和十一年（487年），洛州移上洛，置北豫州于虎牢……十七年（493年）……置司州改郡守为尹。十九年罢北豫州置东中府于虎牢。明帝孝昌二年（526年）分置阳城郡，领阳城、颍阳，又析颍阳置康城属之"（《二十五史补编》）。由此来看，郑州地区在这一时期分属河南、荥阳、阳城三郡管辖。

自隋唐起，郑州的政治经济中心东移至管城。在金代之后，郑州由此前隶属的洛阳转为由开封管辖。到隋朝开皇三年（583年），郑州这个名字才确立下来。从隋朝到清光绪年间，郑州的名称还曾被改为管州、荥阳郡等，两次刀为直隶州，又在1913年改为郑县，1928年改为郑州市，在军阀混战爆发后，又经历了撤市改县。

行政区划的多变、地名的更迭不能掩埋这片土地的光华，在历史进程中，运河始终是伴随着城市兴衰的。

二　枢纽天下，临制四海，舳舻相会，赡给公私

郑州与大运河的缘分，相传起自远古时期。大禹为治理黄河的洪水泛滥，利用黄河从高到低流的自然趋势，疏通了拥塞的川流，引洪水入河道、洼地与湖泊，合通四海，自此平息水患。"河菑衍溢，害中国也尤甚。……于是禹以为河所从来者高，水湍悍，难以行平地，数为败，乃厮二渠以引其河。北载之高地，过降水，至于大陆，播为九河，同为逆河，入于勃海"（司马迁《史记·河渠书》）。大禹疏导沇水东出为济水，流入黄河，河水南溢，聚积为荥泽湖。荥泽湖下的黄河有固定的河道，黄河、济水、荥水、京水等

在荥泽湖聚流，因此荥泽湖成为天然调节水量的蓄水库（鲍君惠《世界文化遗产——中国大运河通济渠郑州段的历史考述》）。北魏地理学家郦道元在《水经注》中记载："大禹塞荥泽，开之以通淮、泗，即《经》所谓菠荡渠也。"宋代地理志中记载："禹又于荥泽下分大河为阴沟，引注东南，以通淮、泗。至大梁浚仪县西北，复分为二渠：一渠元经阳武县中牟台下为官渡水；一渠始皇疏凿以灌魏郡，谓之鸿沟，莨荡渠自荥阳五出池口来注之。其鸿沟即出河之沟，亦曰莨荡渠。"（脱脱等《宋史·河渠志3》）

"古之王者，择天下之中而立国"。历史上，郑州曾五次成为都城，轩辕黄帝最早在郑州地区建都，"黄帝轩辕氏，元年帝即位，居有熊"（《竹书纪年》）。《史记》中也有记载："黄帝者，少典之子，姓公孙，名曰轩辕……黄帝居轩辕之丘。"经多本史书记载及专家考证，这是郑州第一次成为都城。

郑州第二次成为都城是在夏朝。"夏居阳城，崇高所近"（左丘明《国语·周语上》）。考古工作者在郑州发掘出多处夏代文化遗址，在登封告成镇王城岗发现了两座夏禹时期的城堡，从而证实了"禹都阳城"的存在（老枪《王城唱晚》）。

在公元前1600多年，商朝的建立使郑州第三次成为都城。商朝注重发展农业生产，实行"以宽治民"的政策，同时不断开拓疆土。商王朝在历史上共存在554年，自商汤建立商朝之后，定亳——也就是今天的郑州——为国都。作为商朝早期的都城，郑州是商朝的统治中心，其经济文化居全国之首（赵建才《古都郑州》）。20世纪50年代，在郑州发掘出商城遗址，揭开了3500多年前商都的神秘面纱。商城遗址也是现存最完整，规模最大的都城遗址。"商邑翼翼，四方之极。赫赫厥声，濯濯厥灵"（《诗经·商颂》），商朝都城的雄伟气势跃然纸上。虽然学界对于该古都到底是亳都还是隞都争论不休，但可以肯定的是，它是郑州最宝贵的遗址景观，是中华民族五千年历史文明的最好见证。

春秋时期，郑国在郑州建都，这是郑州第四次成为都城。从公元前769年郑武公在新郑立都，到公元前375年，郑国被韩国所灭，共计394年。战国时期，韩国在郑州立都。史书曾记载，韩国迁都新郑，开始了为期146年的统治，直到公元前230年被秦国所灭。

秦始皇统一六国之后，建立了多民族的中央集权的封建国家，此时荥阳更名为三川郡。《史记·卷44·魏世家》记载"秦灭魏引河沟灌城"。即秦始皇二十年（前227年），王贲引水灌大梁城，虽然大梁被毁，但是鸿沟的交通却未因此中断。处于水路交通要道的荥阳因此而繁荣起来，成为秦朝在中原地区的经济、政治、文化中心（任艳、李静兰《试论中国早期运河对荥阳古城的影响》）。

在汉代，荥阳是重要的经济中心，更是早期运河的见证。运河带来的便利交通造就了荥阳的盐铁产业。"大夫曰：燕之涿、蓟，赵之邯郸，魏之温、轵，韩之荥阳，齐之临淄，楚之宛丘，郑之阳翟，三川之二周，富冠海内，皆为天下名都。非有助之耕其野而田其地者也，居五都之冲，跨街衢之路也"（《盐铁论·卷第一·通有第三》）。当时的荥阳是全国最富裕的地方，主要是因为水路交通的优越位置。在汉代，荥阳所具有的便利的交通给冶铁输入原料，并提供输出产品的渠道，从而促进了冶铁业蓬勃发展。郑州至今还有古荥汉代冶铁遗址，它是当时河南郡管辖的第一冶铁作坊，拥有先进的冶铁技术和宏大规模，在冶金史上具有重要地位。

隋朝时，隋义帝改荥州为郑州。隋文帝开皇四年（584年），将现在的荥阳合并新置广武县，加强对漕运管理。隋开皇七年（587年），朝廷派梁睿在汴口地区增筑"汉古偃"来遏河入汴。梁睿在黄河门口扩建并修浚汉代狼汤渠上的建宁石门。隋开皇十六年（596年），改郑州为管州，州治从成皋转移至管城，管城从中牟分出为县。自此，管城开始成为郑州地区的政治中心。仁寿元年（601年），广武县更名为荥泽县，这更体现其漕运的重要位置。大业二年（606年），管州改回郑州。管城之所以可以成为政治中心，与运河有着密不可分的联系。由于大运河和通济渠的开通，郑州更加成为民间贸易中心，呈现出"地管御河，商旅往来，船乘不绝"的繁荣景象。

隋炀帝杨广虽然在史书中评价不高且在位时间短暂，但是他对运河的贡献却是不能抹杀的。中国古代的大运河包括隋唐大运河和京杭大运河，其中隋唐大运河开凿时间早、规模最大、距离最长。隋炀帝于大业元年（605年）开始修建隋代大运河，距今已有1400多年历史。自郑州荥泽枢纽起，西通河洛，南达余杭，北至涿郡（北京），分为通济渠、永济渠、邗沟、江南河

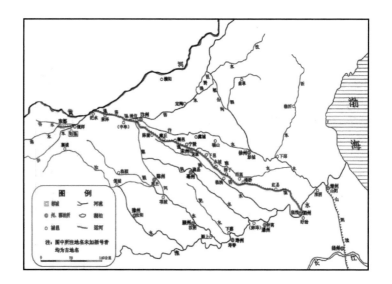

隋通济渠、唐汴渠图（自鲍君惠《世界文化遗产中国大运河通济渠郑州段的历史考述》）

四段，连接黄河、海河、长江、钱塘江、淮河五大水系，通往河北、山东、河南、安徽、江苏、浙江六省，全长2 500多公里，是我国古代纵贯南北的经济文化交流大动脉（朱瑞增：《隋唐大运河郑州荥泽枢纽申遗与保护利用研究》）。隋唐大运河郑州段申遗时重点提及的几个申遗点，包括通济渠、荥泽枢纽、贾鲁河、惠济桥，共同构筑了一幅漕运繁忙的运河历史图景。

隋炀帝于大业元年营建东京（今洛阳市），征发河南、淮北诸郡男女逾百万人修通济渠。通济渠，又称汴水、汴渠、汴河，全长650公里。自河南荥阳的板渚出黄河，至江苏盱眙入淮河，共经过现今3省18县（市）。通济渠分东西两段，西段起洛阳东都，西苑引谷水、洛水，循东汉阳渠故道东流，至偃师东南到洛口（今巩义洛河与黄河交汇处）与黄河相通；东段即为原鸿沟或曰汴渠，从板渚（今荥阳王村镇牛口峪一带）引黄河东流，走汴水故道至浚仪（今开封市）东，"至今开封近郊与汴水分流，折向东南，经今商丘南，又经今永成、宿州、灵璧、泗县，在盱眙之北注入淮河"（中科院《中国自然地理·历史自然地理》）。隋炀帝多次乘坐龙舟，率领船队由此往返于洛阳和扬州之间，通济渠两侧是御道，沿途遍植柳树，遂有"隋堤烟柳"的美景。沿通济渠设离宫数十个，并配有军士守卫，通济渠从而成了贯通南北的交通要道，是大运河非常重要的一段，但其真正发挥作用则是在唐宋两朝。

隋初，大运河的主要功能在于漕运。到唐代，其漕运的景象更加繁忙。唐贞观元年（627年），管州改为郑州。唐贞观七年（633年），"自武牢移郑州理所于管城"。漕运景象从唐代诗人的诗句中可窥见一般，王维在《广武》中写道："落花寂寂啼山鸟，杨柳青青渡水人"，张祜在《登广武原》里写道："地盘山入海，河绕国连天，远树千门邑，高樯万里船。"唐朝迁都洛阳（史称东都）后，唐高宗愈加重视漕运，在扩大中央机构的过程中，发现关中的生产力不能满足百官的俸禄，于是更加依赖运河。郑州荥

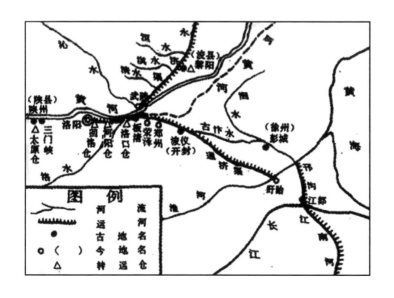

隋唐大运河郑州荥泽枢纽示意图（自朱瑞增《隋唐大运河郑州荥泽枢纽申遗与保护利用研究》）

泽枢纽是转运货物、实现贸易的重要关口，但是通漕在初唐时仍是一大难题。因为江淮的货船从通济渠到达荥泽枢纽，还要经历卸货、换船，等到河势适中时，才能继续转输洛水至东都，再运抵含嘉仓。在洛阳之后，又要转陆运，经过三门峡滩，再改为水运，装船经渭运至京都。陆运三百里，费工费时，高宗曾下令改造，但效果不甚理想（任艳、李静兰：《试论中国早期运河对荥阳古城的影响》）。

唐开元十四年（726年），运河早年因重创而关闭。"开元十四年，郑、汴、徐等州大雨，黄河干支流皆溢，死者千计"（《旧唐书·五行志》）。唐开元十五年（727年），唐玄宗命令大匠范安"检行郑州河口斗门""发三万人疏决开板渚口（今荥阳汜水镇东北）"，筑堤、设堰、修斗门、门上架桥，从而促使通济渠郑州段更加通畅（齐凤芹：《中国大运河通济渠郑州段隋唐时期初考》）。唐开元二十一年（733年），裴耀卿所提出的"变陆为水""节级专运"策略得到采纳，遂在河阴（今荥阳）置河阴仓。"凿漕渠十八里至桃花峪，东流入荥泽"。唐开元二十二年（734年），"遣侍中裴耀卿充江淮、河南转运使，河口置输场。壬寅，于输场东置河阴县"（《旧唐书·玄宗纪上》）。唐开元二十三年（735年），裴耀卿上奏，请设河阴县以开辟河口，以便于漕运，而河阴县正是在汜水、武陟荥泽之间。在唐天宝元年（742年）修梁公堰，设"输场"便于漕运仓储。

唐天宝十四年（755）之后的"安史之乱"使得河道疏于管理，难以通漕。广德二年（764），《新唐书·食货志》中记载"以检校户部尚书为河南及江淮已来转运使，及与河南副元帅计会，开决汴河"。刘晏治理河道，使运河郑州段成了上承黄河、下启淮河的重要漕运枢纽，从而促使唐王朝衰退的经济有所转变。郑州处在中原交通要道，管城城垣重新修葺，管城驿成为洛阳至汴州的唯一大驿站，《通典》中记载："夹路都有店肆待客，酒食丰足，每店备驴供客租用。"

唐代末期到五代时期，战争频发，黄河也面临着时常决堤淤塞的状况。郑州荥泽枢纽由于长期得不到疏浚，河水泛滥，时常成灾，导致漕运不畅。宋朝建都东京汴梁，政治中心和漕运中心也随之东移，荥泽枢纽的战略地位受到影响（任艳、李静兰《试论中国早期运河对荥阳古城的影响》）。

北宋王朝更加重视汴河，认识到运河是国家经济的命脉和政府的生命线。宋天禧三年（1019年）的汴河，运送粮食达八百万石，创北宋时期漕运最高纪录。那时的汴河是贯通南北，连接经济中心和政治、军事中心的重要纽带。"宋都大梁，有四河以通漕运：曰汴河、曰黄河、曰惠民河、曰广济河"。以京城为中心的"四大漕渠"——汴河、黄河、惠民河、五丈河，其中有三条经过郑州，从此奠定了郑州在水路交通中的枢纽地位（鲍君惠《世界文化遗产　中国大运河通济渠郑州段的历史考述》）。

"汴水横亘中国，首承大河，漕引江湖，利尽南海，半天下之财富，并山泽之百货，悉由此路而进"（《宋史·河渠志3》）。由此可以看出，汴河在当时中国的重要作用，汴河的畅通带来了兴盛的贸易，增加了财政收入，带来了社会的稳定，更在很大程度上巩固了北宋的政权。漕运的兴盛，促进了管城地区经济的发展，直至明初时管城逐渐成为郑州地区的政治中心。

到宋代，《元丰九域志》记载："景祐元年有玉海，有升郑州节镇诏。元丰八年州复仍治管城。后以郑州为西辅，属京西路。熙宁五年废州，管州属开封府。以荥阳、荥泽为镇入管城。元祐元年，还旧节，复以荥阳，荥泽为县，隶京西路。"通济渠影响着郑州地区在隋唐宋二个朝代时的交通及经济、粮食和物资的运输。随着贸易活动增多，人口增加，经济稳步发展，位于通济渠东西段交汇的管城，成了物资转运、往来贸易的枢纽。在开元之后，经济达到鼎盛，"凡三岁，漕七百万石，省陆运佣钱三十万缗"。

三　势控霓虹镇水涯，楼台灯火几千家

明清时期，中原的运河分为北段和南段。其中，北段是指卫河，其源头在今河南辉县苏门山百泉。《明史·河渠志四》中记载："永乐元年，平江伯陈瑄督海运粮四十九万余石，饷北京、辽东。二年，以海运但抵直沽，别用小船转运至京，命于天津置露囤千四百所，以广储蓄。四年定海陆兼运。瑄每岁运粮百万，建百万仓于直沽尹儿湾城。天津卫籍兵万人戍守。至是，命江南粮一由海运，一由淮、黄，陆运赴卫河，入通州，以为常。"这里所利用的就是卫河。

公元1342~1343年，黄河向南侵夺汴河，汴堤成了黄河大堤。次年，黄河再次决堤改道，淹没了河南、山东、安徽、江苏等十个州县，灾区百姓被迫离开故乡，一路逃难，苦不堪言。1351年，贾鲁临危受命出任工部尚书，开始治河工程，采用沉船法和疏、浚、塞并举的方法，历时七个月，终于堵住决口，使黄河水重返故道。"河乃复故道，南汇于淮，又东入于海"。贾鲁还不忘疏浚汴河河道，消除河患，漕运得以复兴。后人为了纪念他的治河功劳，将汴河取名为"贾鲁河"。如今，贾鲁河也成为隋唐大运河郑州段的重要历史遗产。

由贾鲁河——沙颍河——淮河水系共同组成了明清中原运河的南段，其中的贾鲁河和颍河的源头都在今郑州市辖境。中原南段运河的开辟大约在明永乐六年（1408年）。户部尚书郁新上奏："自淮抵河，多浅滩跌坡，运舟艰阻。请别用浅船载三百石者，自淮河、沙河运至陈州颍溪口跌坡下，复用浅船载二百石者运至跌坡上，别用大船运入黄河。至八柳树诸处，令河南车夫陆运入卫河，转输北京。"从中可以看出，贾鲁河运线在京杭大运河的西侧，且常作为京杭大运河的辅助道路。直至明朝万历年间，南北段运河仍然发挥着巨大作用。明代以后，北段常有水患，"黄河消长不时，夏有河走不测，冬有水轮之忧"（杨正泰《明代驿站考》）。而南段状况较好，"水不甚险而有神溜"，从而导致运河南段承担了更多的漕运任务。

明代初年，"贾鲁河"上修建了一座惠济桥，"桥下之渠，本贾鲁河故道，当时自南向北，与大河通，居人颇获舟楫之利"（张调元《张调元文集》）。贾鲁河成了"材货聚集，过壩入黄河，商贾称便"的重要贸易通道。在惠济桥两侧，桥楼高耸，屋宇连绵，盐业、烟草、布绸等杂货一应俱全，贸易兴盛。之后清《顺治荥泽县志》中也记载了明朝时这一区域的繁荣景象："势控霓虹镇水涯，楼台灯火几千家。风流非是竞豪爽，地钟人文萃物华。"（《顺治荥泽县志·艺文志》）

贾鲁河水运的兴盛带来了商业城镇的发展，促使朱仙镇成了与佛山镇、汉口镇、景德镇齐名的"天下四大镇"之一。所谓"水路云集之所，南舟北车，从此分歧"，在清朝康熙年间，朱仙镇商业发展迅速，集结商号数百家，"东南食货，西北山产，江西竹瓷，悉以朱仙镇为汇集地"。时至今日，朱仙镇

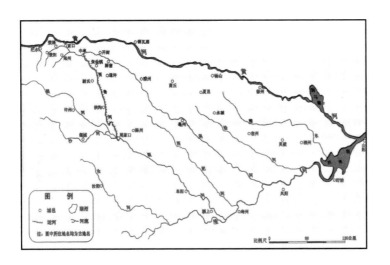

元明清时期贾鲁河图（自鲍君惠《世界文化遗产中国大运河通济渠郑州段的历史考述》）

仍保留着清代商人所建的各式会馆，朱仙镇木版年画也成了清代四大版画之一。贾鲁河流入颍水处的周家口是依靠水运崛起的另一商业重镇，它是河南东部与江南地区商品流通的重要枢纽。山陕、湖广等地的商人纷纷在此筹建会馆，至今在郑州仍有遗存，这些都属于大运河郑州段的重要历史遗产。

到明朝末年，闯王李自成发动攻击，郑县城池遭受了巨大破坏。在破坏之前，《郑县志·建置志》记载，唐武德四年（621年）的城墙"周围九里三十步，高三丈五尺，顶阔二丈，趾宽五丈，隍宽四丈，深二丈五尺"；城门"东寅宾西西成两门相对，南阜民北拱辰两门不相对，南门偏西，北门居中"。在破坏之后，《河南省志》中记载："明末为闯贼所屠，伤痕累累，孑遗仅存。后来经过三百年的发展才渐渐复原。"清顺治二年（1645年），郑州的知州张肇升向政府索要资金修葺城墙。雍正在位期间，郑州知州一直没能等到修葺款项。直到乾隆年间，才拨付了1 000两黄金修葺城门。清乾隆九年（1744年），城墙再度崩塌之后，只好由乡绅捐款修葺（刘卫兵《搜索郑州》）。

惠济桥一带贸易繁忙，《乾隆荥泽县志点校注本》中有记载："惠济桥，在县东八里许。昔贾鲁河经流其下，今河徙而南，止存石桥。附居者，烟火千家，往来贸迁，多会于此……荥泽古城，在县北一里。"清代荥泽县令崔淇在《惠济长桥》一诗中写道："彩虹天半落何年，惠济佳名到处传。"清代，郑州两次升为直隶州，诗人王士禛在初秋时节路过郑州，荷香阵阵，心旷神怡，在《夕阳楼》中写道："野塘菡萏正新秋，红藕香中过郑州"，来表达对郑州的赞美。

四　两崖峡束枕洪涛，自古英雄争虎牢

曹操袁绍官渡之战（自岳肖峡《郑州古今》）

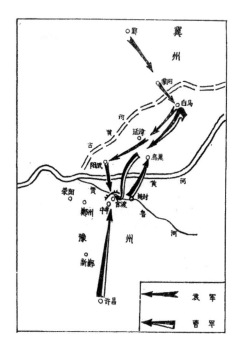

纵观整个中国历史，郑州一直夹在洛阳和开封两大都城的"势力范围"内，是辉煌一时的商朝古都，且历史久远。洛阳与开封具有较多的政治色彩，夹在其中的郑州总是鲜有多少特色，但却是兵家必争之地。近代以来，修建铁路之后，郑州的交通要塞、铁路枢纽地位更加突出，其影响力也超过了周边城市。

据《左传·宣公十二年》记载，公元前597年，在今郑州市北郊，发生了邲之战。晋国和楚国交战，争夺中原霸主地位，郑国正处在进入中原的

要道，晋楚两国为了争夺郑国的控制权，爆发了战争。之后，这片土地上还爆发了秦魏之间的华阳之战和楚汉之间的成皋之战。《资治通鉴》记载，曹操和袁绍的"官渡之战"就发生在今郑州市中牟县东北，这是历史上一次以弱胜强、后发制人的典型战例。

今成皋地区，古称虎牢关。相传周穆王曾在关口涉猎获虎，遂取名虎牢关。因其北邻黄河，自古是戍守重地。金代赵秉文曾写《虎牢》诗："两崖峡束枕洪涛，自古英雄争虎牢。苍天胡为设此险，长使战骨如山高。"这首诗词写出了虎牢关地势险要，无数战役发生在此，牺牲的战士白骨如山高。

"古鸿沟"即古运河，在 2 200 多年前，正是在这里发生了历史上有名的楚汉之争。自今河南荥阳北引黄河水，东流经中牟北部，又经开封北，折向南经通许东、太康西，至淮阳东南入颖水，连接济、濮、汝等主要河道，形成黄淮平原上的水道交通网。公元前 205 年，刘邦带兵马向东进发，经过函谷关在洛阳与诸侯会面，调集 50 万大军攻楚。彼时的项羽正在攻打齐国，后方空虚，刘邦趁虚而入，一举攻下楚国都城彭城。项羽闻讯而来，与汉军展开激战，汉军败北，刘邦仓皇而逃。之后，刘邦招兵买马，重整部队，与项羽人军开展了为期四年的拉锯战，"以鸿沟为界，中分天下"。《史记》记载："鸿沟而西者为汉，鸿沟而东者为楚"，鸿沟自此成了"楚河汉界"，这场历史闻名的战争就这样被定格在如今的棋盘中。

唐代大诗人韩愈曾作《鸿沟有感》一首："龙疲虎困割川原，亿万苍生性命存。谁劝君王回马首，真成一掷赌乾坤。"刘项相争因为鸿沟的缘故分踞两地，百姓才能稍稍保全性命，谁能使君王停止侵略战争，避免以天下为注的豪赌。韩愈借古讽今，抒发兴亡之慨，表达了诗人心忧苍生的伟大情怀，从中也可以看出古运河的重要地位。宋朝的王禹偁也写下《过鸿沟》的诗篇缅怀刘邦项羽在此的一战，同时感慨自己仕途不顺，"侯公缓颊太公归，项籍何曾会战机。只见源沟分两界，不知垓下有重围。危桥带雨无人过，败叶随风傍马飞。半日垂鞭念前事，露莎霜树映斜晖"，诸多的诗篇为古鸿沟添上了传奇色彩。

唐代的中原难逃衰落的命运，洛阳、开封风光一时，郑州在夹缝中黯然。唐末到南宋时期，中原农业衰退，经济地位下降，导致了君王不再定都于此。

在藩镇割据的局面中，中原作为主战场，农业又遭受极大打击，其粮食产量远不及江浙一带，也无法与湖广相比。在商品农作物、商业、手工业和经济水平方面，差距更大。究其原因，还是与水患有关。那时的黄河被视为一条"害河"。北宋末年，任伯雨曾说："河为中国患，二千岁矣，自古竭天下之力以事河者，莫如本朝。"宋之后的元明清三朝水患造成的损失都超过宋朝。河南北部地形复杂，灾害多，历代以保河道运输为首要任务，而治理黄河就被搁置了，所以导致中原经济走向衰落。

到了明朝天启年间，明末农民起义风起云涌，郑州再次成为农民起义的聚集地，全国13家72营30万人在河南荥阳集会共商作战大计，这就是著名的"十三家荥阳之会"。这次会议也标志着明末农民起义进入了一个新的阶段，由各自作战变成联合作战，继而攻下固始、霍丘、颍川，给明朝政府以沉重打击。朝代更迭，战火和少数民族的进犯也是中原没落的重要原因。中原作为战争的主战场，损耗惨重。女真族、蒙古人和满洲人在统治中国的过程中，大肆搜刮良田分给女真贵族，军民长期为田地争斗，经济衰退。文化也日渐衰落，与群星璀璨的朝代相比，郑州在清朝的文化名人数量急剧下降。郑州在清末也沦为郑县，走向了历史中的至暗时刻。

鸦片战争以后，中国开始沦为半封建半殖民地社会。群众性的反帝反封建运动此起彼伏，太平天国的北伐军曾经攻克郑州。西方的铁路、水泥、电灯开始使用在黄河堵口工程中。20世纪初，京汉、陇海铁路线开通，郑州成南北东西铁路交通的枢纽。20世纪20年代起，冯玉祥主张将"郑县"改为"郑州市"，还为郑州做了"新区规划"方案，只可惜当时未能付诸实践。

五 民间疾苦，笔底波澜

居天地之中，采八方灵气，凭借着优越的区位，郑州一直是文化科技交流的十字要冲。在古人心中，这里被视为量天测地的最佳地点，因此成为我国天文学发端之地。郑州大河村遗址出土的彩陶上精美的日晕纹、月亮纹等，足以证明那时的郑州人民就开始观测天象，探索宇宙。大河村彩陶上的天文图像是我国发现最早的、种类最丰富的天文图录（阎铁成《重读郑州》）。

这似乎开启了郑州人对于天文的探索之旅，我国所发现的最早的历法——夏历和殷历，是夏、商王朝依照四季变化制定，其中的时令至今仍被农家重视。西周时期，周公旦测天中地心留下了测景台。盛唐时，著名天文学家张遂潜心研究天文历法，制定出《大衍历》，元代郭守敬在这里建立天文台，制定《授时历》，比通行的格里高利历（即公元历）早300多年，是世界级的天文学成就。

郑州的文化沃土上孕育了中国原始的哲学思维，儒释道在这里交流碰撞，诞生了歌颂生活与情感的《诗经·郑风》。《诗经》中六分之一的诗作都是郑州人所作，热烈地表达对爱人的爱慕，对亲人的思念和对生活的真挚赞颂，或强烈鞭笞当时的社会不公。在唐代还涌现出一批针砭时弊、心忧天下的现实主义诗人，留下了大量杰作。中原人的豪爽与敢爱敢恨在这些文化经典中体现得淋漓尽致。

春秋时期，诸子百家中也涌现出一批优秀的思想家，例如韩非子、列子、邓析等人，他们所著的散文可谓是中国文学史上的经典篇章。郑州人潘安也为后代留下了经典的汉赋篇章，例如《秋兴赋》《闲居赋》等，其中《悼亡诗》被誉为历代悼亡诗的第一，他的作品辞藻优美、感情真挚，被视为魏晋辞赋的巅峰。

北宋时期的郑州嵩山，皇家在太室之阳建了两座东西并列的院舍，西边的是嵩阳书院，东边是崇福宫。宋朝重文轻武，在这建起了学术研究中心和学问传播中心。而背后的嵩山，许多有志之士都在此隐居，寻找接近"皇权"，实现人生抱负的捷径。嵩山文坛的设立，汇集了天下英才，既有学富五车的鸿儒大家，也有前来求学的书生。范仲淹、司马光、程颐、程颢、晁补之、朱熹等名流相聚于此，在嵩阳书院讲学，或为崇福宫提督。在嵩阳这片土地上，出现了汉代"百家争鸣"的局面，儒学迎来了新的发展高峰——"程朱理学"。之后，佛教、道教兴起，为新儒学的诞生创造了条件。嵩阳书院是全国四大书院之一，是程朱理学的发源地，在理学思想传播、人才培养中发挥了重要作用。

唐代是思想空前活跃的朝代，运河漕运的繁荣带来了郑州城市文明的进步，南来北往的诗人在这里留下咏叹的诗句，包括这片土地上孕育出的杜甫、

嵩阳书院（自张
松林《创世古
都——郑州》）

白居易、李商隐、刘禹锡等多位声名显赫的大诗人。"世
上疮痍，诗中圣哲，民间疾苦，笔底波澜"，赞颂的就是
出生于郑州巩义的"诗圣"杜甫，他也被视为"世界文化
名人"。杜甫记录着唐朝由盛转衰的社会风貌，他的诗歌
渗透着他热爱祖国和人民的炽热情感。在一首赠友人的诗
中写道："秋风楚竹冷，夜雪巩梅香"，"楚竹冷"诉说
他晚年置身楚地的漂泊生活，"巩梅香"表达了他对故乡
的眷恋。

诗人白居易出生在郑州市新郑市，十二岁时适逢李希
烈叛乱，被迫离开故乡。他的诗反映民间疾苦，提倡"文
章合为时而著，诗歌合为事而作"。民间流传"童子解吟
《长恨曲》，胡儿能唱《琵琶行》"，足以说明他的作品
通俗易懂、脍炙人口，同时又表现了对现实的深刻讽刺。
公元827年，时年56岁的白居易再次回到荥阳，写下了
《宿荥阳诗》："生长在荥阳，少小辞乡曲。迢迢四十载，
复向荥阳宿。去时十一二，今年五十六。追思儿戏时，宛

然犹在目。旧居失处所，故里无宗族。岂唯变市朝，兼亦迁陵谷。独有溱洧水，无情依旧绿。"他回到故乡，往事历历在目，但失去处所，也无亲族，感到怅然若失，最终也长眠于洛阳。杜甫和白居易都是伟大的现实主义诗人，关照现实，心忧天下。

"家本荥上，籍占洛阳"，对郑州念念不忘的刘禹锡，仕途跌宕，但不自甘沉沦，他所创作的诗篇，简洁明快，格调激越，风格俊爽，常有催人奋进的力量。晚唐诗人李商隐，与郑州纠葛一生，留下无数精彩诗篇。其中，《夕阳楼》是他被贬遂州司马之后，穷困潦倒，心境凄凉哀伤写下的。

"花明柳暗绕天愁，上尽重城更上楼。欲问孤鸿向何处，不知身世自悠悠"。他在爱情诗上留下不少千古绝唱，如《无题二首》："相见时难别亦难，东风无力百花残""身无彩凤双飞翼，心有灵犀一点通"等。从他们的身上，可以看出郑州人忧国忧民的使命感与责任感，还有重情重义的柔软内心。

地处九州之中的郑州，迎接着南来北往的行人。除了盛产诗人之外，少林文化也是这座城市不能抹去的色彩。现存的北魏古刹少林寺是一座著名的寺院，在今河南等分线以西的少室山阴、五乳峰下。"海内灵岳，莫如嵩山，山中道场，兹为胜殿"。千百年来，少林寺享有盛名，主要是因为它是中国佛教禅宗的发源地，在宗教史上占有显著地位；少林武功闻名天下，尤其以少林拳独成一派，延

乾隆题少林寺诗碑

续千年；少林寺内有丰富的历史文化遗存，藏有大量的名人书写的古碑、宝塔、壁画等。其中，在清乾隆十五年（1750 年），皇帝在登封祭中岳时游少林寺，用唐沈佺期旧韵作诗，御笔草书，所题诗碑留存在登封市少林寺内。

历史进程走到中国近代，动荡的社会既带来了灾难和屈辱，也有光荣骄傲的英雄篇章。19 世纪的郑州被誉为是"火车拉来的城市"，源于张之洞决定将卢汉铁路（京广铁路北段）过郑州而不是开封，1906 年卢汉铁路经过黄河。李大钊、王若飞等革命者先后到过郑州组织、领导工人运动。1923 年，郑州发生了震惊中外的"二七"惨案，郑州铁路工人在面对反动军阀的暴力屠杀时，表现出大无畏的英雄气概，书写了工人运动史上的英雄篇章。1930 年的中国军阀混战，郑州成为蒋介石、冯玉祥、阎锡山大战的主战场。1938 年的中国正逢抗日战争的关键时期，蒋介石为掩护国民党军队的节节败退，阻止日军进犯，在郑州花园口炸开黄河大堤，造成中国历史上的灾难和耻辱。

郑州所属的中原文化一直是古代中国的主流文化，郑州也是中华优秀传统文化最主要的发源地，这正是其在新世纪发展的优势条件。曾经的古都已"此情可待成追忆"，站在新的十字路口，厚重的历史底蕴和灿烂的文化必将助力郑州翻开崭新的篇章。

第二十一城

洛阳: 天下之中　千年帝都

洛阳是一座因水而兴的城市，以洛阳为中心的河洛地区是华夏文明的重要发祥地。洛阳在相当长的历史时期内，都是中国的政治、经济和文化中心之一，亦是道路四通八达的交通枢纽，是中国著名的古都。隋唐时期大运河的开凿，更使洛阳盛极一时。

■ 天下治乱之喉也

洛阳因位于洛水之阳而得名。洛阳不仅有洛水，自古就有"五水绕洛城"的说法，黄河、伊河、洛河、瀍河、涧河蜿蜒其间。洛阳正位于黄河、洛河交汇处平坦开阔的河洛盆地，四周山川丘陵交错。东临绵延的嵩岳山脉，接黄河中下游平原；南望伊阙，与伏牛相连，达江淮；西靠横亘千余公里的秦岭山脉，挟关陇；北依邙山，据黄河之险，望太行山脉，通幽燕（王伟《洛阳与隋唐大运河》）。洛阳地处九州腹地、"天下之中""四方入贡道里均"（《史记》卷4）。周围群山环绕，有许多要隘关口，东有虎牢关，西有函谷关，号称"八关都邑"（《后汉书》卷71）、"四险之国"（《博物志》卷1）。《汉书》载：洛阳"左据成皋，右阻黾池，前乡嵩高，后介大河"。东汉傅毅在《洛都赋》中这样称赞洛阳的形胜："被昆仑之洪流，据伊洛之双川，挟成皋之岩阳，扶二崤之崇山。"作为科学家、文学家的张衡，在《东京赋》中的描述则更加深刻："溯洛背河，左伊右瀍，西阻九阿，东门于旋，盟津达其后，太谷通其前，回行道乎伊阙，邪径捷乎轩辕，大室作镇，揭以熊耳，底柱辍流，镡以大岯。"正因为洛阳"河山拱戴，形胜甲于天下"（《读史方舆纪要》卷48），因此成为诸多王朝的建都之地和历代兵家必争之地。正所谓："洛阳处天下之中，挟崤渑之阻，当秦陇之襟喉，而赵魏之走集，盖四方必争之地也，天下常无事则已，有事则洛阳先受兵。"（《洛阳名园记》）

"崤函有帝皇之宅，河洛为王者之里"（《三都赋》）。洛阳素有"九朝古都"之称，也被称作"十三朝古都"，是中国四大古都之一，建都时间长达1 500余年，堪称中国历史上建都时间最早、建都朝代最多、为都时间最长的城市。隋以前，先后在洛阳建都的有夏、商、周、东汉、曹魏、西晋和北魏；隋以后，又有唐、后梁、后唐、后晋等。隋唐时代是洛阳最为繁荣的时期。

隋朝统一中国后，为了进一步巩固统治，解决隋朝物资的运输问题，实现南北经济有效沟通，江淮漕运开始得到重视和发展。与此同时，为了增强北方边防的防御力量，从公元584年到公元610年，政府结合早期的运河和天然形成的河流，开凿了通济渠、永济渠，并重修了江南运河，形成了以东都洛阳为中心，北抵河北涿郡、南达浙江余杭的隋代大运河。大运河主要分为四段，即永济渠、通济渠、山阳渎（邗沟）、江南河，连接海河、黄河、淮河、长江和钱塘江五大河流，成为我国南北交通的大动脉。把原先互不相通的运河河道连成一个完整的水运系统，极大地方便了货物的水运，这是运河历史上的第一次大规模变迁。大运河分成南北两个系统。南运河是洛阳东南方向的通济渠、邗沟、江南运河；北运河为永济渠。大运河是以黄河为主干路进行设计，充分利用黄河南北自然地形的特点，使运河顺应地形由高向低缓缓流去，从而联通了不同水系之间的水路，使南北运河成为沟通富庶经济地区与国都的纽带。"隋朝开河，唐宋受益"，唐朝和宋代基本沿用了隋代大运河的体系。这个阶段的运河就被称为隋唐大运河。通过隋唐大运河，生产于江浙的粮食、丝绸、瓷器终于能大量而经济地运到北方的统治中心——洛阳。

都城除了是政治统治中心，也往往因其人口集聚、交通便利的优势而成为商品集散的枢纽，兼具政治中心和经济中心双重功能。作为承载多重功能的空间实体，都城既要体现强化礼制、张扬君权的需要，更要保证城市的安全性和经济性。隋唐时期，洛阳作为全国水陆交通的枢纽，同时又是经济富庶的关东地区的中心城市，所以它在经济职能上要比长安更为突出，其在城市规划方面对于繁荣工商业也进行了诸多考量。

隋唐王朝均以长安为中心的关中地区作为其政治根据地，以洛阳为中心的关东地区作为中央财赋的主要供给地，是全国经济重心之所在。洛阳城的政治功能区向西部延伸，经济功能区向东部发展，这种功能分区正符合隋唐王朝政治上依托关中，财赋仰给关东的政治经济格局的要求。从功能分区上对隋唐洛阳城进行简要分析，主要表现出如下特征：宫城、皇城作为政治功能的中心，位于城市的西北部，能够凭借地理优势，控制全城制高点，不仅可以方便城市的守护，地理优势还有利于排水；经济功能区主要是以市为主，一般在城东部的洛水两岸，货物可以通过漕渠、运渠、洛水等方式，经由大运河转运到全国各地，实现全国各地的货物流通，充分发挥洛阳"天下之中"的地理优势。政治重心位于城市西部，既可以利用高地的优势，对都城进行守护，又便于加强与长安地区的联系；经济重心位于城市东部，通过运河联系全国经济富庶地区，如河南、河北、淮南、江南等，向东北、东南呈扇形辐射的水运网，可以充分发挥东都洛阳作为全国政治、经济中心的吸引和辐射功能。隋唐洛阳城的布局，虽然违背了传统功能分区型式（以宫城为中心），但是却更注重城市功能分区与城市地理环境和宏观政治经济格局的相互配合关系，这更加能够体现出中国传统城市功能分区为了能够适应城市功能需求而发生的革新。这种革新是都城空间结构在传统规范与城市功能需求的相互制衡下产生的，体现了中国古代都城规划的演变过程，即从最开始的强调城市形制的本体规划，向注重城市与区域有机结合的宏观规划的演变。

洛阳宫阙当中州，城上峨峨十二楼

隋朝统一后，东南地区的经济逐步恢复并繁荣起来，国家的经济重心也开始向东南一带转移。隋唐两代的首都设在长安或洛阳，北宋年间虽然建都开封，但国家政治中心并没有离开中原地区。为巩固中央集权的国家政权，又为解决京师众多官兵民众的粮食和日用供给，还为了对北方的大规模用兵，都必须通过运河把经济重心和政治中心联系起来。因此，大规模修建运河，既是必然的，又是急迫的。大运河的作用和意义，不仅充分显示了出来，而且它在国家经济和军事上的战略地位，也被提升到了极高的程度。同时，伴随着以数学、地理学为代表的科学技术的发展，河道的规划、设计与施工也达到了很高的水平。

隋炀帝营建东都并迁都洛阳，伴随着的是国家政治中心的东移。新建成的东都洛阳规模宏大，布局有序，从内

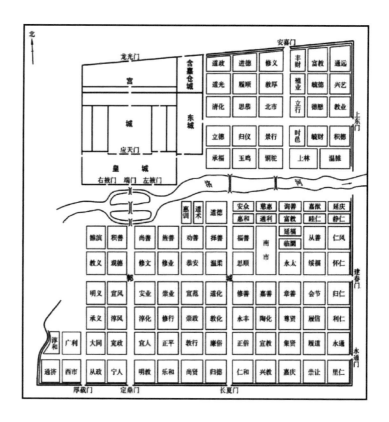

隋唐洛阳外郭城里坊复原示意图（自《隋唐洛阳城》第一册）

到外依次为宫城、皇城、外郭城、西苑等，宫室台殿"穷极壮丽"，洛水穿城而过，100多个里坊在洛河两岸分布，极具都城风范，代表了隋唐时期我国城市建设的最高水平。隋炀帝建设洛阳城适应了隋朝统一后政治、经济、军事新形势的需要。从其后隋炀帝的活动来看，其北巡边塞，南下江都，征伐高句丽，都经过洛阳。洛阳成为隋朝实际上的都城与政治中心。

洛阳也成为隋炀帝加强对外交流、展示国家实力和文化的重要舞台。隋炀帝在东都建国门外设"四方馆"，以待四方使者（《隋书》卷28），并多次举办盛会款待四方来客。大业六年（610年）正月，各国使臣、蕃长云集洛阳。十五日，隋炀帝在皇城外端门街，盛陈天下奇伎异艺，表演场地周长五千步，演奏乐器的有一万八千人，"声闻数十里，自昏至旦，灯火光烛天地，终月而罢"（《资治通鉴·隋纪》）。由此可见，东都洛阳在丝绸之路国际交往中的重要地位。

大运河的便利也为隋炀帝的穷奢极欲创造了条件。他于公元605年仲秋到公元606年从洛阳到扬州的往返巡视，龙舟与各类船只达万余艘，皇后、嫔妃、随员等十几万人，"挽船的壮丁达8万人"，船只首尾相接达200余里，骑兵夹岸护送，"两岸森林般的彩色旌旗"（范文澜《中国通史简编》）。沿岸500里内人民要敬献珍食，供十几万人之用。虽然他在短短几年间在洛阳建东都大兴土木，开运河，造龙舟巡视江南和涿郡、修长城、征高句丽等导致民不聊生，民怨鼎沸，但隋开大运河，隋、唐、北宋年间繁忙的通航，以及由此形成的长达500余年的运河繁荣，都是隋炀帝所始料不及的。从这一角度看，人们往往把大运河的兴起与隋炀帝的名字联系起来，并客观上承认他在修建大运河方面的作用。

隋灭唐兴，唐朝继承了隋朝洛阳的都城地位。唐朝前期面临着巩固政权、修复经济的重任，而此时的洛阳仍旧是当时南北漕运的中心，是长安所需物资的中转地，鉴于此，洛阳的政治地位也得到空前提升。唐太宗曾经三次巡幸到此。唐高宗更是先后七次巡幸洛阳，在位大部分时间内都在洛阳，并在显庆二年（657年）提升洛阳为东都。唐代的洛阳不但拥有众多的豪华宫殿，而且也与长安一样设置了整套国家行政机构，称为"分司"。显庆元年（656年），唐高宗下令在洛阳宫中修乾元殿，高一百二十尺，东西三百四十五尺，南北一百七十六尺，加上相应的局部建筑，工程巨大。次年，即将洛阳改为东都。武则天时期，将洛阳命为"神都"，长期居住于此，并对城池、苑囿、宫殿以及官府机构等进行了大规模的建设。地处天下之中的洛阳成为国家政治中心，地位比肩甚至超过了长安。

随着唐朝政局的稳定和经济的繁荣，洛阳的对外交流更加密切和频繁。借助于大运河的交通便利，洛阳成为当时独具一格的国际性大都市，吸引了大批东亚、中亚、南亚等丝路沿线诸国来洛阳朝贡，出现了万国来朝的盛况。东西方文化在此交汇、碰撞，洛阳城成为当时的国际大都会，成为丝绸之路的东起点。麟德二年（665年）十月，在武则天的要求下，唐高宗封禅泰山，"帝发东都，赴东岳……突厥、于阗、波斯、天竺国、罽宾、乌苌、昆仑、倭国，及新罗、百济、高丽等诸蕃酋长，各率其属扈从，穹庐毡帐，及牛羊驼马，填候道路"（《唐会要》卷7）。跟随的国家使节之多，凸显出洛阳作为国际政治交往中心的地位。

唐朝的政治体制模式和城市建筑形式也在密切的国际交往中得到输出。日本多次派使团到唐朝学习，把唐朝先进的政治经济制度带回日本，推动了日本社会政治体制变革。公元646年，日本实施"大化改新"，改革行政制度，学习唐朝的三省六部制，"置八省百官"，制定"冠位七色十三阶"（随即增为十九阶），在地方上则设国、郡、里三级行政区划，分别由朝廷委派国司、郡司和里长管辖，推动了日本封建社会官僚制度的形成。日本的京都，一千多年来一直被称为洛阳城，就是仿照隋唐洛阳城规划建设的。京都的东南西北中五个部分，习惯上称为"洛东""洛南""洛西""洛北"和"洛中"，也是以洛阳来命名的，可见洛阳城市建设的巨大影响力。

宫官试马游三市，舞女乘舟上九天

在隋唐时期，洛阳的经济中心地位是与其作为政治中心相匹配的。为了提升洛阳的经济地位，隋炀帝迁洛之际，"徙天下富商大贾数万家于东京"（《隋书》卷3）。与隋炀帝相似，武则天也曾"徙关内户数十万以实洛阳"（《资治通鉴》卷204），洛阳人口达到百万以上。大量工商户迁入洛阳，直接促进了城内的商业贸易和消费。

　　人口、消费增加以及贸易的旺盛，促使洛阳的商品生产以及特色产业发达起来。洛阳生产的商品主要有丝绸、饼、汤、酒、茶、盐、蔬菜、药材、文房四宝等，其中河洛地区北部河东一带的安邑和解县所产之盐行销全国十几个郡县，成为全国重要的产盐地。洛阳地区的特色产业有纺织业、冶铸业、酿酒业、食品加工业、造纸业、造船业，伴随着丝绸之路的繁荣，河洛地区所产丝绸远销欧亚各地。

　　洛阳城内有通远、丰都和大同三大市场。其中丰都市最大，"周八里，通门十二，其内一百二十行，三千余肆，甍宇齐平，四望如一，榆柳交阴，通渠相注。市四壁有四百余店，重楼延阁，互相临映，招致商旅，珍奇山积"（《大业杂记》）。通远市虽小于丰都市，但"二十门分路入市，市东合漕渠。市周六里，其内郡国舟船，舳舻万计"，南临洛水，"可通大船入市"（《河南府志》），由于多八门，交通比丰都市更便利，又距宫城更近，所以也更繁华。

　　隋代在建国门外设四方馆，专门负责外国商团贸易。唐代的洛阳除了三个大集市外，还有一处繁华的特别商业交易区，其发展和漕运、河道关系极大。此区在北市以南的洛河和漕渠两岸，及新潭附近的承福里、玉鸡里、上林里等，是南北大运河的交汇点，"天下舟船所集，常万余艘，填满河路。商旅贸易，车马填塞，若西京之崇仁坊"（《元河南志》卷4）。

　　隋唐时期的洛阳因为有了大运河，所以经济达到了鼎盛时期。根据《唐六典》记载，当时的洛阳"郛郭南广北狭，凡一百三坊，三市居中"。一水穿城，洛河南岸的南市，有百二十行，三千余肆，四壁有四百余店，货物堆积如山；洛河北岸的北市，停泊着来自全国各地的大小船只数以万计。北市的"彩帛行"是当时全国货色最多、规模最大的丝绸市场。洛阳作为丝绸之路的东方起点和大运河的中心枢纽，是当时中国的政治经济文化中心。东西方的商人接踵而至，来洛阳经商贸易。洛阳在当时处于国际贸易的中心地位，发挥着中西经济文化交流的推手作用。唐代出现了市外的商业区，还有就是出现了夜市，突破了当时法律所限。白居易有诗："毕卓时时醉，酒肆夜深归。"市外商业区最繁华的要属天津桥南的端门大街，当时也属滨河区的范围。又叫天门街，宽百步，长7里多，交通便利，两边有规模宏大的酒楼饭店等饮食业店肆。李白于玄宗天宝十二年（753年）写《忆旧游寄谯郡元参军》："忆昔洛阳董糟丘，为余天津桥南造酒楼。黄金白璧买歌笑，一醉累月轻王侯"，夸张地写出了董家酒楼以及天津桥南一带繁华的商业景象。

政治中心的地位和漕运中心的形成，使洛阳成为当时全国商品贸易的中心。洛阳城内洛水南北相继出现了丰都、通远、大同、新潭等商业区，均具有较大规模，商品交易种类繁多，设有专门管理机构并制定了严格的制度。全国各地的富商大贾以及沿丝绸之路从事商贸活动的中外商人都要到这里来推销货物和采购商品。新潭商业区因含嘉仓的使用而兴起，长安中央政府机构所需货物及贡赋，大多要从这里卸船后再转运至长安。

与此同时，洛阳也是国际商品贸易的中心和东方丝路起点。洛阳是西域胡人东来的目的地和聚居地，大量的胡

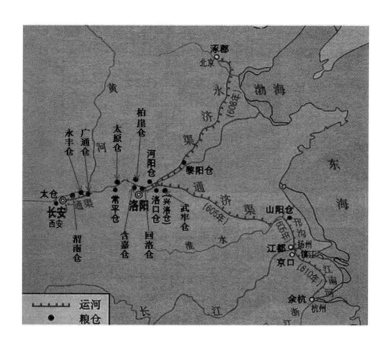

隋唐诸仓分布图
（河南省文研院）

人不仅带来了西域的物产，如胡粉、香料、胡服、胡饼等，也将大量经运河汇集于洛阳的江南物资转运到西域。同样，来自东亚、东南亚的多国使者、商人把海外物产（如大象、珠宝）通过海上丝绸之路和大运河交流到洛阳，也将西域物产、中原特产带回本国。洛阳成为沟通亚洲各国中亚和欧洲的桥梁与枢纽。

四　江南江北接王畿，漕运帆樯去似飞

同前两个大一统王朝秦和汉相比，隋朝最大的不同点就是国家经济中心转移到了江南地区，但政治中心却依然留在北方，这就导致了经济中心和政治中心的分离。实现大一统后，隋朝必须解决南北货物流通的问题。作为中央集权国家，集中物质财富既是权力集中的目的，也是权力集中的手段。如果物质财富分散，就一定会造成地方势力过大，从而威胁到中央政府，形成藩镇林立的割据局面，唐末藩镇割据就是一个非常典型的例子。

在古代，主要是通过陆运或者是河流水运进行物资的运输。对于陆运，需要提供大量的人力和物力，陆运只能靠人拉马驮的方式进行运输，人要吃饭马要吃草，所以要想从江浙往洛阳运粮食，需要的费用可能会是货物本身价格的几十倍甚至几百倍，成本非常高。相比之下，利用河流构建的水运对货物进行运输，就显得十分经济迅速。利用水运进行运输时，船可以借助风力，逆流而上，也可以借水顺流而下，能够在很大程度上节约运输成本，是古代社会大宗货物转运的不二之选。

大运河是为漕运诞生的，漕运在中国封建社会具有一种独特的政治功能。运粮看上去是一种经济行为，但实际上却是政治行为。漕粮是稳定大局的先决条件，是维系封建统治的前提。军事对漕运的依赖更是稳定国家政治，维系政治生命十分关键的手段。唐代替隋之后将首都定于长安，但是由于洛阳是隋唐大运河的西部终点，所以洛阳依然是首都粮食物资的中转站和储藏地。主要原因是三门峡区域的水流湍急，不能通过水运进行货物的周转，因此在很长一段时间里，从洛阳到长安之间的货物周转只能通过陆路。从洛阳到长安，如果走陆路，距离大约有三百里，相比于杭州到洛阳的水路距离不值一提，

但费用却占据了全部运输费用的一大半。唐高宗和武则天共同执政的时期，两人经常带着文武百官和后宫眷属前往洛阳"就食"，原因就是从洛阳到长安这段陆路在运力上无法满足长安需要。武则天执政后，更是直接定都洛阳。水路运输和陆路运输的巨大成本和时效差距可见一斑。

大运河的开通使洛阳成为全国漕运中心。大量的租税和丝绸都会经过运河运输到这里，主要来自河南、河北以及东南地区，洛阳成为重要的粮食布帛存储地，瓷器集散地和茶叶转输地。当时洛阳漕渠的运输繁忙，史书有载。据刘昫《旧唐书·五行志》记载：开元十四年（726年）七月十四日，"瀍水暴涨，流入洛漕，漂没诸州租船数百艘，溺死者甚众，漂失杨、寿、光、和、庐、杭、瀛、棣租米一十七万二千八百九十六石，并钱绢杂物等"。又据《崔融传》记载："弘舸巨舰，千舳万艘，交贸往还，昧旦永日。"唐玄宗天宝年间，洛阳储存的粮食占到了全国的一半，这些粮食都是用船只走水运到洛阳。

在唐代，利用运河运输来自南方地区的土特产成为运河发挥作用的又一特点。《旧唐书》卷150《韦坚传》云："坚预于东京、汴、宋取小斛底船三二百只置于潭侧，其船皆署牌表之。若广陵郡船，即于栿背上堆积广陵所出锦、镜、铜器、海味；丹阳郡船，即京口绫衫段；晋陵郡船，即折造官端绫绣；会稽郡船，即铜器、罗、吴绫、绛纱；南海郡船，即玳瑁、珍珠、象牙、沉香；豫章郡船，即名瓷、酒器、茶釜、茶铛、茶碗；宣城郡船，即空青石、纸笔、黄连；始安郡船，即蕉葛、蚺蛇胆、翡翠。船中皆有米，吴郡即三破糯米、方丈绫。凡数十郡。驾船人皆大笠子、宽袖衫、芒屦，如吴、楚之制。"《韦坚传》所记述的南方各地所运送物品，涉及生活的多个方面，而这些物品除官府所用之外，民间也大量使用，故而在大运河运输中占据较大比重。

为了储备通过大运河运来的粮食，隋唐王朝在洛阳附近相继修建了洛口仓、回洛仓、含嘉仓等大型官仓。洛口仓总共能够存储大约二千四百万石粮食，是隋朝最大的粮仓；回洛仓仓城周回十里，穿三百窖，规模虽小于洛口仓，但储量也相当大。回洛仓正式成为了隋代东都洛阳城的粮库。

回洛仓、洛口仓在当时发挥了非常重要的作用，甚至可以说是兴盛一时。到隋朝末年，局势的动乱导致洛阳地区的粮食存储格局发生了非常大的变化。不同势力分别占领了位于永济渠上的黎阳仓、洛口处的洛口仓、洛阳城北的

回洛仓遗址（自《洛阳日报》）　　　　　含嘉仓遗址（自《洛阳日报》）

回洛仓。粮仓的被占，使得洛阳城陷入了更加混乱的状态。虽然在隋王朝军队的帮助下，政府迅速收回了回洛仓，但他们也开始意识到，如果有战争发生，位于城外的粮仓建筑都会处于非常危险的情况，所以大量的粮食开始堆积在城内，以保障洛阳的粮食供应，而这个临时囤积粮食的地点就是皇城内的含嘉城。

　　唐初立，百废待兴，东都洛阳城内的含嘉城聚集了大量的粮食，成为了新的国家粮仓：含嘉仓。含嘉仓建成以后，取代回洛仓、河阳仓，成为东都洛阳地区唯一的的大型粮仓，更作为向关中运输的转运站。随着唐王朝经济的恢复与农业产量的大幅提高，含嘉仓的容量逐渐增大，更是取代了洛口仓，成为全国最大的粮仓（邹逸麟《从含嘉仓的发掘谈隋唐时期的漕运和粮仓》）。据《通典·食货》记载，天宝八载（749 年）全国主要粮仓的储粮总数为 12 656 620 石，含嘉仓就有 5 833 400 石，占了将近二分之一。1971 年，考古工作者对含嘉仓城进行了发掘，在已发掘的 42 万平米区域内分布有 259 座粮窖，估计全城有 400 多座（洛阳市博物馆《洛阳隋唐含嘉仓的发掘》）。

　　在经历了长时期的辉煌之后，唐王朝遭遇了"安史之乱"，东都洛阳城破坏严重，同样难逃噩运的还有含嘉仓。安史之乱后的洛阳城已不复当初繁茂景象，含嘉仓虽然依旧作为国家粮仓，但其性质、规模、重要性已然远逊往昔。唐朝后期修建的河阴仓逐渐取代了含嘉仓的地位，成了运河沿线上最

洛阳含嘉仓刻铭砖
（洛阳市文物局）

大的粮仓，而含嘉仓却逐渐衰落，最终退出了历史的舞台。

宋朝开国皇帝赵匡胤最终扎根汴梁的一个重要原因就是从开封到洛阳这一段运河河道淤塞，无法满足首都的物资供应。没有了运河为自己输血，洛阳的地位日渐衰落，再也无法重现汉唐时的辉煌。

元朝灭宋之后定都北京，隋唐大运河通往开封洛阳的西线支段被彻底抛弃，南北取直后从杭州到北京的距离缩短了九百多公里。在海运和铁路运输网兴起以前，大运河的运量一度占到全国的3/4以上。

五　留云借月与疏狂，绝妙三彩动四方

隋唐大运河的开凿，加强了南北文学间的交流，进一步提升了洛阳在文学交融过程中的作用和地位。随着隋朝的统一，南方文人大量进入隋代政权，与北朝固有文人进行交流，加之隋炀帝对江南文化的热爱，使得南北文学开始融合，逐渐形成了"文质彬彬"的文学特征，为唐代诗歌的繁荣奠定了良好的基础。

大运河带来了经济繁荣、社会安定、文化昌盛，使唐代文人形成了发自内心的自豪感和追慕汉代的盛世精神，开启了文学史上的盛唐气象。孟浩然、王维、李白、杜甫、韩愈、白居易、杜牧、刘禹锡、王昌龄、王建、张籍、元稹、李贺、孟郊等著名诗人在洛阳留下了大量名篇佳作。白居易《天津桥》感慨："津桥东北斗亭西，到此令人诗思迷"；

李益《上洛桥》赞美："何堪好风景，独上洛阳桥"；刘希夷《公子行》称叹："马声回合青云外，人影摇摇绿波里"等，不胜枚举。运河呈现的繁华，形成文人独特的情感体验，唐朝文人围绕运河的创作，形成了"水上唐诗"的独特景观。

运河下的盛唐气象也吸引了大量外国留学生，新罗来的留学生写下了"日夜读书后，欲游洛阳天"的诗句，洛阳成为各国文人"梦寐以游"的神圣之地。商品经济的繁荣带动了民俗文学的发展，说唱、传奇、民歌也逐渐兴起。总之，运河开通后，促进了南北民族融合，不同区域、国家交流日益频繁，更新了原有的思维方式、文化精神与价值观念，影响着洛阳城市文学的生命力与创造力。

洛阳凭借大运河和丝绸之路的中心地位，对东西方文化交流以及全国各地经济文化交流和发展起到了巨大的辐射作用。洛阳也因此留下了大量与大运河密切相关的文物遗迹。

唐三彩是中国陶瓷烧造工艺的珍品，洛阳地区的三彩艺术尤为发达。大运河的开通为三彩器的远销打开了便捷

洛阳唐三彩人物俑

洛阳唐三彩
动物俑

之路，洛阳因此成为一个世界性的三彩艺术集散地。

唐开元、天宝时期，由于经济繁荣，厚葬之风盛行。据《唐会要·葬》记载："王公百官，竞为厚葬，偶人象马，雕饰如生，徒以炫耀路人，本不因心致礼，更相煽动，破产倾之，风俗流成，下兼士庶……"至中晚唐，釉料中铅含量降低，三彩器开始成为生活用品和建筑饰品，使得三彩器的社会需求急剧增加，这就刺激了工艺美术的发展。由此，唐三彩艺术进入全盛时期。

现在的江苏扬州唐城遗址、湖北武昌何家垅唐墓、辽宁朝阳唐韩贞墓都出土过唐三彩，其中有骆驼、马、口盂、三足炉、双足鼎等。考古研究证明，这些三彩器物多产自洛阳地区的小黄治窑。1999 年，安徽淮北市濉溪县百善镇柳孜村进行了第一次隋唐大运河遗址考古，在唐文化层第 8、9 层中出土大量"三彩釉陶器"，主要有三足炉、钵式罐、口盂、敞口斜腹碗等，胎质灰白细腻，釉色黄、绿、白相间，浸润自然，这些特征同样与洛阳地区小黄治窑烧造产品的形态较为一致。

公元 9 世纪，唐三彩艺术品开始外销东运出海。外销东运出海的航线主要就是从洛阳出发，经过大运河，然后在扬州转到长江，最后转运出海。据记载，埃及开罗南郊的福斯特、伊朗的内沙布尔、伊拉克巴格达北面的萨马拉等地都发现过唐三彩的遗迹。日本奈良的大安寺遗址、福冈县宗像郡玄海町冲之岛、福冈大牢府遗址，也都发现了诸如壶、瓶、罐、盘、枕等多元造型的三彩器物残片。

唐三彩不仅促进了宋、辽、金乃至现代三彩的发展，还远传到亚洲、欧洲各地，对东亚、西亚乃至世界制陶工艺的发展产生了非常深远的影响。一些国家在看到唐三彩釉陶器后，对其进行仿制，研制了如伊朗的"波斯三彩"、朝鲜的"新罗三彩"、日本的"奈良三彩"等，这些缤纷的工艺品都从不同程度提升了唐三彩艺术的国际影响力。

六　芙蓉泣露香兰笑，宝仗雕文七宝球

隋唐大运河的开凿和通航，使洛阳迅速成为连接东西、贯通南北的重要通道。以洛阳为中心、沿大运河各地及丝绸之路沿线各国的音乐文化交流活动也达到了辉煌时期，洛阳迅速成为当时音乐文化交流的中心。

为扭转西晋末年以来北方地区"礼坏乐崩，典章殆尽"的局面，适应东都洛阳宫廷音乐活动的需要，汉族的音乐文化传统开始逐步恢复。开皇九年（589 年），隋文帝平陈，所获宋、齐旧乐，诏于太常，置清商署管理"清乐"，奉其为华夏正声。隋炀帝在登基后，广搜西域、兼采南北之音乐，这些举措在很大程度上进一步完善了隋朝九部乐的表演体制，并奉"清乐"为九部乐之首。他又下令在洛阳建立专门负责宫廷音乐的机构——太常寺，派人搜集各国的宫廷音乐充实到太常寺。《资治通鉴·隋纪五》记载："大业六年二月庚甲，以所征周、齐、梁、陈散乐悉配太常，皆置博士弟子以相传授，乐工至三万余人。"隋炀帝又依梁朝鼓吹乐之制，制定了在宫廷宴飨中增设鼓吹乐的制度，汉族传统音乐在宫廷礼仪活动中的核心地位进一步被巩固了。唐代不仅在洛阳设有太常寺，而且还设立教坊、梨园新院等音乐机构，并且

隋朝伎乐俑（自《隋朝不只有暴君隋炀帝还有更丰富的文娱生活》）

选拔、培养音乐人才。完善的音乐机构的建立和大量优秀音乐人才的培养，为隋唐宫廷音乐的繁荣发展和隋唐盛世景象的出现奠定了坚实的基础。

随着隋唐音乐文化的繁荣发展，日本、朝鲜等国纷纷派出使节经大运河辗转来到洛阳学习中国的宫廷音乐。今天的日本雅乐和朝鲜雅乐都与中国隋唐时期的宫廷音乐有着千丝万缕的联系。日本正仓院还较好地保留着隋唐时期从中国传入的乐器和乐谱，是隋唐音乐文化在海外传播的重要历史见证。

大运河促进了经济繁荣，同样带动了很多体育娱乐活动的兴起，比如说角抵、蹴鞠、马球、围棋、武术、百戏等。隋炀帝乘龙舟三游江都，万船巡游，鼓乐喧天，声势浩大，场面繁华，为江南地区传统的"龙舟竞渡"注入了新鲜血液。隋唐时期，朝鲜、印度等国遣使访问洛阳和长安，朝鲜的"高丽乐"、印度的"天竺乐"以及瑜伽、导引与按摩技术先后传入洛阳。白居易居洛阳东山时，作《在家出家》诗云："中宵入定跏趺坐，女唤妻呼多不应"，生动描述了他练习瑜伽时的情景，体现了当时文化交流的频繁。

风行于洛阳城内的角抵、蹴鞠、马球、射艺等活动，随着运河南下，又越洋传入东亚地区。日本考古学家池内宏等人合著的《通沟》中描述到：日本的相扑与中国古墓壁上的角抵图非常相像，比赛形式、规则，与唐宋时代相似。日本古书《经国集》《万叶集》《西宫记》均记载，日本马球深受隋

唐代马球（自《中国古代独具特色的马球运动》）

唐马球的影响，天历九年的日本宫廷马球，仍然"衣冠如唐人"。据《旧唐书·高丽传》记载：高丽国人"好围棋、投壶之戏，人能蹴鞠"。这些丰富多彩的体育活动应该是使节来到隋唐王期访问交流时传播出去的。

隋唐时期的音乐、体育文化在享受着大运河经济繁荣的同时，又为运河经济与城市的繁荣贡献着特有的力量，推动着音乐、体育的多元化交流与发展。

洛阳集千年运河、丝绸之路、万里茶道、世界古都的身份于一身。在1127 年北宋结束前，洛阳作为中国大运河的中心和枢纽的地位从未动摇。由洛阳向西到长安，由洛阳向东南到江南各地，由洛阳向北到北京。以洛阳为中心和枢纽的这张向东北东南辐射的全国性水运交通枢纽网，极大地促进了中原地区与外界的交流。隋唐大运河在中华民族发展、壮大的历史过程中有着不可磨灭的历史贡献，值得浓墨重彩地书写。

隋唐大运河作为华夏民族肌体上的大动脉，其重要意义可体现在政治、经济、文化、军事、外交等方面，可谓是全方位的。政治上，它成为统治者掌控天下的大动脉；经济上，大运河可将"半天下之财赋"运进首都；军事上，它便于输送部队和军需物资，实现"一船矛戈一河兵"；文化上，它不但沟通了地域间的文化交流，使我们民族的母体文化更加完善和丰富，也促成了大运河上码头城市带的发展与壮大。作为隋唐大运河中心的洛阳，曾经商贾云集，曾经风云际会，见证了隋唐时期的盛世繁荣，目睹了朝代更迭的风云变幻。

它的开凿建设贯穿着生态的理念，不仅是南北的交通线，还是一条流动的文化动脉、经济走廊和生态屏障。一方面，隋唐大运河贯穿海河、黄河、淮河、长江以及钱塘江五大水系，在生态调节、资源配置等方面发挥着重要作用。另一方面，运河河道不但在人文方面有众多的历史文化遗迹，在自然方面也有着良好的自然景观。古通济渠从洛阳西苑起，沿黄河自然河道并引黄河水入汴渠再达淮河，全长一千三百多里。河渠宽达四十步，河畔为了方便隋炀帝巡幸江南修筑了御道，道两旁遍植柳树。唐代诗人白居易曾写《隋堤柳》咏道："大业年中炀天子，种柳成行夹流水。西自黄河东至淮，绿阴一千三百里。大业末年春暮月，柳色如烟絮如雪。"这首诗描述了运河沿岸优美的自然风光。"渠广四十步，渠旁皆筑御道，树以柳"（《资治通鉴》卷180），也表明隋唐大运河的开凿过程注重植被建设。

隋唐大运河西接陆上丝绸之路，东联海上丝绸之路，大大促进了国内外的物资交流，使洛阳成为八方辐辏、万国咸通的交通枢纽。把地中海周边、中亚文化和中国内陆的文化连接起来，促进了中华文明的对外输出以及不同文明之间文化的交流与传播，推动了丝路沿线国家的发展与人民生活水平的提高，为人类的共同发展与世界和平作出了重要贡献。

时至今日，隋唐洛阳城遗址作为我国现存最为完整的隋唐大型古代都城遗址，保存了含嘉仓、回洛仓、洛河、南市、新潭、天津桥等极为丰富、珍贵的大运河历史文化遗存，蕴含了深厚的历史文化信息和价值内涵，代表了古代运河伟大的历史成就。

相对于京杭大运河来说，以往对于隋唐大运河的认识和了解不够充分，应该重新找回隋唐大运河的历史价值并评价其功绩。隋唐大运河之所以被历史遗忘，环境问题、生态问题、历史问题等是主要因素，如何在治理和保护水利中恢复隋唐运河以往的生态系统和文化氛围，成为当前面临的主要难题。

隋唐洛阳城国家遗址公园（王煜文摄）

可以考虑对运河进行清淤疏导、营造防护林体系、恢复湿地滩涂植被等方式，对运河两岸的自然生态系统进行修复。

　　大运河承载了中华民族灿烂的文化遗产和宝贵的文化记忆，千百年来守护着中华民族的精神家园。近年来，洛阳在隋唐大运河研究方面做了大量工作，使已湮塞几百年的隋唐大运河又展现在世人面前，焕发出新的活力，历史文脉得以传承。洛阳市正在集中力量建设隋唐洛阳城国家历史文化公园、隋唐大运河博物馆和隋唐大运河文化公园等，系统挖掘、整理和展示大运河洛阳段深厚的历史文化资源，展现隋唐大运河的历史风貌和文化价值。以隋唐大运河文化公园为例，设计为城东的绿色门户，占地面积约 40.63 公顷，被瀍河分为东西两部分。将通过模拟隋唐大运河走线，序列化展示隋唐大运河城市群文化，场景化再现隋唐文化故事。另外，将水道、闸口、水车等转化为游客可亲身体验的娱乐设施，寓教于乐，塑造隋唐文化风貌，展现大运河"通泽天下，生生不息"的景观特色，使隋唐大运河博物馆与大运河文化公园的和谐关系得到提升。

　　洛阳是一座拥有极其丰盛文化资源的城市，在文物保护和开发利用上，

洛阳隋唐大运河
博物馆

统筹协调，营造自然生态与文化生态共生共存、同步优化
的环境形态，把大运河及其生态的保护作为创新社会治理
的改革试点。打造隋唐大运河黄金旅游带，努力使洛阳这
个千年古都的历史文化特色愈加鲜明、古韵今风相得益彰，
焕发出汉唐盛世的迷人风采，成为古代文化和现代文明交
相辉映的国际级文化高地。

蜿蜒千里赖通波，悠悠岁月话运河

自大运河凿通以来，就是沟通四方的文明通路，既有效助推了中华文脉的长久延续与持续传承，也强力增进了人类文明的互鉴互通与共生共荣。这条文明通路上分布着众多厚重历史遗产、富集文化资源而又彼此相依相伴的古都名城。在千年的岁月中，大运河沿线城市之间形成了共同依赖的运河交通网络和彼此相似的生活方式，俨然成为一个层级明确、分工协调的城市共同体。这个城市共同体，不但是中外文化交流互鉴和区域文化融合发展的重要平台，也是汉唐之后中华文明持续发展、长期繁荣的有力支撑。

一 凿通三河两江，沟联四面八方

大运河水系的形成，并非短期内即可见功，其最早开凿始于公元前 5 世纪，历经两千余年的持续发展和演变。隋朝以前，历代已经开始开凿区域性运河，为大运河在 7 世纪的第一次全线贯通、13 世纪的第二次大沟通奠定了坚实基础。而作为人类历史上超大规模水利水运工程的杰作，中国大运河（包括隋唐大运河和京杭大运河、浙东运河）的全线通航，将人工运河和天然河流紧密连接在一起，织出一张覆盖东部和中部广大国土范围的水运网络，大大加深了中国内部不同区域间的经济、文化交流。

早在春秋时期，楚国就曾开凿了"荆楚运河"（又称"子胥渎"）和"巢肥运河"（又称"施肥运河"），前者沟通汉水和长江，后者将肥水、长江和淮河联系在一起。至春秋末期，吴国又开凿邗沟，联通了长江和淮河。战国时期，魏国开凿的鸿沟最为著名。鸿沟的开凿，沟通了黄河、淮河两条大河流，并将汴水、济水、濮水、颍水、涡水、睢水等河道也连接起来，从而在黄淮平原上构建出一张以魏都大梁（今开封）为中心的水运网。秦朝时，秦始皇开凿沟通湘江和漓江的运河，这条运河在唐代以后被称为"灵渠"。依托灵渠的水运交通，中原地区与岭南地区被联系起来。汉朝时，开凿和改造了关中漕渠、汴渠和阳渠等运河。其中，关中漕渠与渭水、黄河、浐河、灞河等相联通，促进了关西与关东地区的联系。魏晋南北朝时期，曹魏政权曾控制中原对华北和淮北的运河进行了大规模的开凿和疏浚。在华北地区，疏浚了白沟，开凿了平虏渠、利漕渠等，将华北地区的天然河流联系在一起，形成了后

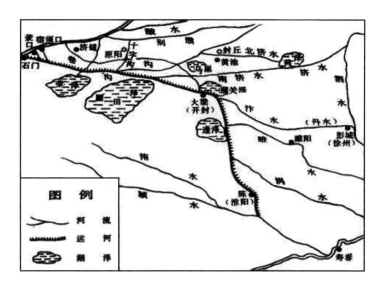

鸿沟水系图（自张圣城主编的《河南航运史》）

世海河水系的水运网络。在淮北地区，利用汝水、颖水和洧水等水系，开凿了贾侯渠、讨虏渠、广漕渠等运河（傅崇兰《中国运河传》）。这些区域性运河的开凿，将各地区的主要天然河流沟通起来，成为促进各地区之间经济文化联系交流的运输干线。

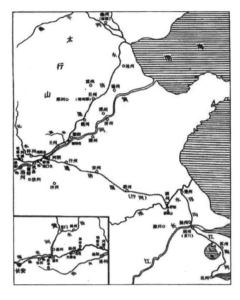

隋唐大运河示意图（自邹逸麟《中国历史地理概述》）

自隋唐至北宋，全国性的大运河体系得以建立并蓬勃发展。隋炀帝是推动大运河全线贯通的重要历史人物。隋大业元年（605年），隋炀帝下令开凿通济渠，沿用了汴渠故道，沟通了黄河和淮河，成功打通中原地区与江南地区的水运通道。同年，隋炀帝还疏浚了山阳渎，将淮河和长江联系在一起。通济渠和山阳渎将黄河、淮河、长江三大河流联通在一起，沿线支流亦也被纳入水系之中，使中原地区、江淮地区和江南地区之间的经济文化交流更加便利。隋大业四年（608年），为用兵高丽，隋炀帝下令修筑北通涿郡（今北京）的永济渠。永济渠联通了黄河与海河水系，打开了中原地区与华北地区的水运通道。隋大业六年（610年），开凿自京口（今镇江）至余杭（今杭州）的江南河，进一步扩展了大运河江南段。自此，海河、黄河、淮河、长江和钱塘江五大水系被大运河所连接，构建出以洛阳为中心的"人字形"南北水运交通大动脉，成为全国各民族各地区交融互动的关键纽带。然而，隋朝二世而亡，大运河所带来的益处主要被唐朝和北宋所享用。恰如皮日休诗曰："尽道隋亡为此河，至今千里赖通波。"（《汴河怀古二首》）唐朝时，构筑起以洛阳为中心的水运网，该水运网主要依托汴河（主要是隋通济渠东段）联通东南地区，依托永济渠沟通北方地区。北宋时期，大运河水系的中心在开封，大运河河道得到了系统性的疏浚治理，涉及汴河、黄河和广济河等，扩展了惠民河，兴修了金水河和白河等水利工程。

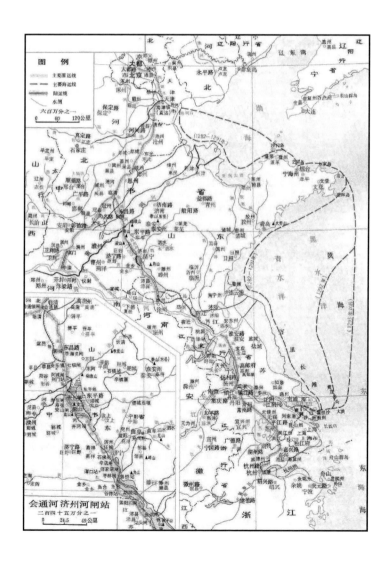

元代大运河与漕运（自郭沫若主编《中国史稿地图集》）

元明清三朝，随着政治中心的北移，大运河的中心也发生转移，通过裁弯取直来提高运输效率成为历史的必然，京杭大运河也随之兴起。元至元十二年（1275年），丞相伯颜和都水监郭守敬就对江淮到大都（今北京）之间的河道进行勘察。元至元十七年（1280年），新开凿济州河；元至元二十六年（1289年），开凿会通河；元至元二十九至三十年（1292～1293年），开凿了通惠河。在通惠河凿通后，由通惠河、通州运粮河、御河、会通河、济州河、扬州运河和江南运河等河段共同组成的元代大运河（又称京杭大运河）全线实现沟通。京杭大运河的凿通，构架出以北京为终点和中枢的"一字形"全国水运大动脉，大大缩短了政治中心与经济中心之间的运距。明清时期，朝廷重视对大运河的修治疏浚，在沿用元代大运河主航道的基础上持续进行局部治理。如：明成祖朱棣曾在永乐九年（1411年）命令宋礼等人疏浚会通河；清康熙年间，靳辅和陈潢等人曾对运河和黄河进行了疏浚和治理，靳辅还开凿了中运河。借助于京杭大运河，源源不断的漕粮、商货、人员等在中华帝国的北方政治中心和南方经济中心之间流通周转。

一　漕事至急至重，国运或兴或衰

在大运河全线通航的时代，漕运并非是单纯的水利工程，而是一项关乎国计民生的要务，漕事与国运之间存在着千丝万缕的关系。漕粮与财赋从江南沿着大运河运抵政治中心，在政治中心被储存、被消费、被分配，为帝国内部各区域的稳定、发展提供了源源不断的动力。在当时的人看来，"漕事至急至重，国运或兴或衰"正是对大运河国家战略工程功能的最真实写照。

虽然隋朝第一次使大运河全线贯通，但是真正享受运河之利的却是唐朝，所谓"隋民不胜其害，唐民不胜其利"说的就是这一点。至晚到唐代，淮南地区的经济地位逐渐凸显。唐宪宗朝的宰相权德舆就曾说："江淮田一善熟，则旁资数道，故天下大计，仰于东南。"（《新唐书·权德舆传》）唐代都城长安所在的关中地区尽管土地肥沃，但因其土地面积狭小、水利条件差，无法支持都城的庞大需求和抵御水旱灾害，必须常常从淮南地区转输漕粮。唐初时，每年水陆漕运20万石漕粮，唐高宗以后日益增多，最多时曾达400

万石。唐人刘晏曾评价运河漕运有四利："京师三辅，苦税入之重，淮、湖粟至，可减徭赋半""东都凋破，百户无一存，若漕路流通，则聚落邑廛渐可还定""诸将有不廷，戎虏有侵盗，闻我贡输错入，军食丰衍，可以震耀夷夏""若舟车既通，百货杂集，航海梯峤，可追贞观永徽之盛"(《新唐书·刘晏传》)。按刘晏的分析，保持大运河漕运的通畅，其益处主要体现在减轻京师三辅的徭役赋税、恢复东都洛阳人口规模、增强军事力量来威慑夷夏和助推国家重新繁荣兴盛四个方面。当大运河漕运因战乱而断绝时，其影响国运兴衰的作用就愈发得到彰显。唐德宗时，田悦、李纳、梁崇义、李维岳等人发动战乱，史称"四镇之乱"。当时，田悦和李纳把守着涡口（今安徽省怀远县境内），梁崇义则占据着襄邓地区，造成唐朝南北漕运均被藩镇叛军断绝。然而，"诸军仰给京师，……南北漕引皆绝，京师大恐"(《新唐书·食货志》)。从这一历史事件来看，漕事在当时无疑是关系中央政权生死存亡的第一要务。

北宋时期，大运河漕运影响国运兴衰的程度更加深刻，即所谓"内外仰给""至急至重"。北宋都城选定东京（开封），地势平坦，无险可守，但是水陆交通便利，能够供养大量的人口。当时，汴河在北宋的大运河漕运中占据重要的地位。汴河"岁漕江、淮、湖、浙米数百万，及至东南之产，百物众宝，不可胜记。又下西山之薪炭，以输京师之粟，以振河北之急。内外仰给焉""首承大河，漕引江、

《新唐书·列传第七十四·刘晏》书影

唐书卷一百四十九

列传第七十四

刘晏 渼 湜 遵 元颖 包佶 卢徵 李若初 于颀 第五琦 班宏

王绍 李巽

湖，利尽南海，半天下之财赋，并山泽之百货，悉由此路而进"（《宋史·河渠志·汴河》）。从宋太宗时期至北宋末年，汴河每年漕运粮食均在数百万石以上。汴河将两浙地区、江淮地区的大量漕粮、百货、财赋源源不断地输送到都城东京，确保了都城内大量王公贵族、官员、市民、驻军不同层次的庞大消费需求。宋人张方平曾有"国家于漕事至急至重""汴河之于京师，乃是建国之本"的高度评价（《续资治通鉴长编》）。而当大运河漕运不通畅时，北宋的国运也江河日下。北宋末年，"转般法"逐渐被废除，南方漕粮运抵东京的数量已经大为减少。靖康年间，因金兵围城、汴河上游被盗贼破坏等因素影响，运河漕运受到重创，使东京无法获得南方漕粮的有效补充，甚至发生断粮。"靖康而后，……塞久不合，干涸月余，纲运不通。南京及京师皆乏粮"（《宋史·河渠志》）；"访闻东京军民等久阙粮食……缘汴河未通，有妨行运……"（《宋史·方域》）。这些记载都是北宋对大运河漕运严重依赖的历史证据。

元明清时期，大运河漕运对维系和支持国运发展的重要性并不亚于前代。元朝对南方经济中心供给财赋的依赖程度仍然很高。"元都于燕，去江南极远。而百司庶府之繁，卫士编民之众，无不仰给于江南"（《元史·食货志》）。当时，海运一度是将南方漕粮、财赋运至大都（今北京）的主要方式，大运河

《宋史·河渠志三》书影

宋史卷九十三
志第四十六
河渠三
黄河下　汴河上

漕运仅发挥补充作用。京杭大运河裁弯取直后，由于黄河以北地势北高南低等原因，其运输效能的提升受到很大限制，如：济州河段"水浅舟大，恒不能达"（《元史·世祖十》）；会通河段"地形高峻，旱则水浅舟涩"（《元史·河渠志》）。明人陈邦瞻所著的《元史纪事本末》载："每岁之运数不过数十万石。"而元朝每年从江南地区要征收 300 万石左右漕粮，明清两朝深获大运河之利。有明一代，"……漕运者，盖国之大计也"（《漕运新渠记》）。傅维麟也曾评价："漕为国家命脉所关。"（《明史·河漕志》）自明成祖朱棣迁都北京后，北京重新成为明帝国的政治中心，大运河漕运的重要作用也日益凸显。考虑到海运风险大，明永乐十三年（1415 年）罢除海运，开始主要依靠疏浚后的大运河进行漕运。明代朝廷还划定了有征收漕粮任务的六个省（简称"有漕六省"），即南直隶、浙江、江西、湖广、河南和山东。在有漕六省征收的漕粮，永乐朝时已达到二三百万石，宣德朝时甚至达到 674 万石的峰值，成化八年（1472 年）开始规定每年征收漕粮 400 万石（鲍彦邦《明代漕运研究》）。清代时，漕运的重要性不输明代，漕粮被视为"天庚正供"。清康熙帝将漕运、河务和三藩视为三大要务。清咸丰帝也曾谕内阁说："漕粮为天庚正供，颗粒皆宜珍惜。"（《清实录》）

《元史·河渠志一》书影

元史卷六十四

志第十六

河渠一

水为中国患，尚矣。知其所以为患，则知其所以为利，因其患之不可测，而能先事而为之备，或后事而有其功，斯可谓善治水而能通其利者也。昔者，瓠堤洪水、疏九河，陂九泽，以开万世之利。而周礼地官之属，所载潴防沟浍之法甚详。当是之时，天下盖无通而非水利也。自先王疆理井田之制坏，而后水利之政典，魏郑起漳河，秦郑国引泾水，汉郑当时，王安世辈，或献议穿渠，或建策防水决，是皆君子之用心者，皆尝试其术而卒有成功，太史公尝因事兴利之说，以救其惑，过其弊，不亦甚瑟欤。惟能因其势而导之可著则储水以备旱魃之灾，可泄则泻水以防水涝之溢，则水之思息焉，于是盖有无穷之利矣。夫润下，水之性也，而欲为之防，以救其怒，河渠一书，顾有不可胜言之者，而其患顾有不可穷而事矣。

志第十六 河渠一

一五八七

三　都会八荒争凑，首善万国咸通

大运河的中心枢纽总是与国家都城相联系的。隋唐大运河和京杭大运河的基本走向都是从经济富庶之地到国家政治中心。天下财赋、人才、物产沿着大运河被运抵都城，为都城创造出灿烂的都市文明提供了源源不断的动力。在大运河的滋润之下，都城成了国家的首善之区，发挥着"八荒争凑，万国咸通"的聚集—辐射效应。

隋唐时期，作为水陆都会的洛阳一跃成为帝国的东都或神都。隋炀帝迁都洛阳之前，曾安排宇文恺作为营造东都的副监。宇文恺揣测到隋炀帝喜欢宏大奢华的风格，所以营造出来的"东都制度穷极壮丽"。此时的洛阳城占地约 47 平方公里，其中宫城周长就绵延了 30 余里。隋炀帝迁都洛阳后，在城中设有闻名于世的大同、通远、丰都三个法定商业市场，都是规模宏大的商业繁盛之区。其中，丰都"瑰货充积，人物华盛""诸行铺竞崇奢丽"（《大业杂记》）。中外商旅在市中开展贸易，呈现出一派繁荣的国际性大都市景象。唐代，作为东都或神都的洛阳城依旧繁华富庶。强大的国力促进了包容开放的社会风气，许多外国人沿着丝绸之路或大运河线路到洛阳经商或定居，使洛阳城呈现出中西交融、华夷互通的城市特征。众多中亚地区的粟特人就曾在洛阳居住和经商，由其组建的"北市香行"在龙门赞助开凿过石窟。隋唐两朝，不仅帝国内部的官商民众汇聚到东都洛阳，外族和外国的商旅使节也集聚洛阳城内。为便于处理外交及外贸事务，隋朝设置鸿胪客馆和四方馆，唐代设立礼宾院和四方馆。这些专业机构的设立，足以说明当时外族外国使者和商旅的人数之众及交流频次之多。兴盛的对外交流还体现在唐三彩及其技艺的远播上。据考古资料显示，在欧亚非三大洲均出土过唐三彩器物，同属汉字文化圈的朝鲜和日本甚至还仿制出各类三彩瓷（苏健《洛阳古都史》）。

古都开封在中国历史演进大格局具有重要的战略地位，曾被誉为"天下冲要（或要会）""水陆都会"，也被评价为"四通八达""地富人繁""形势富饶"。北宋时，开封一跃成为都城，其城市之繁盛、经济之富饶和文明

三彩胡人骑驼俑
（故宫博物院藏）

之灿烂都代表了中国农耕社会发展的最高峰，在中华文明史上留下了浓墨重彩的一笔。《东京梦华录》载："以其人烟浩穰，添十数万众不加多，减之不觉少。"东京商业贸易繁盛，文化生活丰富，著名的相国寺是当时名动天下的"大型综合性交易中心"，每个月都会开放五次万姓交易，各种酒肆瓦市通晓达旦地营业，市场上的各类饮食果子更是品类繁多。尤其值得注意的是，当时"其正酒店户，见脚店三两次打酒，便敢借与二五百两银器"（《东京梦华录》）。这个小细节生动反映出当时都城民众生活富足安稳、社会成员互信程度极高。著名画家张择端的《清明上河图》被后世誉为国宝，画中对都城东京的河道货船、街市店铺、市井民俗、诸种建筑、诸色人物等进行了细致的描摹，能够让人对北宋都城的盛世繁华以及"城市让生活更美好"产生"扑面而来"的全方位体验感。东京城的商品集散作用还体现在国际性的香料贸易中，从国外进口的名贵香料都要通过水运或陆运输送到这里。《宋史》载："先是，岭南输香药，以邮置卒万人，分铺二百，负担抵京师"，后来凌策建议"陆运至南安，泛舟而北"，开封俨然成为当时东亚和东南亚香料贸易的中心。运抵都城的外国香料储藏在内藏库、香药库之中，供宫廷使用之余的香料交由香药榷易署、榷货务等来管理，各地商人与其联系采购，另外，作为都城的开封更是各族各国商旅、使臣、学者开展贸易、朝贡、研学等交流活动的地区。为招待外国使者与商人，东京城中还建有都亭驿、同文馆、瞻云馆、礼宾院等专门场馆（周宝珠《宋代东京开封府》）。

　　元明清三朝，北京成为帝国的都城，同时也"当上"了京杭大运河水系功能发挥的中心枢纽。凭借强大的军事力量，元朝建立了横跨欧亚大陆的庞大帝国。至元四年（1267 年），元世祖忽必烈决定迁都至中都（今北京），并于至元九年（1272 年）将"中都"改称"大都"。元大都在当时是一座规模宏大、雄伟壮丽的国际性大都市，其城周长为 28.6 公里，开设 11 个城门。元代黄文仲所著的《大都赋》中曾描绘大都景象："论其市廛，则通衢交错，大可以并百蹄，小可以方八轮""华区锦市，聚四海之珍异；歌棚舞榭，选九州之秾芬"。作为都城的元大都，城中专设有用于接待各国使节的会同馆，各国商旅入境后也多汇聚于大都之中。马可·波罗曾记载：大都"郭中所居者，有各地来往之外国人，或来入贡方物，或来售货宫中""附郭之中，外国人甚众多""外国巨价异物及百物之输入此城者，世界诸城无能与比"（《马可·波罗行纪》）。在元人都基础上，明清北京城进一步得到扩展。明清北京

《潞河督运图》（局部，现藏于国家博物馆）

故宫天坛祈年殿

城由宫城、皇城、大城（内城和外城）等部分组成，其中宫城周长 6 里有余，皇城周长 18 里，内城周长 45 里，其规模仅次于唐长安城和北魏洛阳城。当时北京城的商贸十分发达，国内各大商帮、豪民巨贾云集在此。棋盘街是明清的各阶层的活动聚集场所，热闹异常。"天下士民工贾各以牒至，云集于斯，肩摩毂击，竟日喧嚣。"（明蒋一葵《长安客话》）清代前门街区也是中外商贾云集的繁华之区。"凡天下各国，中华各省，金银珠宝、古玩玉器、绸缎估衣、钟表玩物、饭庄饭馆、烟馆戏院无不毕集其中"（清仲芳氏《庚子记事》）。明清时期，北京市民的岁时节令文化活动非常繁盛，《帝京岁时纪胜》《燕京岁时记》等书籍中多有记载。

四　悠悠千年相伴，城河盛衰相依

　　大运河沿线城市并非是结构松散的单体城市，而是依

托水运交通和相似生产生活方式来有机结合的城市共同
体，具有明确的层级关系及分工协同机制（刘士林《中国
大运河保护与可持续发展战略》）。大运河流淌千年，漕
运或畅通或阻塞，沿线城市的命运也随之兴衰起伏。

　　隋唐大运河特定河段沿线城市的相互依赖性，与历代
的漕运制度和漕运路线有着密切联系。在隋唐大运河体系
中，历代的漕运制度为沿线城市确定了其漕运功能，从而
将沿线城市紧密联系在一起，确保了大运河漕运的通畅。
隋朝采用"转相灌注"的漕运方式，沿黄河设置粮仓，以
便将各地漕粮运抵京师长安（今西安）。当时，在今洛阳
市设置"河阳仓"、在今三门峡市设置"常平仓"、在今
鹤壁浚县设置"黎阳仓"、在今陕西华阴设置"广通仓"，
后来又在今洛阳市设置"回洛仓"，在今郑州巩义设置"兴
洛仓"。全国漕粮与财赋源源不断地汇聚到这些国家粮仓
中，经储存和中转后，逐渐运抵长安（今西安）。唐朝时，

回洛仓遗址

裴耀卿、韦坚和刘晏等人创建与优化了"转般法""分段运输法"等漕运制度。"江船不入汴，汴船不入河，河船不入渭；江南之运积扬州，汴河之运积河阴，河船之运积渭口，渭船之运入太仓"（《新唐书·食货志》）。江南漕粮积存在扬州，汴河漕粮积存在河阴（今郑州荥阳北），黄河漕粮积累在渭口，再从渭口运至太仓。这样的漕运制度安排，将这些城市联系起来并保障了大运河漕运的高效。北宋时期，杨允恭和许元先后对漕运制度进行了改革。杨允恭将漕运路线改革为："江浙所运止于淮泗""故自真至泗，置仓七所，转相灌注，由江达淮，由淮达汴，而真州置发运司以总之。"其中，真州（今江苏仪征）负责接收和转运江南东西两路和湖广南北两路的漕粮与贡赋，扬州负责接收和转运两浙漕粮与贡赋，泗州（今泗洪东南）和楚州（今淮安）分别接收和转运淮东与淮西的漕粮与贡赋。许元的漕运改革主要是集中于对东南六路漕运的管理方面。他优化了和籴制，"江南不稔，则取之浙右。浙右不稔，则取之淮南"，促进了地区之间的漕粮接济。

京杭大运河沿线城市相互依赖关系的形成，与元明清的漕运制度和漕运路线同样有着密切的关系。由于大运河主干道迁移到京杭大运河，原归属隋唐大运

陈瑄画像（自 1916 年修《江苏毗陵陈氏宗谱》）

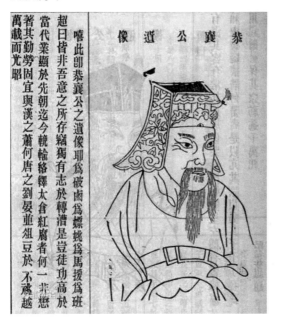

河的洛阳、开封等沿线城市不再有往日的辉煌。然而，京杭大运河沿线城市的发展却呈现出蓬勃发展之势。明代，曾在淮安、徐州、德州、天津和临清设置五大转运仓。东南地区的民众将贡赋粮食运至淮安，再由沿线各属地官军经运河分别转运徐州，再转运德州，最后转运至北京和通州的粮仓。明宣德年间，陈瑄改革运法，采用官民合运的"兑运法"。具体路线是，南方各省民众将漕粮运至淮安和扬州的水次仓，再交由当地卫所官军领运到京城或指定粮仓。明宣化年间，"兑运法"逐渐为"长兑法"所取代，漕运官军直接从江南和江北地区的水次仓漕运粮食至北京（彭云鹤《明清漕运史》）。清朝继承和发展了明代的漕运制度，仍采用"长兑法"。在冬春时节将各省漕粮沿运河北上至通州，先在通州经过验收后，再分别送至北京和通州的粮仓。

在整个大运河体系中，沿线城市之间互相协作，相通相济，构成东南漕粮贡赋源源不断向国家政治中枢转输的有力保障，同时也带动了城市经济的持续繁荣、集聚发展。通州紧邻元明清的都城北京，以通惠河与北京相连，西接卫河，处于京杭大运河体系中的尾闾位置。李东阳有诗赞曰："漕河北来，饷粟云屯。储盈庾增，新城是筑。"（《通州志》）天津在元明清时期也是重要的漕运要地。天津在元朝时被称为直沽，海运漕粮在此转运，是重要的海运交卸码头。至明清时，天津成为"地当九河津要，路通七省舟车""当河海之冲，为畿辅之门户"的要地（清黄彭年等《畿辅通志》）。德州是大运河系统中的储粮要地，元朝建有陵州仓，明朝建有德州仓、常丰仓和广积仓。其中，德州仓是明清时期的"淮、徐、临、德"天下四大仓之一。它不仅征收和储存豫鲁两省漕粮，也接收其他三仓转运的漕粮。临清在明清时期被视为南北漕运的咽喉要地。明朝名臣丘浚评价："通论诸闸……惟临清乃会通河之极处，诸闸于此乎尽，众流于此乎会，且居高临下，水势泄易而涸速，是凡三千七百里之漕路，此其要害也。"（明丘浚《大学衍义补》）清代临清被视为"挽漕之咽喉，舟车水陆之会"（《临清直隶州志》序）。济宁处于大运河的中部，介于南京和北京之间，有大运河"腰脊"之称。"济宁居运道之中……居中者，如人身之有腰脊。……腰脊损，则四肢莫运"（明丘浚《大学衍义补》）。徐州、淮安和镇江均是重要的仓储转运漕粮的要地。

徐州拥有著名的天下四大转运仓之一的徐州仓（又称广运仓），具有收放和转运漕粮的重要作用。淮安在隋朝设置山阳仓和故城仓（曾储粟百万石），宋代设置楚州仓，明清的淮安仓也是当时天下四大仓之一。镇江处于大运河与长江的交汇地，是重要的江南漕粮收纳储存转运中心。陶澍曾评价道："江浙为漕务最多之地，而镇江又为江浙运道咽喉，尤宜慎重。"（清陶澍《陶澍全集·奏疏一》）苏锡常杭嘉湖等地方，均是承担漕粮交纳最重任务的膏腴之地。

五　四方通衢之区，文明交汇之所

历史上，大运河发挥着"汇文明活水，连中枢腹心，促区域协调"的重要作用（刘涛等《从文明大动脉到国家治理的文化高地——对大运河文化带功能定位与空间布局的思考》）。在大运河沿线城市，厚积了众多象征国内外经济文化交流融通的文化遗产，富集着标志中华文明与其他文明互鉴互通的文化资源，是四方通衢、文明交汇的重要区域。

在漕运畅通的时代，大运河，始终是推动国家内部流通运转和华夏文明繁荣发展的重要动力，赋税、漕粮、百货、商旅、使者、士庶等沿着大运河往来循环不止，是维系大一统帝国内部不同行政区域间协调、平衡状态的重要"砝码"。隋唐大运河河道的形状大致呈现为"人"字形，京杭大运河河道的形状大致呈现为"一"字形。隋唐大运河与京杭大运河的河道共同围成一个三角形区域（可称为"运河三角"），洛阳、镇江和临清是其三个顶点。这个三角形区域覆盖了燕赵文化、齐鲁文化、中原文化、吴越文化等区域文化。区域内古都名城密集，是攸关中华文明起承转合、确保大运河血脉畅通的"心脏地带"。人工开凿的大运河与沿线天然河流水道交织而成庞大水运网络，还将不在"运河三角"之内的荆楚文化、关中文化、岭南文化、巴蜀文化等区域文化也联通在一起。各地各族文化在大运河沿线流动、汇聚、融合，各地区之间借助大运河实现南北守望相助、东西协调共济。大运河沿线还孕育出灿若星河的城市文化，以洛阳、开封、北京、杭州为代表的古都文化，以扬州、苏州、天津、通州为代表的名城文化……共同见证了大运河作为文明

安阳—洛阳：298KM
商丘—安阳：338KM
商丘—洛阳：334KM 洛阳—镇江：796KM
临清—洛阳：495KM 临清—镇江：763KM
S 河南三角：31229 平方千米
S 总三角：131340 平方千米
约占 24%

"运河三角"

大动脉的辉煌历史。

　　一方面向西通过洛阳、西安等节点城市，另一方面向南通过扬州、杭州、南京等江海港口，最晚在唐中期，大运河与陆上、海上两条丝绸之路的沟通衔接就已实现。大运河与陆上丝绸之路的贯通，促进了中国与西域、中亚等地方的经济文化交流。隋唐大运河和陆上丝绸之路在洛阳交汇，经由大运河输送的漕粮在此汇聚转输，大量的中亚粟特人也在此经商与定居，闻名于世的唐三彩更是传布到世界各地。大运河与海上丝绸之路的联结，增进了中国与东亚、南亚、东南亚、非洲等地区的经济文化沟通。唐宋时期，江淮漕粮、盐茶等财赋在扬州汇聚和转运，许多经营珠宝贸易的大食人和波斯人也汇聚于此。元明时期，刘家港是将江南漕粮海运至都城的出海口，也是明代郑和下西洋的起锚地。"况元自伯颜创为海运,漕艘数万,悉由刘家港出海"(清顾沅《吴郡文编》)。海运的繁盛促使太仓成为国际大港,"四关居民,闬阎相接,粮艘海舶,蛮商夷贾,辐辏云集,当时谓之'六国码头'"(明桑悦纂,李端修《弘治太仓州志》)。明永乐初年时,太仓的海运仓还曾储粮数百万石,浙江等地的漕粮均要汇集于此。著名意大利旅行家马可·波罗来华是沿着陆上丝绸之路而来,回国则沿着海上丝绸之路而归,在中国游历期间曾亲身体验过大运河的便利交通。大运河与陆上、海上丝绸之路的联通,实质上扩大了其自身影响力的辐射范围,促使"运河三角"地区成为沟通国内四面八方、联通世界各族各国的文明交汇重地。

斗转星移,沧海桑田,曾经繁华千年的大运河漕运已成为前尘往事。伴随着大运河航运功能的弱化,大运河沿线城市之间也失去了促进区域协调发展的保障机制,曾经具有明确层级关系及分工协同机制的大运河城市共同体也难以维持。但在沿线城市的博物馆和历史遗迹遗址、民间故事传说中,对大运河推动各民族各地区交融互动、促进中外文明交流互鉴的历史记忆却依然存在。随着大运河文化带和大运河国家文化公园建设的逐步推进,运河沿线城市沉睡的大运河文化记忆正在被唤醒,与之相关的运河历史文脉也得以接续与发展。以往,大运河曾是四方通衢之区和文明交汇之所,沿线城市及其辐射区域在千年合作竞争、协同共济过程中形成了"文缘融通、人缘相亲"的悠久传统。共享大运河这一珍贵历史财富和现实文化资源,充分挖掘城市与运河相伴相生的文化记忆、历史传统,依托大运河文化建设创建跨区域城市协调发展新机制,激发运河沿线城市在促进中华文明伟大复兴中彰显更多人文魅力与创造活力,理应成为当今时代的应有之义。

后　记

　　本书系2008年由辽宁人民出版社出版的《中国脐带：大运河城市群叙事》的增订版。令我感到十分高兴的是，它不仅在当时属于应运而生，为中国大运河申报世界遗产作出了一定的贡献，以此为契机，我们团队陆续承担了包括国家社科基金重大项目、国家发展改革委重大项目等在内的运河研究项目，并在持续十余年的研究中，逐渐成长为一支知名的运河研究团队。这部书稿，就包含着我们的初心。

　　当时的写作，主要是以京杭大运河的17座城市为中心，目的是为中国大运河申报世界遗产服务的。转眼十多年过去，不仅中国大运河在国家文化战略中的地位进一步提升，运河沿线的城市也发生了日新月异的巨变。有感于此，同时为了进一步服务运河世界遗产保护、大运河文化带建设和国家文化公园建设，在上海交通大学出版社的大力支持下，我们决定对原著进行补充和修订，主要增加了隋唐大运河沿线的四座著名运河城市——商丘、开封、郑州、洛阳。这四座城市都分布在陇海线沿线，是我早年和父母家人长期生活、学习、工作的地方，它们的加入，对我不仅是一种重要的弥补，同时也是一种莫大的安慰和温暖的回忆。

　　经过大半年的努力，这项增补工作已告完成。此次修订，河南大学刘涛副教授、上海交通大学博士生丁煦诗、姜薇协助做了不少工作。本书的写作分工依次是：前言（刘士林）、北京（通州）和天津（耿波）、沧州和德州（刘铁军）、临清（李正爱）、聊城（刘永）、济宁（伍波）、徐州（田崇雪）、淮安（姜晓云）、高邮和扬州（冯敏）、镇江（王玲真）、常州（何世剑）、无锡（丁瑶）、苏州（王晓静）、嘉兴（朱逸宁）、杭州（洪亮）、商丘（闫禛）、开封（马晓燕）、郑州（姜薇）、洛阳（丁煦诗）、结语（刘涛、钱钰）。研究内容进一步丰富，研究团队进一步扩大，这是我要特别感谢并为之感到欣慰的。此外，本书还被列入上海市重点图书出版规划，得到上海文化发展基金的资助，在此一并深致谢忱。

刘士林

2020 年 4 月于香樟园

2022 年 4 月改定于沪上